最新

治安管理处罚
法规全编

中国法制出版社

CHINA LEGAL PUBLISHING HOUSE

编辑说明

法律会适时修改，而与之相关的配套规定难以第一时间调整引用的旧法条文序号。此时，我们难免会有这样的困扰：（1）不知其中仍是旧法条文序号而误用；（2）知道其中是旧法条文序号，却找不到或找错对应的新法条文序号；（3）为找到旧法对应最新条款，来回翻找，浪费很多宝贵时间。本丛书针对性地为读者朋友们解决这一问题，独具以下特色：

1. 标注变动后的最新条文序号

本丛书以页边码（如 22 ）的形式，在出现条文序号已发生变化的条款同一行的左右侧空白位置——标注变动后的最新条文序号；如果一行有两个以上条款的序号已发生变化，分先后顺序上下标注变动后的最新条文序号（如 288 289 ）；如一个条款变动后分为了两个以上条款，标注在同一个格子里（如 538 539 ）； ✕ 表示该条已被删除。

2. 附录办理治安案件参考流程图

书末收录经提炼的办理治安案件的流程图，包括询问查证（传唤）、询问违反治安管理行为人、听证的告知、申请和受理、听证的举行、行政拘留、当场收缴罚款等内容，帮助提高处理相关案件的效率。

3. 内容全面，文本权威

本丛书将各个领域的核心法律作为"主法"，围绕"主法"全面收录相关司法解释及配套法律法规；收录文件均为经过清理修改的现行有效标准文本，以供读者全面掌握权威法律文件。

4. 关于《治安管理处罚法》条文序号的说明

现行《治安管理处罚法》由第十届全国人大常委会第十七次会议于2005年8月28日通过，自2006年3月1日起施行，并于2012年10月26日由第十一届全国人大常委会第二十九次会议通过的《全国人民代表大会常务委员会关于修改〈中华人民共和国治安管理处罚法〉的决定》修正，自2013年1月1日起施行。此次修正仅对第六十条第四项进行了修改，《治安管理处罚法》条文序号未发生变化。

目 录*

一、综　合

---

   * 编者按：本目录中的时间为法律文件的公布时间或最后一次修正、修订公布时间。

二、公共秩序管理

三、社会管理

四、保安服务管理

五、执法监督

实用附录：办理治安案件参考流程图

中华人民共和国治安管理处罚法

(2005 年 8 月 28 日第十届全国人民代表大会常务委员会第十七次会议通过 根据 2012 年 10 月 26 日第十一届全国人民代表大会常务委员会第二十九次会议《关于修改〈中华人民共和国治安管理处罚法〉的决定》修正)

目 录

第一章 总 则

第一条 **【立法目的】**① 为维护社会治安秩序,保障公共安全,保护公民、法人和其他组织的合法权益,规范和保障公安机关及其人民警察依法履行治安管理职责,制定本法。

---

① 条文主旨为编者所加,仅供参考,后同。

第二条 【违反治安管理行为的性质和特征】扰乱公共秩序，妨害公共安全，侵犯人身权利、财产权利，妨害社会管理，具有社会危害性，依照《中华人民共和国刑法》的规定构成犯罪的，依法追究刑事责任；尚不够刑事处罚的，由公安机关依照本法给予治安管理处罚。

第三条 【处罚程序应适用的法律规范】治安管理处罚的程序，适用本法的规定；本法没有规定的，适用《中华人民共和国行政处罚法》的有关规定。

第四条 【适用范围】在中华人民共和国领域内发生的违反治安管理行为，除法律有特别规定的外，适用本法。

在中华人民共和国船舶和航空器内发生的违反治安管理行为，除法律有特别规定的外，适用本法。

第五条 【基本原则】治安管理处罚必须以事实为依据，与违反治安管理行为的性质、情节以及社会危害程度相当。

实施治安管理处罚，应当公开、公正，尊重和保障人权，保护公民的人格尊严。

办理治安案件应当坚持教育与处罚相结合的原则。

第六条 【社会治安综合治理】各级人民政府应当加强社会治安综合治理，采取有效措施，化解社会矛盾，增进社会和谐，维护社会稳定。

第七条 【主管和管辖】国务院公安部门负责全国的治安管理工作。县级以上地方各级人民政府公安机关负责本行政区域内的治安管理工作。

治安案件的管辖由国务院公安部门规定。

第八条 【民事责任】违反治安管理的行为对他人造成损害的，行为人或者其监护人应当依法承担民事责任。

第九条 【调解】对于因民间纠纷引起的打架斗殴或者损毁他人财物等违反治安管理行为，情节较轻的，公安机关可以调解处理。经公安机关调解，当事人达成协议的，不予处罚。经调解未达成协议或者达成协议后不履行的，公安机关应当依照本法的规定对违反治安管理行为人给予处罚，并告知当事人可以就民事争议依法向人民法院提起民事诉讼。

第二章 处罚的种类和适用

第十条 【处罚种类】治安管理处罚的种类分为：

（一）警告；

（二）罚款；

（三）行政拘留；

（四）吊销公安机关发放的许可证。

对违反治安管理的外国人，可以附加适用限期出境或者驱逐出境。

第十一条 【**查获违禁品、工具和违法所得财物的处理**】办理治安案件所查获的毒品、淫秽物品等违禁品，赌具、赌资，吸食、注射毒品的用具以及直接用于实施违反治安管理行为的本人所有的工具，应当收缴，按照规定处理。

违反治安管理所得的财物，追缴退还被侵害人；没有被侵害人的，登记造册，公开拍卖或者按照国家有关规定处理，所得款项上缴国库。

第十二条 【**未成年人违法的处罚**】已满十四周岁不满十八周岁的人违反治安管理的，从轻或者减轻处罚；不满十四周岁的人违反治安管理的，不予处罚，但是应当责令其监护人严加管教。

第十三条 【**精神病人违法的处罚**】精神病人在不能辨认或者不能控制自己行为的时候违反治安管理的，不予处罚，但是应当责令其监护人严加看管和治疗。间歇性的精神病人在精神正常的时候违反治安管理的，应当给予处罚。

第十四条 【**盲人或聋哑人违法的处罚**】盲人或者又聋又哑的人违反治安管理的，可以从轻、减轻或者不予处罚。

第十五条 【**醉酒的人违法的处罚**】醉酒的人违反治安管理的，应当给予处罚。

醉酒的人在醉酒状态中，对本人有危险或者对他人的人身、财产或者公共安全有威胁的，应当对其采取保护性措施约束至酒醒。

第十六条 【**有两种以上违法行为的处罚**】有两种以上违反治安管理行为的，分别决定，合并执行。行政拘留处罚合并执行的，最长不超过二十日。

第十七条 【**共同违法行为的处罚**】共同违反治安管理的，根据违反治安管理行为人在违反治安管理行为中所起的作用，分别处罚。

教唆、胁迫、诱骗他人违反治安管理的，按照其教唆、胁迫、诱骗的行为处罚。

第十八条 【**单位违法行为的处罚**】单位违反治安管理的，对其直接负责的主管人员和其他直接责任人员依照本法的规定处罚。其他法律、行政法规对同一行为规定给予单位处罚的，依照其规定处罚。

第十九条 【减轻处罚或不予处罚的情形】违反治安管理有下列情形之一的，减轻处罚或者不予处罚：

（一）情节特别轻微的；

（二）主动消除或者减轻违法后果，并取得被侵害人谅解的；

（三）出于他人胁迫或者诱骗的；

（四）主动投案，向公安机关如实陈述自己的违法行为的；

（五）有立功表现的。

第二十条 【从重处罚的情形】违反治安管理有下列情形之一的，从重处罚：

（一）有较严重后果的；

（二）教唆、胁迫、诱骗他人违反治安管理的；

（三）对报案人、控告人、举报人、证人打击报复的；

（四）六个月内曾受过治安管理处罚的。

第二十一条 【应给予行政拘留处罚而不予执行的情形】违反治安管理行为人有下列情形之一，依照本法应当给予行政拘留处罚的，不执行行政拘留处罚：

（一）已满十四周岁不满十六周岁的；

（二）已满十六周岁不满十八周岁，初次违反治安管理的；

（三）七十周岁以上的；

（四）怀孕或者哺乳自己不满一周岁婴儿的。

第二十二条 【追究时效】违反治安管理行为在六个月内没有被公安机关发现的，不再处罚。

前款规定的期限，从违反治安管理行为发生之日起计算；违反治安管理行为有连续或者继续状态的，从行为终了之日起计算。

第三章 违反治安管理的行为和处罚

第一节 扰乱公共秩序的行为和处罚

第二十三条 【对扰乱单位、公共场所、公共交通和选举秩序行为的处罚】有下列行为之一的，处警告或者二百元以下罚款；情节较重的，处五日以上十日以下拘留，可以并处五百元以下罚款：

（一）扰乱机关、团体、企业、事业单位秩序，致使工作、生产、营业、医疗、教学、科研不能正常进行，尚未造成严重损失的；

（二）扰乱车站、港口、码头、机场、商场、公园、展览馆或者其他公共场所秩序的；

（三）扰乱公共汽车、电车、火车、船舶、航空器或者其他公共交通工具上的秩序的；

（四）非法拦截或者强登、扒乘机动车、船舶、航空器以及其他交通工具，影响交通工具正常行驶的；

（五）破坏依法进行的选举秩序的。

聚众实施前款行为的，对首要分子处十日以上十五日以下拘留，可以并处一千元以下罚款。

第二十四条　【对扰乱文化、体育等大型群众性活动秩序行为的处罚】 有下列行为之一，扰乱文化、体育等大型群众性活动秩序的，处警告或者二百元以下罚款；情节严重的，处五日以上十日以下拘留，可以并处五百元以下罚款：

（一）强行进入场内的；

（二）违反规定，在场内燃放烟花爆竹或者其他物品的；

（三）展示侮辱性标语、条幅等物品的；

（四）围攻裁判员、运动员或者其他工作人员的；

（五）向场内投掷杂物，不听制止的；

（六）扰乱大型群众性活动秩序的其他行为。

因扰乱体育比赛秩序被处以拘留处罚的，可以同时责令其十二个月内不得进入体育场馆观看同类比赛；违反规定进入体育场馆的，强行带离现场。

第二十五条　【对扰乱公共秩序行为的处罚】 有下列行为之一的，处五日以上十日以下拘留，可以并处五百元以下罚款；情节较轻的，处五日以下拘留或者五百元以下罚款：

（一）散布谣言，谎报险情、疫情、警情或者以其他方法故意扰乱公共秩序的；

（二）投放虚假的爆炸性、毒害性、放射性、腐蚀性物质或者传染病病原体等危险物质扰乱公共秩序的；

（三）扬言实施放火、爆炸、投放危险物质扰乱公共秩序的。

第二十六条　【对寻衅滋事行为的处罚】有下列行为之一的，处五日以上十日以下拘留，可以并处五百元以下罚款；情节较重的，处十日以上十五日以下拘留，可以并处一千元以下罚款：

（一）结伙斗殴的；

（二）追逐、拦截他人的；

（三）强拿硬要或者任意损毁、占用公私财物的；

（四）其他寻衅滋事行为。

第二十七条　【对利用封建迷信、会道门进行非法活动行为的处罚】有下列行为之一的，处十日以上十五日以下拘留，可以并处一千元以下罚款；情节较轻的，处五日以上十日以下拘留，可以并处五百元以下罚款：

（一）组织、教唆、胁迫、诱骗、煽动他人从事邪教、会道门活动或者利用邪教、会道门、迷信活动，扰乱社会秩序、损害他人身体健康的；

（二）冒用宗教、气功名义进行扰乱社会秩序、损害他人身体健康活动的。

第二十八条　【对干扰无线电业务及无线电台（站）行为的处罚】违反国家规定，故意干扰无线电业务正常进行的，或者对正常运行的无线电台（站）产生有害干扰，经有关主管部门指出后，拒不采取有效措施消除的，处五日以上十日以下拘留；情节严重的，处十日以上十五日以下拘留。

第二十九条　【对侵入、破坏计算机信息系统行为的处罚】有下列行为之一的，处五日以下拘留；情节较重的，处五日以上十日以下拘留：

（一）违反国家规定，侵入计算机信息系统，造成危害的；

（二）违反国家规定，对计算机信息系统功能进行删除、修改、增加、干扰，造成计算机信息系统不能正常运行的；

（三）违反国家规定，对计算机信息系统中存储、处理、传输的数据和应用程序进行删除、修改、增加的；

（四）故意制作、传播计算机病毒等破坏性程序，影响计算机信息系统正常运行的。

第二节　妨害公共安全的行为和处罚

第三十条　【对违反危险物质管理行为的处罚】 违反国家规定，制造、买卖、储存、运输、邮寄、携带、使用、提供、处置爆炸性、毒害性、放射性、腐蚀性物质或者传染病病原体等危险物质的，处十日以上十五日以下拘留；情节较轻的，处五日以上十日以下拘留。

第三十一条　【对危险物质被盗、被抢、丢失不报行为的处罚】 爆炸性、毒害性、放射性、腐蚀性物质或者传染病病原体等危险物质被盗、被抢或者丢失，未按规定报告的，处五日以下拘留；故意隐瞒不报的，处五日以上十日以下拘留。

第三十二条　【对非法携带管制器具行为的处罚】 非法携带枪支、弹药或者弩、匕首等国家规定的管制器具的，处五日以下拘留，可以并处五百元以下罚款；情节较轻的，处警告或者二百元以下罚款。

非法携带枪支、弹药或者弩、匕首等国家规定的管制器具进入公共场所或者公共交通工具的，处五日以上十日以下拘留，可以并处五百元以下罚款。

第三十三条　【对盗窃、损毁公共设施行为的处罚】 有下列行为之一的，处十日以上十五日以下拘留：

（一）盗窃、损毁油气管道设施、电力电信设施、广播电视设施、水利防汛工程设施或者水文监测、测量、气象测报、环境监测、地质监测、地震监测等公共设施的；

（二）移动、损毁国家边境的界碑、界桩以及其他边境标志、边境设施或者领土、领海标志设施的；

（三）非法进行影响国（边）界线走向的活动或者修建有碍国（边）境管理的设施的。

第三十四条　【对妨害航空器飞行安全行为的处罚】 盗窃、损坏、擅自移动使用中的航空设施，或者强行进入航空器驾驶舱的，处十日以上十五日以下拘留。

在使用中的航空器上使用可能影响导航系统正常功能的器具、工具，不听劝阻的，处五日以下拘留或者五百元以下罚款。

第三十五条　【对妨害铁路运行安全行为的处罚】 有下列行为之一

的，处五日以上十日以下拘留，可以并处五百元以下罚款；情节较轻的，处五日以下拘留或者五百元以下罚款：

（一）盗窃、损毁或者擅自移动铁路设施、设备、机车车辆配件或者安全标志的；

（二）在铁路线路上放置障碍物，或者故意向列车投掷物品的；

（三）在铁路线路、桥梁、涵洞处挖掘坑穴、采石取沙的；

（四）在铁路线路上私设道口或者平交过道的。

第三十六条 **【对妨害列车行车安全行为的处罚】**擅自进入铁路防护网或者火车来临时在铁路线路上行走坐卧、抢越铁路，影响行车安全的，处警告或者二百元以下罚款。

第三十七条 **【对妨害公共道路安全行为的处罚】**有下列行为之一的，处五日以下拘留或者五百元以下罚款；情节严重的，处五日以上十日以下拘留，可以并处五百元以下罚款：

（一）未经批准，安装、使用电网的，或者安装、使用电网不符合安全规定的；

（二）在车辆、行人通行的地方施工，对沟井坎穴不设覆盖物、防围和警示标志的，或者故意损毁、移动覆盖物、防围和警示标志的；

（三）盗窃、损毁路面井盖、照明等公共设施的。

第三十八条 **【对违反规定举办大型活动行为的处罚】**举办文化、体育等大型群众性活动，违反有关规定，有发生安全事故危险的，责令停止活动，立即疏散；对组织者处五日以上十日以下拘留，并处二百元以上五百元以下罚款；情节较轻的，处五日以下拘留或者五百元以下罚款。

第三十九条 **【对违反公共场所安全规定行为的处罚】**旅馆、饭店、影剧院、娱乐场、运动场、展览馆或者其他供社会公众活动的场所的经营管理人员，违反安全规定，致使该场所有发生安全事故危险，经公安机关责令改正，拒不改正的，处五日以下拘留。

第三节　侵犯人身权利、财产
权利的行为和处罚

第四十条 **【对恐怖表演、强迫劳动、限制人身自由行为的处罚】**有下列行为之一的，处十日以上十五日以下拘留，并处五百元以上一千元以下罚款；情节较轻的，处五日以上十日以下拘留，并处二百元以上五百元以下罚款：

（一）组织、胁迫、诱骗不满十六周岁的人或者残疾人进行恐怖、残忍表演的；

（二）以暴力、威胁或者其他手段强迫他人劳动的；

（三）非法限制他人人身自由、非法侵入他人住宅或者非法搜查他人身体的。

第四十一条　**【对胁迫利用他人乞讨和滋扰乞讨行为的处罚】**胁迫、诱骗或者利用他人乞讨的，处十日以上十五日以下拘留，可以并处一千元以下罚款。

反复纠缠、强行讨要或者以其他滋扰他人的方式乞讨的，处五日以下拘留或者警告。

第四十二条　**【对侵犯人身权利六项行为的处罚】**有下列行为之一的，处五日以下拘留或者五百元以下罚款；情节较重的，处五日以上十日以下拘留，可以并处五百元以下罚款：

（一）写恐吓信或者以其他方法威胁他人人身安全的；

（二）公然侮辱他人或者捏造事实诽谤他人的；

（三）捏造事实诬告陷害他人，企图使他人受到刑事追究或者受到治安管理处罚的；

（四）对证人及其近亲属进行威胁、侮辱、殴打或者打击报复的；

（五）多次发送淫秽、侮辱、恐吓或者其他信息，干扰他人正常生活的；

（六）偷窥、偷拍、窃听、散布他人隐私的。

第四十三条　**【对殴打或故意伤害他人身体行为的处罚】**殴打他人的，或者故意伤害他人身体的，处五日以上十日以下拘留，并处二百元以上五百元以下罚款；情节较轻的，处五日以下拘留或者五百元以下罚款。

有下列情形之一的，处十日以上十五日以下拘留，并处五百元以上一千元以下罚款：

（一）结伙殴打、伤害他人的；

（二）殴打、伤害残疾人、孕妇、不满十四周岁的人或者六十周岁以上的人的；

（三）多次殴打、伤害他人或者一次殴打、伤害多人的。

第四十四条 【对猥亵他人和在公共场所裸露身体行为的处罚】猥亵他人的，或者在公共场所故意裸露身体，情节恶劣的，处五日以上十日以下拘留；猥亵智力残疾人、精神病人、不满十四周岁的人或者有其他严重情节的，处十日以上十五日以下拘留。

第四十五条 【对虐待家庭成员、遗弃被扶养人行为的处罚】有下列行为之一的，处五日以下拘留或者警告：

（一）虐待家庭成员，被虐待人要求处理的；

（二）遗弃没有独立生活能力的被扶养人的。

第四十六条 【对强迫交易行为的处罚】强买强卖商品，强迫他人提供服务或者强迫他人接受服务的，处五日以上十日以下拘留，并处二百元以上五百元以下罚款；情节较轻的，处五日以下拘留或者五百元以下罚款。

第四十七条 【对煽动民族仇恨、民族歧视行为的处罚】煽动民族仇恨、民族歧视，或者在出版物、计算机信息网络中刊载民族歧视、侮辱内容的，处十日以上十五日以下拘留，可以并处一千元以下罚款。

第四十八条 【对侵犯通信自由行为的处罚】冒领、隐匿、毁弃、私自开拆或者非法检查他人邮件的，处五日以下拘留或者五百元以下罚款。

第四十九条 【对盗窃、诈骗、哄抢、抢夺、敲诈勒索、损毁公私财物行为的处罚】盗窃、诈骗、哄抢、抢夺、敲诈勒索或者故意损毁公私财物的，处五日以上十日以下拘留，可以并处五百元以下罚款；情节较重的，处十日以上十五日以下拘留，可以并处一千元以下罚款。

第四节 妨害社会管理的行为和处罚

第五十条 【对拒不执行紧急状态决定、命令和阻碍执行公务的处罚】有下列行为之一的，处警告或者二百元以下罚款；情节严重的，处五日以上十日以下拘留，可以并处五百元以下罚款：

（一）拒不执行人民政府在紧急状态情况下依法发布的决定、命令的；

（二）阻碍国家机关工作人员依法执行职务的；

（三）阻碍执行紧急任务的消防车、救护车、工程抢险车、警车等车辆通行的；

（四）强行冲闯公安机关设置的警戒带、警戒区的。

阻碍人民警察依法执行职务的，从重处罚。

第五十一条 【对招摇撞骗行为的处罚】冒充国家机关工作人员或者以其他虚假身份招摇撞骗的，处五日以上十日以下拘留，可以并处五百元以下罚款；情节较轻的，处五日以下拘留或者五百元以下罚款。

冒充军警人员招摇撞骗的，从重处罚。

第五十二条 【对伪造、变造、买卖公文、证件、票证行为的处罚】有下列行为之一的，处十日以上十五日以下拘留，可以并处一千元以下罚款；情节较轻的，处五日以上十日以下拘留，可以并处五百元以下罚款：

（一）伪造、变造或者买卖国家机关、人民团体、企业、事业单位或者其他组织的公文、证件、证明文件、印章的；

（二）买卖或者使用伪造、变造的国家机关、人民团体、企业、事业单位或者其他组织的公文、证件、证明文件的；

（三）伪造、变造、倒卖车票、船票、航空客票、文艺演出票、体育比赛入场券或者其他有价票证、凭证的；

（四）伪造、变造船舶户牌，买卖或者使用伪造、变造的船舶户牌，或者涂改船舶发动机号码的。

第五十三条 【对船舶擅自进入禁、限入水域或岛屿行为的处罚】船舶擅自进入、停靠国家禁止、限制进入的水域或者岛屿的，对船舶负责人及有关责任人员处五百元以上一千元以下罚款；情节严重的，处五日以下拘留，并处五百元以上一千元以下罚款。

第五十四条 【对违法设立社会团体行为的处罚】有下列行为之一的，处十日以上十五日以下拘留，并处五百元以上一千元以下罚款；情节较轻的，处五日以下拘留或者五百元以下罚款：

（一）违反国家规定，未经注册登记，以社会团体名义进行活动，被取缔后，仍进行活动的；

（二）被依法撤销登记的社会团体，仍以社会团体名义进行活动的；

（三）未经许可，擅自经营按照国家规定需要由公安机关许可的行业的。

有前款第三项行为的，予以取缔。

取得公安机关许可的经营者，违反国家有关管理规定，情节严重的，公安机关可以吊销许可证。

第五十五条 【对非法集会、游行、示威行为的处罚】煽动、策划非法集会、游行、示威，不听劝阻的，处十日以上十五日以下拘留。

第五十六条 【对旅馆工作人员违反规定行为的处罚】旅馆业的工作人员对住宿的旅客不按规定登记姓名、身份证件种类和号码的，或者明知住宿的旅客将危险物质带入旅馆，不予制止的，处二百元以上五百元以下罚款。

旅馆业的工作人员明知住宿的旅客是犯罪嫌疑人员或者被公安机关通缉的人员，不向公安机关报告的，处二百元以上五百元以下罚款；情节严重的，处五日以下拘留，可以并处五百元以下罚款。

第五十七条 【对违法出租房屋行为的处罚】房屋出租人将房屋出租给无身份证件的人居住的，或者不按规定登记承租人姓名、身份证件种类和号码的，处二百元以上五百元以下罚款。

房屋出租人明知承租人利用出租房屋进行犯罪活动，不向公安机关报告的，处二百元以上五百元以下罚款；情节严重的，处五日以下拘留，可以并处五百元以下罚款。

第五十八条 【对制造噪声干扰他人生活行为的处罚】违反关于社会生活噪声污染防治的法律规定，制造噪声干扰他人正常生活的，处警告；警告后不改正的，处二百元以上五百元以下罚款。

第五十九条 【对违法典当、收购行为的处罚】有下列行为之一的，处五百元以上一千元以下罚款；情节严重的，处五日以上十日以下拘留，并处五百元以上一千元以下罚款：

（一）典当业工作人员承接典当的物品，不查验有关证明、不履行登记手续，或者明知是违法犯罪嫌疑人、赃物，不向公安机关报告的；

（二）违反国家规定，收购铁路、油田、供电、电信、矿山、水利、测量和城市公用设施等废旧专用器材的；

（三）收购公安机关通报寻查的赃物或者有赃物嫌疑的物品的；

（四）收购国家禁止收购的其他物品的。

第六十条 【对妨害执法秩序行为的处罚】有下列行为之一的，处五日以上十日以下拘留，并处二百元以上五百元以下罚款：

（一）隐藏、转移、变卖或者损毁行政执法机关依法扣押、查封、冻结的财物的；

（二）伪造、隐匿、毁灭证据或者提供虚假证言、谎报案情，影响行政执法机关依法办案的；

（三）明知是赃物而窝藏、转移或者代为销售的；

（四）被依法执行管制、剥夺政治权利或者在缓刑、暂予监外执行中的罪犯或者被依法采取刑事强制措施的人，有违反法律、行政法规或者国务院有关部门的监督管理规定的行为。

第六十一条 【对协助组织、运送他人偷越国（边）境行为的处罚】协助组织或者运送他人偷越国（边）境的，处十日以上十五日以下拘留，并处一千元以上五千元以下罚款。

第六十二条 【对偷越国（边）境行为的处罚】为偷越国（边）境人员提供条件的，处五日以上十日以下拘留，并处五百元以上二千元以下罚款。

偷越国（边）境的，处五日以下拘留或者五百元以下罚款。

第六十三条 【对妨害文物管理行为的处罚】有下列行为之一的，处警告或者二百元以下罚款；情节较重的，处五日以上十日以下拘留，并处二百元以上五百元以下罚款：

（一）刻划、涂污或者以其他方式故意损坏国家保护的文物、名胜古迹的；

（二）违反国家规定，在文物保护单位附近进行爆破、挖掘等活动，危及文物安全的。

第六十四条 【对非法驾驶交通工具行为的处罚】有下列行为之一的，处五百元以上一千元以下罚款；情节严重的，处十日以上十五日以下拘留，并处五百元以上一千元以下罚款：

（一）偷开他人机动车的；

（二）未取得驾驶证驾驶或者偷开他人航空器、机动船舶的。

第六十五条 【对破坏他人坟墓、尸体和乱停放尸体行为的处罚】有下列行为之一的，处五日以上十日以下拘留；情节严重的，处十日以上十五日以下拘留，可以并处一千元以下罚款：

（一）故意破坏、污损他人坟墓或者毁坏、丢弃他人尸骨、骨灰的；

（二）在公共场所停放尸体或者因停放尸体影响他人正常生活、工作秩序，不听劝阻的。

第六十六条 【对卖淫、嫖娼行为的处罚】卖淫、嫖娼的，处十日以上十五日以下拘留，可以并处五千元以下罚款；情节较轻的，处五日以下拘留或者五百元以下罚款。

在公共场所拉客招嫖的，处五日以下拘留或者五百元以下罚款。

第六十七条 【对引诱、容留、介绍卖淫行为的处罚】引诱、容留、介绍他人卖淫的，处十日以上十五日以下拘留，可以并处五千元以下罚款；情节较轻的，处五日以下拘留或者五百元以下罚款。

第六十八条 【对传播淫秽信息行为的处罚】制作、运输、复制、出售、出租淫秽的书刊、图片、影片、音像制品等淫秽物品或者利用计算机信息网络、电话以及其他通讯工具传播淫秽信息的，处十日以上十五日以下拘留，可以并处三千元以下罚款；情节较轻的，处五日以下拘留或者五百元以下罚款。

第六十九条 【对组织、参与淫秽活动的处罚】有下列行为之一的，处十日以上十五日以下拘留，并处五百元以上一千元以下罚款：

（一）组织播放淫秽音像的；

（二）组织或者进行淫秽表演的；

（三）参与聚众淫乱活动的。

明知他人从事前款活动，为其提供条件的，依照前款的规定处罚。

第七十条 【对赌博行为的处罚】以营利为目的，为赌博提供条件的，或者参与赌博赌资较大的，处五日以下拘留或者五百元以下罚款；情节严重的，处十日以上十五日以下拘留，并处五百元以上三千元以下罚款。

第七十一条 【对涉及毒品原植物行为的处罚】有下列行为之一的，处十日以上十五日以下拘留，可以并处三千元以下罚款；情节较轻的，处五日以下拘留或者五百元以下罚款：

（一）非法种植罂粟不满五百株或者其他少量毒品原植物的；

（二）非法买卖、运输、携带、持有少量未经灭活的罂粟等毒品原植物种子或者幼苗的；

（三）非法运输、买卖、储存、使用少量罂粟壳的。

有前款第一项行为，在成熟前自行铲除的，不予处罚。

第七十二条 【对毒品违法行为的处罚】有下列行为之一的，处十日以上十五日以下拘留，可以并处二千元以下罚款；情节较轻的，处五日以下拘留或者五百元以下罚款：

（一）非法持有鸦片不满二百克、海洛因或者甲基苯丙胺不满十克或者其他少量毒品的；

（二）向他人提供毒品的；

（三）吸食、注射毒品的；

（四）胁迫、欺骗医务人员开具麻醉药品、精神药品的。

第七十三条　【对教唆、引诱、欺骗他人吸食、注射毒品行为的处罚】 教唆、引诱、欺骗他人吸食、注射毒品的，处十日以上十五日以下拘留，并处五百元以上二千元以下罚款。

第七十四条　【对服务行业人员通风报信行为的处罚】 旅馆业、饮食服务业、文化娱乐业、出租汽车业等单位的人员，在公安机关查处吸毒、赌博、卖淫、嫖娼活动时，为违法犯罪行为人通风报信的，处十日以上十五日以下拘留。

第七十五条　【对饲养动物违法行为的处罚】 饲养动物，干扰他人正常生活的，处警告；警告后不改正的，或者放任动物恐吓他人的，处二百元以上五百元以下罚款。

驱使动物伤害他人的，依照本法第四十三条第一款的规定处罚。

第七十六条　【对屡教不改行为的处罚】 有本法第六十七条、第六十八条、第七十条的行为，屡教不改的，可以按照国家规定采取强制性教育措施。

第四章　处罚程序

第一节　调　查

第七十七条　【受理治安案件须登记】 公安机关对报案、控告、举报或者违反治安管理行为人主动投案，以及其他行政主管部门、司法机关移送的违反治安管理案件，应当及时受理，并进行登记。

第七十八条　【受理治安案件后的处理】 公安机关受理报案、控告、举报、投案后，认为属于违反治安管理行为的，应当立即进行调查；认为不属于违反治安管理行为的，应当告知报案人、控告人、举报人、投案人，并说明理由。

第七十九条 【严禁非法取证】 公安机关及其人民警察对治安案件的调查，应当依法进行。严禁刑讯逼供或者采用威胁、引诱、欺骗等非法手段收集证据。

以非法手段收集的证据不得作为处罚的根据。

第八十条 【公安机关的保密义务】 公安机关及其人民警察在办理治安案件时，对涉及的国家秘密、商业秘密或者个人隐私，应当予以保密。

第八十一条 【关于回避的规定】 人民警察在办理治安案件过程中，遇有下列情形之一的，应当回避；违反治安管理行为人、被侵害人或者其法定代理人也有权要求他们回避：

（一）是本案当事人或者当事人的近亲属的；

（二）本人或者其近亲属与本案有利害关系的；

（三）与本案当事人有其他关系，可能影响案件公正处理的。

人民警察的回避，由其所属的公安机关决定；公安机关负责人的回避，由上一级公安机关决定。

第八十二条 【关于传唤的规定】 需要传唤违反治安管理行为人接受调查的，经公安机关办案部门负责人批准，使用传唤证传唤。对现场发现的违反治安管理行为人，人民警察经出示工作证件，可以口头传唤，但应当在询问笔录中注明。

公安机关应当将传唤的原因和依据告知被传唤人。对无正当理由不接受传唤或者逃避传唤的人，可以强制传唤。

第八十三条 【传唤后的询问期限与通知义务】 对违反治安管理行为人，公安机关传唤后应当及时询问查证，询问查证的时间不得超过八小时；情况复杂，依照本法规定可能适用行政拘留处罚的，询问查证的时间不得超过二十四小时。

公安机关应当及时将传唤的原因和处所通知被传唤人家属。

第八十四条 【询问笔录、书面材料与询问不满十六周岁人的规定】 询问笔录应当交被询问人核对；对没有阅读能力的，应当向其宣读。记载有遗漏或者差错的，被询问人可以提出补充或者更正。被询问人确认笔录无误后，应当签名或者盖章，询问的人民警察也应当在笔录上签名。

被询问人要求就被询问事项自行提供书面材料的，应当准许；必要时，人民警察也可以要求被询问人自行书写。

询问不满十六周岁的违反治安管理行为人，应当通知其父母或者其他监护人到场。

第八十五条 【询问被侵害人和其他证人的规定】人民警察询问被侵害人或者其他证人，可以到其所在单位或者住处进行；必要时，也可以通知其到公安机关提供证言。

人民警察在公安机关以外询问被侵害人或者其他证人，应当出示工作证件。

询问被侵害人或者其他证人，同时适用本法第八十四条的规定。

第八十六条 【询问中的语言帮助】询问聋哑的违反治安管理行为人、被侵害人或者其他证人，应当有通晓手语的人提供帮助，并在笔录上注明。

询问不通晓当地通用的语言文字的违反治安管理行为人、被侵害人或者其他证人，应当配备翻译人员，并在笔录上注明。

第八十七条 【检查时应遵守的程序】公安机关对与违反治安管理行为有关的场所、物品、人身可以进行检查。检查时，人民警察不得少于二人，并应当出示工作证件和县级以上人民政府公安机关开具的检查证明文件。对确有必要立即进行检查的，人民警察经出示工作证件，可以当场检查，但检查公民住所应当出示县级以上人民政府公安机关开具的检查证明文件。

检查妇女的身体，应当由女性工作人员进行。

第八十八条 【检查笔录的制作】检查的情况应当制作检查笔录，由检查人、被检查人和见证人签名或者盖章；被检查人拒绝签名的，人民警察应当在笔录上注明。

第八十九条 【关于扣押物品的规定】公安机关办理治安案件，对与案件有关的需要作为证据的物品，可以扣押；对被侵害人或者善意第三人合法占有的财产，不得扣押，应当予以登记。对与案件无关的物品，不得扣押。

对扣押的物品，应当会同在场见证人和被扣押物品持有人查点清楚，当场开列清单一式二份，由调查人员、见证人和持有人签名或者盖章，一份交给持有人，另一份附卷备查。

对扣押的物品，应当妥善保管，不得挪作他用；对不宜长期保存的物品，按照有关规定处理。经查明与案件无关的，应当及时退还；经核实属于他人合法财产的，应当登记后立即退还；满六个月无人对该财产主张权利或者无法查清权利人的，应当公开拍卖或者按照国家有关规定处理，所得款项上缴国库。

第九十条　【关于鉴定的规定】为了查明案情，需要解决案件中有争议的专门性问题的，应当指派或者聘请具有专门知识的人员进行鉴定；鉴定人鉴定后，应当写出鉴定意见，并且签名。

第二节　决　定

第九十一条　【处罚的决定机关】治安管理处罚由县级以上人民政府公安机关决定；其中警告、五百元以下的罚款可以由公安派出所决定。

第九十二条　【行政拘留的折抵】对决定给予行政拘留处罚的人，在处罚前已经采取强制措施限制人身自由的时间，应当折抵。限制人身自由一日，折抵行政拘留一日。

第九十三条　【违反治安管理行为人的陈述与其他证据的关系】公安机关查处治安案件，对没有本人陈述，但其他证据能够证明案件事实的，可以作出治安管理处罚决定。但是，只有本人陈述，没有其他证据证明的，不能作出治安管理处罚决定。

第九十四条　【陈述与申辩权】公安机关作出治安管理处罚决定前，应当告知违反治安管理行为人作出治安管理处罚的事实、理由及依据，并告知违反治安管理行为人依法享有的权利。

违反治安管理行为人有权陈述和申辩。公安机关必须充分听取违反治安管理行为人的意见，对违反治安管理行为人提出的事实、理由和证据，应当进行复核；违反治安管理行为人提出的事实、理由或者证据成立的，公安机关应当采纳。

公安机关不得因违反治安管理行为人的陈述、申辩而加重处罚。

第九十五条　【治安案件的处理】治安案件调查结束后，公安机关应当根据不同情况，分别作出以下处理：

（一）确有依法应当给予治安管理处罚的违法行为的，根据情节轻重及具体情况，作出处罚决定；

（二）依法不予处罚的，或者违法事实不能成立的，作出不予处决定；

（三）违法行为已涉嫌犯罪的，移送主管机关依法追究刑事责任；

（四）发现违反治安管理行为人有其他违法行为的，在对违反治安管理行为作出处罚决定的同时，通知有关行政主管部门处理。

第九十六条　【治安管理处罚决定书的内容】公安机关作出治安管理处罚决定的，应当制作治安管理处罚决定书。决定书应当载明下列内容：

（一）被处罚人的姓名、性别、年龄、身份证件的名称和号码、住址；

（二）违法事实和证据；

（三）处罚的种类和依据；

（四）处罚的执行方式和期限；

（五）对处罚决定不服，申请行政复议、提起行政诉讼的途径和期限；

（六）作出处罚决定的公安机关的名称和作出决定的日期。

决定书应当由作出处罚决定的公安机关加盖印章。

第九十七条　【宣告、送达、抄送】公安机关应当向被处罚人宣告治安管理处罚决定书，并当场交付被处罚人；无法当场向被处罚人宣告的，应当在二日内送达被处罚人。决定给予行政拘留处罚的，应当及时通知被处罚人的家属。

有被侵害人的，公安机关应当将决定书副本抄送被侵害人。

第九十八条　【听证】公安机关作出吊销许可证以及处二千元以上罚款的治安管理处罚决定前，应当告知违反治安管理行为人有权要求举行听证；违反治安管理行为人要求听证的，公安机关应当及时依法举行听证。

第九十九条　【期限】公安机关办理治安案件的期限，自受理之日起不得超过三十日；案情重大、复杂的，经上一级公安机关批准，可以延长三十日。

为了查明案情进行鉴定的期间，不计入办理治安案件的期限。

第一百条　【当场处罚】违反治安管理行为事实清楚，证据确凿，处警告或者二百元以下罚款的，可以当场作出治安管理处罚决定。

第一百零一条　【当场处罚决定程序】当场作出治安管理处罚决定的，人民警察应当向违反治安管理行为人出示工作证件，并填写处罚决定书。处罚决定书应当当场交付被处罚人；有被侵害人的，并将决定书副本抄送被侵害人。

前款规定的处罚决定书，应当载明被处罚人的姓名、违法行为、处罚依据、罚款数额、时间、地点以及公安机关名称，并由经办的人民警察签名或者盖章。

当场作出治安管理处罚决定的，经办的人民警察应当在二十四小时内报所属公安机关备案。

第一百零二条　【不服处罚提起的复议或诉讼】被处罚人对治安管理处罚决定不服的，可以依法申请行政复议或者提起行政诉讼。

第三节　执　行

第一百零三条　【行政拘留处罚的执行】对被决定给予行政拘留处罚的人，由作出决定的公安机关送达拘留所执行。

第一百零四条　【当场收缴罚款范围】受到罚款处罚的人应当自收到处罚决定书之日起十五日内，到指定的银行缴纳罚款。但是，有下列情形之一的，人民警察可以当场收缴罚款：

（一）被处五十元以下罚款，被处罚人对罚款无异议的；

（二）在边远、水上、交通不便地区，公安机关及其人民警察依照本法的规定作出罚款决定后，被处罚人向指定的银行缴纳罚款确有困难，经被处罚人提出的；

（三）被处罚人在当地没有固定住所，不当场收缴事后难以执行的。

第一百零五条　【罚款交纳期限】人民警察当场收缴的罚款，应当自收缴罚款之日起二日内，交至所属的公安机关；在水上、旅客列车上当场收缴的罚款，应当自抵岸或者到站之日起二日内，交至所属的公安机关；公安机关应当自收到罚款之日起二日内将罚款缴付指定的银行。

第一百零六条　【罚款收据】人民警察当场收缴罚款的，应当向被处罚人出具省、自治区、直辖市人民政府财政部门统一制发的罚款收据；不出具统一制发的罚款收据的，被处罚人有权拒绝缴纳罚款。

第一百零七条　【暂缓执行行政拘留】被处罚人不服行政拘留处罚决定，申请行政复议、提起行政诉讼的，可以向公安机关提出暂缓执行行政拘留的申请。公安机关认为暂缓执行行政拘留不致发生社会危险的，由被处罚人或者其近亲属提出符合本法第一百零八条规定条件的担保人，或者按每日行政拘留二百元的标准交纳保证金，行政拘留的处罚决定暂缓执行。

第一百零八条　【担保人的条件】担保人应当符合下列条件：

（一）与本案无牵连；

（二）享有政治权利，人身自由未受到限制；

（三）在当地有常住户口和固定住所；

（四）有能力履行担保义务。

第一百零九条　【担保人的义务】担保人应当保证被担保人不逃避行政拘留处罚的执行。

担保人不履行担保义务，致使被担保人逃避行政拘留处罚的执行的，由公安机关对其处三千元以下罚款。

第一百一十条　【没收保证金】被决定给予行政拘留处罚的人交纳保证金，暂缓行政拘留后，逃避行政拘留处罚的执行的，保证金予以没收并上缴国库，已经作出的行政拘留决定仍应执行。

第一百一十一条　【退还保证金】行政拘留的处罚决定被撤销，或者行政拘留处罚开始执行的，公安机关收取的保证金应当及时退还交纳人。

第五章　执法监督

第一百一十二条　【执法原则】公安机关及其人民警察应当依法、公正、严格、高效办理治安案件，文明执法，不得徇私舞弊。

第一百一十三条　【禁止行为】公安机关及其人民警察办理治安案件，禁止对违反治安管理行为人打骂、虐待或者侮辱。

第一百一十四条　【社会监督】公安机关及其人民警察办理治安案件，应当自觉接受社会和公民的监督。

公安机关及其人民警察办理治安案件，不严格执法或者有违法违纪行为的，任何单位和个人都有权向公安机关或者人民检察院、行政监察机关检举、控告；收到检举、控告的机关，应当依据职责及时处理。

第一百一十五条　【罚缴分离原则】公安机关依法实施罚款处罚，应当依照有关法律、行政法规的规定，实行罚款决定与罚款收缴分离；收缴的罚款应当全部上缴国库。

第一百一十六条　【公安机关及其民警的行政责任和刑事责任】人民警察办理治安案件，有下列行为之一的，依法给予行政处分；构成犯罪的，依法追究刑事责任：

（一）刑讯逼供、体罚、虐待、侮辱他人的；

（二）超过询问查证的时间限制人身自由的；

（三）不执行罚款决定与罚款收缴分离制度或者不按规定将罚没的财物上缴国库或者依法处理的；

（四）私分、侵占、挪用、故意损毁收缴、扣押的财物的；

（五）违反规定使用或者不及时返还被侵害人财物的；

（六）违反规定不及时退还保证金的；

（七）利用职务上的便利收受他人财物或者谋取其他利益的；

（八）当场收缴罚款不出具罚款收据或者不如实填写罚款数额的；

（九）接到要求制止违反治安管理行为的报警后，不及时出警的；

（十）在查处违反治安管理活动时，为违法犯罪行为人通风报信的；

（十一）有徇私舞弊、滥用职权，不依法履行法定职责的其他情形的。

办理治安案件的公安机关有前款所列行为的，对直接负责的主管人员和其他直接责任人员给予相应的行政处分。

第一百一十七条　**【赔偿责任】**公安机关及其人民警察违法行使职权，侵犯公民、法人和其他组织合法权益的，应当赔礼道歉；造成损害的，应当依法承担赔偿责任。

第六章　附　　则

第一百一十八条　**【"以上、以下、以内"的含义】**本法所称以上、以下、以内，包括本数。

第一百一十九条　**【生效日期】**本法自 2006 年 3 月 1 日起施行。1986 年 9 月 5 日公布、1994 年 5 月 12 日修订公布的《中华人民共和国治安管理处罚条例》同时废止。

一、综 合

中华人民共和国人民警察法

（1995 年 2 月 28 日第八届全国人民代表大会常务委员会第十二次会议通过 根据 2012 年 10 月 26 日第十一届全国人民代表大会常务委员会第二十九次会议《关于修改〈中华人民共和国人民警察法〉的决定》修正）

目 录

第一章 总 则

第一条 为了维护国家安全和社会治安秩序，保护公民的合法权益，加强人民警察的队伍建设，从严治警，提高人民警察的素质，保障人民警察依法行使职权，保障改革开放和社会主义现代化建设的顺利进行，根据宪法，制定本法。

第二条 人民警察的任务是维护国家安全，维护社会治安秩序，保护公民的人身安全、人身自由和合法财产，保护公共财产，预防、制止和惩治违法犯罪活动。

人民警察包括公安机关、国家安全机关、监狱、劳动教养管理机关的人民警察和人民法院、人民检察院的司法警察。

第三条 人民警察必须依靠人民的支持，保持同人民的密切联系，倾听人民的意见和建议，接受人民的监督，维护人民的利益，全心全意为人民服务。

第四条 人民警察必须以宪法和法律为活动准则，忠于职守，清正廉洁，纪律严明，服从命令，严格执法。

第五条 人民警察依法执行职务，受法律保护。

第二章 职 权

第六条 公安机关的人民警察按照职责分工，依法履行下列职责：

（一）预防、制止和侦查违法犯罪活动；

（二）维护社会治安秩序，制止危害社会治安秩序的行为；

（三）维护交通安全和交通秩序，处理交通事故；

（四）组织、实施消防工作，实行消防监督；

（五）管理枪支弹药、管制刀具和易燃易爆、剧毒、放射性等危险物品；

（六）对法律、法规规定的特种行业进行管理；

（七）警卫国家规定的特定人员，守卫重要的场所和设施；

（八）管理集会、游行、示威活动；

（九）管理户政、国籍、入境出境事务和外国人在中国境内居留、旅行的有关事务；

（十）维护国（边）境地区的治安秩序；

（十一）对被判处拘役、剥夺政治权利的罪犯执行刑罚；

（十二）监督管理计算机信息系统的安全保护工作；

（十三）指导和监督国家机关、社会团体、企业事业组织和重点建设工程的治安保卫工作，指导治安保卫委员会等群众性组织的治安防范工作；

（十四）法律、法规规定的其他职责。

第七条 公安机关的人民警察对违反治安管理或者其他公安行政管理法律、法规的个人或者组织，依法可以实施行政强制措施、行政处罚。

第八条 公安机关的人民警察对严重危害社会治安秩序或者威胁公共安全的人员，可以强行带离现场、依法予以拘留或者采取法律规定的其他措施。

第九条 为维护社会治安秩序，公安机关的人民警察对有违法犯罪嫌疑的人员，经出示相应证件，可以当场盘问、检查；经盘问、检查，有下列情形之一的，可以将其带至公安机关，经该公安机关批准，对其继续盘问：

（一）被指控有犯罪行为的；

（二）有现场作案嫌疑的；

（三）有作案嫌疑身份不明的；

（四）携带的物品有可能是赃物的。

对被盘问人的留置时间自带至公安机关之时起不超过二十四小时，在特殊情况下，经县级以上公安机关批准，可以延长至四十八小时，并应当留有盘问记录。对于批准继续盘问的，应当立即通知其家属或者其所在单位。对于不批准继续盘问的，应当立即释放被盘问人。

经继续盘问，公安机关认为对被盘问人需要依法采取拘留或者其他强制措施的，应当在前款规定的期间作出决定；在前款规定的期间不能作出上述决定的，应当立即释放被盘问人。

第十条 遇有拒捕、暴乱、越狱、抢夺枪支或者其他暴力行为的紧急情况，公安机关的人民警察依照国家有关规定可以使用武器。

第十一条 为制止严重违法犯罪活动的需要，公安机关的人民警察依照国家有关规定可以使用警械。

第十二条 为侦查犯罪活动的需要，公安机关的人民警察可以依法执行拘留、搜查、逮捕或者其他强制措施。

第十三条 公安机关的人民警察因履行职责的紧急需要，经出示相应证件，可以优先乘坐公共交通工具，遇交通阻碍时，优先通行。

公安机关因侦查犯罪的需要，必要时，按照国家有关规定，可以优先使用机关、团体、企业事业组织和个人的交通工具、通信工具、场地和建筑物，用后应当及时归还，并支付适当费用；造成损失的，应当赔偿。

第十四条 公安机关的人民警察对严重危害公共安全或者他人人身安全的精神病人，可以采取保护性约束措施。需要送往指定的单位、场所加以监护的，应当报请县级以上人民政府公安机关批准，并及时通知其监护人。

第十五条 县级以上人民政府公安机关，为预防和制止严重危害社会治安秩序的行为，可以在一定的区域和时间，限制人员、车辆的通行或者停留，必要时可以实行交通管制。

公安机关的人民警察依照前款规定，可以采取相应的交通管制措施。

第十六条 公安机关因侦查犯罪的需要，根据国家有关规定，经过严格的批准手续，可以采取技术侦察措施。

第十七条 县级以上人民政府公安机关，经上级公安机关和同级人民政府批准，对严重危害社会治安秩序的突发事件，可以根据情况实行现场管制。

公安机关的人民警察依照前款规定，可以采取必要手段强行驱散，并对拒不服从的人员强行带离现场或者立即予以拘留。

第十八条 国家安全机关、监狱、劳动教养管理机关的人民警察和人民法院、人民检察院的司法警察，分别依照有关法律、行政法规的规定履行职权。

第十九条 人民警察在非工作时间，遇有其职责范围内的紧急情况，应当履行职责。

第三章　义务和纪律

第二十条 人民警察必须做到：

（一）秉公执法，办事公道；

（二）模范遵守社会公德；

（三）礼貌待人，文明执勤；

（四）尊重人民群众的风俗习惯。

第二十一条 人民警察遇到公民人身、财产安全受到侵犯或者处于其他危难情形，应当立即救助；对公民提出解决纠纷的要求，应当给予帮助；对公民的报警案件，应当及时查处。

人民警察应当积极参加抢险救灾和社会公益工作。

第二十二条 人民警察不得有下列行为：

（一）散布有损国家声誉的言论，参加非法组织，参加旨在反对国家的集会、游行、示威等活动，参加罢工；

（二）泄露国家秘密、警务工作秘密；

（三）弄虚作假，隐瞒案情，包庇、纵容违法犯罪活动；

（四）刑讯逼供或者体罚、虐待人犯；

（五）非法剥夺、限制他人人身自由，非法搜查他人的身体、物品、住所或者场所；

（六）敲诈勒索或者索取、收受贿赂；

（七）殴打他人或者唆使他人打人；

（八）违法实施处罚或者收取费用；

（九）接受当事人及其代理人的请客送礼；

（十）从事营利性的经营活动或者受雇于任何个人或者组织；

（十一）玩忽职守，不履行法定义务；

（十二）其他违法乱纪的行为。

第二十三条　人民警察必须按照规定着装，佩带人民警察标志或者持有人民警察证件，保持警容严整，举止端庄。

第四章　组织管理

第二十四条　国家根据人民警察的工作性质、任务和特点，规定组织机构设置和职务序列。

第二十五条　人民警察依法实行警衔制度。

第二十六条　担任人民警察应当具备下列条件：

（一）年满十八岁的公民；

（二）拥护中华人民共和国宪法；

（三）有良好的政治、业务素质和良好的品行；

（四）身体健康；

（五）具有高中毕业以上文化程度；

（六）自愿从事人民警察工作。

有下列情形之一的，不得担任人民警察：

（一）曾因犯罪受过刑事处罚的；

（二）曾被开除公职的。

第二十七条　录用人民警察，必须按照国家规定，公开考试，严格考核，择优选用。

第二十八条　担任人民警察领导职务的人员，应当具备下列条件：

（一）具有法律专业知识；

（二）具有政法工作经验和一定的组织管理、指挥能力；

（三）具有大学专科以上学历；

（四）经人民警察院校培训，考试合格。

第二十九条 国家发展人民警察教育事业，对人民警察有计划地进行政治思想、法制、警察业务等教育培训。

第三十条 国家根据人民警察的工作性质、任务和特点，分别规定不同岗位的服务年限和不同职务的最高任职年龄。

第三十一条 人民警察个人或者集体在工作中表现突出，有显著成绩和特殊贡献的，给予奖励。奖励分为：嘉奖、三等功、二等功、一等功、授予荣誉称号。

对受奖励的人民警察，按照国家有关规定，可以提前晋升警衔，并给予一定的物质奖励。

第五章 警 务 保 障

第三十二条 人民警察必须执行上级的决定和命令。

人民警察认为决定和命令有错误的，可以按照规定提出意见，但不得中止或者改变决定和命令的执行；提出的意见不被采纳时，必须服从决定和命令；执行决定和命令的后果由作出决定和命令的上级负责。

第三十三条 人民警察对超越法律、法规规定的人民警察职责范围的指令，有权拒绝执行，并同时向上级机关报告。

第三十四条 人民警察依法执行职务，公民和组织应当给予支持和协助。公民和组织协助人民警察依法执行职务的行为受法律保护。对协助人民警察执行职务有显著成绩的，给予表彰和奖励。

公民和组织因协助人民警察执行职务，造成人身伤亡或者财产损失的，应当按照国家有关规定给予抚恤或者补偿。

第三十五条 拒绝或者阻碍人民警察依法执行职务，有下列行为之一的，给予治安管理处罚：

（一）公然侮辱正在执行职务的人民警察的；

（二）阻碍人民警察调查取证的；

（三）拒绝或者阻碍人民警察执行追捕、搜查、救险等任务进入有关住所、场所的；

（四）对执行救人、救险、追捕、警卫等紧急任务的警车故意设置障碍的；

（五）有拒绝或者阻碍人民警察执行职务的其他行为的。

以暴力、威胁方法实施前款规定的行为，构成犯罪的，依法追究刑事责任。

第三十六条　人民警察的警用标志、制式服装和警械，由国务院公安部门统一监制，会同其他有关国家机关管理，其他个人和组织不得非法制造、贩卖。

人民警察的警用标志、制式服装、警械、证件为人民警察专用，其他个人和组织不得持有和使用。

违反前两款规定的，没收非法制造、贩卖、持有、使用的人民警察警用标志、制式服装、警械、证件，由公安机关处十五日以下拘留或者警告，可以并处违法所得五倍以下的罚款；构成犯罪的，依法追究刑事责任。

第三十七条　国家保障人民警察的经费。人民警察的经费，按照事权划分的原则，分别列入中央和地方的财政预算。

第三十八条　人民警察工作所必需的通讯、训练设施和交通、消防以及派出所、监管场所等基础设施建设，各级人民政府应当列入基本建设规划和城乡建设总体规划。

第三十九条　国家加强人民警察装备的现代化建设，努力推广、应用先进的科技成果。

第四十条　人民警察实行国家公务员的工资制度，并享受国家规定的警衔津贴和其他津贴、补贴以及保险福利待遇。

第四十一条　人民警察因公致残的，与因公致残的现役军人享受国家同样的抚恤和优待。

人民警察因公牺牲或者病故的，其家属与因公牺牲或者病故的现役军人家属享受国家同样的抚恤和优待。

第六章　执法监督

第四十二条　人民警察执行职务，依法接受人民检察院和行政监察机关的监督。

第四十三条 人民警察的上级机关对下级机关的执法活动进行监督，发现其作出的处理或者决定有错误的，应当予以撤销或者变更。

第四十四条 人民警察执行职务，必须自觉地接受社会和公民的监督。人民警察机关作出的与公众利益直接有关的规定，应当向公众公布。

第四十五条 人民警察在办理治安案件过程中，遇有下列情形之一的，应当回避，当事人或者其法定代理人也有权要求他们回避：

（一）是本案的当事人或者是当事人的近亲属的；

（二）本人或者其近亲属与本案有利害关系的；

（三）与本案当事人有其他关系，可能影响案件公正处理的。

前款规定的回避，由有关的公安机关决定。

人民警察在办理刑事案件过程中的回避，适用刑事诉讼法的规定。

第四十六条 公民或者组织对人民警察的违法、违纪行为，有权向人民警察机关或者人民检察院、行政监察机关检举、控告。受理检举、控告的机关应当及时查处，并将查处结果告知检举人、控告人。

对依法检举、控告的公民或者组织，任何人不得压制和打击报复。

第四十七条 公安机关建立督察制度，对公安机关的人民警察执行法律、法规、遵守纪律的情况进行监督。

第七章　法　律　责　任

第四十八条 人民警察有本法第二十二条所列行为之一的，应当给予行政处分；构成犯罪的，依法追究刑事责任。

行政处分分为：警告、记过、记大过、降级、撤职、开除。对受行政处分的人民警察，按照国家有关规定，可以降低警衔、取消警衔。

对违反纪律的人民警察，必要时可以对其采取停止执行职务、禁闭的措施。

第四十九条 人民警察违反规定使用武器、警械，构成犯罪的，依法追究刑事责任；尚不构成犯罪的，应当依法给予行政处分。

第五十条 人民警察在执行职务中，侵犯公民或者组织的合法权益造成损害的，应当依照《中华人民共和国国家赔偿法》和其他有关法律、法规的规定给予赔偿。

第八章 附 则

第五十一条 中国人民武装警察部队执行国家赋予的安全保卫任务。

第五十二条 本法自公布之日起施行。1957年6月25日公布的《中华人民共和国人民警察条例》同时废止。

中华人民共和国行政处罚法

(1996年3月17日第八届全国人民代表大会第四次会议通过 根据2009年8月27日第十一届全国人民代表大会常务委员会第十次会议《关于修改部分法律的决定》第一次修正 根据2017年9月1日第十二届全国人民代表大会常务委员会第二十九次会议《关于修改〈中华人民共和国法官法〉等八部法律的决定》第二次修正 2021年1月22日第十三届全国人民代表大会常务委员会第二十五次会议修订 2021年1月22日中华人民共和国主席令第70号公布 自2021年7月15日起施行)

目 录

第一章 总 则

第一条 【立法目的】为了规范行政处罚的设定和实施，保障和监督行政机关有效实施行政管理，维护公共利益和社会秩序，保护公民、法人或者其他组织的合法权益，根据宪法，制定本法。

第二条 【行政处罚的定义】行政处罚是指行政机关依法对违反行政管理秩序的公民、法人或者其他组织，以减损权益或者增加义务的方式予以惩戒的行为。

第三条 【适用范围】行政处罚的设定和实施，适用本法。

第四条 【适用对象】公民、法人或者其他组织违反行政管理秩序的行为，应当给予行政处罚的，依照本法由法律、法规、规章规定，并由行政机关依照本法规定的程序实施。

第五条 【适用原则】行政处罚遵循公正、公开的原则。

设定和实施行政处罚必须以事实为依据，与违法行为的事实、性质、情节以及社会危害程度相当。

对违法行为给予行政处罚的规定必须公布；未经公布的，不得作为行政处罚的依据。

第六条 【适用目的】实施行政处罚，纠正违法行为，应当坚持处罚与教育相结合，教育公民、法人或者其他组织自觉守法。

第七条 【被处罚者权利】公民、法人或者其他组织对行政机关所给予的行政处罚，享有陈述权、申辩权；对行政处罚不服的，有权依法申请行政复议或者提起行政诉讼。

公民、法人或者其他组织因行政机关违法给予行政处罚受到损害的，有权依法提出赔偿要求。

第八条 【被处罚者承担的其他法律责任】公民、法人或者其他组织因违法行为受到行政处罚，其违法行为对他人造成损害的，应当依法承担民事责任。

违法行为构成犯罪，应当依法追究刑事责任的，不得以行政处罚代替刑事处罚。

第二章　行政处罚的种类和设定

第九条　【处罚的种类】行政处罚的种类：

（一）警告、通报批评；

（二）罚款、没收违法所得、没收非法财物；

（三）暂扣许可证件、降低资质等级、吊销许可证件；

（四）限制开展生产经营活动、责令停产停业、责令关闭、限制从业；

（五）行政拘留；

（六）法律、行政法规规定的其他行政处罚。

第十条　【法律对处罚的设定】法律可以设定各种行政处罚。

限制人身自由的行政处罚，只能由法律设定。

第十一条　【行政法规对处罚的设定】行政法规可以设定除限制人身自由以外的行政处罚。

法律对违法行为已经作出行政处罚规定，行政法规需要作出具体规定的，必须在法律规定的给予行政处罚的行为、种类和幅度的范围内规定。

法律对违法行为未作出行政处罚规定，行政法规为实施法律，可以补充设定行政处罚。拟补充设定行政处罚的，应当通过听证会、论证会等形式广泛听取意见，并向制定机关作出书面说明。行政法规报送备案时，应当说明补充设定行政处罚的情况。

第十二条　【地方性法规对处罚的设定】地方性法规可以设定除限制人身自由、吊销营业执照以外的行政处罚。

法律、行政法规对违法行为已经作出行政处罚规定，地方性法规需要作出具体规定的，必须在法律、行政法规规定的给予行政处罚的行为、种类和幅度的范围内规定。

法律、行政法规对违法行为未作出行政处罚规定，地方性法规为实施法律、行政法规，可以补充设定行政处罚。拟补充设定行政处罚的，应当通过听证会、论证会等形式广泛听取意见，并向制定机关作出书面说明。地方性法规报送备案时，应当说明补充设定行政处罚的情况。

第十三条　【国务院部门规章对处罚的设定】国务院部门规章可以在法律、行政法规规定的给予行政处罚的行为、种类和幅度的范围内作出具体规定。

尚未制定法律、行政法规的，国务院部门规章对违反行政管理秩序的行为，可以设定警告、通报批评或者一定数额罚款的行政处罚。罚款的限额由国务院规定。

第十四条　【地方政府规章对处罚的设定】 地方政府规章可以在法律、法规规定的给予行政处罚的行为、种类和幅度的范围内作出具体规定。

尚未制定法律、法规的，地方政府规章对违反行政管理秩序的行为，可以设定警告、通报批评或者一定数额罚款的行政处罚。罚款的限额由省、自治区、直辖市人民代表大会常务委员会规定。

第十五条　【对行政处罚定期评估】 国务院部门和省、自治区、直辖市人民政府及其有关部门应当定期组织评估行政处罚的实施情况和必要性，对不适当的行政处罚事项及种类、罚款数额等，应当提出修改或者废止的建议。

第十六条　【其他规范性文件不得设定处罚】 除法律、法规、规章外，其他规范性文件不得设定行政处罚。

第三章　行政处罚的实施机关

第十七条　【处罚的实施】 行政处罚由具有行政处罚权的行政机关在法定职权范围内实施。

第十八条　【处罚的权限】 国家在城市管理、市场监管、生态环境、文化市场、交通运输、应急管理、农业等领域推行建立综合行政执法制度，相对集中行政处罚权。

国务院或者省、自治区、直辖市人民政府可以决定一个行政机关行使有关行政机关的行政处罚权。

限制人身自由的行政处罚权只能由公安机关和法律规定的其他机关行使。

第十九条　【授权实施处罚】 法律、法规授权的具有管理公共事务职能的组织可以在法定授权范围内实施行政处罚。

第二十条　【委托实施处罚】 行政机关依照法律、法规、规章的规定，可以在其法定权限内书面委托符合本法第二十一条规定条件的组织实施行政处罚。行政机关不得委托其他组织或者个人实施行政处罚。

委托书应当载明委托的具体事项、权限、期限等内容。委托行政机关和受委托组织应当将委托书向社会公布。

委托行政机关对受委托组织实施行政处罚的行为应当负责监督，并对该行为的后果承担法律责任。

受委托组织在委托范围内，以委托行政机关名义实施行政处罚；不得再委托其他组织或者个人实施行政处罚。

第二十一条 【受托组织的条件】受委托组织必须符合以下条件：

（一）依法成立并具有管理公共事务职能；

（二）有熟悉有关法律、法规、规章和业务并取得行政执法资格的工作人员；

（三）需要进行技术检查或者技术鉴定的，应当有条件组织进行相应的技术检查或者技术鉴定。

第四章　行政处罚的管辖和适用

第二十二条 【地域管辖】行政处罚由违法行为发生地的行政机关管辖。法律、行政法规、部门规章另有规定的，从其规定。

第二十三条 【级别管辖】行政处罚由县级以上地方人民政府具有行政处罚权的行政机关管辖。法律、行政法规另有规定的，从其规定。

第二十四条 【行政处罚权的承接】省、自治区、直辖市根据当地实际情况，可以决定将基层管理迫切需要的县级人民政府部门的行政处罚权交由能够有效承接的乡镇人民政府、街道办事处行使，并定期组织评估。决定应当公布。

承接行政处罚权的乡镇人民政府、街道办事处应当加强执法能力建设，按照规定范围、依照法定程序实施行政处罚。

有关地方人民政府及其部门应当加强组织协调、业务指导、执法监督，建立健全行政处罚协调配合机制，完善评议、考核制度。

第二十五条 【共同管辖及指定管辖】两个以上行政机关都有管辖权的，由最先立案的行政机关管辖。

对管辖发生争议的，应当协商解决，协商不成的，报请共同的上一级行政机关指定管辖；也可以直接由共同的上一级行政机关指定管辖。

第二十六条 【行政协助】行政机关因实施行政处罚的需要，可以向有关机关提出协助请求。协助事项属于被请求机关职权范围内的，应当依法予以协助。

第二十七条　【刑事责任优先】违法行为涉嫌犯罪的，行政机关应当及时将案件移送司法机关，依法追究刑事责任。对依法不需要追究刑事责任或者免予刑事处罚，但应当给予行政处罚的，司法机关应当及时将案件移送有关行政机关。

行政处罚实施机关与司法机关之间应当加强协调配合，建立健全案件移送制度，加强证据材料移交、接收衔接，完善案件处理信息通报机制。

第二十八条　【责令改正与责令退赔】行政机关实施行政处罚时，应当责令当事人改正或者限期改正违法行为。

当事人有违法所得，除依法应当退赔的外，应当予以没收。违法所得是指实施违法行为所取得的款项。法律、行政法规、部门规章对违法所得的计算另有规定的，从其规定。

第二十九条　【一事不二罚】对当事人的同一个违法行为，不得给予两次以上罚款的行政处罚。同一个违法行为违反多个法律规范应当给予罚款处罚的，按照罚款数额高的规定处罚。

第三十条　【未成年人处罚的限制】不满十四周岁的未成年人有违法行为的，不予行政处罚，责令监护人加以管教；已满十四周岁不满十八周岁的未成年人有违法行为的，应当从轻或者减轻行政处罚。

第三十一条　【精神病人及限制性精神病人处罚的限制】精神病人、智力残疾人在不能辨认或者不能控制自己行为时有违法行为的，不予行政处罚，但应当责令其监护人严加看管和治疗。间歇性精神病人在精神正常时有违法行为的，应当给予行政处罚。尚未完全丧失辨认或者控制自己行为能力的精神病人、智力残疾人有违法行为的，可以从轻或者减轻行政处罚。

第三十二条　【从轻、减轻处罚的情形】当事人有下列情形之一，应当从轻或者减轻行政处罚：

（一）主动消除或者减轻违法行为危害后果的；

（二）受他人胁迫或者诱骗实施违法行为的；

（三）主动供述行政机关尚未掌握的违法行为的；

（四）配合行政机关查处违法行为有立功表现的；

（五）法律、法规、规章规定其他应当从轻或者减轻行政处罚的。

第三十三条 **【不予行政处罚的条件】**违法行为轻微并及时改正，没有造成危害后果的，不予行政处罚。初次违法且危害后果轻微并及时改正的，可以不予行政处罚。

当事人有证据足以证明没有主观过错的，不予行政处罚。法律、行政法规另有规定的，从其规定。

对当事人的违法行为依法不予行政处罚的，行政机关应当对当事人进行教育。

第三十四条 **【行政处罚裁量基准】**行政机关可以依法制定行政处罚裁量基准，规范行使行政处罚裁量权。行政处罚裁量基准应当向社会公布。

第三十五条 **【刑罚的折抵】**违法行为构成犯罪，人民法院判处拘役或者有期徒刑时，行政机关已经给予当事人行政拘留的，应当依法折抵相应刑期。

违法行为构成犯罪，人民法院判处罚金时，行政机关已经给予当事人罚款的，应当折抵相应罚金；行政机关尚未给予当事人罚款的，不再给予罚款。

第三十六条 **【处罚的时效】**违法行为在二年内未被发现的，不再给予行政处罚；涉及公民生命健康安全、金融安全且有危害后果的，上述期限延长至五年。法律另有规定的除外。

前款规定的期限，从违法行为发生之日起计算；违法行为有连续或者继续状态的，从行为终了之日起计算。

第三十七条 **【法不溯及既往】**实施行政处罚，适用违法行为发生时的法律、法规、规章的规定。但是，作出行政处罚决定时，法律、法规、规章已被修改或者废止，且新的规定处罚较轻或者不认为是违法的，适用新的规定。

第三十八条 **【行政处罚无效】**行政处罚没有依据或者实施主体不具有行政主体资格的，行政处罚无效。

违反法定程序构成重大且明显违法的，行政处罚无效。

第五章　行政处罚的决定

第一节　一般规定

第三十九条　【信息公示】行政处罚的实施机关、立案依据、实施程序和救济渠道等信息应当公示。

第四十条　【处罚的前提】公民、法人或者其他组织违反行政管理秩序的行为，依法应当给予行政处罚的，行政机关必须查明事实；违法事实不清、证据不足的，不得给予行政处罚。

第四十一条　【信息化手段的运用】行政机关依照法律、行政法规规定利用电子技术监控设备收集、固定违法事实的，应当经过法制和技术审核，确保电子技术监控设备符合标准、设置合理、标志明显，设置地点应当向社会公布。

电子技术监控设备记录违法事实应当真实、清晰、完整、准确。行政机关应当审核记录内容是否符合要求；未经审核或者经审核不符合要求的，不得作为行政处罚的证据。

行政机关应当及时告知当事人违法事实，并采取信息化手段或者其他措施，为当事人查询、陈述和申辩提供便利。不得限制或者变相限制当事人享有的陈述权、申辩权。

第四十二条　【执法人员要求】行政处罚应当由具有行政执法资格的执法人员实施。执法人员不得少于两人，法律另有规定的除外。

执法人员应当文明执法，尊重和保护当事人合法权益。

第四十三条　【回避】执法人员与案件有直接利害关系或者有其他关系可能影响公正执法的，应当回避。

当事人认为执法人员与案件有直接利害关系或者有其他关系可能影响公正执法的，有权申请回避。

当事人提出回避申请的，行政机关应当依法审查，由行政机关负责人决定。决定作出之前，不停止调查。

第四十四条　【告知义务】行政机关在作出行政处罚决定之前，应当告知当事人拟作出的行政处罚内容及事实、理由、依据，并告知当事人依法享有的陈述、申辩、要求听证等权利。

第四十五条 **【当事人的陈述权和申辩权】**当事人有权进行陈述和申辩。行政机关必须充分听取当事人的意见，对当事人提出的事实、理由和证据，应当进行复核；当事人提出的事实、理由或者证据成立的，行政机关应当采纳。

行政机关不得因当事人陈述、申辩而给予更重的处罚。

第四十六条 **【证据】**证据包括：

（一）书证；

（二）物证；

（三）视听资料；

（四）电子数据；

（五）证人证言；

（六）当事人的陈述；

（七）鉴定意见；

（八）勘验笔录、现场笔录。

证据必须经查证属实，方可作为认定案件事实的根据。

以非法手段取得的证据，不得作为认定案件事实的根据。

第四十七条 **【执法全过程记录制度】**行政机关应当依法以文字、音像等形式，对行政处罚的启动、调查取证、审核、决定、送达、执行等进行全过程记录，归档保存。

第四十八条 **【行政处罚决定公示制度】**具有一定社会影响的行政处罚决定应当依法公开。

公开的行政处罚决定被依法变更、撤销、确认违法或者确认无效的，行政机关应当在三日内撤回行政处罚决定信息并公开说明理由。

第四十九条 **【应急处罚】**发生重大传染病疫情等突发事件，为了控制、减轻和消除突发事件引起的社会危害，行政机关对违反突发事件应对措施的行为，依法快速、从重处罚。

第五十条 **【保密义务】**行政机关及其工作人员对实施行政处罚过程中知悉的国家秘密、商业秘密或者个人隐私，应当依法予以保密。

第二节　简　易　程　序

第五十一条 **【当场处罚的情形】**违法事实确凿并有法定依据，对公民处以二百元以下、对法人或者其他组织处以三千元以下罚款或者警告的行政处罚的，可以当场作出行政处罚决定。法律另有规定的，从其规定。

第五十二条　【当场处罚的程序】执法人员当场作出行政处罚决定的，应当向当事人出示执法证件，填写预定格式、编有号码的行政处罚决定书，并当场交付当事人。当事人拒绝签收的，应当在行政处罚决定书上注明。

前款规定的行政处罚决定书应当载明当事人的违法行为，行政处罚的种类和依据、罚款数额、时间、地点，申请行政复议、提起行政诉讼的途径和期限以及行政机关名称，并由执法人员签名或者盖章。

执法人员当场作出的行政处罚决定，应当报所属行政机关备案。

第五十三条　【当场处罚的履行】对当场作出的行政处罚决定，当事人应当依照本法第六十七条至第六十九条的规定履行。

第三节　普通程序

第五十四条　【调查取证与立案】除本法第五十一条规定的可以当场作出的行政处罚外，行政机关发现公民、法人或者其他组织有依法应当给予行政处罚的行为的，必须全面、客观、公正地调查，收集有关证据；必要时，依照法律、法规的规定，可以进行检查。

符合立案标准的，行政机关应当及时立案。

第五十五条　【出示证件与协助调查】执法人员在调查或者进行检查时，应当主动向当事人或者有关人员出示执法证件。当事人或者有关人员有权要求执法人员出示执法证件。执法人员不出示执法证件的，当事人或者有关人员有权拒绝接受调查或者检查。

当事人或者有关人员应当如实回答询问，并协助调查或者检查，不得拒绝或者阻挠。询问或者检查应当制作笔录。

第五十六条　【证据的收集原则】行政机关在收集证据时，可以采取抽样取证的方法；在证据可能灭失或者以后难以取得的情况下，经行政机关负责人批准，可以先行登记保存，并应当在七日内及时作出处理决定，在此期间，当事人或者有关人员不得销毁或者转移证据。

第五十七条　【处罚决定】调查终结，行政机关负责人应当对调查结果进行审查，根据不同情况，分别作出如下决定：

（一）确有应受行政处罚的违法行为的，根据情节轻重及具体情况，作出行政处罚决定；

（二）违法行为轻微，依法可以不予行政处罚的，不予行政处罚；

（三）违法事实不能成立的，不予行政处罚；

（四）违法行为涉嫌犯罪的，移送司法机关。

对情节复杂或者重大违法行为给予行政处罚，行政机关负责人应当集体讨论决定。

第五十八条　【法制审核】有下列情形之一，在行政机关负责人作出行政处罚的决定之前，应当由从事行政处罚决定法制审核的人员进行法制审核；未经法制审核或者审核未通过的，不得作出决定：

（一）涉及重大公共利益的；

（二）直接关系当事人或者第三人重大权益，经过听证程序的；

（三）案件情况疑难复杂、涉及多个法律关系的；

（四）法律、法规规定应当进行法制审核的其他情形。

行政机关中初次从事行政处罚决定法制审核的人员，应当通过国家统一法律职业资格考试取得法律职业资格。

第五十九条　【行政处罚决定书的内容】行政机关依照本法第五十七条的规定给予行政处罚，应当制作行政处罚决定书。行政处罚决定书应当载明下列事项：

（一）当事人的姓名或者名称、地址；

（二）违反法律、法规、规章的事实和证据；

（三）行政处罚的种类和依据；

（四）行政处罚的履行方式和期限；

（五）申请行政复议、提起行政诉讼的途径和期限；

（六）作出行政处罚决定的行政机关名称和作出决定的日期。

行政处罚决定书必须盖有作出行政处罚决定的行政机关的印章。

第六十条　【决定期限】行政机关应当自行政处罚案件立案之日起九十日内作出行政处罚决定。法律、法规、规章另有规定的，从其规定。

第六十一条　【送达】行政处罚决定书应当在宣告后当场交付当事人；当事人不在场的，行政机关应当在七日内依照《中华人民共和国民事诉讼法》的有关规定，将行政处罚决定书送达当事人。

当事人同意并签订确认书的，行政机关可以采用传真、电子邮件等方式，将行政处罚决定书等送达当事人。

第六十二条 【处罚的成立条件】行政机关及其执法人员在作出行政处罚决定之前，未依照本法第四十四条、第四十五条的规定向当事人告知拟作出的行政处罚内容及事实、理由、依据，或者拒绝听取当事人的陈述、申辩，不得作出行政处罚决定；当事人明确放弃陈述或者申辩权利的除外。

第四节　听证程序

第六十三条 【听证权】行政机关拟作出下列行政处罚决定，应当告知当事人有要求听证的权利，当事人要求听证的，行政机关应当组织听证：

（一）较大数额罚款；

（二）没收较大数额违法所得、没收较大价值非法财物；

（三）降低资质等级、吊销许可证件；

（四）责令停产停业、责令关闭、限制从业；

（五）其他较重的行政处罚；

（六）法律、法规、规章规定的其他情形。

当事人不承担行政机关组织听证的费用。

第六十四条 【听证程序】听证应当依照以下程序组织：

（一）当事人要求听证的，应当在行政机关告知后五日内提出；

（二）行政机关应当在举行听证的七日前，通知当事人及有关人员听证的时间、地点；

（三）除涉及国家秘密、商业秘密或者个人隐私依法予以保密外，听证公开举行；

（四）听证由行政机关指定的非本案调查人员主持；当事人认为主持人与本案有直接利害关系的，有权申请回避；

（五）当事人可以亲自参加听证，也可以委托一至二人代理；

（六）当事人及其代理人无正当理由拒不出席听证或者未经许可中途退出听证的，视为放弃听证权利，行政机关终止听证；

（七）举行听证时，调查人员提出当事人违法的事实、证据和行政处罚建议，当事人进行申辩和质证；

（八）听证应当制作笔录。笔录应当交当事人或者其代理人核对无误后签字或者盖章。当事人或者其代理人拒绝签字或者盖章的，由听证主持人在笔录中注明。

第六十五条 【听证笔录】听证结束后，行政机关应当根据听证笔录，依照本法第五十七条的规定，作出决定。

第六章 行政处罚的执行

第六十六条 【履行义务及分期履行】行政处罚决定依法作出后，当事人应当在行政处罚决定书载明的期限内，予以履行。

当事人确有经济困难，需要延期或者分期缴纳罚款的，经当事人申请和行政机关批准，可以暂缓或者分期缴纳。

第六十七条 【罚缴分离原则】作出罚款决定的行政机关应当与收缴罚款的机构分离。

除依照本法第六十八条、第六十九条的规定当场收缴的罚款外，作出行政处罚决定的行政机关及其执法人员不得自行收缴罚款。

当事人应当自收到行政处罚决定书之日起十五日内，到指定的银行或者通过电子支付系统缴纳罚款。银行应当收受罚款，并将罚款直接上缴国库。

第六十八条 【当场收缴罚款范围】依照本法第五十一条的规定当场作出行政处罚决定，有下列情形之一，执法人员可以当场收缴罚款：

（一）依法给予一百元以下罚款的；

（二）不当场收缴事后难以执行的。

第六十九条 【边远地区当场收缴罚款】在边远、水上、交通不便地区，行政机关及其执法人员依照本法第五十一条、第五十七条的规定作出罚款决定后，当事人到指定的银行或者通过电子支付系统缴纳罚款确有困难，经当事人提出，行政机关及其执法人员可以当场收缴罚款。

第七十条 【罚款票据】行政机关及其执法人员当场收缴罚款的，必须向当事人出具国务院财政部门或者省、自治区、直辖市人民政府财政部门统一制发的专用票据；不出具财政部门统一制发的专用票据的，当事人有权拒绝缴纳罚款。

第七十一条 【罚款交纳期】执法人员当场收缴的罚款，应当自收缴罚款之日起二日内，交至行政机关；在水上当场收缴的罚款，应当自抵岸之日起二日内交至行政机关；行政机关应当在二日内将罚款缴付指定的银行。

第七十二条 【执行措施】当事人逾期不履行行政处罚决定的，作出行政处罚决定的行政机关可以采取下列措施：

（一）到期不缴纳罚款的，每日按罚款数额的百分之三加处罚款，加处罚款的数额不得超出罚款的数额；

（二）根据法律规定，将查封、扣押的财物拍卖、依法处理或者将冻结的存款、汇款划拨抵缴罚款；

（三）根据法律规定，采取其他行政强制执行方式；

（四）依照《中华人民共和国行政强制法》的规定申请人民法院强制执行。

行政机关批准延期、分期缴纳罚款的，申请人民法院强制执行的期限，自暂缓或者分期缴纳罚款期限结束之日起计算。

第七十三条 【不停止执行及暂缓执行】当事人对行政处罚决定不服，申请行政复议或者提起行政诉讼的，行政处罚不停止执行，法律另有规定的除外。

当事人对限制人身自由的行政处罚决定不服，申请行政复议或者提起行政诉讼的，可以向作出决定的机关提出暂缓执行申请。符合法律规定情形的，应当暂缓执行。

当事人申请行政复议或者提起行政诉讼的，加处罚款的数额在行政复议或者行政诉讼期间不予计算。

第七十四条 【没收的非法财物的处理】除依法应当予以销毁的物品外，依法没收的非法财物必须按照国家规定公开拍卖或者按照国家有关规定处理。

罚款、没收的违法所得或者没收非法财物拍卖的款项，必须全部上缴国库，任何行政机关或者个人不得以任何形式截留、私分或者变相私分。

罚款、没收的违法所得或者没收非法财物拍卖的款项，不得同作出行政处罚决定的行政机关及其工作人员的考核、考评直接或者变相挂钩。除依法应当退还、退赔的外，财政部门不得以任何形式向作出行政处罚决定的行政机关返还罚款、没收的违法所得或者没收非法财物拍卖的款项。

第七十五条 【监督检查】行政机关应当建立健全对行政处罚的监督

制度。县级以上人民政府应当定期组织开展行政执法评议、考核，加强对行政处罚的监督检查，规范和保障行政处罚的实施。

行政机关实施行政处罚应当接受社会监督。公民、法人或者其他组织对行政机关实施行政处罚的行为，有权申诉或者检举；行政机关应当认真审查，发现有错误的，应当主动改正。

第七章　法　律　责　任

第七十六条　【上级行政机关的监督】行政机关实施行政处罚，有下列情形之一，由上级行政机关或者有关机关责令改正，对直接负责的主管人员和其他直接责任人员依法给予处分：

（一）没有法定的行政处罚依据的；

（二）擅自改变行政处罚种类、幅度的；

（三）违反法定的行政处罚程序的；

（四）违反本法第二十条关于委托处罚的规定的；

（五）执法人员未取得执法证件的。

行政机关对符合立案标准的案件不及时立案的，依照前款规定予以处理。

第七十七条　【当事人的拒绝处罚权及检举权】行政机关对当事人进行处罚不使用罚款、没收财物单据或者使用非法定部门制发的罚款、没收财物单据的，当事人有权拒绝，并有权予以检举，由上级行政机关或者有关机关对使用的非法单据予以收缴销毁，对直接负责的主管人员和其他直接责任人员依法给予处分。

第七十八条　【自行收缴罚款的处理】行政机关违反本法第六十七条的规定自行收缴罚款的，财政部门违反本法第七十四条的规定向行政机关返还罚款、没收的违法所得或者拍卖款项的，由上级行政机关或者有关机关责令改正，对直接负责的主管人员和其他直接责任人员依法给予处分。

第七十九条　【私分罚没财物的处理】行政机关截留、私分或者变相私分罚款、没收的违法所得或者财物的，由财政部门或者有关机关予以追缴，对直接负责的主管人员和其他直接责任人员依法给予处分；情节严重构成犯罪的，依法追究刑事责任。

执法人员利用职务上的便利，索取或者收受他人财物、将收缴罚款据为己有，构成犯罪的，依法追究刑事责任；情节轻微不构成犯罪的，依法给予处分。

第八十条 【行政机关的赔偿责任及对有关人员的处理】行政机关使用或者损毁查封、扣押的财物，对当事人造成损失的，应当依法予以赔偿，对直接负责的主管人员和其他直接责任人员依法给予处分。

第八十一条 【违法实行检查或执行措施的赔偿责任】行政机关违法实施检查措施或者执行措施，给公民人身或者财产造成损害、给法人或者其他组织造成损失的，应当依法予以赔偿，对直接负责的主管人员和其他直接责任人员依法给予处分；情节严重构成犯罪的，依法追究刑事责任。

第八十二条 【以行代刑的责任】行政机关对应当依法移交司法机关追究刑事责任的案件不移交，以行政处罚代替刑事处罚，由上级行政机关或者有关机关责令改正，对直接负责的主管人员和其他直接责任人员依法给予处分；情节严重构成犯罪的，依法追究刑事责任。

第八十三条 【失职责任】行政机关对应当予以制止和处罚的违法行为不予制止、处罚，致使公民、法人或者其他组织的合法权益、公共利益和社会秩序遭受损害的，对直接负责的主管人员和其他直接责任人员依法给予处分；情节严重构成犯罪的，依法追究刑事责任。

第八章 附 则

第八十四条 【属地原则】外国人、无国籍人、外国组织在中华人民共和国领域内有违法行为，应当给予行政处罚的，适用本法，法律另有规定的除外。

第八十五条 【工作日】本法中"二日""三日""五日""七日"的规定是指工作日，不含法定节假日。

第八十六条 【施行日期】本法自 2021 年 7 月 15 日起施行。

中华人民共和国刑法（节录）

（1979 年 7 月 1 日第五届全国人民代表大会第二次会议通过
1997 年 3 月 14 日第八届全国人民代表大会第五次会议修订　根据
1998 年 12 月 29 日第九届全国人民代表大会常务委员会第六次会
议通过的《全国人民代表大会常务委员会关于惩治骗购外汇、逃
汇和非法买卖外汇犯罪的决定》、1999 年 12 月 25 日第九届全国人
民代表大会常务委员会第十三次会议通过的《中华人民共和国刑
法修正案》、2001 年 8 月 31 日第九届全国人民代表大会常务委员
会第二十三次会议通过的《中华人民共和国刑法修正案（二）》、
2001 年 12 月 29 日第九届全国人民代表大会常务委员会第二十五
次会议通过的《中华人民共和国刑法修正案（三）》、2002 年 12
月 28 日第九届全国人民代表大会常务委员会第三十一次会议通过
的《中华人民共和国刑法修正案（四）》、2005 年 2 月 28 日第十
届全国人民代表大会常务委员会第十四次会议通过的《中华人民
共和国刑法修正案（五）》、2006 年 6 月 29 日第十届全国人民代
表大会常务委员会第二十二次会议通过的《中华人民共和国刑法
修正案（六）》、2009 年 2 月 28 日第十一届全国人民代表大会常
务委员会第七次会议通过的《中华人民共和国刑法修正案
（七）》、2009 年 8 月 27 日第十一届全国人民代表大会常务委员
会第十次会议通过的《全国人民代表大会常务委员会关于修改部
分法律的决定》、2011 年 2 月 25 日第十一届全国人民代表大会常
务委员会第十九次会议通过的《中华人民共和国刑法修正案
（八）》、2015 年 8 月 29 日第十二届全国人民代表大会常务委员
会第十六次会议通过的《中华人民共和国刑法修正案（九）》、
2017 年 11 月 4 日第十二届全国人民代表大会常务委员会第三十次
会议通过的《中华人民共和国刑法修正案（十）》、2020 年 12 月
26 日第十三届全国人民代表大会常务委员会第二十四次会议通过
的《中华人民共和国刑法修正案（十一）》和 2023 年 12 月 29 日

第十四届全国人民代表大会常务委员会第七次会议通过的《中华人民共和国刑法修正案（十二）》修正)①

……

第二百三十八条 　【非法拘禁罪】非法拘禁他人或者以其他方法非法剥夺他人人身自由的，处三年以下有期徒刑、拘役、管制或者剥夺政治权利。具有殴打、侮辱情节的，从重处罚。

犯前款罪，致人重伤的，处三年以上十年以下有期徒刑；致人死亡的，处十年以上有期徒刑。使用暴力致人伤残、死亡的，依照本法第二百三十四条、第二百三十二条的规定定罪处罚。

为索取债务非法扣押、拘禁他人的，依照前两款的规定处罚。

国家机关工作人员利用职权犯前三款罪的，依照前三款的规定从重处罚。

……

第二百四十三条 　【诬告陷害罪】捏造事实诬告陷害他人，意图使他人受刑事追究，情节严重的，处三年以下有期徒刑、拘役或者管制；造成严重后果的，处三年以上十年以下有期徒刑。

国家机关工作人员犯前款罪的，从重处罚。

不是有意诬陷，而是错告，或者检举失实的，不适用前两款的规定。

第二百四十四条 　【强迫劳动罪】以暴力、威胁或者限制人身自由的方法强迫他人劳动的，处三年以下有期徒刑或者拘役，并处罚金；情节严重的，处三年以上十年以下有期徒刑，并处罚金。

明知他人实施前款行为，为其招募、运送人员或者有其他协助强迫他人劳动行为的，依照前款的规定处罚。

单位犯前两款罪的，对单位判处罚金，并对其直接负责的主管人员和其他直接责任人员，依照第一款的规定处罚。②

---

　① 刑法、历次刑法修正案、涉及修改刑法的决定的施行日期，分别依据各法律所规定的施行日期确定。

　另，总则部分条文主旨为编者所加，分则条文主旨是根据司法解释确定罪名所加。

　② 根据 2011 年 2 月 25 日《中华人民共和国刑法修正案（八）》修改。原条文为："用人单位违反劳动管理法规，以限制人身自由方法强迫职工劳动，情节严重的，对直接责任人员，处三年以下有期徒刑或者拘役，并处或者单处罚金。"

第二百四十四条之一　【雇用童工从事危重劳动罪】违反劳动管理法规，雇用未满十六周岁的未成年人从事超强度体力劳动的，或者从事高空、井下作业的，或者在爆炸性、易燃性、放射性、毒害性等危险环境下从事劳动，情节严重的，对直接责任人员，处三年以下有期徒刑或者拘役，并处罚金；情节特别严重的，处三年以上七年以下有期徒刑，并处罚金。

有前款行为，造成事故，又构成其他犯罪的，依照数罪并罚的规定处罚。①

第二百四十五条　【非法搜查罪】【非法侵入住宅罪】非法搜查他人身体、住宅，或者非法侵入他人住宅的，处三年以下有期徒刑或者拘役。

司法工作人员滥用职权，犯前款罪的，从重处罚。

第二百四十六条　【侮辱罪】【诽谤罪】以暴力或者其他方法公然侮辱他人或者捏造事实诽谤他人，情节严重的，处三年以下有期徒刑、拘役、管制或者剥夺政治权利。

前款罪，告诉的才处理，但是严重危害社会秩序和国家利益的除外。

通过信息网络实施第一款规定的行为，被害人向人民法院告诉，但提供证据确有困难的，人民法院可以要求公安机关提供协助。②

……

第二百五十六条　【破坏选举罪】在选举各级人民代表大会代表和国家机关领导人员时，以暴力、威胁、欺骗、贿赂、伪造选举文件、虚报选举票数等手段破坏选举或者妨害选民和代表自由行使选举权和被选举权，情节严重的，处三年以下有期徒刑、拘役或者剥夺政治权利。

……

第二百六十条　【虐待罪】虐待家庭成员，情节恶劣的，处二年以下有期徒刑、拘役或者管制。

犯前款罪，致使被害人重伤、死亡的，处二年以上七年以下有期徒刑。

第一款罪，告诉的才处理，但被害人没有能力告诉，或者因受到强制、威吓无法告诉的除外。③

---

① 根据 2002 年 12 月 28 日《中华人民共和国刑法修正案（四）》增加。

② 根据 2015 年 8 月 29 日《中华人民共和国刑法修正案（九）》增加一款，作为第三款。

③ 根据 2015 年 8 月 29 日《中华人民共和国刑法修正案（九）》修改。原第三款条文为："第一款罪，告诉的才处理。"

......

第二百六十一条 　【遗弃罪】对于年老、年幼、患病或者其他没有独立生活能力的人，负有扶养义务而拒绝扶养，情节恶劣的，处五年以下有期徒刑、拘役或者管制。

......

第二百六十二条之一 　【组织残疾人、儿童乞讨罪】以暴力、胁迫手段组织残疾人或者不满十四周岁的未成年人乞讨的，处三年以下有期徒刑或者拘役，并处罚金；情节严重的，处三年以上七年以下有期徒刑，并处罚金。①

......

第二百六十三条 　【抢劫罪】以暴力、胁迫或者其他方法抢劫公私财物的，处三年以上十年以下有期徒刑，并处罚金；有下列情形之一的，处十年以上有期徒刑、无期徒刑或者死刑，并处罚金或者没收财产：

（一）入户抢劫的；

（二）在公共交通工具上抢劫的；

（三）抢劫银行或者其他金融机构的；

（四）多次抢劫或者抢劫数额巨大的；

（五）抢劫致人重伤、死亡的；

（六）冒充军警人员抢劫的；

（七）持枪抢劫的；

（八）抢劫军用物资或者抢险、救灾、救济物资的。

第二百六十四条 　【盗窃罪】盗窃公私财物，数额较大的，或者多次盗窃、入户盗窃、携带凶器盗窃、扒窃的，处三年以下有期徒刑、拘役或者管制，并处或者单处罚金；数额巨大或者有其他严重情节的，处三年以上十年以下有期徒刑，并处罚金；数额特别巨大或者有其他特别严重情节

---

① 根据 2006 年 6 月 29 日《中华人民共和国刑法修正案（六）》增加。

的，处十年以上有期徒刑或者无期徒刑，并处罚金或者没收财产。①

第二百六十五条 **【盗窃罪】**以牟利为目的，盗接他人通信线路、复制他人电信码号或者明知是盗接、复制的电信设备、设施而使用的，依照本法第二百六十四条的规定定罪处罚。

第二百六十六条② **【诈骗罪】**诈骗公私财物，数额较大的，处三年以下有期徒刑、拘役或者管制，并处或者单处罚金；数额巨大或者有其他严重情节的，处三年以上十年以下有期徒刑，并处罚金；数额特别巨大或者有其他特别严重情节的，处十年以上有期徒刑或者无期徒刑，并处罚金或者没收财产。本法另有规定的，依照规定。

第二百六十七条 **【抢夺罪】**抢夺公私财物，数额较大的，或者多次抢夺的，处三年以下有期徒刑、拘役或者管制，并处或者单处罚金；数额巨大或者有其他严重情节的，处三年以上十年以下有期徒刑，并处罚金；数额特别巨大或者有其他特别严重情节的，处十年以上有期徒刑或者无期徒刑，并处罚金或者没收财产。③

携带凶器抢夺的，依照本法第二百六十三条的规定定罪处罚。

---

① 根据 2011 年 2 月 25 日《中华人民共和国刑法修正案（八）》修改。原条文为："盗窃公私财物，数额较大或者多次盗窃的，处三年以下有期徒刑、拘役或者管制，并处或者单处罚金；数额巨大或者有其他严重情节的，处三年以上十年以下有期徒刑，并处罚金；数额特别巨大或者有其他特别严重情节的，处十年以上有期徒刑或者无期徒刑，并处罚金或者没收财产；有下列情形之一的，处无期徒刑或者死刑，并处没收财产：

"（一）盗窃金融机构，数额特别巨大的；

"（二）盗窃珍贵文物，情节严重的。"

② 根据 2014 年 4 月 24 日通过的《全国人民代表大会常务委员会关于〈中华人民共和国刑法〉第二百六十六条的解释》：

"全国人民代表大会常务委员会根据司法实践中遇到的情况，讨论了刑法第二百六十六条的含义及骗取养老、医疗、工伤、失业、生育等社会保险金或者其他社会保障待遇的行为如何适用刑法有关规定的问题，解释如下：

"以欺诈、伪造证明材料或者其他手段骗取养老、医疗、工伤、失业、生育等社会保险金或者其他社会保障待遇的，属于刑法第二百六十六条规定的诈骗公私财物的行为。"

③ 根据 2015 年 8 月 29 日《中华人民共和国刑法修正案（九）》修改。原第一款条文为："抢夺公私财物，数额较大的，处三年以下有期徒刑、拘役或者管制，并处或者单处罚金；数额巨大或者有其他严重情节的，处三年以上十年以下有期徒刑，并处罚金；数额特别巨大或者有其他特别严重情节的，处十年以上有期徒刑或者无期徒刑，并处罚金或者没收财产。"

......

第二百七十四条 **【敲诈勒索罪】**敲诈勒索公私财物，数额较大或者多次敲诈勒索的，处三年以下有期徒刑、拘役或者管制，并处或者单处罚金；数额巨大或者有其他严重情节的，处三年以上十年以下有期徒刑，并处罚金；数额特别巨大或者有其他特别严重情节的，处十年以上有期徒刑，并处罚金。①

第二百七十五条 **【故意毁坏财物罪】**故意毁坏公私财物，数额较大或者有其他严重情节的，处三年以下有期徒刑、拘役或者罚金；数额巨大或者有其他特别严重情节的，处三年以上七年以下有期徒刑。

......

第二百八十五条 **【非法侵入计算机信息系统罪】**违反国家规定，侵入国家事务、国防建设、尖端科学技术领域的计算机信息系统的，处三年以下有期徒刑或者拘役。

【非法获取计算机信息系统数据、非法控制计算机信息系统罪】违反国家规定，侵入前款规定以外的计算机信息系统或者采用其他技术手段，获取该计算机信息系统中存储、处理或者传输的数据，或者对该计算机信息系统实施非法控制，情节严重的，处三年以下有期徒刑或者拘役，并处或者单处罚金；情节特别严重的，处三年以上七年以下有期徒刑，并处罚金。

【提供侵入、非法控制计算机信息系统程序、工具罪】提供专门用于侵入、非法控制计算机信息系统的程序、工具，或者明知他人实施侵入、非法控制计算机信息系统的违法犯罪行为而为其提供程序、工具，情节严重的，依照前款的规定处罚。

单位犯前三款罪的，对单位判处罚金，并对其直接负责的主管人员和其他直接责任人员，依照各该款的规定处罚。②

第二百八十六条 **【破坏计算机信息系统罪】**违反国家规定，对计算

---

① 根据 2011 年 2 月 25 日《中华人民共和国刑法修正案（八）》修改。原条文为："敲诈勒索公私财物，数额较大的，处三年以下有期徒刑、拘役或者管制；数额巨大或者有其他严重情节的，处三年以上十年以下有期徒刑。"

② 根据 2009 年 2 月 28 日《中华人民共和国刑法修正案（七）》增加两款，作为第二款、第三款。根据 2015 年 8 月 29 日《中华人民共和国刑法修正案（九）》增加一款，作为第四款。

机信息系统功能进行删除、修改、增加、干扰，造成计算机信息系统不能正常运行，后果严重的，处五年以下有期徒刑或者拘役；后果特别严重的，处五年以上有期徒刑。

违反国家规定，对计算机信息系统中存储、处理或者传输的数据和应用程序进行删除、修改、增加的操作，后果严重的，依照前款的规定处罚。

故意制作、传播计算机病毒等破坏性程序，影响计算机系统正常运行，后果严重的，依照第一款的规定处罚。

单位犯前三款罪的，对单位判处罚金，并对其直接负责的主管人员和其他直接责任人员，依照第一款的规定处罚。[①]

......

第二百九十条 **【聚众扰乱社会秩序罪】**聚众扰乱社会秩序，情节严重，致使工作、生产、营业和教学、科研、医疗无法进行，造成严重损失的，对首要分子，处三年以上七年以下有期徒刑；对其他积极参加的，处三年以下有期徒刑、拘役、管制或者剥夺政治权利。

【聚众冲击国家机关罪】聚众冲击国家机关，致使国家机关工作无法进行，造成严重损失的，对首要分子，处五年以上十年以下有期徒刑；对其他积极参加的，处五年以下有期徒刑、拘役、管制或者剥夺政治权利。

【扰乱国家机关工作秩序罪】多次扰乱国家机关工作秩序，经行政处罚后仍不改正，造成严重后果的，处三年以下有期徒刑、拘役或者管制。

【组织、资助非法聚集罪】多次组织、资助他人非法聚集，扰乱社会秩序，情节严重的，依照前款的规定处罚。[②]

第二百九十一条 **【聚众扰乱公共场所秩序、交通秩序罪】**聚众扰乱车站、码头、民用航空站、商场、公园、影剧院、展览会、运动场或者其他公共场所秩序，聚众堵塞交通或者破坏交通秩序，抗拒、阻碍国家治安管理工作人员依法执行职务，情节严重的，对首要分子，处五年以下有期

---

① 根据 2015 年 8 月 29 日《中华人民共和国刑法修正案（九）》增加一款，作为第四款。

② 根据 2015 年 8 月 29 日《中华人民共和国刑法修正案（九）》修改。原第一款条文为："聚众扰乱社会秩序，情节严重，致使工作、生产、营业和教学、科研无法进行，造成严重损失的，对首要分子，处三年以上七年以下有期徒刑；对其他积极参加的，处三年以下有期徒刑、拘役、管制或者剥夺政治权利。"增加二款，作为第三款、第四款。

徒刑、拘役或者管制。

第二百九十一条之一 【投放虚假危险物质罪】【编造、故意传播虚假恐怖信息罪】投放虚假的爆炸性、毒害性、放射性、传染病病原体等物质，或者编造爆炸威胁、生化威胁、放射威胁等恐怖信息，或者明知是编造的恐怖信息而故意传播，严重扰乱社会秩序的，处五年以下有期徒刑、拘役或者管制；造成严重后果的，处五年以上有期徒刑。

【编造、故意传播虚假信息罪】编造虚假的险情、疫情、灾情、警情，在信息网络或者其他媒体上传播，或者明知是上述虚假信息，故意在信息网络或者其他媒体上传播，严重扰乱社会秩序的，处三年以下有期徒刑、拘役或者管制；造成严重后果的，处三年以上七年以下有期徒刑。①

第二百九十一条之二 【高空抛物罪】从建筑物或者其他高空抛掷物品，情节严重的，处一年以下有期徒刑、拘役或者管制，并处或者单处罚金。

有前款行为，同时构成其他犯罪的，依照处罚较重的规定定罪处罚。②
……

第三百条 【组织、利用会道门、邪教组织、利用迷信破坏法律实施罪】组织、利用会道门、邪教组织或者利用迷信破坏国家法律、行政法规实施的，处三年以上七年以下有期徒刑，并处罚金；情节特别严重的，处七年以上有期徒刑或者无期徒刑，并处罚金或者没收财产；情节较轻的，处三年以下有期徒刑、拘役、管制或者剥夺政治权利，并处或者单处罚金。

【组织、利用会道门、邪教组织、利用迷信致人重伤、死亡罪】组织、利用会道门、邪教组织或者利用迷信蒙骗他人，致人重伤、死亡的，依照前款的规定处罚。

犯第一款罪又有奸淫妇女、诈骗财物等犯罪行为的，依照数罪并罚的

---

① 根据 2001 年 12 月 29 日《中华人民共和国刑法修正案（三）》增加。根据 2015 年 8 月 29 日《中华人民共和国刑法修正案（九）》增加一款，作为第二款。

② 根据 2020 年 12 月 26 日《中华人民共和国刑法修正案（十一）》增加。

规定处罚。①

……

第三百零三条 　【赌博罪】以营利为目的，聚众赌博或者以赌博为业的，处三年以下有期徒刑、拘役或者管制，并处罚金。

【开设赌场罪】开设赌场的，处五年以下有期徒刑、拘役或者管制，并处罚金；情节严重的，处五年以上十年以下有期徒刑，并处罚金。

组织中华人民共和国公民参与国（境）外赌博，数额巨大或者有其他严重情节的，依照前款的规定处罚。②

……

第三百一十八条 　【组织他人偷越国（边）境罪】组织他人偷越国（边）境的，处二年以上七年以下有期徒刑，并处罚金；有下列情形之一的，处七年以上有期徒刑或者无期徒刑，并处罚金或者没收财产：

（一）组织他人偷越国（边）境集团的首要分子；

（二）多次组织他人偷越国（边）境或者组织他人偷越国（边）境人数众多的；

（三）造成被组织人重伤、死亡的；

（四）剥夺或者限制被组织人人身自由的；

（五）以暴力、威胁方法抗拒检查的；

（六）违法所得数额巨大的；

----

① 根据 2015 年 8 月 29 日《中华人民共和国刑法修正案（九）》修改。原条文为："组织和利用会道门、邪教组织或者利用迷信破坏国家法律、行政法规实施的，处三年以上七年以下有期徒刑；情节特别严重的，处七年以上有期徒刑。

"组织和利用会道门、邪教组织或者利用迷信蒙骗他人，致人死亡的，依照前款的规定处罚。

"组织和利用会道门、邪教组织或者利用迷信奸淫妇女、诈骗财物的，分别依照本法第二百三十六条、第二百六十六条的规定定罪处罚。"

② 根据 2006 年 6 月 29 日《中华人民共和国刑法修正案（六）》第一次修改。原条文为："以营利为目的，聚众赌博、开设赌场或者以赌博为业的，处三年以下有期徒刑、拘役或者管制，并处罚金。"

根据 2020 年 12 月 26 日《中华人民共和国刑法修正案（十一）》第二次修改。原条文为："以营利为目的，聚众赌博或者以赌博为业的，处三年以下有期徒刑、拘役或者管制，并处罚金。

"开设赌场的，处三年以下有期徒刑、拘役或者管制，并处罚金；情节严重的，处三年以上十年以下有期徒刑，并处罚金。"

（七）有其他特别严重情节的。

犯前款罪，对被组织人有杀害、伤害、强奸、拐卖等犯罪行为，或者对检查人员有杀害、伤害等犯罪行为的，依照数罪并罚的规定处罚。

……

第三百二十一条 【运送他人偷越国（边）境罪】运送他人偷越国（边）境的，处五年以下有期徒刑、拘役或者管制，并处罚金；有下列情形之一的，处五年以上十年以下有期徒刑，并处罚金：

（一）多次实施运送行为或者运送人数众多的；

（二）所使用的船只、车辆等交通工具不具备必要的安全条件，足以造成严重后果的；

（三）违法所得数额巨大的；

（四）有其他特别严重情节的。

在运送他人偷越国（边）境中造成被运送人重伤、死亡，或者以暴力、威胁方法抗拒检查的，处七年以上有期徒刑，并处罚金。

犯前两款罪，对被运送人有杀害、伤害、强奸、拐卖等犯罪行为，或者对检查人员有杀害、伤害等犯罪行为的，依照数罪并罚的规定处罚。

……

第三百五十八条 【组织卖淫罪】【强迫卖淫罪】组织、强迫他人卖淫的，处五年以上十年以下有期徒刑，并处罚金；情节严重的，处十年以上有期徒刑或者无期徒刑，并处罚金或者没收财产。

组织、强迫未成年人卖淫的，依照前款的规定从重处罚。

犯前两款罪，并有杀害、伤害、强奸、绑架等犯罪行为的，依照数罪并罚的规定处罚。

【协助组织卖淫罪】为组织卖淫的人招募、运送人员或者有其他协助组织他人卖淫行为的，处五年以下有期徒刑，并处罚金；情节严重的，处五年以上十年以下有期徒刑，并处罚金。①

第三百五十九条 【引诱、容留、介绍卖淫罪】引诱、容留、介绍他人卖淫的，处五年以下有期徒刑、拘役或者管制，并处罚金；情节严重的，处五年以上有期徒刑，并处罚金。

【引诱幼女卖淫罪】引诱不满十四周岁的幼女卖淫的，处五年以上有期徒刑，并处罚金。

……

第三百六十三条 【制作、复制、出版、贩卖、传播淫秽物品牟利罪】以牟利为目的，制作、复制、出版、贩卖、传播淫秽物品的，处三年以下有期徒刑、拘役或者管制，并处罚金；情节严重的，处三年以上十年以下有期徒刑，并处罚金；情节特别严重的，处十年以上有期徒刑或者无期徒刑，并处罚金或者没收财产。

【为他人提供书号出版淫秽书刊罪】为他人提供书号，出版淫秽书刊的，处三年以下有期徒刑、拘役或者管制，并处或者单处罚金；明知他人用于出版淫秽书刊而提供书号的，依照前款的规定处罚。

第三百六十四条 【传播淫秽物品罪】传播淫秽的书刊、影片、音像、图片或者其他淫秽物品，情节严重的，处二年以下有期徒刑、拘役或者管制。

【组织播放淫秽音像制品罪】组织播放淫秽的电影、录像等音像制品

---

① 根据 2011 年 2 月 25 日《中华人民共和国刑法修正案（八）》第一次修改。原第三款条文为："协助组织他人卖淫的，处五年以下有期徒刑，并处罚金；情节严重的，处五年以上十年以下有期徒刑，并处罚金。"

根据 2015 年 8 月 29 日《中华人民共和国刑法修正案（九）》第二次修改。原条文为："组织他人卖淫或者强迫他人卖淫的，处五年以上十年以下有期徒刑，并处罚金；有下列情形之一的，处十年以上有期徒刑或者无期徒刑，并处罚金或者没收财产：

"（一）组织他人卖淫，情节严重的；

"（二）强迫不满十四周岁的幼女卖淫的；

"（三）强迫多人卖淫或者多次强迫他人卖淫的；

"（四）强奸后迫使卖淫的；

"（五）造成被强迫卖淫的人重伤、死亡或者其他严重后果的。

"有前款所列情形之一，情节特别严重的，处无期徒刑或者死刑，并处没收财产。

"为组织卖淫的人招募、运送人员或者有其他协助组织他人卖淫行为的，处五年以下有期徒刑，并处罚金；情节严重的，处五年以上十年以下有期徒刑，并处罚金。"

的，处三年以下有期徒刑、拘役或者管制，并处罚金；情节严重的，处三年以上十年以下有期徒刑，并处罚金。

制作、复制淫秽的电影、录像等音像制品组织播放的，依照第二款的规定从重处罚。

向不满十八周岁的未成年人传播淫秽物品的，从重处罚。

第三百六十五条 【组织淫秽表演罪】组织进行淫秽表演的，处三年以下有期徒刑、拘役或者管制，并处罚金；情节严重的，处三年以上十年以下有期徒刑，并处罚金。

第三百六十六条 【单位犯本节罪的处罚】单位犯本节第三百六十三条、第三百六十四条、第三百六十五条规定之罪的，对单位判处罚金，并对其直接负责的主管人员和其他直接责任人员，依照各该条的规定处罚。

第三百六十七条 【淫秽物品的界定】本法所称淫秽物品，是指具体描绘性行为或者露骨宣扬色情的诲淫性的书刊、影片、录像带、录音带、图片及其他淫秽物品。

有关人体生理、医学知识的科学著作不是淫秽物品。

包含有色情内容的有艺术价值的文学、艺术作品不视为淫秽物品。

……

全国人民代表大会常务委员会
关于加强社会治安综合治理的决定

（1991 年 3 月 2 日第七届全国人民代表大会常务委员会第十八次会议通过）

为了维护社会治安秩序，维护国家和社会的稳定，保障改革开放和社会主义现代化建设的顺利进行，为全面实现国民经济和社会发展的十年规划及"八五"计划创造良好的社会治安环境，必须加强社会治安综合治理。为此，特作如下决定：

一、加强社会治安综合治理，是坚持人民民主专政的一项重要工作，也是解决我国社会治安问题的根本途径。社会治安问题是社会各种矛盾的综合反映，必须动员和组织全社会的力量，运用政治的、法律的、行政的、经济的、文化的、教育的等多种手段进行综合治理，从根本上预防和减少违法犯罪，维护社会秩序，保障社会稳定，并作为全社会的共同任务，长期坚持下去。

二、社会治安综合治理必须坚持打击和防范并举，治标和治本兼顾，重在治本的方针。其主要任务是：打击各种危害社会的违法犯罪活动，依法严惩严重危害社会治安的刑事犯罪分子；采取各种措施，严密管理制度，加强治安防范工作，堵塞违法犯罪活动的漏洞；加强对全体公民特别是青少年的思想政治教育和法制教育，提高文化、道德素质，增强法制观念；鼓励群众自觉维护社会秩序，同违法犯罪行为作斗争；积极调解、疏导民间纠纷，缓解社会矛盾，消除不安定因素；加强对违法犯罪人员的教育、挽救、改造工作，妥善安置刑满释放和解除劳教的人员，减少重新违法犯罪。

三、要关于运用法律武器，搞好社会治安综合治理。全国人民代表大会及其常务委员会通过的刑事的、民事的、行政的、经济的等方面的法律，，为社会治安综合治理提供了有力的法律武器和依据。各级国家机关、社会团体、企业、事业单位必须严格依法办事。全体公民要学法、知法、守法，学会运用法律武器同各种违法犯罪行为作斗争。要进一步完善促进社会治安综合治理的法律、法规，把社会治安综合治理包含的打击、防范、教育、管理、建设、改造等各方面的工作纳入法制轨道。

四、各部门、各单位必须建立综合治理目标管理责任制，做到各尽其职、各负其责、密切配合、互相协调。各级人民政府要把社会治安综合治理纳入两个文明建设的总体规划，切实加强对社会治安综合治理工作的领导。要从人力、物力、财力上给予支持和保障。人民法院、人民检察院和政府的公安、安全、司法行政等职能部门，特别是公安部门，应当在社会治安综合治理中充分发挥骨干作用。要采取有效措施，充实维护社会治安的力量，改进预防和惩治犯罪活动的技术装备，切实提高国家执法队伍的素质。各机关、团体、企业、事业单位应当落实内部各项治安防范措施，严防发生违法犯罪和其他治安问题。各部门应当督促下属单位，结合本身业务，积极参与社会治安的综合治理，充分发挥各自的作用。

五、加强社会治安综合治理，必须发动和依靠广大人民群众。各级人民政府应当动员和组织城镇居民和农村村民以及机关、团体、企业、事业单位的职工、学生，建立群众性自防自治的治安保卫组织，开展各种形式的治安防范活动和警民联防活动。市、县人民武装部门要积极组织民兵参与维护社会治安。要加强基层组织建设和制度建设，把各项措施落实到基层单位，形成群防群治网络。要充分发挥村民委员会、城市居民委员会维护社会治安的积极作用。地方各级人民政府要切实加强对群众性治安保卫组织的指导和监督。治安保卫组织应严格依法办事，保护公民的合法权益。

六、要把社会治安综合治理的责任与单位和个人的政治荣誉、经济利益紧密结合起来，建立奖惩制度。对参与社会治安综合治理工作成绩显著的单位和个人以及与违法犯罪分子斗争的有功人员给予表彰奖励；对与违法犯罪分子斗争中负伤、致残人员要妥善治疗和安置；对与违法犯罪分子斗争中牺牲人员的家属给予抚恤。对因社会治安综合治理措施不落实而发生重大刑事案件和重大治安事件，致使国家利益和人民生命财产遭受重大损失的单位，应当依法追究其直接负责的主管人员的责任。

七、社会治安综合治理工作由各级人民政府统一组织实施，各部门、各方面齐抓共管，积极参与。各级人民政府应当采取组织措施，协调、指导有关部门、方面做好社会治安综合治理工作。

各级人大常委会对社会治安综合治理工作应当经常进行监督检查。要听取政府、法院、检察院关于综合治理工作的汇报，要组织代表、委员督促检查综合治理工作的开展和落实的情况，积极关心社会治安综合治理，提出意见、建议，以保证社会治安综合治理工作健康深入地开展。

拘留所条例

（2012年2月15日国务院第192次常务会议通过　2012年2月23日中华人民共和国国务院令第614号公布　自2012年4月1日起施行）

第一章　总　　则

第一条　为了规范拘留所的设置和管理，惩戒和教育被拘留人，保护被拘留人的合法权益，根据有关法律的规定，制定本条例。

　　第二条　对下列人员的拘留在拘留所执行：

　　（一）被公安机关、国家安全机关依法给予拘留行政处罚的人；

　　（二）被人民法院依法决定拘留的人。

　　第三条　拘留所应当依法保障被拘留人的人身安全和合法权益，不得侮辱、体罚、虐待被拘留人或者指使、纵容他人侮辱、体罚、虐待被拘留人。

　　被拘留人应当遵守法律、行政法规和拘留所的管理规定，服从管理，接受教育。

　　第四条　国务院公安部门主管全国拘留所的管理工作。县级以上地方人民政府公安机关主管本行政区域拘留所的管理工作。

第二章　拘　留　所

　　第五条　县级以上地方人民政府根据需要设置拘留所。拘留所的设置和撤销，由县级以上地方人民政府公安机关提出意见，按照规定的权限和程序审批。

　　第六条　拘留所应当按照规定的建设标准，设置拘留区、行政办公区等功能区域。

　　第七条　拘留所依照规定配备武器、警械，配备交通、通讯、技术防范、医疗和消防等装备和设施。

　　第八条　拘留所所需经费列入本级人民政府财政预算。

第三章　拘　　留

　　第九条　拘留所应当凭拘留决定机关的拘留决定文书及时收拘被拘留人。需要异地收拘的，拘留决定机关应当出具相关法律文书和需要异地收拘的书面说明，并经异地拘留所主管公安机关批准。

　　第十条　拘留所收拘被拘留人，应当告知被拘留人依法享有的权利和应当遵守的规定。

　　拘留所收拘被拘留人后，拘留决定机关应当及时通知被拘留人家属。

　　第十一条　拘留所收拘被拘留人，应当对被拘留人的人身和携带的物品进行检查。被拘留人的非生活必需品及现金由拘留所登记并统一保管。

检查发现的违禁品和其他与案件有关的物品应当移交拘留决定机关依法处理。

对女性被拘留人的人身检查应当由女性人民警察进行。

第十二条 拘留所发现被拘留人可能被错误拘留的，应当通知拘留决定机关，拘留决定机关应当在 24 小时内作出处理决定；对依照《中华人民共和国治安管理处罚法》第二十一条的规定不应当被执行拘留的，拘留所不予收拘，并通知拘留决定机关。

第十三条 拘留所发现被拘留人吸食、注射毒品成瘾的，应当给予必要的戒毒治疗，并提请拘留所的主管公安机关对被拘留人依法作出社区戒毒或者强制隔离戒毒的决定。

第四章 管 理 教 育

第十四条 拘留所应当建立值班巡视制度和突发事件应急机制。值班巡视人员应当严守岗位，发现问题及时报告并妥善处理。

拘留所应当安装监控录像设备，对被拘留人进行安全监控。

第十五条 拘留所应当根据被拘留人的性别、是否成年以及其他管理的需要，对被拘留人实行分别拘押和管理。

对女性被拘留人的直接管理应当由女性人民警察进行。

第十六条 拘留所应当建立被拘留人管理档案。

第十七条 拘留所应当按照规定的标准为被拘留人提供饮食，并尊重被拘留人的民族饮食习惯。

第十八条 拘留所应当建立医疗卫生防疫制度，做好防病、防疫、治疗工作。

拘留所对患病的被拘留人应当及时治疗。被拘留人患病需要出所治疗的，由拘留所所长批准，并派人民警察管理；被拘留人患有传染病需要隔离治疗的，拘留所应当采取隔离治疗措施。

被拘留人病情严重的，拘留所应当立即采取急救措施并通知被拘留人的亲属。

第十九条 拘留所发现被拘留人有下列情形之一的，应当建议拘留决定机关作出停止执行拘留的决定：

（一）患有精神病或者患有传染病需要隔离治疗的；

（二）病情严重可能危及生命安全的。

第二十条 为被拘留人提供的拘留期间生活必需品应当由拘留所检查登记后转交被拘留人。非生活必需品，拘留所不予接收。

第二十一条 拘留所应当对被拘留人进行法律、道德等教育，组织被拘留人开展适当的文体活动。

拘留所应当保证被拘留人每日不少于2小时的拘室外活动时间。

拘留所不得强迫被拘留人从事生产劳动。

第二十二条 被拘留人检举、揭发违法犯罪行为经查证属实或者被拘留人制止违法犯罪行为的，拘留所应当予以表扬。

第二十三条 被拘留人有下列违法行为之一的，拘留所可以予以训诫、责令具结悔过或者使用警械：

（一）哄闹、打架斗殴的；

（二）殴打、欺侮他人的；

（三）故意损毁拘留所财物或者他人财物的；

（四）预谋或者实施逃跑的；

（五）严重违反管理的其他行为。

拘留所人民警察对被拘留人使用警械应当经拘留所所长批准，并遵守有关法律、行政法规的规定。

第二十四条 被拘留人在拘留期间有新的违法犯罪嫌疑的，拘留所应当报告拘留所的主管公安机关处理；拘留所发现被拘留人收拘前有其他违法犯罪嫌疑的，应当通知拘留决定机关或者报告拘留所的主管公安机关处理。

第二十五条 拘留所保障被拘留人在拘留期间的通信权利，被拘留人与他人的来往信件不受检查和扣押。被拘留人应当遵守拘留所的通信管理规定。

第二十六条 拘留所保障被拘留人在拘留期间的会见权利。被拘留人应当遵守拘留所的会见管理规定。

会见被拘留人应当持有效身份证件按照规定的时间在拘留所的会见区进行。

被拘留人委托的律师会见被拘留人还应当持律师执业证书、律师事务所证明和委托书或者法律援助公函。

第二十七条 被拘留人遇有参加升学考试、子女出生或者近亲属病危、死亡等情形的，被拘留人或者其近亲属可以提出请假出所的申请。

请假出所的申请由拘留所提出审核意见，报拘留决定机关决定是否批准。拘留决定机关应当在被拘留人或者其近亲属提出申请的 12 小时内作出是否准予请假出所的决定。

被拘留人请假出所的时间不计入拘留期限。

第二十八条 被拘留人或者其近亲属提出请假出所申请的，应当向拘留决定机关提出担保人或者交纳保证金。有关担保人和保证金的管理按照《中华人民共和国治安管理处罚法》的有关规定执行。

被拘留人请假出所不归的，由拘留决定机关负责带回拘留所执行拘留。

第二十九条 被拘留人提出举报、控告，申请行政复议，提起行政诉讼或者申请暂缓执行拘留的，拘留所应当在 24 小时内将有关材料转送有关机关，不得检查或者扣押。

第五章 解 除 拘 留

第三十条 被拘留人拘留期满，拘留所应当按时解除拘留，发给解除拘留证明书，并返还代为保管的财物。

第三十一条 被拘留人在解除拘留时有下列情形之一的，拘留所应当向有关机关或者单位移交被拘留人：

（一）依法被决定驱逐出境、遣送出境的；

（二）依法被决定执行刑事强制措施的；

（三）依法被决定社区戒毒、强制隔离戒毒的；

（四）依法被决定采取强制性教育矫治措施的。

第六章 附 则

第三十二条 执行拘留的时间以日为单位计算，从收拘当日到第 2 日为 1 日。

第三十三条 国家安全机关设置的拘留所，由国家安全机关依照本条例的规定进行管理。

第三十四条 被公安机关依法给予行政强制措施性质拘留的人在拘留所执行拘押，应当与本条例第二条规定的被拘留人分别拘押，具体管理办法由国务院公安部门参照本条例规定。

第三十五条　本条例自 2012 年 4 月 1 日起施行。

健全落实社会治安综合治理领导责任制规定

（2016 年 2 月 27 日）

第一章　总　　则

第一条　为深入推进社会治安综合治理，健全落实领导责任制，全面推进平安中国建设，确保人民安居乐业、社会安定有序、国家长治久安，制定本规定。

第二条　本规定适用于各级党的机关、人大机关、行政机关、政协机关、审判机关、检察机关及其领导班子、领导干部。

人民团体、事业单位、国有企业及其领导班子、领导干部、领导人员参照执行本规定。

第三条　健全落实社会治安综合治理领导责任制，应当坚持以邓小平理论、"三个代表"重要思想、科学发展观为指导，深入贯彻落实习近平总书记系列重要讲话精神，紧紧围绕全面建成小康社会、全面深化改革、全面依法治国、全面从严治党的战略布局，坚持问题导向、法治思维、改革创新，抓住"关键少数"，强化担当意识，落实领导责任，科学运用评估、督导、考核、激励、惩戒等措施，形成正确导向，一级抓一级，层层抓落实，使各级领导班子、领导干部切实担负起维护一方稳定、确保一方平安的重大政治责任，保证党中央、国务院关于社会治安综合治理决策部署的贯彻落实。

第二章　责 任 内 容

第四条　严格落实属地管理和谁主管谁负责原则，构建党委领导、政府主导、综治协调、各部门齐抓共管、社会力量积极参与的社会治安综合治理工作格局。

第五条　各级党委和政府应当切实加强对社会治安综合治理的领导，

列入重要议事日程，纳入经济社会发展总体规划，认真研究解决工作中的重要问题，从人力物力财力上保证社会治安综合治理工作的顺利开展。

各地党政主要负责同志是社会治安综合治理的第一责任人，社会治安综合治理的分管负责同志是直接责任人，领导班子其他成员承担分管工作范围内社会治安综合治理的责任。

第六条 各部门各单位应当各负其责，充分发挥职能作用，积极参与社会治安综合治理，主动承担好预防和减少违法犯罪、维护社会治安和社会稳定的责任，认真抓好本部门本单位的综合治理工作，与业务工作同规划、同部署、同检查、同落实。

第七条 各级社会治安综合治理委员会及其办公室应当在党委和政府的统一领导下，认真组织各有关单位参与社会治安综合治理工作，加强调查研究和督导检查，及时通报、分析社会治安形势，协调解决工作中遇到的突出问题，总结推广典型经验，统筹推进社会治安综合治理工作。

第三章 督促检查

第八条 各地区各部门各单位应当建立完善社会治安综合治理目标管理责任制，把社会治安综合治理各项任务分解为若干具体目标，制定易于执行检查的措施，建立严格的督促检查制度、定量考核制度、评价奖惩制度，自上而下层层签订社会治安综合治理责任书。

第九条 各级党委常委会应当将执行社会治安综合治理领导责任制的情况，作为向同级党的委员会全体会议报告工作的一项重要内容。

各级党政领导班子和有关领导干部应当将履行社会治安综合治理责任情况作为年度述职报告的重要内容。

第十条 社会治安综合治理委员会成员单位每年应当对本单位本系统部署和开展社会治安综合治理、推进平安建设的有关情况进行总结，对下一年度的工作作出安排，并报同级社会治安综合治理委员会。

下一级社会治安综合治理委员会每年应当向上一级社会治安综合治理委员会报告工作。

第十一条 各级党委和政府应当将社会治安综合治理纳入工作督促检查范围，适时组织开展专项督促检查。

各级社会治安综合治理委员会及其办公室应当动员组织党员、群众有序参与,推动社会治安综合治理各项决策部署落到实处。

第十二条 各级党委和政府应当建立健全社会治安综合治理考核评价制度机制,制定完善考核评价标准和指标体系,明确考核评价的内容、方法、程序。

第十三条 各级党委和政府应当强化社会治安综合治理考核评价结果运用,把社会治安综合治理工作实绩作为对领导班子和领导干部综合考核评价的重要内容,与业绩评定、职务晋升、奖励惩处等挂钩。各级社会治安综合治理委员会及其办公室应当推动建立健全社会治安综合治理工作实绩档案。

各级组织人事部门在考察党政主要领导干部和社会治安综合治理分管领导干部实绩、进行提拔使用和晋职晋级时,应当了解和掌握相关领导干部抓社会治安综合治理工作的情况。

第十四条 县级以上社会治安综合治理委员会及其办公室应当按照中央有关规定,加强与同级纪检监察机关、组织人事部门的协调配合,协同做好有关奖惩工作。

第四章 表 彰 奖 励

第十五条 对真抓实干、社会治安综合治理工作成绩突出的地方、部门和单位的党政主要领导干部和分管领导干部,应当按照有关规定给予表彰和嘉奖。对受到嘉奖的领导干部,应当将有关材料存入本人档案。

第十六条 中央社会治安综合治理委员会、中央组织部、人力资源社会保障部每四年开展一次全国社会治安综合治理先进集体、先进工作者评选表彰工作。

第十七条 对受到表彰的全国社会治安综合治理先进集体党政主要领导干部和分管领导干部应当进行嘉奖。对受到表彰的全国社会治安综合治理先进工作者,应当落实省部级先进工作者和劳动模范待遇。

第十八条 对连续三次以上受到表彰的全国社会治安综合治理先进集体,由中央社会治安综合治理委员会以适当形式予以表扬。

第十九条 地方各级社会治安综合治理委员会和组织人事部门要配合做好全国社会治安综合治理先进集体、先进工作者等的评选表彰工作。

第五章 责任督导和追究

第二十条 党政领导班子、领导干部违反本规定或者未能正确履行本规定所列职责，有下列情形之一的，应当进行责任督导和追究：

（一）不重视社会治安综合治理和平安建设，相关工作措施落实不力，本地区本系统本单位基层基础工作薄弱，治安秩序严重混乱的；

（二）本地区本系统本单位在较短时间内连续发生重大刑事案件、群体性事件、公共安全事件的；

（三）本地区本系统本单位发生特别重大刑事案件、群体性事件、公共安全事件的；

（四）本地区本单位社会治安综合治理工作（平安建设）考核评价不合格、不达标的；

（五）对群众反映强烈的社会治安重点地区和突出公共安全、治安问题等，没有采取有效措施或者出现反弹的；

（六）各级党委和政府及社会治安综合治理委员会认为需要查究的其他事项。

第二十一条 对党政领导班子、领导干部进行责任督导和追究的方式包括：通报、约谈、挂牌督办、实施一票否决权制、引咎辞职、责令辞职、免职等。因违纪违法应当承担责任的，给予党纪政纪处分；构成犯罪的，依法追究刑事责任。

第二十二条 对具有本规定第二十条所列情形的地区、单位，由相应县级以上社会治安综合治理委员会办公室以书面形式进行通报，必要时由社会治安综合治理委员会进行通报，限期进行整改。

第二十三条 对受到通报后仍未按期完成整改目标，或者具有本规定第二十条所列情形且危害严重或者影响重大的地区、单位，由相应的上一级社会治安综合治理委员会办公室主任对其党政主要领导干部、社会治安综合治理工作分管领导干部和负有责任的其他领导班子成员进行约谈，必要时由社会治安综合治理委员会主任、副主任约谈，帮助分析原因，督促限期整改。

第二十四条 对受到约谈后仍未按期完成整改目标，或者具有本规定第二十条所列情形且危害特别严重或者影响特别重大但尚不够实施一票否决权制的地区、单位，由相应的上一级社会治安综合治理委员会办公室挂牌督办，限期进行整改。必要时，可派驻工作组对挂牌督办地区、单位进行检查督办。

中央社会治安综合治理委员会办公室每年从公共安全、治安问题相对突出的市（地、州、盟）中，确定若干作为挂牌督办的重点整治单位，加强监督管理。

对受到挂牌督办的地区、单位，在半年内取消该地区、单位评选综合性荣誉称号的资格和该地区、单位主要领导干部、主管领导干部、分管领导干部评先受奖、晋职晋级的资格。

第二十五条 对受到挂牌督办后仍未按期完成整改目标，或者有本规定第二十条所列情形且危害特别严重或者影响特别重大的地区、单位，由相应的上一级社会治安综合治理委员会按照中央有关规定，商有关部门共同研究决定实行一票否决权制。

第二十六条 对受到一票否决权制处理的地区、单位，在一年内，取消该地区、单位评选综合性荣誉称号的资格，由组织人事部门按照有关权限和程序办理；取消该地区、单位主要领导干部、主管领导干部、分管领导干部评先受奖、晋职晋级的资格，由组织人事部门按照干部管理权限和程序办理，并会同社会治安综合治理委员会办公室，按照中央有关规定向上级有关部门进行报告、备案。需要追究该地区、单位党政领导干部责任的，移送纪检监察机关依纪依法处理。

第二十七条 对中央驻地方单位需要实行一票否决权制的，由省级社会治安综合治理委员会向其主管单位和中央社会治安综合治理委员会提出书面建议。

第二十八条 党政领导干部具有本规定第二十条所列情形，按照《关于实行党政领导干部问责的暂行规定》应当采取引咎辞职、责令辞职、免职等方式问责的，由纪检监察机关、组织人事部门按照管理权限办理。

第二十九条 党政领导班子、领导干部具有本规定第二十条所列情形，并具有下列情节之一的，应当从重进行责任督导和追究：

（一）干扰、阻碍调查和责任追究的；

（二）弄虚作假、隐瞒事实真相、瞒报漏报重大情况的；

（三）对检举人、控告人等打击报复的；

（四）党内法规和国家法律法规规定的其他从重情节。

第三十条 党政领导班子、领导干部具有本规定第二十条所列情形，并具有下列情节之一的，可以从轻进行责任督导和追究：

（一）主动采取措施，有效避免损失、挽回影响的；

（二）积极配合调查，并且主动承担责任的；

（三）党内法规和国家法律法规规定的其他从轻情节。

第六章 附　则

第三十一条 各省、自治区、直辖市，新疆生产建设兵团，中央和国家机关各部门可以根据本规定制定实施办法。

第三十二条 本规定由中央社会治安综合治理委员会负责解释。

第三十三条 本规定自 2016 年 2 月 27 日起施行。

关于加强社会治安防控体系建设的意见

（2015 年 4 月 13 日）

为有效应对影响社会安全稳定的突出问题，创新立体化社会治安防控体系，依法严密防范和惩治各类违法犯罪活动，全面推进平安中国建设，现提出如下意见。

一、加强社会治安防控体系建设的指导思想和目标任务

（一）指导思想。以邓小平理论、"三个代表"重要思想、科学发展观为指导，全面贯彻落实党的十八大和十八届二中、三中、四中全会精神，深入贯彻落实习近平总书记系列重要讲话精神，紧紧围绕完善和发展中国特色社会主义制度、推进国家治理体系和治理能力现代化的总目标，牢牢把握全面推进依法治国的总要求，着力提高动态化、信息化条件下驾驭社会治安局势能力，以确保公共安全、提升人民群众安全感和满意度为目标，以突出治安问题为导向，以体制机制创新为动力，以信息化为引领，以基础建设为支撑，坚持系统治理、依法治理、综合治理、源头治理，健全点线面结合、网上网下结合、人防物防技防结合、打防管控结合的立体化社会治安防控体系，确保人民安居乐业、社会安定有序、国家长治久安。

（二）目标任务。形成党委领导、政府主导、综治协调、各部门齐抓共管、社会力量积极参与的社会治安防控体系建设工作格局，健全社会治安防控运行机制，编织社会治安防控网，提升社会治安防控体系建设法治化、社会化、信息化水平，增强社会治安整体防控能力，努力使影响公共安全的暴力恐怖犯罪、个人极端暴力犯罪等得到有效遏制，使影响群众安全感的多发性案件和公共安全事故得到有效防范，人民群众安全感和满意度明显提升，社会更加和谐有序。

二、加强社会治安防控网建设

（三）加强社会面治安防控网建设。根据人口密度、治安状况和地理位置等因素，科学划分巡逻区域，优化防控力量布局，加强公安与武警联勤武装巡逻，建立健全指挥和保障机制，完善早晚高峰等节点人员密集场所重点勤务工作机制，减少死角和盲区，提升社会面动态控制能力。加强公共交通安保工作，强化人防、物防、技防建设和日常管理，完善和落实安检制度，加强对公交车站、地铁站、机场、火车站、码头、口岸、高铁沿线等重点部位的安全保卫，严防针对公共交通工具的暴力恐怖袭击和个人极端案（事）件。完善幼儿园、学校、金融机构、商业场所、医院等重点场所安全防范机制，强化重点场所及周边治安综合治理，确保秩序良好。加强对偏远农村、城乡接合部、城中村等社会治安重点地区、重点部位以及各类社会治安突出问题的排查整治。总结推广零命案县（市、区、旗）和刑事案件零发案社区的经验，加强规律性研究，及时发现和处置引发命案和极端事件的苗头性问题，预防和减少重特大案（事）件特别是命案的发生。

（四）加强重点行业治安防控网建设。切实加强旅馆业、旧货业、公章刻制业、机动车改装业、废品收购业、娱乐服务业等重点行业的治安管理工作，落实法人责任，推动实名制登记，推进治安管理信息系统建设。加强邮件、快件寄递和物流运输安全管理工作，完善禁寄物品名录，建立健全安全管理制度，有效预防利用寄递、物流渠道实施违法犯罪。持续开展治爆缉枪、管制刀具治理等整治行动，对危爆物品采取源头控制、定点销售、流向管控、实名登记等全过程管理措施，严防危爆物品非法流散社会。加强社区服刑人员、扬言报复社会人员、易肇事肇祸等严重精神障碍患者、刑满释放人员、吸毒人员、易感染艾滋病病毒危险行为人群等特殊人群的服务管理工作，健全政府、社会、家庭三位一体的关怀帮扶体系，加大政府经费支持力度，加强相关专业社会组织、社会工作人才队伍等建设，落实教育、矫治、管理以及综合干预措施。

（五）加强乡镇（街道）和村（社区）治安防控网建设。以网格化管理、社会化服务为方向，健全基层综合服务管理平台，推动社会治安防控力量下沉。把网格化管理列入城乡规划，将人、地、物、事、组织等基本治安要素纳入网格管理范畴，做到信息掌握到位、矛盾化解到位、治安防控到位、便民服务到位。因地制宜确定网格管理职责，纳入社区服务工作或群防群治管理，通过政府购买服务等方式，加强社会治安防控网建设。到2020年，实现全国各县（市、区、旗）的中心城区网格化管理全覆盖。整合各种资源力量，加强基层综合服务管理平台建设，逐步在乡镇（街道）推进建设综治中心，村（社区）以基层综合服务管理平台为依托建立实体化运行机制，强化实战功能，做到矛盾纠纷联调、社会治安联防、重点工作联动、治安突出问题联治、服务管理联抓、基层平安联创。到2020年实现县（市、区、旗）、乡镇（街道）、村（社区）三级综合服务管理平台全覆盖，鼓励有条件的地方提前完成。深化社区警务战略，加强社区（驻村）警务室建设。将治安联防矛盾化解和纠纷调解纳入农村社区建设试点任务。

（六）加强机关、企事业单位内部安全防控网建设。按照预防为主、突出重点、单位负责、政府监管的原则，进一步加强机关、企事业单位内部治安保卫工作，严格落实单位主要负责人治安保卫责任制，完善巡逻检查、守卫防护、要害保卫、治安隐患和问题排查处理等各项治安保卫制度。加强单位内部技防设施建设，普及视频监控系统应用，实行重要部位、易发案部位全覆盖。加强供水、供电、供气、供热、供油、交通、信息通信网络等关系国计民生基础设施的安全防范工作，全面完善和落实各项安全保卫措施，确保安全稳定。

（七）加强信息网络防控网建设。建设法律规范、行政监管、行业自律、技术保障、公众监督、社会教育相结合的信息网络管理体系。加强网络安全保护，落实相关主体的法律责任。落实手机和网络用户实名制。健全信息安全等级保护制度，加强公民个人信息安全保护。深入开展专项整治行动，坚决整治利用互联网和手机媒体传播暴力色情等违法信息及低俗信息。

三、提高社会治安防控体系建设科技水平

（八）加强信息资源互通共享和深度应用。按照科技引领、信息支撑的思路，加快构建纵向贯通、横向集成、共享共用、安全可靠的平安建设信息化综合平台。在确保信息安全、保护公民合法权益前提下，提高系统互联、信息互通和资源共享程度。强化信息资源深度整合应用，充分运用现代信息技术，增强主动预防和打击犯罪的能力。将社会治安防控信息化纳入智慧城市建设总体规划，充分运用新一代互联网、物联网、大数据、云计算和智能传感、遥感、卫星定位、地理信息系统等技术，创新社会治安防控手段，提升公共安全管理数字化、网络化、智能化水平，打造一批有机融合的示范工程。建立健全相关的信息安全保障体系，实现对基础设施、信息和应用等资源的立体化、自动化安全监测，对终端用户和应用系统的全方位、智能化安全防护。

（九）加快公共安全视频监控系统建设。高起点规划、有重点有步骤地推进公共安全视频监控建设、联网和应用工作，提高公共区域视频监控系统覆盖密度和建设质量。加大城乡接合部、农村地区公共区域视频监控系统建设力度，逐步实现城乡视频监控一体化。完善技术标准，强化系统联网，分级有效整合各类视频图像资源，逐步拓宽应用领域。加强企事业单位安防技术系统建设，实施"技防入户"工程和物联网安防小区试点，推进技防新装备向农村地区延伸。

四、完善社会治安防控运行机制

（十）健全社会治安形势分析研判机制。政法综治机构要加强组织协调，会同政法机关和其他有关部门开展对社会治安形势的整体研判、动态监测，并提出督办建议。公安机关要坚持情报主导警务的理念，建立健全社会治安情报信息分析研判机制，定期对社会治安形势进行分析研判。加强对社会舆情、治安动态和热点、敏感问题的分析预测，加强对社会治安重点领域的研判分析，及时发现苗头性、倾向性问题，提升有效应对能力。建立健全治安形势播报预警机制，增强群众自我防范意识。

（十一）健全实战指挥机制。公安机关要按照人员权威、信息权威、职责权威的要求，加强实战型指挥中心建设，集110接处警、社会治安突发事件应急指挥处置、紧急警务活动统筹协调等功能于一体，及时有效地调整用警方向和强度。推行扁平化勤务指挥模式，减少指挥层级，畅通指挥关系，紧急状态下实行"点对点"指挥，确保就近调度、快速反应、及时妥善处置。

（十二）健全部门联动机制。建立完善社会治安形势分析研判联席会议制度、社会治安重点地区排查整治工作协调会议和月报制度等，进一步整合各部门资源力量，强化工作联动，增强打击违法犯罪、加强社会治安防控工作合力。对群众反映强烈的黑拐枪、黄赌毒以及电信诈骗、非法获取公民个人信息、非法传销、非法集资、危害食品药品安全、环境污染、涉邪教活动等突出治安问题，要加强部门执法合作，开展专项打击整治，形成整体合力。对打防管控工作中发现的薄弱环节和突出问题，政法综治机构要牵头组织、督促有关部门及时整改，堵塞防范漏洞。针对可能发生的突发案（事）件，制定完善应急预案和行动方案，明确各有关部门、单位的职责任务和措施要求，定期开展应急处突实战演练，确保一旦发生社会治安突发案（事）件能够快速有效处置。创新报警服务运行模式，提高紧急警情快速处置能力，提高非紧急求助社会联动服务效率。

（十三）健全区域协作机制。按照常态、共享、联动、共赢原则，积极搭建治安防控跨区域协作平台，共同应对跨区域治安突出问题，在预警预防、维稳处突、矛盾化解、打击犯罪等方面互援互助、协调联动，以区域平安保全国平安。总结推广区域警务协作机制建设经验，推动建立多地区多部门共同参与的治安防控区域协作机制，增强防控整体实效。

五、运用法治思维和法治方式推进社会治安防控体系建设

（十四）运用法律手段解决突出问题。充分发挥法治的引导、规范、保障、惩戒作用，做到依法化解社会矛盾、依法预防打击犯罪、依法规范社会秩序、依法维护社会稳定。紧紧围绕加强社会治安防控体系建设的总体需要，推动相关法律法规的立、改、废、释和相关政策的制定完善工作。各地要以重大问题为导向，针对社会治安治理领域的重点难点问题，适时出台相关地方性法规、地方政府规章，促进从法治层面予以解决。完善维护公民、法人等合法权益的途径，从源头上预防侵权案件发生。坚持依法行政，加强食品药品、安全生产、环境保护、文化市场和网络安全等重点领域基层执法，强化行政执法与刑事司法的衔接，着力解决好人民群众反映强烈的突出问题。深化司法体制改革，加快建设公正高效权威的社会主义司法制度，提高办案质量。贯彻宽严相济刑事政策，在依法严厉打击极少数严重刑事犯罪分子的同时，最大限度地减少社会对抗，努力化消极因素为积极因素。加强和改进法治宣传教育工作，着力增强法治宣传教育的针对性和实效性，推动全社会树立法治意识，增强全民法治观念，促进全民尊法、守法，引导干部群众把法律作为指导和规范自身行为的基本准则，在全社会形成办事依法、遇事找法、解决问题用法、化解矛盾靠法的良好法治环境。

（十五）加强基础性制度建设。建立以公民身份号码为唯一代码、统一共享的国家人口基础信息库，建立健全相关方面的实名登记制度。建立公民统一社会信用代码制度、法人和其他组织统一社会信用代码制度，加强社会信用管理，促进信息共享，强化对守信者的鼓励和对失信者的惩戒，探索建立公民所有信息的一卡通制度。落实重大决策社会稳定风险评估制度，切实做到应评尽评，着力完善决策前风险评估、实施中风险管控和实施后效果评价、反馈纠偏、决策过错责任追究等操作性程序规范。落实矛盾纠纷排查调处工作协调会议纪要月报制度，完善人民调解、行政调解、司法调解联动工作体系，建立调处化解矛盾纠纷综合机制，着力防止因决策不当、矛盾纠纷排查化解不及时等引发重大群体性事件。推进体现社会主义核心价值观要求的行业规范、社会组织章程、村规民约、社区公约建设，充分发挥社会规范在调整成员关系、约束成员行为、保障成员利益等方面的作用，通过自律、他律、互律使公民、法人和其他组织的行为符合社会共同行为准则。

（十六）严格落实综治领导责任制。把社会治安防控体系建设纳入综治工作（平安建设）考核评价指标体系，将考核评价结果作为对领导班子和领导干部考核评价的重要内容。坚持采用评估、督导、考核、激励、惩诫等措施，形成正确的激励导向，推进社会治安防控体系建设工作落到实处。对社会治安问题突出的地区和单位通过定期通报、约谈、挂牌督办等方式，引导其分析发生重特大案（事）件的主要原因，找准症结，研究提出解决问题的措施，限期进行整改。对因重视不够、社会治安防范措施不落实而导致违法犯罪现象严重、治安秩序严重混乱或者发生重特大案（事）件的地区，依法实行一票否决权制，并追究有关领导干部的责任。

六、建立健全社会治安防控体系建设工作格局

（十七）加强党委和政府对社会治安防控体系建设的领导。各级党委和政府要进一步提高对社会治安防控体系建设重要性的认识，列入重要议事日程，认真研究解决警力配置、经费投入、警察等职业保障、基础设施和技防设施建设、考核奖惩等重要问题。要把社会治安防控体系建设列入国民经济和社会发展总体规划，重点做好基础设施、技防设备、装备建设的立项规划，做到与城乡规划、旧城改造、社区建设、基层综合服务管理平台建设等工作统筹推进。加大投入力度，将社会治安防控体系建设经费列入年度财政预算，从人力、物力、财力上保证社会治安防控体系建设顺利实施。各地党政主要负责同志是平安建设的第一责任人，也是社会治安防控体系建设的第一责任人，要亲自研究部署，一级抓一级，层层抓落实，真正担负起维护一方稳定、确保一方平安的重大政治责任。要充分发挥基层党组织作用，特别是在农村和城市社区，党组织要发挥领导核心作用，切实保障推进社会治安防控体系建设的各项任务走完"最后一公里"。

（十八）充分发挥综治组织的组织协调作用。各级综治组织要在党委和政府领导下，认真组织各有关单位参与社会治安防控工作，加强调查研究和督促检查，及时通报、分析社会治安形势，协调解决工作中遇到的突出问题，总结推广典型经验，统筹推进社会治安防控体系建设。加强各级综治组织自身建设，细化工作职责，健全组织机构，配齐配强力量。乡镇（街道）综治委主任可由乡镇（街道）党（工）委书记担任，综治办主任应由党（工）委副书记担任；村（社区）综治机构主要负责人由党组织书记担任，并明确1名负责人主管综治工作，确保这项工作有人抓、有人管。

（十九）充分发挥政法各机关和其他各有关部门的职能作用。进一步明确各有关部门在社会治安防控体系建设中的职责任务，做到各负其责、各司其职，通力协作、齐抓共管，增强整体合力。各级政法机关要发挥好主力军作用。公安机关要充分发挥骨干作用，根据社会治安防控体系建设需要调整工作重点、警力部署、警务保障和勤务制度，改进工作方法，投入更多人力和精力加强基层治安基础工作，及时掌握影响社会治安的情况，依法查处危害社会治安行为。法院、检察院要结合批捕、起诉和审判工作，善于发现社会治安防控体系建设中的漏洞，及时提出司法建议和检察建议，督促有关单位健全规章制度，完善工作机制。司法行政机关要加强监狱和

强制隔离戒毒场所的管理工作，做好社区矫正、刑满释放人员安置帮教、人民调解、法治宣传、法律服务、法律援助等工作。其他各有关部门要按照"谁主管谁负责"的原则，结合自身职能，主动承担好预防违法犯罪、维护社会治安的责任，认真抓好本部门、本系统参与社会治安防控体系建设的任务，与部门工作同规划、同部署、同检查、同落实。

（二十）充分发挥社会协同作用。坚持党委和政府领导下的多方参与、共同治理，发挥市场、社会等多方主体在社会治安防控体系建设中的协同协作、互动互补、相辅相成作用。大力支持工会、共青团、妇联等人民团体和群众组织参与社会治安防控体系建设，积极为他们发挥作用创造有利环境和条件。要加大对行业协会商会类、科技类、公益慈善类、城乡社区服务类社会组织的培育扶持力度，将适合由社会组织承担的矛盾纠纷调解、特殊人群服务管理、预防青少年违法犯罪等社会治安防控体系建设任务纳入政府购买服务目录，通过竞争性选择等方式，交给相关社会组织承担，发挥好他们在社会治安防控体系建设中的重要作用。规范警务辅助人员管理，明确其聘用条件和程序、职责任务、保障待遇等，发挥好协助维护社会治安的作用。规范发展保安服务市场，积极引导保安行业参与社会治安防控工作。加强城乡基层群众自治组织建设，搭建群众参加社会治安防控体系建设的新平台，通过各种方式就社会治安防控体系建设问题进行广泛协商，广纳群言，增进共识。充分发挥行业协会商会自管自律作用，引导企业在经营活动中履行治安防控责任。转变职能、创新机制，采取政府搭台、市场运作、社会参与等方式，积极提供公益岗位，鼓励发展责任保险以及治安保险、社区综合保险等新兴业务，支持保险机构运用股权投资、战略合作等方式参与保安服务产业链整合，激发社会各方面力量参与社会治安防控体系建设的积极性、主动性、创造性。

（二十一）积极扩大公众参与。坚持人民主体地位，进一步拓宽群众参与社会治安防控的渠道，依法保障人民群众的知情权、参与权、建议权、监督权。继承和发扬专群结合的优良传统，充分发挥共产党员、共青团员模范带头作用，发挥民兵预备役人员等的重要作用，发展壮大平安志愿者、社区工作者、群防群治队伍等专业化、职业化、社会化力量，积极探索新形势下群防群治工作新机制、新模式，力争到2020年社区志愿者注册人数占居民人口的比例大幅增加。落实举报奖励制度，对于提供重大线索、帮助破获重大案件或者有效制止违法犯罪活动、协助抓获犯罪分子的，给予重奖。完善见义勇为人员认定机制、补偿救济机制，加强见义勇为人员权益保障工作，扩大见义勇为基金规模，加大对见义勇为人员的表彰力度，按照有关规定严格落实抚恤待遇。充分发挥传统媒体与新媒体的作用，采取群众喜闻乐见的宣传教育方式，提高群众安全防范意识，组织动员群众关心、支持和参与社会治安防控体系建设，努力提升新媒体时代社会沟通能力。

各地区要根据本意见要求，结合本地区社会治安状况和经济社会发展实际，分级分类研究制定加强社会治安防控体系建设的指导意见和具体实施方案，把任务和责任落实到相关部门和单位。

公安机关办理行政案件程序规定

（2012 年 12 月 19 日公安部令第 125 号修订发布 根据 2014 年 6 月 29 日公安部令第 132 号《公安部关于修改部分部门规章的决定》第一次修正 根据 2018 年 11 月 25 日公安部令第 149 号《公安部关于修改〈公安机关办理行政案件程序规定〉的决定》第二次修正 根据 2020 年 8 月 6 日公安部令第 160 号《公安部关于废止和修改部分规章的决定》第三次修正）

第一章 总 则

第一条 为了规范公安机关办理行政案件程序，保障公安机关在办理行政案件中正确履行职责，保护公民、法人和其他组织的合法权益，根据《中华人民共和国行政处罚法》《中华人民共和国行政强制法》《中华人民共和国治安管理处罚法》等有关法律、行政法规，制定本规定。

第二条 本规定所称行政案件，是指公安机关依照法律、法规和规章的规定对违法行为人决定行政处罚以及强制隔离戒毒等处理措施的案件。

本规定所称公安机关，是指县级以上公安机关、公安派出所、依法具有独立执法主体资格的公安机关业务部门以及出入境边防检查站。

第三条 办理行政案件应当以事实为根据，以法律为准绳。

第四条 办理行政案件应当遵循合法、公正、公开、及时的原则，尊重和保障人权，保护公民的人格尊严。

第五条 办理行政案件应当坚持教育与处罚相结合的原则，教育公民、法人和其他组织自觉守法。

第六条 办理未成年人的行政案件，应当根据未成年人的身心特点，保障其合法权益。

第七条 办理行政案件，在少数民族聚居或者多民族共同居住的地区，应当使用当地通用的语言进行询问。对不通晓当地通用语言文字的当事人，应当为他们提供翻译。

第八条 公安机关及其人民警察在办理行政案件时，对涉及的国家秘密、商业秘密或者个人隐私，应当保密。

第九条 公安机关人民警察在办案中玩忽职守、徇私舞弊、滥用职权、索取或者收受他人财物的，依法给予处分；构成犯罪的，依法追究刑事责任。

第二章 管　辖

第十条 行政案件由违法行为地的公安机关管辖。由违法行为人居住地公安机关管辖更为适宜的，可以由违法行为人居住地公安机关管辖，但是涉及卖淫、嫖娼、赌博、毒品的案件除外。

违法行为地包括违法行为发生地和违法结果发生地。违法行为发生地，包括违法行为的实施地以及开始地、途经地、结束地等与违法行为有关的地点；违法行为有连续、持续或者继续状态的，违法行为连续、持续或者继续实施的地方都属于违法行为发生地。违法结果发生地，包括违法对象被侵害地、违法所得的实际取得地、藏匿地、转移地、使用地、销售地。

居住地包括户籍所在地、经常居住地。经常居住地是指公民离开户籍所在地最后连续居住一年以上的地方，但在医院住院就医的除外。

移交违法行为人居住地公安机关管辖的行政案件，违法行为地公安机关在移交前应当及时收集证据，并配合违法行为人居住地公安机关开展调查取证工作。

第十一条 针对或者利用网络实施的违法行为，用于实施违法行为的网站服务器所在地、网络接入地以及网站建立者或者管理者所在地，被侵害的网络及其运营者所在地，违法过程中违法行为人、被侵害人使用的网络及其运营者所在地，被侵害人被侵害时所在地，以及被侵害人财产遭受损失地公安机关可以管辖。

第十二条 行驶中的客车上发生的行政案件，由案发后客车最初停靠地公安机关管辖；必要时，始发地、途经地、到达地公安机关也可以管辖。

第十三条 行政案件由县级公安机关及其公安派出所、依法具有独立执法主体资格的公安机关业务部门以及出入境边防检查站按照法律、行政法规、规章授权和管辖分工办理，但法律、行政法规、规章规定由设区的市级以上公安机关办理的除外。

第十四条 几个公安机关都有权管辖的行政案件，由最初受理的公安机关管辖。必要时，可以由主要违法行为地公安机关管辖。

第十五条 对管辖权发生争议的，报请共同的上级公安机关指定管辖。对于重大、复杂的案件，上级公安机关可以直接办理或者指定管辖。

上级公安机关直接办理或者指定管辖的，应当书面通知被指定管辖的公安机关和其他有关的公安机关。

原受理案件的公安机关自收到上级公安机关书面通知之日起不再行使管辖权，并立即将案卷材料移送被指定管辖的公安机关或者办理的上级公安机关，及时书面通知当事人。

第十六条 铁路公安机关管辖列车上，火车站工作区域内，铁路系统的机关、厂、段、所、队等单位内发生的行政案件，以及在铁路线上放置障碍物或者损毁、移动铁路设施等可能影响铁路运输安全、盗窃铁路设施的行政案件。对倒卖、伪造、变造火车票案件，由最初受理的铁路或者地方公安机关管辖。必要时，可以移送主要违法行为发生地的铁路或者地方公安机关管辖。

交通公安机关管辖港航管理机构管理的轮船上、港口、码头工作区域内和港航系统的机关、厂、所、队等单位内发生的行政案件。

民航公安机关管辖民航管理机构管理的机场工作区域以及民航系统的机关、厂、所、队等单位内和民航飞机上发生的行政案件。

国有林区的森林公安机关管辖林区内发生的行政案件。

海关缉私机构管辖阻碍海关缉私警察依法执行职务的治安案件。

第三章　回　避

第十七条　公安机关负责人、办案人民警察有下列情形之一的，应当自行提出回避申请，案件当事人及其法定代理人有权要求他们回避：

（一）是本案的当事人或者当事人近亲属的；

（二）本人或者其近亲属与本案有利害关系的；

（三）与本案当事人有其他关系，可能影响案件公正处理的。

第十八条　公安机关负责人、办案人民警察提出回避申请的，应当说明理由。

第十九条　办案人民警察的回避，由其所属的公安机关决定；公安机关负责人的回避，由上一级公安机关决定。

第二十条　当事人及其法定代理人要求公安机关负责人、办案人民警察回避的，应当提出申请，并说明理由。口头提出申请的，公安机关应当记录在案。

第二十一条　对当事人及其法定代理人提出的回避申请，公安机关应当在收到申请之日起二日内作出决定并通知申请人。

第二十二条　公安机关负责人、办案人民警察具有应当回避的情形之一，本人没有申请回避，当事人及其法定代理人也没有申请其回避的，有权决定其回避的公安机关可以指令其回避。

第二十三条　在行政案件调查过程中，鉴定人和翻译人员需要回避的，适用本章的规定。

鉴定人、翻译人员的回避，由指派或者聘请的公安机关决定。

第二十四条　在公安机关作出回避决定前，办案人民警察不得停止对行政案件的调查。

作出回避决定后，公安机关负责人、办案人民警察不得再参与该行政案件的调查和审核、审批工作。

第二十五条　被决定回避的公安机关负责人、办案人民警察、鉴定人和翻译人员，在回避决定作出前所进行的与案件有关的活动是否有效，由作出回避决定的公安机关根据是否影响案件依法公正处理等情况决定。

第四章 证 据

第二十六条 可以用于证明案件事实的材料，都是证据。公安机关办理行政案件的证据包括：

（一）物证；

（二）书证；

（三）被侵害人陈述和其他证人证言；

（四）违法嫌疑人的陈述和申辩；

（五）鉴定意见；

（六）勘验、检查、辨认笔录，现场笔录；

（七）视听资料、电子数据。

证据必须经过查证属实，才能作为定案的根据。

第二十七条 公安机关必须依照法定程序，收集能够证实违法嫌疑人是否违法、违法情节轻重的证据。

严禁刑讯逼供和以威胁、欺骗等非法方法收集证据。采用刑讯逼供等非法方法收集的违法嫌疑人的陈述和申辩以及采用暴力、威胁等非法方法收集的被侵害人陈述、其他证人证言，不能作为定案的根据。收集物证、书证不符合法定程序，可能严重影响执法公正的，应当予以补正或者作出合理解释；不能补正或者作出合理解释的，不能作为定案的根据。

第二十八条 公安机关向有关单位和个人收集、调取证据时，应当告知其必须如实提供证据，并告知其伪造、隐匿、毁灭证据，提供虚假证词应当承担的法律责任。

需要向有关单位和个人调取证据的，经公安机关办案部门负责人批准，开具调取证据通知书，明确调取的证据和提供时限。被调取人应当在通知书上盖章或者签名，被调取人拒绝的，公安机关应当注明。必要时，公安机关应当采用录音、录像等方式固定证据内容及取证过程。

需要向有关单位紧急调取证据的，公安机关可以在电话告知人民警察身份的同时，将调取证据通知书连同办案人民警察的人民警察证复印件通过传真、互联网通讯工具等方式送达有关单位。

第二十九条 收集调取的物证应当是原物。在原物不便搬运、不易保存或者依法应当由有关部门保管、处理或者依法应当返还时，可以拍摄或者制作足以反映原物外形或者内容的照片、录像。

物证的照片、录像，经与原物核实无误或者经鉴定证明为真实的，可以作为证据使用。

第三十条 收集、调取的书证应当是原件。在取得原件确有困难时，可以使用副本或者复制件。

书证的副本、复制件，经与原件核实无误或者经鉴定证明为真实的，可以作为证据使用。书证有更改或者更改迹象不能作出合理解释的，或者书证的副本、复制件不能反映书证原件及其内容的，不能作为证据使用。

第三十一条 物证的照片、录像，书证的副本、复制件，视听资料的复制件，应当附有关制作过程及原件、原物存放处的文字说明，并由制作人和物品持有人或者持有单位有关人员签名。

第三十二条 收集电子数据，能够扣押电子数据原始存储介质的，应当扣押。

无法扣押原始存储介质的，可以提取电子数据。提取电子数据，应当制作笔录，并附电子数据清单，由办案人民警察、电子数据持有人签名。持有人无法或者拒绝签名的，应当在笔录中注明。

由于客观原因无法或者不宜依照前两款规定收集电子数据的，可以采取打印、拍照或者录像等方式固定相关证据，并附有关原因、过程等情况的文字说明，由办案人民警察、电子数据持有人签名。持有人无法或者拒绝签名的，应当注明情况。

第三十三条 刑事案件转为行政案件办理的，刑事案件办理过程中收集的证据材料，可以作为行政案件的证据使用。

第三十四条 凡知道案件情况的人，都有作证的义务。

生理上、精神上有缺陷或者年幼，不能辨别是非、不能正确表达的人，不能作为证人。

第五章 期间与送达

第三十五条 期间以时、日、月、年计算，期间开始之时或者日不计算在内。法律文书送达的期间不包括路途上的时间。期间的最后一日是节假日的，以节假日后的第一日为期满日期，但违法行为人被限制人身自由的期间，应当至期满之日为止，不得因节假日而延长。

第三十六条 送达法律文书，应当遵守下列规定：

（一）依照简易程序作出当场处罚决定的，应当将决定书当场交付被处罚人，并由被处罚人在备案的决定书上签名或者捺指印；被处罚人拒绝的，由办案人民警察在备案的决定书上注明；

（二）除本款第一项规定外，作出行政处罚决定和其他行政处理决定，应当在宣告后将决定书当场交付被处理人，并由被处理人在附卷的决定书上签名或者捺指印，即为送达；被处理人拒绝的，由办案人民警察在附卷的决定书上注明；被处理人不在场的，公安机关应当在作出决定的七日内将决定书送达被处理人，治安管理处罚决定应当在二日内送达。

送达法律文书应当首先采取直接送达方式，交给受送达人本人；受送达人不在的，可以交付其成年家属、所在单位的负责人员或者其居住地居（村）民委员会代收。受送达人本人或者代收人拒绝接收或者拒绝签名和捺指印的，送达人可以邀请其邻居或者其他见证人到场，说明情况，也可以对拒收情况进行录音录像，把文书留在受送达人处，在附卷的法律文书上注明拒绝的事由、送达日期，由送达人、见证人签名或者捺指印，即视为送达。

无法直接送达的，委托其他公安机关代为送达，或者邮寄送达。经受送达人同意，可以采用传真、互联网通讯工具等能够确认其收悉的方式送达。

经采取上述送达方式仍无法送达的，可以公告送达。公告的范围和方式应当便于公民知晓，公告期限不得少于六十日。

第六章 简易程序和快速办理

第一节 简易程序

第三十七条 违法事实确凿，且具有下列情形之一的，人民警察可以当场作出处罚决定，有违禁品的，可以当场收缴：

（一）对违反治安管理行为人或者道路交通违法行为人处二百元以下罚款或者警告的；

（二）出入境边防检查机关对违反出境入境管理行为人处五百元以下罚款或者警告的；

（三）对有其他违法行为的个人处五十元以下罚款或者警告、对单位处一千元以下罚款或者警告的；

（四）法律规定可以当场处罚的其他情形。

涉及卖淫、嫖娼、赌博、毒品的案件，不适用当场处罚。

第三十八条 当场处罚，应当按照下列程序实施：

（一）向违法行为人表明执法身份；

（二）收集证据；

（三）口头告知违法行为人拟作出行政处罚决定的事实、理由和依据，并告知违法行为人依法享有的陈述权和申辩权；

（四）充分听取违法行为人的陈述和申辩。违法行为人提出的事实、理由或者证据成立的，应当采纳；

（五）填写当场处罚决定书并当场交付被处罚人；

（六）当场收缴罚款的，同时填写罚款收据，交付被处罚人；未当场收缴罚款的，应当告知被处罚人在规定期限内到指定的银行缴纳罚款。

第三十九条 适用简易程序处罚的，可以由人民警察一人作出行政处罚决定。

人民警察当场作出行政处罚决定的，应当于作出决定后的二十四小时内将当场处罚决定书报所属公安机关备案，交通警察应当于作出决定后的二日内报所属公安机关交通管理部门备案。在旅客列车、民航飞机、水上作出行政处罚决定的，应当在返回后的二十四小时内报所属公安机关备案。

第二节 快速办理

第四十条 对不适用简易程序，但事实清楚，违法嫌疑人自愿认错认罚，且对违法事实和法律适用没有异议的行政案件，公安机关可以通过简化取证方式和审核审批手续等措施快速办理。

第四十一条 行政案件具有下列情形之一的，不适用快速办理：

（一）违法嫌疑人系盲、聋、哑人，未成年人或者疑似精神病人的；

（二）依法应当适用听证程序的；

（三）可能作出十日以上行政拘留处罚的；

（四）其他不宜快速办理的。

第四十二条 快速办理行政案件前，公安机关应当书面告知违法嫌疑人快速办理的相关规定，征得其同意，并由其签名确认。

第四十三条 对符合快速办理条件的行政案件，违法嫌疑人在自行书写材料或者询问笔录中承认违法事实、认错认罚，并有视音频记录、电子数据、检查笔录等关键证据能够相互印证的，公安机关可以不再开展其他调查取证工作。

第四十四条 对适用快速办理的行政案件，可以由专兼职法制员或者办案部门负责人审核后，报公安机关负责人审批。

第四十五条 对快速办理的行政案件，公安机关可以根据不同案件类型，使用简明扼要的格式询问笔录，尽量减少需要文字记录的内容。

被询问人自行书写材料的，办案单位可以提供样式供其参考。

使用执法记录仪等设备对询问过程录音录像的，可以替代书面询问笔录，必要时，对视听资料的关键内容和相应时间段等作文字说明。

第四十六条 对快速办理的行政案件，公安机关可以根据违法行为人认错悔改、纠正违法行为、赔偿损失以及被侵害人谅解情况等情节，依法对违法行为人从轻、减轻处罚或者不予行政处罚。

对快速办理的行政案件，公安机关可以采用口头方式履行处罚前告知程序，由办案人民警察在案卷材料中注明告知情况，并由被告知人签名确认。

第四十七条 对快速办理的行政案件，公安机关应当在违法嫌疑人到案后四十八小时内作出处理决定。

第四十八条 公安机关快速办理行政案件时，发现不适宜快速办理的，转为一般案件办理。快速办理阶段依法收集的证据，可以作为定案的根据。

第七章 调 查 取 证

第一节 一 般 规 定

第四十九条 对行政案件进行调查时，应当合法、及时、客观、全面地收集、调取证据材料，并予以审查、核实。

第五十条 需要调查的案件事实包括：

（一）违法嫌疑人的基本情况；

（二）违法行为是否存在；

（三）违法行为是否为违法嫌疑人实施；

（四）实施违法行为的时间、地点、手段、后果以及其他情节；

（五）违法嫌疑人有无法定从重、从轻、减轻以及不予行政处罚的情形；

（六）与案件有关的其他事实。

第五十一条 公安机关调查取证时，应当防止泄露工作秘密。

第五十二条 公安机关进行询问、辨认、检查、勘验，实施行政强制措施等调查取证工作时，人民警察不得少于二人，并表明执法身份。

接报案、受案登记、接受证据、信息采集、调解、送达文书等工作，可以由一名人民警察带领警务辅助人员进行，但应当全程录音录像。

第五十三条 对查获或者到案的违法嫌疑人应当进行安全检查，发现违禁品或者管制器具、武器、易燃易爆等危险品以及与案件有关的需要作为证据的物品的，应当立即扣押；对违法嫌疑人随身携带的与案件无关的物品，应当按照有关规定予以登记、保管、退还。安全检查不需要开具检查证。

前款规定的扣押适用本规定第五十五条和第五十六条以及本章第七节的规定。

第五十四条 办理行政案件时，可以依法采取下列行政强制措施：

（一）对物品、设施、场所采取扣押、扣留、查封、先行登记保存、抽样取证、封存文件资料等强制措施，对恐怖活动嫌疑人的存款、汇款、债券、股票、基金份额等财产还可以采取冻结措施；

（二）对违法嫌疑人采取保护性约束措施、继续盘问、强制传唤、强制检测、拘留审查、限制活动范围，对恐怖活动嫌疑人采取约束措施等强制措施。

第五十五条 实施行政强制措施应当遵守下列规定：

（一）实施前须依法向公安机关负责人报告并经批准；

（二）通知当事人到场，当场告知当事人采取行政强制措施的理由、依据以及当事人依法享有的权利、救济途径。当事人不到场的，邀请见证人到场，并在现场笔录中注明；

（三）听取当事人的陈述和申辩；

（四）制作现场笔录，由当事人和办案人民警察签名或者盖章，当事人拒绝的，在笔录中注明。当事人不在场的，由见证人和办案人民警察在笔录上签名或者盖章；

（五）实施限制公民人身自由的行政强制措施的，应当当场告知当事人家属实施强制措施的公安机关、理由、地点和期限；无法当场告知的，应当在实施强制措施后立即通过电话、短信、传真等方式通知；身份不明、拒不提供家属联系方式或者因自然灾害等不可抗力导致无法通知的，可以不予通知。告知、通知家属情况或者无法通知家属的原因应当在询问笔录中注明。

（六）法律、法规规定的其他程序。

勘验、检查时实施行政强制措施，制作勘验、检查笔录的，不再制作现场笔录。

实施行政强制措施的全程录音录像，已经具备本条第一款第二项、第三项规定的实质要素的，可以替代书面现场笔录，但应当对视听资料的关键内容和相应时间段等作文字说明。

第五十六条　情况紧急，当场实施行政强制措施的，办案人民警察应当在二十四小时内依法向其所属的公安机关负责人报告，并补办批准手续。当场实施限制公民人身自由的行政强制措施的，办案人民警察应当在返回单位后立即报告，并补办批准手续。公安机关负责人认为不应当采取行政强制措施的，应当立即解除。

第五十七条　为维护社会秩序，人民警察对有违法嫌疑的人员，经表明执法身份后，可以当场盘问、检查。对当场盘问、检查后，不能排除其违法嫌疑，依法可以适用继续盘问的，可以将其带至公安机关，经公安派出所负责人批准，对其继续盘问。对违反出境入境管理的嫌疑人依法适用继续盘问的，应当经县级以上公安机关或者出入境边防检查机关负责人批准。

继续盘问的时限一般为十二小时；对在十二小时以内确实难以证实或者排除其违法犯罪嫌疑的，可以延长至二十四小时；对不讲真实姓名、住址、身份，且在二十四小时以内仍不能证实或者排除其违法犯罪嫌疑的，可以延长至四十八小时。

第五十八条　违法嫌疑人在醉酒状态中，对本人有危险或者对他人的人身、财产或者公共安全有威胁的，可以对其采取保护性措施约束至酒醒，也可以通知其家属、亲友或者所属单位将其领回看管，必要时，应当送医院醒酒。对行为举止失控的醉酒人，可以使用约束带或者警绳等进行约束，但是不得使用手铐、脚镣等警械。

约束过程中，应当指定专人严加看护。确认醉酒人酒醒后，应当立即解除约束，并进行询问。约束时间不计算在询问查证时间内。

第五十九条 对恐怖活动嫌疑人实施约束措施，应当遵守下列规定：

（一）实施前须经县级以上公安机关负责人批准；

（二）告知嫌疑人采取约束措施的理由、依据以及其依法享有的权利、救济途径；

（三）听取嫌疑人的陈述和申辩；

（四）出具决定书。

公安机关可以采取电子监控、不定期检查等方式对被约束人遵守约束措施的情况进行监督。

约束措施的期限不得超过三个月。对不需要继续采取约束措施的，应当及时解除并通知被约束人。

第二节 受 案

第六十条 县级公安机关及其公安派出所、依法具有独立执法主体资格的公安机关业务部门以及出入境边防检查站对报案、控告、举报、群众扭送或者违法嫌疑人投案，以及其他国家机关移送的案件，应当及时受理并按照规定进行网上接报案登记。对重复报案、案件正在办理或者已经办结的，应当向报案人、控告人、举报人、扭送人、投案人作出解释，不再登记。

第六十一条 公安机关应当对报案、控告、举报、群众扭送或者违法嫌疑人投案分别作出下列处理，并将处理情况在接报案登记中注明：

（一）对属于本单位管辖范围内的案件，应当立即调查处理，制作受案登记表和受案回执，并将受案回执交报案人、控告人、举报人、扭送人；

（二）对属于公安机关职责范围，但不属于本单位管辖的，应当在二十四小时内移送有管辖权的单位处理，并告知报案人、控告人、举报人、扭送人、投案人；

（三）对不属于公安机关职责范围的事项，在接报案时能够当场判断的，应当立即口头告知报案人、控告人、举报人、扭送人、投案人向其他主管机关报案或者投案，报案人、控告人、举报人、扭送人、投案人对口头告知内容有异议或者不能当场判断的，应当书面告知，但因没有联系方式、身份不明等客观原因无法书面告知的除外。

在日常执法执勤中发现的违法行为，适用前款规定。

第六十二条 属于公安机关职责范围但不属于本单位管辖的案件，具有下列情形之一的，受理案件或者发现案件的公安机关及其人民警察应当依法先行采取必要的强制措施或者其他处置措施，再移送有管辖权的单位处理：

（一）违法嫌疑人正在实施危害行为的；

（二）正在实施违法行为或者违法后即时被发现的现行犯被扭送至公安机关的；

（三）在逃的违法嫌疑人已被抓获或者被发现的；

（四）有人员伤亡，需要立即采取救治措施的；

（五）其他应当采取紧急措施的情形。

行政案件移送管辖的，询问查证时间和扣押等措施的期限重新计算。

第六十三条 报案人不愿意公开自己的姓名和报案行为的，公安机关应当在受案登记时注明，并为其保密。

第六十四条 对报案人、控告人、举报人、扭送人、投案人提供的有关证据材料、物品等应当登记，出具接受证据清单，并妥善保管。必要时，应当拍照、录音、录像。移送案件时，应当将有关证据材料和物品一并移交。

第六十五条 对发现或者受理的案件暂时无法确定为刑事案件或者行政案件的，可以按照行政案件的程序办理。在办理过程中，认为涉嫌构成犯罪的，应当按照《公安机关办理刑事案件程序规定》办理。

第三节　询　　问

第六十六条 询问违法嫌疑人，可以到违法嫌疑人住处或者单位进行，也可以将违法嫌疑人传唤到其所在市、县内的指定地点进行。

第六十七条 需要传唤违法嫌疑人接受调查的，经公安派出所、县级以上公安机关办案部门或者出入境边防检查机关负责人批准，使用传唤证传唤。对现场发现的违法嫌疑人，人民警察经出示人民警察证，可以口头传唤，并在询问笔录中注明违法嫌疑人到案经过、到案时间和离开时间。

单位违反公安行政管理规定，需要传唤其直接负责的主管人员和其他直接责任人员的，适用前款规定。

对无正当理由不接受传唤或者逃避传唤的违反治安管理、出境入境管理的嫌疑人以及法律规定可以强制传唤的其他违法嫌疑人，经公安派出所、县级以上公安机关办案部门或者出入境边防检查机关负责人批准，可以强制传唤。强制传唤时，可以依法使用手铐、警绳等约束性警械。

公安机关应当将传唤的原因和依据告知被传唤人，并通知其家属。公安机关通知被传唤人家属适用本规定第五十五条第一款第五项的规定。

第六十八条 使用传唤证传唤的，违法嫌疑人被传唤到案后和询问查证结束后，应当由其在传唤证上填写到案和离开时间并签名。拒绝填写或者签名的，办案人民警察应当在传唤证上注明。

第六十九条 对被传唤的违法嫌疑人，应当及时询问查证，询问查证的时间不得超过八小时；案情复杂，违法行为依法可能适用行政拘留处罚的，询问查证的时间不得超过二十四小时。

不得以连续传唤的形式变相拘禁违法嫌疑人。

第七十条 对于投案自首或者群众扭送的违法嫌疑人，公安机关应当立即进行询问查证，并在询问笔录中记明违法嫌疑人到案经过、到案和离开时间。询问查证时间适用本规定第六十九条第一款的规定。

对于投案自首或者群众扭送的违法嫌疑人，公安机关应当适用本规定第五十五条第一款第五项的规定通知其家属。

第七十一条 在公安机关询问违法嫌疑人，应当在办案场所进行。

询问查证期间应当保证违法嫌疑人的饮食和必要的休息时间，并在询问笔录中注明。

在询问查证的间隙期间，可以将违法嫌疑人送入候问室，并按照候问室的管理规定执行。

第七十二条 询问违法嫌疑人、被侵害人或者其他证人，应当个别进行。

第七十三条 首次询问违法嫌疑人时，应当问明违法嫌疑人的姓名、出生日期、户籍所在地、现住址、身份证件种类及号码，是否为各级人民代表大会代表，是否受过刑事处罚或者行政拘留、强制隔离戒毒、社区戒毒、收容教养等情况。必要时，还应当问明其家庭主要成员、工作单位、文化程度、民族、身体状况等情况。

违法嫌疑人为外国人的，首次询问时还应当问明其国籍、出入境证件种类及号码、签证种类、入境时间、入境事由等情况。必要时，还应当问明其在华关系人等情况。

第七十四条 询问时，应当告知被询问人必须如实提供证据、证言和故意作伪证或者隐匿证据应负的法律责任，对与本案无关的问题有拒绝回答的权利。

第七十五条 询问未成年人时，应当通知其父母或者其他监护人到场，其父母或者其他监护人不能到场的，也可以通知未成年人的其他成年亲属，所在学校、单位、居住地基层组织或者未成年人保护组织的代表到场，并将有关情况记录在案。确实无法通知或者通知后未到场的，应当在询问笔录中注明。

第七十六条 询问聋哑人，应当有通晓手语的人提供帮助，并在询问笔录中注明被询问人的聋哑情况以及翻译人员的姓名、住址、工作单位和联系方式。

对不通晓当地通用的语言文字的被询问人，应当为其配备翻译人员，并在询问笔录中注明翻译人员的姓名、住址、工作单位和联系方式。

第七十七条 询问笔录应当交被询问人核对，对没有阅读能力的，应当向其宣读。记录有误或者遗漏的，应当允许被询问人更正或者补充，并要求其在修改处捺指印。被询问人确认笔录无误后，应当在询问笔录上逐页签名或者捺指印。拒绝签名和捺指印的，办案人民警察应当在询问笔录中注明。

办案人民警察应当在询问笔录上签名，翻译人员应当在询问笔录的结尾处签名。

询问时，可以全程录音、录像，并保持录音、录像资料的完整性。

第七十八条 询问违法嫌疑人时，应当听取违法嫌疑人的陈述和申辩。对违法嫌疑人的陈述和申辩，应当核查。

第七十九条 询问被侵害人或者其他证人，可以在现场进行，也可以到其单位、学校、住所、其居住地居（村）民委员会或者其提出的地点进行。必要时，也可以书面、电话或者当场通知其到公安机关提供证言。

在现场询问的，办案人民警察应当出示人民警察证。

询问前，应当了解被询问人的身份以及其与被侵害人、其他证人、违法嫌疑人之间的关系。

第八十条 违法嫌疑人、被侵害人或者其他证人请求自行提供书面材料的，应当准许。必要时，办案人民警察也可以要求违法嫌疑人、被侵害人或者其他证人自行书写。违法嫌疑人、被侵害人或者其他证人应当在其提供的书面材料的结尾处签名或者捺指印。对打印的书面材料，违法嫌疑人、被侵害人或者其他证人应当逐页签名或者捺指印。办案人民警察收到书面材料后，应当在首页注明收到日期，并签名。

第四节　勘验、检查

第八十一条 对于违法行为案发现场，必要时应当进行勘验，提取与案件有关的证据材料，判断案件性质，确定调查方向和范围。

现场勘验参照刑事案件现场勘验的有关规定执行。

第八十二条 对与违法行为有关的场所、物品、人身可以进行检查。检查时，人民警察不得少于二人，并应当出示人民警察证和县级以上公安机关开具的检查证。对确有必要立即进行检查的，人民警察经出示人民警察证，可以当场检查；但检查公民住所的，必须有证据表明或者有群众报警公民住所内正在发生危害公共安全或者公民人身安全的案（事）件，或者违法存放危险物质，不立即检查可能会对公共安全或者公民人身、财产安全造成重大危害。

对机关、团体、企业、事业单位或者公共场所进行日常执法监督检查，依照有关法律、法规和规章执行，不适用前款规定。

第八十三条 对违法嫌疑人，可以依法提取或者采集肖像、指纹等人体生物识别信息；涉嫌酒后驾驶机动车、吸毒、从事恐怖活动等违法行为的，可以依照《中华人民共和国道路交通安全法》《中华人民共和国禁毒法》《中华人民共和国反恐怖主义法》等规定提取或者采集血液、尿液、毛发、脱落细胞等生物样本。人身安全检查和当场检查时已经提取、采集的信息，不再提取、采集。

第八十四条 对违法嫌疑人进行检查时，应当尊重被检查人的人格尊严，不得以有损人格尊严的方式进行检查。

检查妇女的身体，应当由女性工作人员进行。

依法对卖淫、嫖娼人员进行性病检查，应当由医生进行。

第八十五条 检查场所或者物品时，应当注意避免对物品造成不必要的损坏。

检查场所时，应当有被检查人或者见证人在场。

第八十六条 检查情况应当制作检查笔录。检查笔录由检查人员、被检查人或者见证人签名；被检查人不在场或者拒绝签名的，办案人民警察应当在检查笔录中注明。

检查时的全程录音录像可以替代书面检查笔录，但应当对视听资料的关键内容和相应时间段等作文字说明。

第五节 鉴 定

第八十七条 为了查明案情，需要对专门性技术问题进行鉴定的，应当指派或者聘请具有专门知识的人员进行。

需要聘请本公安机关以外的人进行鉴定的，应当经公安机关办案部门负责人批准后，制作鉴定聘请书。

第八十八条 公安机关应当为鉴定提供必要的条件，及时送交有关检材和比对样本等原始材料，介绍与鉴定有关的情况，并且明确提出要求鉴定解决的问题。

办案人民警察应当做好检材的保管和送检工作，并注明检材送检环节的责任人，确保检材在流转环节中的同一性和不被污染。

禁止强迫或者暗示鉴定人作出某种鉴定意见。

第八十九条 对人身伤害的鉴定由法医进行。

卫生行政主管部门许可的医疗机构具有执业资格的医生出具的诊断证明，可以作为公安机关认定人身伤害程度的依据，但具有本规定第九十条规定情形的除外。

对精神病的鉴定，由有精神病鉴定资格的鉴定机构进行。

第九十条 人身伤害案件具有下列情形之一的，公安机关应当进行伤情鉴定：

（一）受伤程度较重，可能构成轻伤以上伤害程度的；

（二）被侵害人要求作伤情鉴定的；

（三）违法嫌疑人、被侵害人对伤害程度有争议的。

第九十一条　对需要进行伤情鉴定的案件，被侵害人拒绝提供诊断证明或者拒绝进行伤情鉴定的，公安机关应当将有关情况记录在案，并可以根据已认定的事实作出处理决定。

经公安机关通知，被侵害人无正当理由未在公安机关确定的时间内作伤情鉴定的，视为拒绝鉴定。

第九十二条　对电子数据涉及的专门性问题难以确定的，由司法鉴定机构出具鉴定意见，或者由公安部指定的机构出具报告。

第九十三条　涉案物品价值不明或者难以确定的，公安机关应当委托价格鉴证机构估价。

根据当事人提供的购买发票等票据能够认定价值的涉案物品，或者价值明显不够刑事立案标准的涉案物品，公安机关可以不进行价格鉴证。

第九十四条　对涉嫌吸毒的人员，应当进行吸毒检测，被检测人员应当配合；对拒绝接受检测的，经县级以上公安机关或者其派出机构负责人批准，可以强制检测。采集女性被检测人检测样本，应当由女性工作人员进行。

对涉嫌服用国家管制的精神药品、麻醉药品驾驶机动车的人员，可以对其进行体内国家管制的精神药品、麻醉药品含量检验。

第九十五条　对有酒后驾驶机动车嫌疑的人，应当对其进行呼气酒精测试，对具有下列情形之一的，应当立即提取血样，检验血液酒精含量：

（一）当事人对呼气酒精测试结果有异议的；

（二）当事人拒绝配合呼气酒精测试的；

（三）涉嫌醉酒驾驶机动车的；

（四）涉嫌饮酒后驾驶机动车发生交通事故的。

当事人对呼气酒精测试结果无异议的，应当签字确认。事后提出异议的，不予采纳。

第九十六条　鉴定人鉴定后，应当出具鉴定意见。鉴定意见应当载明委托人、委托鉴定的事项、提交鉴定的相关材料、鉴定的时间、依据和结论性意见等内容，并由鉴定人签名或者盖章。通过分析得出鉴定意见的，应当有分析过程的说明。鉴定意见应当附有鉴定机构和鉴定人的资质证明或者其他证明文件。

鉴定人对鉴定意见负责，不受任何机关、团体、企业、事业单位和个人的干涉。多人参加鉴定，对鉴定意见有不同意见的，应当注明。

鉴定人故意作虚假鉴定的，应当承担法律责任。

第九十七条 办案人民警察应当对鉴定意见进行审查。

对经审查作为证据使用的鉴定意见，公安机关应当在收到鉴定意见之日起五日内将鉴定意见复印件送达违法嫌疑人和被侵害人。

医疗机构出具的诊断证明作为公安机关认定人身伤害程度的依据的，应当将诊断证明结论书面告知违法嫌疑人和被侵害人。

违法嫌疑人或者被侵害人对鉴定意见有异议的，可以在收到鉴定意见复印件之日起三日内提出重新鉴定的申请，经县级以上公安机关批准后，进行重新鉴定。同一行政案件的同一事项重新鉴定以一次为限。

当事人是否申请重新鉴定，不影响案件的正常办理。

公安机关认为必要时，也可以直接决定重新鉴定。

第九十八条 具有下列情形之一的，应当进行重新鉴定：

（一）鉴定程序违法或者违反相关专业技术要求，可能影响鉴定意见正确性的；

（二）鉴定机构、鉴定人不具备鉴定资质和条件的；

（三）鉴定意见明显依据不足的；

（四）鉴定人故意作虚假鉴定的；

（五）鉴定人应当回避而没有回避的；

（六）检材虚假或者被损坏的；

（七）其他应当重新鉴定的。

不符合前款规定情形的，经县级以上公安机关负责人批准，作出不准予重新鉴定的决定，并在作出决定之日起的三日以内书面通知申请人。

第九十九条 重新鉴定，公安机关应当另行指派或者聘请鉴定人。

第一百条 鉴定费用由公安机关承担，但当事人自行鉴定的除外。

第六节 辨　认

第一百零一条 为了查明案情，办案人民警察可以让违法嫌疑人、被侵害人或者其他证人对与违法行为有关的物品、场所或者违法嫌疑人进行辨认。

第一百零二条 辨认由二名以上办案人民警察主持。

组织辨认前，应当向辨认人详细询问辨认对象的具体特征，并避免辨认人见到辨认对象。

第一百零三条 多名辨认人对同一辨认对象或者一名辨认人对多名辨认对象进行辨认时，应当个别进行。

第一百零四条 辨认时，应当将辨认对象混杂在特征相类似的其他对象中，不得给辨认人任何暗示。

辨认违法嫌疑人时，被辨认的人数不得少于七人；对违法嫌疑人照片进行辨认的，不得少于十人的照片。

辨认每一件物品时，混杂的同类物品不得少于五件。

同一辨认人对与同一案件有关的辨认对象进行多组辨认的，不得重复使用陪衬照片或者陪衬人。

第一百零五条 辨认人不愿意暴露身份的，对违法嫌疑人的辨认可以在不暴露辨认人的情况下进行，公安机关及其人民警察应当为其保守秘密。

第一百零六条 辨认经过和结果，应当制作辨认笔录，由办案人民警察和辨认人签名或者捺指印。必要时，应当对辨认过程进行录音、录像。

第七节 证 据 保 全

第一百零七条 对下列物品，经公安机关负责人批准，可以依法扣押或者扣留：

（一）与治安案件、违反出境入境管理的案件有关的需要作为证据的物品；

（二）道路交通安全法律、法规规定适用扣留的车辆、机动车驾驶证；

（三）《中华人民共和国反恐怖主义法》等法律、法规规定适用扣押或者扣留的物品。

对下列物品，不得扣押或者扣留：

（一）与案件无关的物品；

（二）公民个人及其所扶养家属的生活必需品；

（三）被侵害人或者善意第三人合法占有的财产。

对具有本条第二款第二项、第三项情形的，应当予以登记，写明登记财物的名称、规格、数量、特征，并由占有人签名或者捺指印。必要时，可以进行拍照。但是，与案件有关必须鉴定的，可以依法扣押，结束后应当立即解除。

第一百零八条 办理下列行政案件时，对专门用于从事无证经营活动的场所、设施、物品，经公安机关负责人批准，可以依法查封。但对与违法行为无关的场所、设施，公民个人及其扶养家属的生活必需品不得查封：

（一）擅自经营按照国家规定需要由公安机关许可的行业的；

（二）依照《娱乐场所管理条例》可以由公安机关采取取缔措施的；

（三）《中华人民共和国反恐怖主义法》等法律、法规规定适用查封的其他公安行政案件。

场所、设施、物品已被其他国家机关依法查封的，不得重复查封。

第一百零九条 收集证据时，经公安机关办案部门负责人批准，可以采取抽样取证的方法。

抽样取证应当采取随机的方式，抽取样品的数量以能够认定本品的品质特征为限。

抽样取证时，应当对抽样取证的现场、被抽样物品及被抽取的样品进行拍照或者对抽样过程进行录像。

对抽取的样品应当及时进行检验。经检验，能够作为证据使用的，应当依法扣押、先行登记保存或者登记；不属于证据的，应当及时返还样品。样品有减损的，应当予以补偿。

第一百一十条 在证据可能灭失或者以后难以取得的情况下，经公安机关办案部门负责人批准，可以先行登记保存。

先行登记保存期间，证据持有人及其他人员不得损毁或者转移证据。

对先行登记保存的证据，应当在七日内作出处理决定。逾期不作出处理决定的，视为自动解除。

第一百一十一条 实施扣押、扣留、查封、抽样取证、先行登记保存等证据保全措施时，应当会同当事人查点清楚，制作并当场交付证据保全决定书。必要时，应当对采取证据保全措施的证据进行拍照或者对采取证据保全的过程进行录像。证据保全决定书应当载明下列事项：

（一）当事人的姓名或者名称、地址；

（二）抽样取证、先行登记保存、扣押、扣留、查封的理由、依据和期限；

（三）申请行政复议或者提起行政诉讼的途径和期限；

（四）作出决定的公安机关的名称、印章和日期。

证据保全决定书应当附清单，载明被采取证据保全措施的场所、设施、物品的名称、规格、数量、特征等，由办案人民警察和当事人签名后，一份交当事人，一份附卷。有见证人的，还应当由见证人签名。当事人或者见证人拒绝签名的，办案人民警察应当在证据保全清单上注明。

对可以作为证据使用的录音带、录像带，在扣押时应当予以检查，记明案由、内容以及录取和复制的时间、地点等，并妥为保管。

对扣押的电子数据原始存储介质，应当封存，保证在不解除封存状态的情况下，无法增加、删除、修改电子数据，并在证据保全清单中记录封存状态。

第一百一十二条 扣押、扣留、查封期限为三十日，情况复杂的，经县级以上公安机关负责人批准，可以延长三十日；法律、行政法规另有规定的除外。延长扣押、扣留、查封期限的，应当及时书面告知当事人，并说明理由。

对物品需要进行鉴定的，鉴定期间不计入扣押、扣留、查封期间，但应当将鉴定的期间书面告知当事人。

第一百一十三条 公安机关对恐怖活动嫌疑人的存款、汇款、债券、股票、基金份额等财产采取冻结措施的，应当经县级以上公安机关负责人批准，向金融机构交付冻结通知书。

作出冻结决定的公安机关应当在三日内向恐怖活动嫌疑人交付冻结决定书。冻结决定书应当载明下列事项：

（一）恐怖活动嫌疑人的姓名或者名称、地址；

（二）冻结的理由、依据和期限；

（三）冻结的账号和数额；

（四）申请行政复议或者提起行政诉讼的途径和期限；

（五）公安机关的名称、印章和日期。

第一百一十四条 自被冻结之日起二个月内，公安机关应当作出处理决定或者解除冻结；情况复杂的，经上一级公安机关负责人批准，可以延长一个月。

延长冻结的决定应当及时书面告知恐怖活动嫌疑人，并说明理由。

第一百一十五条 有下列情形之一的，公安机关应当立即退还财物，并由当事人签名确认；不涉及财物退还的，应当书面通知当事人解除证据保全：

（一）当事人没有违法行为的；

（二）被采取证据保全的场所、设施、物品、财产与违法行为无关的；

（三）已经作出处理决定，不再需要采取证据保全措施的；

（四）采取证据保全措施的期限已经届满的；

（五）其他不再需要采取证据保全措施的。

作出解除冻结决定的，应当及时通知金融机构。

第一百一十六条 行政案件变更管辖时，与案件有关的财物及其孳息应当随案移交，并书面告知当事人。移交时，由接收人、移交人当面查点清楚，并在交接单据上共同签名。

第八节 办案协作

第一百一十七条 办理行政案件需要异地公安机关协作的，应当制作办案协作函件。负责协作的公安机关接到请求协作的函件后，应当办理。

第一百一十八条 需要到异地执行传唤的，办案人民警察应当持传唤证、办案协作函件和人民警察证，与协作地公安机关联系，在协作地公安机关的协作下进行传唤。协作地公安机关应当协助将违法嫌疑人传唤到其所在市、县内的指定地点或者到其住处、单位进行询问。

第一百一十九条 需要异地办理检查、查询，查封、扣押或者冻结与案件有关的财物、文件的，应当持相关的法律文书、办案协作函件和人民警察证，与协作地公安机关联系，协作地公安机关应当协助执行。

在紧急情况下，可以将办案协作函件和相关的法律文书传真或者通过执法办案信息系统发送至协作地公安机关，协作地公安机关应当及时采取措施。办案地公安机关应当立即派员前往协作地办理。

第一百二十条 需要进行远程视频询问、处罚前告知的，应当由协作地公安机关事先核实被询问、告知人的身份。办案地公安机关应当制作询问、告知笔录并传输至协作地公安机关。询问、告知笔录经被询问、告知人确认并逐页签名或者捺指印后，由协作地公安机关协作人员签名或者盖章，并将原件或者电子签名笔录提供给办案地公安机关。办案地公安机关负责询问、告知的人民警察应当在首页注明收到日期，并签名或者盖章。询问、告知过程应当全程录音录像。

第一百二十一条 办案地公安机关可以委托异地公安机关代为询问、向有关单位和个人调取电子数据、接收自行书写材料、进行辨认、履行处罚前告知程序、送达法律文书等工作。

委托代为询问、辨认、处罚前告知的，办案地公安机关应当列出明确具体的询问、辨认、告知提纲，提供被辨认对象的照片和陪衬照片。

委托代为向有关单位和个人调取电子数据的，办案地公安机关应当将办案协作函件和相关法律文书传真或者通过执法办案信息系统发送至协作地公安机关，由协作地公安机关办案部门审核确认后办理。

第一百二十二条 协作地公安机关依照办案地公安机关的要求，依法履行办案协作职责所产生的法律责任，由办案地公安机关承担。

第八章 听证程序

第一节 一般规定

第一百二十三条 在作出下列行政处罚决定之前，应当告知违法嫌疑人有要求举行听证的权利：

（一）责令停产停业；

（二）吊销许可证或者执照；

（三）较大数额罚款；

（四）法律、法规和规章规定违法嫌疑人可以要求举行听证的其他情形。

前款第三项所称"较大数额罚款"，是指对个人处以二千元以上罚款，对单位处以一万元以上罚款，对违反边防出境入境管理法律、法规和规章的个人处以六千元以上罚款。对依据地方性法规或者地方政府规章作出的罚款处罚，适用听证的罚款数额按照地方规定执行。

第一百二十四条 听证由公安机关法制部门组织实施。

依法具有独立执法主体资格的公安机关业务部门以及出入境边防检查站依法作出行政处罚决定的，由其非本案调查人员组织听证。

第一百二十五条 公安机关不得因违法嫌疑人提出听证要求而加重处罚。

第一百二十六条 听证人员应当就行政案件的事实、证据、程序、适用法律等方面全面听取当事人陈述和申辩。

第二节 听证人员和听证参加人

第一百二十七条 听证设听证主持人一名，负责组织听证；记录员一名，负责制作听证笔录。必要时，可以设听证员一至二名，协助听证主持人进行听证。

本案调查人员不得担任听证主持人、听证员或者记录员。

第一百二十八条 听证主持人决定或者开展下列事项：

（一）举行听证的时间、地点；

（二）听证是否公开举行；

（三）要求听证参加人到场参加听证，提供或者补充证据；

（四）听证的延期、中止或者终止；

（五）主持听证，就案件的事实、理由、证据、程序、适用法律等组织质证和辩论；

（六）维持听证秩序，对违反听证纪律的行为予以制止；

（七）听证员、记录员的回避；

（八）其他有关事项。

第一百二十九条 听证参加人包括：

（一）当事人及其代理人；

（二）本案办案人民警察；

（三）证人、鉴定人、翻译人员；

（四）其他有关人员。

第一百三十条 当事人在听证活动中享有下列权利：

（一）申请回避；

（二）委托一至二人代理参加听证；

（三）进行陈述、申辩和质证；

（四）核对、补正听证笔录；

（五）依法享有的其他权利。

第一百三十一条 与听证案件处理结果有直接利害关系的其他公民、法人或者其他组织，作为第三人申请参加听证的，应当允许。为查明案情，必要时，听证主持人也可以通知其参加听证。

<h3 style="text-align:center">第三节 听证的告知、申请和受理</h3>

第一百三十二条 对适用听证程序的行政案件，办案部门在提出处罚意见后，应当告知违法嫌疑人拟作出的行政处罚和有要求举行听证的权利。

第一百三十三条 违法嫌疑人要求听证的，应当在公安机关告知后三日内提出申请。

第一百三十四条 违法嫌疑人放弃听证或者撤回听证要求后，处罚决定作出前，又提出听证要求的，只要在听证申请有效期限内，应当允许。

第一百三十五条 公安机关收到听证申请后，应当在二日内决定是否受理。认为听证申请人的要求不符合听证条件，决定不予受理的，应当制作不予受理听证通知书，告知听证申请人。逾期不通知听证申请人的，视为受理。

第一百三十六条 公安机关受理听证后，应当在举行听证的七日前将举行听证通知书送达听证申请人，并将举行听证的时间、地点通知其他听证参加人。

<h3 style="text-align:center">第四节 听证的举行</h3>

第一百三十七条 听证应当在公安机关收到听证申请之日起十日内举行。

除涉及国家秘密、商业秘密、个人隐私的行政案件外，听证应当公开举行。

第一百三十八条 听证申请人不能按期参加听证的，可以申请延期，是否准许，由听证主持人决定。

第一百三十九条 二个以上违法嫌疑人分别对同一行政案件提出听证要求的，可以合并举行。

第一百四十条 同一行政案件中有二个以上违法嫌疑人，其中部分违法嫌疑人提出听证申请的，应当在听证举行后一并作出处理决定。

第一百四十一条 听证开始时，听证主持人核对听证参加人；宣布案由；宣布听证员、记录员和翻译人员名单；告知当事人在听证中的权利和义务；询问当事人是否提出回避申请；对不公开听证的行政案件，宣布不公开听证的理由。

第一百四十二条 听证开始后，首先由办案人民警察提出听证申请人违法的事实、证据和法律依据及行政处罚意见。

第一百四十三条 办案人民警察提出证据时，应当向听证会出示。对证人证言、鉴定意见、勘验笔录和其他作为证据的文书，应当当场宣读。

第一百四十四条 听证申请人可以就办案人民警察提出的违法事实、证据和法律依据以及行政处罚意见进行陈述、申辩和质证，并可以提出新的证据。

第三人可以陈述事实，提出新的证据。

第一百四十五条 听证过程中，当事人及其代理人有权申请通知新的证人到会作证，调取新的证据。对上述申请，听证主持人应当当场作出是否同意的决定；申请重新鉴定的，按照本规定第七章第五节有关规定办理。

第一百四十六条 听证申请人、第三人和办案人民警察可以围绕案件的事实、证据、程序、适用法律、处罚种类和幅度等问题进行辩论。

第一百四十七条 辩论结束后，听证主持人应当听取听证申请人、第三人、办案人民警察各方最后陈述意见。

第一百四十八条 听证过程中，遇有下列情形之一，听证主持人可以中止听证：

（一）需要通知新的证人到会、调取新的证据或者需要重新鉴定或者勘验的；

（二）因回避致使听证不能继续进行的；

（三）其他需要中止听证的。

中止听证的情形消除后，听证主持人应当及时恢复听证。

第一百四十九条 听证过程中，遇有下列情形之一，应当终止听证：

（一）听证申请人撤回听证申请的；

（二）听证申请人及其代理人无正当理由拒不出席或者未经听证主持人许可中途退出听证的；

（三）听证申请人死亡或者作为听证申请人的法人或者其他组织被撤销、解散的；

（四）听证过程中，听证申请人或者其代理人扰乱听证秩序，不听劝阻，致使听证无法正常进行的；

（五）其他需要终止听证的。

第一百五十条 听证参加人和旁听人员应当遵守听证会场纪律。对违反听证会场纪律的，听证主持人应当警告制止；对不听制止，干扰听证正常进行的旁听人员，责令其退场。

第一百五十一条 记录员应当将举行听证的情况记入听证笔录。听证笔录应当载明下列内容：

（一）案由；

（二）听证的时间、地点和方式；

（三）听证人员和听证参加人的身份情况；

（四）办案人民警察陈述的事实、证据和法律依据以及行政处罚意见；

（五）听证申请人或者其代理人的陈述和申辩；

（六）第三人陈述的事实和理由；

（七）办案人民警察、听证申请人或者其代理人、第三人质证、辩论的内容；

（八）证人陈述的事实；

（九）听证申请人、第三人、办案人民警察的最后陈述意见；

（十）其他事项。

第一百五十二条 听证笔录应当交听证申请人阅读或者向其宣读。听证笔录中的证人陈述部分，应当交证人阅读或者向其宣读。听证申请人或者证人认为听证笔录有误的，可以请求补充或者改正。听证申请人或者证人审核无误后签名或者捺指印。听证申请人或者证人拒绝的，由记录员在听证笔录中记明情况。

听证笔录经听证主持人审阅后，由听证主持人、听证员和记录员签名。

第一百五十三条 听证结束后，听证主持人应当写出听证报告书，连同听证笔录一并报送公安机关负责人。

听证报告书应当包括下列内容：

（一）案由；

（二）听证人员和听证参加人的基本情况；

（三）听证的时间、地点和方式；

（四）听证会的基本情况；

（五）案件事实；

（六）处理意见和建议。

第九章　行政处理决定

第一节　行政处罚的适用

第一百五十四条　违反治安管理行为在六个月内没有被公安机关发现，其他违法行为在二年内没有被公安机关发现的，不再给予行政处罚。

前款规定的期限，从违法行为发生之日起计算，违法行为有连续、继续或者持续状态的，从行为终了之日起计算。

被侵害人在违法行为追究时效内向公安机关控告，公安机关应当受理而不受理的，不受本条第一款追究时效的限制。

第一百五十五条　实施行政处罚时，应当责令违法行为人当场或者限期改正违法行为。

第一百五十六条　对违法行为人的同一个违法行为，不得给予两次以上罚款的行政处罚。

第一百五十七条　不满十四周岁的人有违法行为的，不予行政处罚，但是应当责令其监护人严加管教，并在不予行政处罚决定书中载明。已满十四周岁不满十八周岁的人有违法行为的，从轻或者减轻行政处罚。

第一百五十八条　精神病人在不能辨认或者不能控制自己行为时有违法行为的，不予行政处罚，但应当责令其监护人严加看管和治疗，并在不予行政处罚决定书中载明。间歇性精神病人在精神正常时有违法行为的，应当给予行政处罚。尚未完全丧失辨认或者控制自己行为能力的精神病人有违法行为的，应当予以行政处罚，但可以从轻或者减轻行政处罚。

第一百五十九条　违法行为人有下列情形之一的，应当从轻、减轻处罚或者不予行政处罚：

（一）主动消除或者减轻违法行为危害后果，并取得被侵害人谅解的；

（二）受他人胁迫或者诱骗的；

（三）有立功表现的；

（四）主动投案，向公安机关如实陈述自己的违法行为的；

（五）其他依法应当从轻、减轻或者不予行政处罚的。

违法行为轻微并及时纠正，没有造成危害后果的，不予行政处罚。

盲人或者又聋又哑的人违反治安管理的，可以从轻、减轻或者不予行政处罚；醉酒的人违反治安管理的，应当给予处罚。

第一百六十条　违法行为人有下列情形之一的，应当从重处罚：

（一）有较严重后果的；

（二）教唆、胁迫、诱骗他人实施违法行为的；

（三）对报案人、控告人、举报人、证人等打击报复的；

（四）六个月内曾受过治安管理处罚或者一年内因同类违法行为受到两次以上公安行政处罚的；

（五）刑罚执行完毕三年内，或者在缓刑期间，违反治安管理的。

第一百六十一条　一人有两种以上违法行为的，分别决定，合并执行，可以制作一份决定书，分别写明对每种违法行为的处理内容和合并执行的内容。

一个案件有多个违法行为人的，分别决定，可以制作一式多份决定书，写明给予每个人的处理决定，分别送达每一个违法行为人。

第一百六十二条　行政拘留处罚合并执行的，最长不超过二十日。

行政拘留处罚执行完毕前，发现违法行为人有其他违法行为，公安机关依法作出行政拘留决定的，与正在执行的行政拘留合并执行。

第一百六十三条　对决定给予行政拘留处罚的人，在处罚前因同一行为已经被采取强制措施限制人身自由的时间应当折抵。限制人身自由一日，折抵执行行政拘留一日。询问查证、继续盘问和采取约束措施的时间不予折抵。

被采取强制措施限制人身自由的时间超过决定的行政拘留期限的，行政拘留决定不再执行。

第一百六十四条　违法行为人具有下列情形之一，依法应当给予行政拘留处罚的，应当作出处罚决定，但不送拘留所执行：

（一）已满十四周岁不满十六周岁的；

（二）已满十六周岁不满十八周岁，初次违反治安管理或者其他公安行政管理的。但是，曾被收容教养、被行政拘留依法不执行行政拘留或者曾因实施扰乱公共秩序，妨害公共安全，侵犯人身权利、财产权利，妨害社会管理的行为被人民法院判决有罪的除外；

（三）七十周岁以上的；

（四）孕妇或者正在哺乳自己婴儿的妇女。

第二节　行政处理的决定

第一百六十五条　公安机关办理治安案件的期限，自受理之日起不得超过三十日；案情重大、复杂的，经上一级公安机关批准，可以延长三十日。办理其他行政案件，有法定办案期限的，按照相关法律规定办理。

为了查明案情进行鉴定的期间，不计入办案期限。

对因违反治安管理行为人不明或者逃跑等客观原因造成案件在法定期限内无法作出行政处理决定的，公安机关应当继续进行调查取证，并向被侵害人说明情况，及时依法作出处理决定。

第一百六十六条　违法嫌疑人不讲真实姓名、住址，身份不明，但只要违法事实清楚、证据确实充分的，可以按其自报的姓名并贴附照片作出处理决定，并在相关法律文书中注明。

第一百六十七条　在作出行政处罚决定前，应当告知违法嫌疑人拟作出行政处罚决定的事实、理由及依据，并告知违法嫌疑人依法享有陈述权和申辩权。单位违法的，应当告知其法定代表人、主要负责人或者其授权的人员。

适用一般程序作出行政处罚决定的，采用书面形式或者笔录形式告知。

依照本规定第一百七十二条第一款第三项作出不予行政处罚决定的，可以不履行本条第一款规定的告知程序。

第一百六十八条　对违法行为事实清楚，证据确实充分，依法应当予以行政处罚，因违法行为人逃跑等原因无法履行告知义务的，公安机关可以采取公告方式予以告知。自公告之日起七日内，违法嫌疑人未提出申辩的，可以依法作出行政处罚决定。

第一百六十九条　违法嫌疑人有权进行陈述和申辩。对违法嫌疑人提出的新的事实、理由和证据，公安机关应当进行复核。

公安机关不得因违法嫌疑人申辩而加重处罚。

第一百七十条　对行政案件进行审核、审批时，应当审查下列内容：

（一）违法嫌疑人的基本情况；

（二）案件事实是否清楚，证据是否确实充分；

（三）案件定性是否准确；

（四）适用法律、法规和规章是否正确；

（五）办案程序是否合法；

（六）拟作出的处理决定是否适当。

第一百七十一条 法制员或者办案部门指定的人员、办案部门负责人、法制部门的人员可以作为行政案件审核人员。

初次从事行政处罚决定审核的人员，应当通过国家统一法律职业资格考试取得法律职业资格。

第一百七十二条 公安机关根据行政案件的不同情况分别作出下列处理决定：

（一）确有违法行为，应当给予行政处罚的，根据其情节和危害后果的轻重，作出行政处罚决定；

（二）确有违法行为，但有依法不予行政处罚情形的，作出不予行政处罚决定；有违法所得和非法财物、违禁品、管制器具的，应当予以追缴或者收缴；

（三）违法事实不能成立的，作出不予行政处罚决定；

（四）对需要给予社区戒毒、强制隔离戒毒、收容教养等处理的，依法作出决定；

（五）违法行为涉嫌构成犯罪的，转为刑事案件办理或者移送有权处理的主管机关、部门办理，无需撤销行政案件。公安机关已经作出行政处理决定的，应当附卷；

（六）发现违法行为人有其他违法行为的，在依法作出行政处理决定的同时，通知有关行政主管部门处理。

对已经依照前款第三项作出不予行政处罚决定的案件，又发现新的证据的，应当依法及时调查；违法行为能够认定的，依法重新作出处理决定，并撤销原不予行政处罚决定。

治安案件有被侵害人的，公安机关应当在作出不予行政处罚或者处罚决定之日起二日内将决定书复印件送达被侵害人。无法送达的，应当注明。

第一百七十三条 行政拘留处罚由县级以上公安机关或者出入境边防检查机关决定。依法应当对违法行为人予以行政拘留的，公安派出所、依法具有独立执法主体资格的公安机关业务部门应当报其所属的县级以上公安机关决定。

第一百七十四条 对县级以上的各级人民代表大会代表予以行政拘留的，作出处罚决定前应当经该级人民代表大会主席团或者人民代表大会常务委员会许可。

对乡、民族乡、镇的人民代表大会代表予以行政拘留的，作出决定的公安机关应当立即报告乡、民族乡、镇的人民代表大会。

第一百七十五条 作出行政处罚决定的，应当制作行政处罚决定书。决定书应当载明下列内容：

（一）被处罚人的姓名、性别、出生日期、身份证件种类及号码、户籍所在地、现住址、工作单位、违法经历以及被处罚单位的名称、地址和法定代表人；

（二）违法事实和证据以及从重、从轻、减轻等情节；

（三）处罚的种类、幅度和法律依据；

（四）处罚的执行方式和期限；

（五）对涉案财物的处理结果及对被处罚人的其他处理情况；

（六）对处罚决定不服，申请行政复议、提起行政诉讼的途径和期限；

（七）作出决定的公安机关的名称、印章和日期。

作出罚款处罚的，行政处罚决定书应当载明逾期不缴纳罚款依法加处罚款的标准和最高限额；对涉案财物作出处理的，行政处罚决定书应当附没收、收缴、追缴物品清单。

第一百七十六条 作出行政拘留处罚决定的，应当及时将处罚情况和执行场所或者依法不执行的情况通知被处罚人家属。

作出社区戒毒决定的，应当通知被决定人户籍所在地或者现居住地的城市街道办事处、乡镇人民政府。作出强制隔离戒毒、收容教养决定的，应当在法定期限内通知被决定人的家属、所在单位、户籍所在地公安派出所。

被处理人拒不提供家属联系方式或者不讲真实姓名、住址，身份不明的，可以不予通知，但应当在附卷的决定书中注明。

第一百七十七条 公安机关办理的刑事案件，尚不够刑事处罚，依法应当给予公安行政处理的，经县级以上公安机关负责人批准，依照本章规定作出处理决定。

第十章　治安调解

第一百七十八条　对于因民间纠纷引起的殴打他人、故意伤害、侮辱、诽谤、诬告陷害、故意损毁财物、干扰他人正常生活、侵犯隐私、非法侵入住宅等违反治安管理行为，情节较轻，且具有下列情形之一的，可以调解处理：

（一）亲友、邻里、同事、在校学生之间因琐事发生纠纷引起的；

（二）行为人的侵害行为系由被侵害人事前的过错行为引起的；

（三）其他适用调解处理更易化解矛盾的。

对不构成违反治安管理行为的民间纠纷，应当告知当事人向人民法院或者人民调解组织申请处理。

对情节轻微、事实清楚、因果关系明确，不涉及医疗费用、物品损失或者双方当事人对医疗费用和物品损失的赔付无争议，符合治安调解条件，双方当事人同意当场调解并当场履行的治安案件，可以当场调解，并制作调解协议书。当事人基本情况、主要违法事实和协议内容在现场录音录像中明确记录的，不再制作调解协议书。

第一百七十九条　具有下列情形之一的，不适用调解处理：

（一）雇凶伤害他人的；

（二）结伙斗殴或者其他寻衅滋事的；

（三）多次实施违反治安管理行为的；

（四）当事人明确表示不愿意调解处理的；

（五）当事人在治安调解过程中又针对对方实施违反治安管理行为的；

（六）调解过程中，违法嫌疑人逃跑的；

（七）其他不宜调解处理的。

第一百八十条　调解处理案件，应当查明事实，收集证据，并遵循合法、公正、自愿、及时的原则，注重教育和疏导，化解矛盾。

第一百八十一条　当事人中有未成年人的，调解时应当通知其父母或者其他监护人到场。但是，当事人为年满十六周岁以上的未成年人，以自己的劳动收入为主要生活来源，本人同意不通知的，可以不通知。

被侵害人委托其他人参加调解的，应当向公安机关提交委托书，并写明委托权限。违法嫌疑人不得委托他人参加调解。

第一百八十二条 对因邻里纠纷引起的治安案件进行调解时，可以邀请当事人居住地的居（村）民委员会的人员或者双方当事人熟悉的人员参加帮助调解。

第一百八十三条 调解一般为一次。对一次调解不成，公安机关认为有必要或者当事人申请的，可以再次调解，并应当在第一次调解后的七个工作日内完成。

第一百八十四条 调解达成协议的，在公安机关主持下制作调解协议书，双方当事人应当在调解协议书上签名，并履行调解协议。

调解协议书应当包括调解机关名称、主持人、双方当事人和其他在场人员的基本情况，案件发生时间、地点、人员、起因、经过、情节、结果等情况、协议内容、履行期限和方式等内容。

对调解达成协议的，应当保存案件证据材料，与其他文书材料和调解协议书一并归入案卷。

第一百八十五条 调解达成协议并履行的，公安机关不再处罚。对调解未达成协议或者达成协议后不履行的，应当对违反治安管理行为人依法予以处罚；对违法行为造成的损害赔偿纠纷，公安机关可以进行调解，调解不成的，应当告知当事人向人民法院提起民事诉讼。

调解案件的办案期限从调解未达成协议或者调解达成协议不履行之日起开始计算。

第一百八十六条 对符合本规定第一百七十八条规定的治安案件，当事人申请人民调解或者自行和解，达成协议并履行后，双方当事人书面申请并经公安机关认可的，公安机关不予治安管理处罚，但公安机关已依法作出处理决定的除外。

第十一章　涉案财物的管理和处理

第一百八十七条 对于依法扣押、扣留、查封、抽样取证、追缴、收缴的财物以及由公安机关负责保管的先行登记保存的财物，公安机关应当妥善保管，不得使用、挪用、调换或者损毁。造成损失的，应当承担赔偿责任。

涉案财物的保管费用由作出决定的公安机关承担。

第一百八十八条 县级以上公安机关应当指定一个内设部门作为涉案财物管理部门，负责对涉案财物实行统一管理，并设立或者指定专门保管场所，对涉案财物进行集中保管。涉案财物集中保管的范围，由地方公安机关根据本地区实际情况确定。

对价值较低、易于保管，或者需要作为证据继续使用，以及需要先行返还被侵害人的涉案财物，可以由办案部门设置专门的场所进行保管。办案部门应当指定不承担办案工作的民警负责本部门涉案财物的接收、保管、移交等管理工作；严禁由办案人员自行保管涉案财物。

对查封的场所、设施、财物，可以委托第三人保管，第三人不得损毁或者擅自转移、处置。因第三人的原因造成的损失，公安机关先行赔付后，有权向第三人追偿。

第一百八十九条 公安机关涉案财物管理部门和办案部门应当建立电子台账，对涉案财物逐一编号登记，载明案由、来源、保管状态、场所和去向。

第一百九十条 办案人民警察应当在依法提取涉案财物后的二十四小时内将财物移交涉案财物管理人员，并办理移交手续。对查封、冻结、先行登记保存的涉案财物，应当在采取措施后的二十四小时内，将法律文书复印件及涉案财物的情况送交涉案财物管理人员予以登记。

在异地或者在偏远、交通不便地区提取涉案财物的，办案人民警察应当在返回单位后的二十四小时内移交。

对情况紧急，需要在提取涉案财物后的二十四小时内进行鉴定、辨认、检验、检查等工作的，经办案部门负责人批准，可以在完成上述工作后的二十四小时内移交。

在提取涉案财物后的二十四小时内已将涉案财物处理完毕的，不再移交，但应当将处理涉案财物的相关手续附卷保存。

因询问、鉴定、辨认、检验、检查等办案需要，经办案部门负责人批准，办案人民警察可以调用涉案财物，并及时归还。

第一百九十一条 对容易腐烂变质及其他不易保管的物品、危险物品，经公安机关负责人批准，在拍照或者录像后依法变卖或者拍卖，变卖或者拍卖的价款暂予保存，待结案后按有关规定处理。

对易燃、易爆、毒害性、放射性等危险物品应当存放在符合危险物品存放条件的专门场所。

对属于被侵害人或者善意第三人合法占有的财物，应当在登记、拍照或者录像、估价后及时返还，并在案卷中注明返还的理由，将原物照片、清单和领取手续存卷备查。

对不宜入卷的物证，应当拍照入卷，原物在结案后按照有关规定处理。

第一百九十二条 有关违法行为查证属实后，对有证据证明权属明确且无争议的被侵害人合法财物及其孳息，凡返还不损害其他被侵害人或者利害关系人的利益，不影响案件正常办理的，应当在登记、拍照或者录像和估价后，及时发还被侵害人。办案人民警察应当在案卷材料中注明返还的理由，并将原物照片、清单和被侵害人的领取手续附卷。

第一百九十三条 在作出行政处理决定时，应当对涉案财物一并作出处理。

第一百九十四条 对在办理行政案件中查获的下列物品应当依法收缴：

（一）毒品、淫秽物品等违禁品；

（二）赌具和赌资；

（三）吸食、注射毒品的用具；

（四）伪造、变造的公文、证件、证明文件、票证、印章等；

（五）倒卖的车船票、文艺演出票、体育比赛入场券等有价票证；

（六）主要用于实施违法行为的本人所有的工具以及直接用于实施毒品违法行为的资金；

（七）法律、法规规定可以收缴的其他非法财物。

前款第六项所列的工具，除非有证据表明属于他人合法所有，可以直接认定为违法行为人本人所有。对明显无价值的，可以不作出收缴决定，但应当在证据保全文书中注明处理情况。

违法所得应当依法予以追缴或者没收。

多名违法行为人共同实施违法行为，违法所得或者非法财物无法分清所有人的，作为共同违法所得或者非法财物予以处理。

第一百九十五条 收缴由县级以上公安机关决定。但是，违禁品，管制器具，吸食、注射毒品的用具以及非法财物价值在五百元以下且当事人对财物价值无异议的，公安派出所可以收缴。

追缴由县级以上公安机关决定。但是，追缴的财物应当退还被侵害人的，公安派出所可以追缴。

第一百九十六条 对收缴和追缴的财物，经原决定机关负责人批准，按照下列规定分别处理：

（一）属于被侵害人或者善意第三人的合法财物，应当及时返还；

（二）没有被侵害人的，登记造册，按照规定上缴国库或者依法变卖、拍卖后，将所得款项上缴国库；

（三）违禁品、没有价值的物品，或者价值轻微，无法变卖、拍卖的物品，统一登记造册后销毁；

（四）对无法变卖或者拍卖的危险物品，由县级以上公安机关主管部门组织销毁或者交有关厂家回收。

第一百九十七条 对应当退还原主或者当事人的财物，通知原主或者当事人在六个月内来领取；原主不明确的，应当采取公告方式告知原主认领。在通知原主、当事人或者公告后六个月内，无人认领的，按无主财物处理，登记后上缴国库，或者依法变卖或者拍卖后，将所得款项上缴国库。遇有特殊情况的，可酌情延期处理，延长期限最长不超过三个月。

第十二章 执 行

第一节 一 般 规 定

第一百九十八条 公安机关依法作出行政处理决定后，被处理人应当在行政处理决定的期限内予以履行。逾期不履行的，作出行政处理决定的公安机关可以依法强制执行或者申请人民法院强制执行。

第一百九十九条 被处理人对行政处理决定不服申请行政复议或者提起行政诉讼的，行政处理决定不停止执行，但法律另有规定的除外。

第二百条 公安机关在依法作出强制执行决定或者申请人民法院强制执行前，应当事先催告被处理人履行行政处理决定。催告以书面形式作出，并直接送达被处理人。被处理人拒绝接受或者无法直接送达被处理人的，依照本规定第五章的有关规定送达。

催告书应当载明下列事项：

（一）履行行政处理决定的期限和方式；

（二）涉及金钱给付的，应当有明确的金额和给付方式；

（三）被处理人依法享有的陈述权和申辩权。

第二百零一条 被处理人收到催告书后有权进行陈述和申辩。公安机关应当充分听取并记录、复核。被处理人提出的事实、理由或者证据成立的，公安机关应当采纳。

第二百零二条 经催告，被处理人无正当理由逾期仍不履行行政处理决定，法律规定由公安机关强制执行的，公安机关可以依法作出强制执行决定。

在催告期间，对有证据证明有转移或者隐匿财物迹象的，公安机关可以作出立即强制执行决定。

强制执行决定应当以书面形式作出，并载明下列事项：

（一）被处理人的姓名或者名称、地址；

（二）强制执行的理由和依据；

（三）强制执行的方式和时间；

（四）申请行政复议或者提起行政诉讼的途径和期限；

（五）作出决定的公安机关名称、印章和日期。

第二百零三条 依法作出要求被处理人履行排除妨碍、恢复原状等义务的行政处理决定，被处理人逾期不履行，经催告仍不履行，其后果已经或者将危害交通安全的，公安机关可以代履行，或者委托没有利害关系的第三人代履行。

代履行应当遵守下列规定：

（一）代履行前送达决定书，代履行决定书应当载明当事人的姓名或者名称、地址，代履行的理由和依据、方式和时间、标的、费用预算及代履行人；

（二）代履行三日前，催告当事人履行，当事人履行的，停止代履行；

（三）代履行时，作出决定的公安机关应当派员到场监督；

（四）代履行完毕，公安机关到场监督人员、代履行人和当事人或者见证人应当在执行文书上签名或者盖章。

代履行的费用由当事人承担。但是，法律另有规定的除外。

第二百零四条 需要立即清理道路的障碍物，当事人不能清除的，或者有其他紧急情况需要立即履行的，公安机关可以决定立即实施代履行。当事人不在场的，公安机关应当在事后立即通知当事人，并依法作出处理。

第二百零五条 实施行政强制执行，公安机关可以在不损害公共利益和他人合法权益的情况下，与当事人达成执行协议。执行协议可以约定分阶段履行；当事人采取补救措施的，可以减免加处的罚款。

执行协议应当履行。被处罚人不履行执行协议的，公安机关应当恢复强制执行。

第二百零六条 当事人在法定期限内不申请行政复议或者提起行政诉讼，又不履行行政处理决定的，法律没有规定公安机关强制执行的，作出行政处理决定的公安机关可以自期限届满之日起三个月内，向所在地有管辖权的人民法院申请强制执行。因情况紧急，为保障公共安全，公安机关可以申请人民法院立即执行。

强制执行的费用由被执行人承担。

第二百零七条 申请人民法院强制执行前，公安机关应当催告被处理人履行义务，催告书送达十日后被处理人仍未履行义务的，公安机关可以向人民法院申请强制执行。

第二百零八条 公安机关向人民法院申请强制执行，应当提供下列材料：

（一）强制执行申请书；

（二）行政处理决定书及作出决定的事实、理由和依据；

（三）当事人的意见及公安机关催告情况；

（四）申请强制执行标的情况；

（五）法律、法规规定的其他材料。

强制执行申请书应当由作出处理决定的公安机关负责人签名，加盖公安机关印章，并注明日期。

第二百零九条 公安机关对人民法院不予受理强制执行申请、不予强制执行的裁定有异议的，可以在十五日内向上一级人民法院申请复议。

第二百一十条 具有下列情形之一的，中止强制执行：

（一）当事人暂无履行能力的；

（二）第三人对执行标的主张权利，确有理由的；

（三）执行可能对他人或者公共利益造成难以弥补的重大损失的；

（四）其他需要中止执行的。

中止执行的情形消失后，公安机关应当恢复执行。对没有明显社会危害，当事人确无能力履行，中止执行满三年未恢复执行的，不再执行。

第二百一十一条 具有下列情形之一的，终结强制执行：

（一）公民死亡，无遗产可供执行，又无义务承受人的；

（二）法人或者其他组织终止，无财产可供执行，又无义务承受人的；

（三）执行标的灭失的；

（四）据以执行的行政处理决定被撤销的；

（五）其他需要终结执行的。

第二百一十二条 在执行中或者执行完毕后，据以执行的行政处理决定被撤销、变更，或者执行错误，应当恢复原状或者退还财物；不能恢复原状或者退还财物的，依法给予赔偿。

第二百一十三条 除依法应当销毁的物品外，公安机关依法没收或者收缴、追缴的违法所得和非法财物，必须按照国家有关规定处理或者上缴国库。

罚款、没收或者收缴的违法所得和非法财物拍卖或者变卖的款项和没收的保证金，必须全部上缴国库，不得以任何形式截留、私分或者变相私分。

第二节 罚款的执行

第二百一十四条 公安机关作出罚款决定，被处罚人应当自收到行政处罚决定书之日起十五日内，到指定的银行缴纳罚款。具有下列情形之一的，公安机关及其办案人民警察可以当场收缴罚款，法律另有规定的，从其规定：

（一）对违反治安管理行为人处五十元以下罚款和对违反交通管理的行人、乘车人和非机动车驾驶人处罚款，被处罚人没有异议的；

（二）对违反治安管理、交通管理以外的违法行为人当场处二十元以下罚款的；

（三）在边远、水上、交通不便地区、旅客列车上或者口岸，被处罚人向指定银行缴纳罚款确有困难，经被处罚人提出的；

（四）被处罚人在当地没有固定住所，不当场收缴事后难以执行的。

对具有前款第一项和第三项情形之一的，办案人民警察应当要求被处罚人签名确认。

第二百一十五条 公安机关及其人民警察当场收缴罚款的，应当出具省级或者国家财政部门统一制发的罚款收据。对不出具省级或者国家财政部门统一制发的罚款收据的，被处罚人有权拒绝缴纳罚款。

第二百一十六条 人民警察应当自收缴罚款之日起二日内，将当场收缴的罚款交至其所属公安机关；在水上当场收缴的罚款，应当自抵岸之日起二日内将当场收缴的罚款交至其所属公安机关；在旅客列车上当场收缴的罚款，应当自返回之日起二日内将当场收缴的罚款交至其所属公安机关。

公安机关应当自收到罚款之日起二日内将罚款缴付指定的银行。

第二百一十七条 被处罚人确有经济困难，经被处罚人申请和作出处罚决定的公安机关批准，可以暂缓或者分期缴纳罚款。

第二百一十八条 被处罚人未在本规定第二百一十四条规定的期限内缴纳罚款的，作出行政处罚决定的公安机关可以采取下列措施：

（一）将依法查封、扣押的被处罚人的财物拍卖或者变卖抵缴罚款。拍卖或者变卖的价款超过罚款数额的，余额部分应当及时退还被处罚人；

（二）不能采取第一项措施的，每日按罚款数额的百分之三加处罚款，加处罚款总额不得超出罚款数额。

拍卖财物，由公安机关委托拍卖机构依法办理。

第二百一十九条 依法加处罚款超过三十日，经催告被处罚人仍不履行的，作出行政处罚决定的公安机关可以按照本规定第二百零六条的规定向所在地有管辖权的人民法院申请强制执行。

第三节 行政拘留的执行

第二百二十条 对被决定行政拘留的人，由作出决定的公安机关送达拘留所执行。对抗拒执行的，可以使用约束性警械。

对被决定行政拘留的人，在异地被抓获或者具有其他有必要在异地拘留所执行情形的，经异地拘留所主管公安机关批准，可以在异地执行。

第二百二十一条 对同时被决定行政拘留和社区戒毒或者强制隔离戒毒的人员，应当先执行行政拘留，由拘留所给予必要的戒毒治疗，强制隔离戒毒期限连续计算。

拘留所不具备戒毒治疗条件的，行政拘留决定机关可以直接将被行政拘留人送公安机关管理的强制隔离戒毒所代为执行行政拘留，强制隔离戒毒期限连续计算。

第二百二十二条 被处罚人不服行政拘留处罚决定，申请行政复议或者提起行政诉讼的，可以向作出行政拘留决定的公安机关提出暂缓执行行政拘留的申请；口头提出申请的，公安机关人民警察应当予以记录，并由申请人签名或者捺指印。

被处罚人在行政拘留执行期间，提出暂缓执行行政拘留申请的，拘留所应当立即将申请转交作出行政拘留决定的公安机关。

第二百二十三条 公安机关应当在收到被处罚人提出暂缓执行行政拘留申请之时起二十四小时内作出决定。

公安机关认为暂缓执行行政拘留不致发生社会危险，且被处罚人或者其近亲属提出符合条件的担保人，或者按每日行政拘留二百元的标准交纳保证金的，应当作出暂缓执行行政拘留的决定。

对同一被处罚人，不得同时责令其提出保证人和交纳保证金。

被处罚人已送达拘留所执行的，公安机关应当立即将暂缓执行行政拘留决定送达拘留所，拘留所应当立即释放被处罚人。

第二百二十四条 被处罚人具有下列情形之一的，应当作出不暂缓执行行政拘留的决定，并告知申请人：

（一）暂缓执行行政拘留后可能逃跑的；

（二）有其他违法犯罪嫌疑，正在被调查或者侦查的；

（三）不宜暂缓执行行政拘留的其他情形。

第二百二十五条 行政拘留并处罚款的，罚款不因暂缓执行行政拘留而暂缓执行。

第二百二十六条 在暂缓执行行政拘留期间，被处罚人应当遵守下列规定：

（一）未经决定机关批准不得离开所居住的市、县；

（二）住址、工作单位和联系方式发生变动的，在二十四小时以内向决定机关报告；

（三）在行政复议和行政诉讼中不得干扰证人作证、伪造证据或者串供；

（四）不得逃避、拒绝或者阻碍处罚的执行。

在暂缓执行行政拘留期间，公安机关不得妨碍被处罚人依法行使行政复议和行政诉讼权利。

第二百二十七条 暂缓执行行政拘留的担保人应当符合下列条件：

（一）与本案无牵连；

（二）享有政治权利，人身自由未受到限制或者剥夺；

（三）在当地有常住户口和固定住所；

（四）有能力履行担保义务。

第二百二十八条 公安机关经过审查认为暂缓执行行政拘留的担保人符合条件的，由担保人出具保证书，并到公安机关将被担保人领回。

第二百二十九条 暂缓执行行政拘留的担保人应当履行下列义务：

（一）保证被担保人遵守本规定第二百二十六条的规定；

（二）发现被担保人伪造证据、串供或者逃跑的，及时向公安机关报告。

暂缓执行行政拘留的担保人不履行担保义务，致使被担保人逃避行政拘留处罚执行的，公安机关可以对担保人处以三千元以下罚款，并对被担保人恢复执行行政拘留。

暂缓执行行政拘留的担保人履行了担保义务，但被担保人仍逃避行政拘留处罚执行的，或者被处罚人逃跑后，担保人积极帮助公安机关抓获被处罚人的，可以从轻或者不予行政处罚。

第二百三十条 暂缓执行行政拘留的担保人在暂缓执行行政拘留期间，不愿继续担保或者丧失担保条件的，行政拘留的决定机关应当责令被处罚人重新提出担保人或者交纳保证金。不提出担保人又不交纳保证金的，行政拘留的决定机关应当将被处罚人送拘留所执行。

第二百三十一条 保证金应当由银行代收。在银行非营业时间，公安机关可以先行收取，并在收到保证金后的三日内存入指定的银行账户。

公安机关应当指定办案部门以外的法制、装备财务等部门负责管理保证金。严禁截留、坐支、挪用或者以其他任何形式侵吞保证金。

第二百三十二条 行政拘留处罚被撤销或者开始执行时，公安机关应当将保证金退还交纳人。

被决定行政拘留的人逃避行政拘留处罚执行的，由决定行政拘留的公安机关作出没收或者部分没收保证金的决定，行政拘留的决定机关应当将被处罚人送拘留所执行。

第二百三十三条 被处罚人对公安机关没收保证金的决定不服的，可以依法申请行政复议或者提起行政诉讼。

第四节 其他处理决定的执行

第二百三十四条 作出吊销公安机关发放的许可证或者执照处罚的，应当在被吊销的许可证或者执照上加盖吊销印章后收缴。被处罚人拒不缴销证件的，公安机关可以公告宣布作废。吊销许可证或者执照的机关不是发证机关的，作出决定的机关应当在处罚决定生效后及时通知发证机关。

第二百三十五条 作出取缔决定的，可以采取在经营场所张贴公告等方式予以公告，责令被取缔者立即停止经营活动；有违法所得的，依法予以没收或者追缴。拒不停止经营活动的，公安机关可以依法没收或者收缴其专门用于从事非法经营活动的工具、设备。已经取得营业执照的，公安机关应当通知工商行政管理部门依法撤销其营业执照。

第二百三十六条 对拒不执行公安机关依法作出的责令停产停业决定的，公安机关可以依法强制执行或者申请人民法院强制执行。

第二百三十七条 对被决定强制隔离戒毒、收容教养的人员，由作出决定的公安机关送强制隔离戒毒场所、收容教养场所执行。

对被决定社区戒毒的人员，公安机关应当责令其到户籍所在地接受社区戒毒，在户籍所在地以外的现居住地有固定住所的，可以责令其在现居住地接受社区戒毒。

第十三章 涉外行政案件的办理

第二百三十八条 办理涉外行政案件，应当维护国家主权和利益，坚持平等互利原则。

第二百三十九条 对外国人国籍的确认，以其入境时有效证件上所表明的国籍为准；国籍有疑问或者国籍不明的，由公安机关出入境管理部门协助查明。

对无法查明国籍、身份不明的外国人，按照其自报的国籍或者无国籍人对待。

第二百四十条 违法行为人为享有外交特权和豁免权的外国人的，办案公安机关应当将其身份、证件及违法行为等基本情况记录在案，保存有关证据，并尽快将有关情况层报省级公安机关，由省级公安机关商请同级人民政府外事部门通过外交途径处理。

对享有外交特权和豁免权的外国人，不得采取限制人身自由和查封、扣押的强制措施。

第二百四十一条 办理涉外行政案件，应当使用中华人民共和国通用的语言文字。对不通晓我国语言文字的，公安机关应当为其提供翻译；当事人通晓我国语言文字，不需要他人翻译的，应当出具书面声明。

经县级以上公安机关负责人批准，外国籍当事人可以自己聘请翻译，翻译费由其个人承担。

第二百四十二条 外国人具有下列情形之一，经当场盘问或者继续盘问后不能排除嫌疑，需要作进一步调查的，经县级以上公安机关或者出入境边防检查机关负责人批准，可以拘留审查：

（一）有非法出境入境嫌疑的；

（二）有协助他人非法出境入境嫌疑的；

（三）有非法居留、非法就业嫌疑的；

（四）有危害国家安全和利益，破坏社会公共秩序或者从事其他违法犯罪活动嫌疑的。

实施拘留审查，应当出示拘留审查决定书，并在二十四小时内进行询问。

拘留审查的期限不得超过三十日，案情复杂的，经上一级公安机关或者出入境边防检查机关批准可以延长至六十日。对国籍、身份不明的，拘留审查期限自查清其国籍、身份之日起计算。

第二百四十三条 具有下列情形之一的，应当解除拘留审查：

（一）被决定遣送出境、限期出境或者驱逐出境的；

（二）不应当拘留审查的；

（三）被采取限制活动范围措施的；

（四）案件移交其他部门处理的；

（五）其他应当解除拘留审查的。

第二百四十四条 外国人具有下列情形之一的，不适用拘留审查，经县级以上公安机关或者出入境边防检查机关负责人批准，可以限制其活动范围：

（一）患有严重疾病的；

（二）怀孕或者哺乳自己婴儿的；

（三）未满十六周岁或者已满七十周岁的；

（四）不宜适用拘留审查的其他情形。

被限制活动范围的外国人，应当按照要求接受审查，未经公安机关批准，不得离开限定的区域。限制活动范围的期限不得超过六十日。对国籍、身份不明的，限制活动范围期限自查清其国籍、身份之日起计算。

第二百四十五条 被限制活动范围的外国人应当遵守下列规定：

（一）未经决定机关批准，不得变更生活居所，超出指定的活动区域；

（二）在传唤的时候及时到案；

（三）不得以任何形式干扰证人作证；

（四）不得毁灭、伪造证据或者串供。

第二百四十六条 外国人具有下列情形之一的，经县级以上公安机关或者出入境边防检查机关负责人批准，可以遣送出境：

（一）被处限期出境，未在规定期限内离境的；

（二）有不准入境情形的；

（三）非法居留、非法就业的；

（四）违反法律、行政法规需要遣送出境的。

其他境外人员具有前款所列情形之一的，可以依法遣送出境。

被遣送出境的人员，自被遣送出境之日起一至五年内不准入境。

第二百四十七条 被遣送出境的外国人可以被遣送至下列国家或者地区：

（一）国籍国；

（二）入境前的居住国或者地区；

（三）出生地国或者地区；

（四）入境前的出境口岸的所属国或者地区；

（五）其他允许被遣送出境的外国人入境的国家或者地区。

第二百四十八条 具有下列情形之一的外国人，应当羁押在拘留所或者遣返场所：

（一）被拘留审查的；

（二）被决定遣送出境或者驱逐出境但因天气、交通运输工具班期、当事人健康状况等客观原因或者国籍、身份不明，不能立即执行的。

第二百四十九条 外国人对继续盘问、拘留审查、限制活动范围、遣送出境措施不服的，可以依法申请行政复议，该行政复议决定为最终决定。

其他境外人员对遣送出境措施不服，申请行政复议的，适用前款规定。

第二百五十条 外国人具有下列情形之一的，经县级以上公安机关或者出入境边防检查机关决定，可以限期出境：

（一）违反治安管理的；

（二）从事与停留居留事由不相符的活动的；

（三）违反中国法律、法规规定，不适宜在中国境内继续停留居留的。

对外国人决定限期出境的，应当规定外国人离境的期限，注销其有效签证或者停留居留证件。限期出境的期限不得超过三十日。

第二百五十一条 外国人违反治安管理或者出境入境管理，情节严重，尚不构成犯罪的，承办的公安机关可以层报公安部处以驱逐出境。公安部作出的驱逐出境决定为最终决定，由承办机关宣布并执行。

被驱逐出境的外国人，自被驱逐出境之日起十年内不准入境。

第二百五十二条 对外国人处以罚款或者行政拘留并处限期出境或者驱逐出境的，应当于罚款或者行政拘留执行完毕后执行限期出境或者驱逐出境。

第二百五十三条 办理涉外行政案件，应当按照国家有关办理涉外案件的规定，严格执行请示报告、内部通报、对外通知等各项制度。

第二百五十四条 对外国人作出行政拘留、拘留审查或者其他限制人身自由以及限制活动范围的决定后，决定机关应当在四十八小时内将外国人的姓名、性别、入境时间、护照或者其他身份证件号码，案件发生的时间、地点及有关情况，违法的主要事实，已采取的措施及其法律依据等情况报告省级公安机关；省级公安机关应当在规定期限内，将有关情况通知该外国人所属国家的驻华使馆、领馆，并通报同级人民政府外事部门。当事人要求不通知使馆、领馆，且我国与当事人国籍国未签署双边协议规定必须通知的，可以不通知，但应当由其本人提出书面请求。

第二百五十五条 外国人在被行政拘留、拘留审查或者其他限制人身自由以及限制活动范围期间死亡的，有关省级公安机关应当通知该外国人所属国家驻华使馆、领馆，同时报告公安部并通报同级人民政府外事部门。

第二百五十六条 外国人在被行政拘留、拘留审查或者其他限制人身自由以及限制活动范围期间，其所属国家驻华外交、领事官员要求探视的，决定机关应当及时安排。该外国人拒绝其所属国家驻华外交、领事官员探视的，公安机关可以不予安排，但应当由其本人出具书面声明。

第二百五十七条 办理涉外行政案件，本章未作规定的，适用其他各章的有关规定。

第十四章 案 件 终 结

第二百五十八条 行政案件具有下列情形之一的，应当予以结案：

（一）作出不予行政处罚决定的；

（二）按照本规定第十章的规定达成调解、和解协议并已履行的；

（三）作出行政处罚等处理决定，且已执行的；

（四）违法行为涉嫌构成犯罪，转为刑事案件办理的；

（五）作出处理决定后，因执行对象灭失、死亡等客观原因导致无法执行或者无需执行的。

第二百五十九条 经过调查，发现行政案件具有下列情形之一的，经公安派出所、县级公安机关办案部门或者出入境边防检查机关以上负责人批准，终止调查：

（一）没有违法事实的；

（二）违法行为已过追究时效的；

（三）违法嫌疑人死亡的；

（四）其他需要终止调查的情形。

终止调查时，违法嫌疑人已被采取行政强制措施的，应当立即解除。

第二百六十条 对在办理行政案件过程中形成的文书材料，应当按照一案一卷原则建立案卷，并按照有关规定在结案或者终止案件调查后将案卷移交档案部门保管或者自行保管。

第二百六十一条 行政案件的案卷应当包括下列内容：

（一）受案登记表或者其他发现案件的记录；

（二）证据材料；

（三）决定文书；

（四）在办理案件中形成的其他法律文书。

第二百六十二条 行政案件的法律文书及定性依据材料应当齐全完整，不得损毁、伪造。

第十五章　附　则

第二百六十三条　省级公安机关应当建立并不断完善统一的执法办案信息系统。

办案部门应当按照有关规定将行政案件的受理、调查取证、采取强制措施、处理等情况以及相关文书材料录入执法办案信息系统，并进行网上审核审批。

公安机关可以使用电子签名、电子指纹捺印技术制作电子笔录等材料，可以使用电子印章制作法律文书。对案件当事人进行电子签名、电子指纹捺印的过程，公安机关应当同步录音录像。

第二百六十四条　执行本规定所需要的法律文书式样，由公安部制定。公安部没有制定式样，执法工作中需要的其他法律文书，省级公安机关可以制定式样。

第二百六十五条　本规定所称"以上"、"以下"、"内"皆包括本数或者本级。

第二百六十六条　本规定自 2013 年 1 月 1 日起施行，依照《中华人民共和国出境入境管理法》新设定的制度自 2013 年 7 月 1 日起施行。2006 年 8 月 24 日发布的《公安机关办理行政案件程序规定》同时废止。

公安部其他规章对办理行政案件程序有特别规定的，按照特别规定办理；没有特别规定的，按照本规定办理。

违反公安行政管理行为的
名称及其适用意见（节录）

（2020 年 8 月 6 日　公通字〔2020〕8 号）

……

二、治安管理

（二）《中华人民共和国人民警察法》（法律）

21. 非法制造、贩卖、持有、使用警用标志、制式服装、警械、证件

(《中华人民共和国人民警察法》第36条，《人民警察制式服装及其标志管理规定》第14条、第15条、第16条，《公安机关警戒带使用管理办法》第10条)

对单位或者个人非法生产、销售人民警察制式服装及其标志的，违法行为名称表述为"非法制造、贩卖警用标志、制式服装"，法律依据适用《中华人民共和国人民警察法》第36条和《人民警察制式服装及其标志管理规定》第14条。对指定生产企业违反规定，超计划生产或者擅自转让生产任务的，违法行为名称表述为"非法制造警用标志、制式服装"，法律依据适用《中华人民共和国人民警察法》第36条和《人民警察制式服装及其标志管理规定》第14条、第15条。对单位或者个人非法持有、使用人民警察制式服装及其标志的，违法行为名称表述为"非法持有、使用警用标志、制式服装"，法律依据适用《中华人民共和国人民警察法》第36条和《人民警察制式服装及其标志管理规定》第16条。

(三)《人民警察制式服装及其标志管理规定》(部门规章)

22. 生产、销售仿制警用制式服装、标志(第17条)

23. 穿着、佩带仿制警用制式服装、标志(第18条)

(四)《中华人民共和国治安管理处罚法》(法律)

24. 扰乱单位秩序(第23条第1款第1项)

《中华人民共和国军事设施保护法》第43条规定援引《中华人民共和国治安管理处罚法》第23条处罚。对《中华人民共和国军事设施保护法》第43条规定的非法进入军事禁区、军事管理区，不听制止的；在军事禁区外围安全控制范围内，或者在没有划入军事禁区、军事管理区的军事设施一定距离内，进行危害军事设施安全和使用效能的活动，不听制止的；在军用机场净空保护区域内，进行影响飞行安全和机场助航设施使用效能的活动，不听制止的；对军事禁区、军事管理区非法进行摄影、摄像、录音、勘察、测量、描绘和记述，不听制止的；其他扰乱军事禁区、军事管理区管理秩序和危害军事设施安全的行为，情节轻微，尚不够刑事处罚的，违法行为名称表述为"扰乱单位秩序"，法律依据适用《中华人民共和国治安管理处罚法》第23条第1款第1项。聚众实施上述行为的，违法行为名称表述为"聚众扰乱单位秩序"，法律依据适用《中华人民共和国治安管理处罚法》第23条第1款第1项和第2款。

25. 扰乱公共场所秩序（第 23 条第 1 款第 2 项）

26. 扰乱公共交通工具上的秩序（第 23 条第 1 款第 3 项）

27. 妨碍交通工具正常行驶（第 23 条第 1 款第 4 项）

28. 破坏选举秩序（第 23 条第 1 款第 5 项）

29. 聚众扰乱单位秩序（第 23 条第 2 款）

30. 聚众扰乱公共场所秩序（第 23 条第 2 款）

31. 聚众扰乱公共交通工具上的秩序（第 23 条第 2 款）

32. 聚众妨碍交通工具正常行驶（第 23 条第 2 款）

33. 聚众破坏选举秩序（第 23 条第 2 款）

34. 强行进入大型活动场内（第 24 条第 1 款第 1 项）

35. 违规在大型活动场内燃放物品（第 24 条第 1 款第 2 项）

36. 在大型活动场内展示侮辱性物品（第 24 条第 1 款第 3 项）

37. 围攻大型活动工作人员（第 24 条第 1 款第 4 项）

38. 向大型活动场内投掷杂物（第 24 条第 1 款第 5 项）

39. 其他扰乱大型活动秩序的行为（第 24 条第 1 款第 6 项）

40. 虚构事实扰乱公共秩序（第 25 条第 1 项）

对《中华人民共和国消防法》第 62 条第 3 项规定的谎报火警，违法行为名称表述为"虚构事实扰乱公共秩序（谎报火警）"，法律依据适用《中华人民共和国消防法》第 62 条第 3 项和《中华人民共和国治安管理处罚法》第 25 条第 1 项。

41. 投放虚假危险物质（第 25 条第 2 项）

42. 扬言实施放火、爆炸、投放危险物质（第 25 条第 3 项）

43. 寻衅滋事（第 26 条）

44. 组织、教唆、胁迫、诱骗、煽动从事邪教、会道门活动（第 27 条第 1 项）

45. 利用邪教、会道门、迷信活动危害社会（第 27 条第 1 项）

46. 冒用宗教、气功名义危害社会（第 27 条第 2 项）

47. 故意干扰无线电业务正常进行（第 28 条）

《中华人民共和国军事设施保护法》第 44 条规定援引《中华人民共和国治安管理处罚法》第 28 条处罚。对《中华人民共和国军事设施保护法》第 44 条规定的违反国家规定，故意干扰军用无线电设施正常工作的，违法行为名称表述为"故意干扰无线电业务正常进行",法律依据适用《中华人民共和国治安管理处罚法》第28条。

48. 拒不消除对无线电台（站）的有害干扰（第28条）

《中华人民共和国军事设施保护法》第44条规定援引《中华人民共和国治安管理处罚法》第28条处罚。对《中华人民共和国军事设施保护法》第44条规定的对军用无线电设施产生有害干扰，拒不按照有关主管部门的要求改正的，违法行为名称表述为"拒不消除对无线电台（站）的有害干扰"，法律依据适用《中华人民共和国治安管理处罚法》第28条。

49. 非法侵入计算机信息系统（第29条第1项）

《计算机信息网络国际联网安全保护管理办法》第20条与《中华人民共和国治安管理处罚法》第29条第1项竞合。对单位未经允许，进入计算机信息网络或者使用计算机信息网络资源，构成违反治安管理行为的，违法行为名称表述为"非法侵入计算机信息系统"。对单位处罚的法律依据适用《计算机信息网络国际联网安全保护管理办法》第6条第1项和第20条，对其直接负责的主管人员和其他直接责任人员处罚的法律依据适用《中华人民共和国治安管理处罚法》第18条和第29条第1项。

50. 非法改变计算机信息系统功能（第29条第2项）

《计算机信息网络国际联网安全保护管理办法》第20条与《中华人民共和国治安管理处罚法》第29条第2项竞合。对单位未经允许，对计算机信息网络功能进行删除、修改或者增加，构成违反治安管理行为的，违法行为名称表述为"非法改变计算机信息系统功能"。对单位处罚的法律依据适用《计算机信息网络国际联网安全保护管理办法》第6条第2项和第20条，对其直接负责的主管人员和其他直接责任人员处罚的法律依据适用《中华人民共和国治安管理处罚法》第18条和第29条第2项。

51. 非法改变计算机信息系统数据和应用程序（第29条第3项）

《计算机信息网络国际联网安全保护管理办法》第20条与《中华人民共和国治安管理处罚法》第29条第3项竞合。对单位未经允许，对计算机信息网络中存储、处理或者传输的数据和应用程序进行删除、修改或者增加，构成违反治安管理行为的，违法行为名称表述为"非法改变计算机信息系统数据和应用程序"。对单位处罚的法律依据适用《计算机信息网络国际联网安全保护管理办法》第6条第3项和第20条，对其直接负责的主管人员和其他直接责任人员处罚的法律依据适用《中华人民共和国治安管理处罚法》第 18 条和第 29 条第 3 项。

52. 故意制作、传播计算机破坏性程序影响运行（第 29 条第 4 项）

《计算机信息网络国际联网安全保护管理办法》第 20 条与《中华人民共和国治安管理处罚法》第 29 条第 4 项竞合。对单位故意制作、传播计算机病毒等破坏性程序，构成违反治安管理行为的，违法行为名称表述为"故意制作、传播计算机破坏性程序影响运行"。对单位处罚的法律依据适用《计算机信息网络国际联网安全保护管理办法》第 6 条第 4 项和第 20 条，对其直接负责的主管人员和其他直接责任人员处罚的法律依据适用《中华人民共和国治安管理处罚法》第 18 条和第 29 条第 4 项。

53. 非法制造、买卖、储存、运输、邮寄、携带、使用、提供、处置危险物质（第 30 条）

《民用爆炸物品安全管理条例》第 44 条第 4 款与《中华人民共和国治安管理处罚法》第 30 条竞合。对未经许可购买、运输民用爆炸物品的，违法行为名称表述为"非法购买、运输危险物质（民用爆炸物品）"。对单位处罚的法律依据适用《民用爆炸物品安全管理条例》第 44 条第 4 款，对其直接负责的主管人员和其他直接责任人员处罚的法律依据适用《中华人民共和国治安管理处罚法》第 18 条和第 30 条。对个人未经许可购买、运输民用爆炸物品的，法律依据适用《中华人民共和国治安管理处罚法》第 30 条。

《民用爆炸物品安全管理条例》第 49 条第 3 项、第 4 项与《中华人民共和国治安管理处罚法》第 30 条竞合。对违规储存民用爆炸物品的，违法行为名称表述为"非法储存危险物质（民用爆炸物品）"。对单位处罚的法律依据适用《民用爆炸物品安全管理条例》第 49 条第 3 项或者第 4 项，对其直接负责的主管人员和其他直接责任人员处罚的法律依据适用《中华人民共和国治安管理处罚法》第 18 条和第 30 条。对个人非法储存民用爆炸物品的，法律依据适用《中华人民共和国治安管理处罚法》第 30 条。

《民用爆炸物品安全管理条例》第 51 条与《中华人民共和国治安管理处罚法》第 30 条竞合。对携带民用爆炸物品搭乘公共交通工具或者进入公共场所，邮寄或者在托运的货物、行李、包裹、邮件中夹带民用爆炸物品，违法行为名称表述为"非法携带、邮寄危险物质（民用爆炸物品）"，法律依据适用《中华人民共和国治安管理处罚法》第30条和《民用爆炸物品安全管理条例》第51条。

对《中华人民共和国消防法》第62条第1项规定的违反有关消防技术标准和管理规定生产、储存、运输、销售、使用、销毁易燃易爆危险品，违法行为名称表述为"非法制造、买卖、储存、运输、使用、处置危险物质（易燃易爆危险品）"，法律依据适用《中华人民共和国消防法》第62条第1项和《中华人民共和国治安管理处罚法》第30条。

对《中华人民共和国消防法》第62条第2项规定的非法携带易燃易爆危险品进入公共场所或者乘坐公共交通工具的，违法行为名称表述为"非法携带危险物质（易燃易爆危险品）"，法律依据适用《中华人民共和国消防法》第62条第2项和《中华人民共和国治安管理处罚法》第30条。

《烟花爆竹安全管理条例》第36条第2款与《中华人民共和国治安管理处罚法》第30条竞合。对未经许可经由道路运输烟花爆竹的，违法行为名称表述为"非法运输危险物质（烟花爆竹）"。对单位处罚的法律依据适用《烟花爆竹安全管理条例》第36条第2款，对其直接负责的主管人员和其他直接责任人员处罚的法律依据适用《中华人民共和国治安管理处罚法》第18条和第30条。对个人未经许可经由道路运输烟花爆竹的，法律依据适用《中华人民共和国治安管理处罚法》第30条。

《烟花爆竹安全管理条例》第41条和《中华人民共和国治安管理处罚法》第30条竞合。对携带烟花爆竹搭乘公共交通工具的，或者邮寄烟花爆竹以及在托运的行李、包裹、邮件中夹带烟花爆竹的，违法行为名称表述为"非法邮寄、携带危险物质（烟花爆竹）"。情节较轻的，法律依据适用《烟花爆竹安全管理条例》第41条；情节较重，构成违反治安管理的，法律依据适用《中华人民共和国治安管理处罚法》第30条。

《危险化学品安全管理条例》第88条第4项和《剧毒化学品购买和公路运输许可证件管理办法》第20条、第21条第3款与《中华人民共和国治安管理处罚法》第30条竞合。对未取得或者利用骗取的剧毒化学品道路运输通行证，通过道路运输剧毒化学品的，违法行为名称表述为"非法运输危险物质（剧毒化学品）"。对单位处罚的法律依据相应适用《危险化学品安全管理条例》第88条第4项和《剧毒化学品购买和公路运输许可证件管理办法》第20条，或者《危险化学品安全管理条例》第88条第4项和《剧毒化学品购买和公路运输许可证件管理办法》第21条第3款，对其直接负责的主管人员和其他直接责任人员处罚的法律依据适用《中华人民共和国治安管理处罚法》第18条和第30条。对个人未取得剧毒化学品道路运输通行证经由道路运输剧毒化学品的，法律依据适用《中华人民共和国治安管理处罚法》第30条。

《剧毒化学品购买和公路运输许可证件管理办法》第20条与《中华人民共和国治安管理处罚法》第30条竞合。对未申领剧毒化学品购买凭证〔《国务院关于第五批取消和下放管理层级行政审批项目的决定》（国发〔2010〕21号）已取消剧毒化学品准购证核发审批〕，擅自购买剧毒化学品的，违法行为名称表述为"非法购买危险物质（剧毒化学品）"。对单位处罚的法律依据适用《剧毒化学品购买和公路运输许可证件管理办法》第20条，对其直接负责的主管人员和其他直接责任人员处罚的法律依据适用《中华人民共和国治安管理处罚法》第18条和第30条。对个人非法购买剧毒化学品的，法律依据适用《中华人民共和国治安管理处罚法》第30条。

《放射性物品运输安全管理条例》第62条第1项与《中华人民共和国治安管理处罚法》第30条竞合。未经公安机关批准通过道路运输放射性物品的，违法行为名称表述为"非法运输危险物质（放射性物品）"。对单位处罚的法律依据适用《放射性物品运输安全管理条例》第62条第1项，对其直接负责的主管人员和其他直接责任人员处罚的法律依据适用《中华人民共和国治安管理处罚法》第18条和第30条。对个人未经公安机关批准通过道路运输放射性物品的，法律依据适用《中华人民共和国治安管理处罚法》第30条。

54. 危险物质被盗、被抢、丢失不报（第31条）

《民用爆炸物品安全管理条例》第50条第2项与《中华人民共和国治安管理处罚法》第31条竞合。对民用爆炸物品丢失、被盗、被抢不报的，违法行为名称表述为"危险物质（民用爆炸物品）被盗、被抢、丢失不报"。对单位处罚的法律依据适用《民用爆炸物品安全管理条例》第50条第2项，对其直接负责的主管人员和其他直接责任人员处罚的法律依据适用《中华人民共和国治安管理处罚法》第18条和第31条。

《烟花爆竹安全管理条例》第39条与《中华人民共和国治安管理处罚法》第31条竞合。对生产、经营、使用黑火药、烟火药、引火线的企业，丢失黑火药、烟火药、引火线未及时向当地安全生产监督管理部门和公安部门报告的，违法行为名称表述为"危险物质（烟花爆竹）丢失不报"。对企业主要负责人处罚的法律依据适用《烟花爆竹安全管理条例》第39条，对其直接负责的主管人员和其他直接责任人员处罚的法律依据适用《中华人民共和国治安管理处罚法》第18条和第31条。

《危险化学品安全管理条例》第81条第1款第2项与《中华人民共和国治安管理处罚法》第31条竞合。生产、储存、使用剧毒化学品、易制爆危险化学品的单位发现剧毒化学品、易制爆危险化学品丢失或者被盗，不立即向公安机关报告的，违法行为名称表述为"危险物质被盗、丢失不报"。对单位处罚的法律依据适用《危险化学品安全管理条例》第81条第1款第2项，对其直接负责的主管人员和其他直接责任人员处罚的法律依据适用《中华人民共和国治安管理处罚法》第18条和第31条。

55. 非法携带枪支、弹药、管制器具（第32条）

《中华人民共和国枪支管理法》第44条第1款第2项与《中华人民共和国治安管理处罚法》第32条竞合。对《中华人民共和国枪支管理法》第44条第1款第2项规定的在禁止携带枪支的区域、场所携带枪支的，违法行为名称表述为"非法携带枪支"，法律依据适用《中华人民共和国治安管理处罚法》第32条。

56. 盗窃、损毁公共设施（第33条第1项）

62

《中华人民共和国军事设施保护法》第45条规定援引《中华人民共和国治安管理处罚法》第33条处罚。对《中华人民共和国军事设施保护法》

62

第45条规定的毁坏边防、海防管控设施以及军事禁区、军事管理区的围墙、铁丝网、界线标志或者其他军事设施的，违法行为名称表述为"损毁公共设施"，法律依据适用《中华人民共和国治安管理处罚法》第33条第1项。

57. 移动、损毁边境、领土、领海标志设施（第33条第2项）

58. 非法进行影响国（边）界线走向的活动（第33条第3项）

59. 非法修建有碍国（边）境管理的设施（第33条第3项）

60. 盗窃、损坏、擅自移动航空设施（第34条第1款）

61. 强行进入航空器驾驶舱（第34条第1款）

62. 在航空器上使用禁用物品（第34条第2款）

63. 盗窃、损毁、擅自移动铁路设施、设备、机车车辆配件、安全标志（第35条第1项）

64. 在铁路线路上放置障碍物（第35条第2项）

65. 故意向列车投掷物品（第35条第2项）

66. 在铁路沿线非法挖掘坑穴、采石取沙（第35条第3项）

67. 在铁路线路上私设道口、平交过道（《中华人民共和国治安管理处罚法》第35条第4项和《中华人民共和国铁路法》第68条）

68. 擅自进入铁路防护网（第36条）

69. 违法在铁路线路上行走坐卧、抢越铁路（第36条）

70. 擅自安装、使用电网（第37条第1项）

71. 安装、使用电网不符合安全规定（第37条第1项）

72. 道路施工不设置安全防护设施（第37条第2项）

73. 故意损毁、移动道路施工安全防护设施（第37条第2项）

74. 盗窃、损毁路面公共设施（第37条第3项）

75. 违规举办大型活动（第38条）

76. 公共场所经营管理人员违反安全规定（第39条）

77. 组织、胁迫、诱骗进行恐怖、残忍表演（第40条第1项）

78. 强迫劳动（第40条第2项）

《中华人民共和国劳动法》第96条第1项与《中华人民共和国治安管理处罚法》第40条第2项竞合。对用人单位以暴力、威胁或者非法限制人身自由的手段强迫劳动的，违法行为名称表述为"强迫劳动"，法律依据适用《中华人民共和国治安管理处罚法》第40条第2项。

79. 非法限制人身自由（第40条第3项）

《保安服务管理条例》第45条第1款第1项与《中华人民共和国治安管理处罚法》第40条第3项竞合。对保安员限制他人人身自由的，违法行为名称表述为"非法限制人身自由"。如果其行为依法应当予以治安管理处罚的，法律依据适用《中华人民共和国治安管理处罚法》第40条第3项。如果其行为情节严重，依法应当吊销保安员证，并应当依法予以治安管理处罚的，法律依据适用《中华人民共和国治安管理处罚法》第40条第3项和《保安服务管理条例》第45条第1款第1项。如果其行为情节轻微，不构成违反治安管理行为，仅应当予以训诫的，法律依据适用《保安服务管理条例》第45条第1款第1项。

《中华人民共和国劳动法》第96条第2项与《中华人民共和国治安管理处罚法》第40条第3项竞合。对用人单位拘禁劳动者的，违法行为名称表述为"非法限制人身自由"，法律依据适用《中华人民共和国治安管理处罚法》第40条第3项。

80. 非法侵入住宅（第40条第3项）

81. 非法搜查身体（第40条第3项）

《保安服务管理条例》第45条第1款第1项与《中华人民共和国治安管理处罚法》第40条第3项竞合。对保安员搜查他人身体的，违法行为名称表述为"非法搜查身体"。如果其行为依法应当予以治安管理处罚的，法律依据适用《中华人民共和国治安管理处罚法》第40条第3项。如果其行为情节严重，依法应当吊销保安员证，并应当依法予以治安管理处罚的，法律依据适用《中华人民共和国治安管理处罚法》第40条第3项和《保安服务管理条例》第45条第1款第1项。如果其行为情节轻微，不构成违反治安管理行为，仅应当予以训诫的，法律依据适用《保安服务管理条例》第45条第1款第1项。

《中华人民共和国劳动法》第96条第2项与《中华人民共和国治安管理处罚法》第40条第3项竞合。对用人单位非法搜查劳动者的，违法行为名称表述为"非法搜查身体"，法律依据适用《中华人民共和国治安管理处罚法》第40条第3项。

82. 胁迫、诱骗、利用他人乞讨（第41条第1款）

83. 以滋扰他人的方式乞讨（第41条第2款）

84. 威胁人身安全（第42条第1项）

85. 侮辱（第42条第2项）

《保安服务管理条例》第45条第1款第1项与《中华人民共和国治安管理处罚法》第42条第2项竞合。对保安员侮辱他人的，违法行为名称表述为"侮辱"。如果其行为依法应当予以治安管理处罚的，法律依据适用《中华人民共和国治安管理处罚法》第42条第2项。如果其行为情节严重，依法应当吊销保安员证，并应当依法予以治安管理处罚的，法律依据适用《中华人民共和国治安管理处罚法》第42条第2项和《保安服务管理条例》第45条第1款第1项。如果其行为情节轻微，不构成违反治安管理行为，仅应当予以训诫的，法律依据适用《保安服务管理条例》第 45 条第 1 款第 1 项。

《中华人民共和国劳动法》第 96 条第 2 项与《中华人民共和国治安管理处罚法》第 42 条第 2 项竞合。对用人单位侮辱劳动者的，违法行为名称表述为"侮辱"，法律依据适用《中华人民共和国治安管理处罚法》第 42 条第 2 项。

86. 诽谤（第 42 条第 2 项）

87. 诬告陷害（第 42 条第 3 项）

88. 威胁、侮辱、殴打、打击报复证人及其近亲属（第 42 条第 4 项）

89. 发送信息干扰正常生活（第 42 条第 5 项）

90. 侵犯隐私（第 42 条第 6 项）

《保安服务管理条例》第 45 条第 1 款第 6 项与《中华人民共和国治安管理处罚法》第 42 条第 6 项竞合。对保安员侵犯个人隐私的，违法行为名称表述为"侵犯隐私"。如果其行为依法应当予以治安管理处罚的，法律依据适用《中华人民共和国治安管理处罚法》第 42 条第 6 项。如果其行为情节严重，依法应当吊销保安员证，并应当依法予以治安管理处罚的，法律依据适用《中华人民共和国治安管理处罚法》第 42 条第 6 项和《保安服务管理条例》第 45 条第 1 款第 6 项。如果其行为情节轻微，不构成违反治安管理行为，仅应当予以训诫的，法律依据适用《保安服务管理条例》第 45 条第 1 款第 6 项。

91. 殴打他人（第 43 条第 1 款）

《保安服务管理条例》第 45 条第 1 款第 1 项与《中华人民共和国治安管理处罚法》第 43 条第 1 款竞合。对保安员殴打他人的，违法行为名称表述为"殴打他人"。如果其行为依法应当予以治安管理处罚，法律依据适用《中华人民共和国治安管理处罚法》第 43 条第 1 款。如果其行为情节严重，依法应当吊销保安员证，并应当依法予以治安管理处罚的，法律依据适用《中华人民共和国治安管理处罚法》第 43 条第 1 款和《保安服务管理条例》第 45 条第 1 款第 1 项；有法定加重情节的，法律依据适用《中华人民共和国治安管理处罚法》第 43 条第 2 款和《保安服务管理条例》第 45 条第 1 款第 1 项。如果其行为情节轻微，不构成违反治安管理行为，仅应当予以训诫的，法律依据适用《保安服务管理条例》第 45 条第 1 款第

1 项。

《中华人民共和国劳动法》第 96 条第 2 项与《中华人民共和国治安管理处罚法》第 43 条第 1 款竞合。对用人单位体罚、殴打劳动者的，违法行为名称表述为"殴打他人"，法律依据适用《中华人民共和国治安管理处罚法》第 43 条第 1 款。

92. 故意伤害（第 43 条第 1 款）

93. 猥亵（第 44 条）

94. 在公共场所故意裸露身体（第 44 条）

95. 虐待（第 45 条第 1 项）

96. 遗弃（第 45 条第 2 项）

97. 强迫交易（第 46 条）

98. 煽动民族仇恨、民族歧视（第 47 条）

99. 刊载民族歧视、侮辱内容（第 47 条）

100. 冒领、隐匿、毁弃、私自开拆、非法检查他人邮件（第 48 条）

对冒领、隐匿、毁弃、私自开拆、非法检查他人快件，尚不构成犯罪的，违法行为名称表述为"冒领、隐匿、毁弃、私自开拆、非法检查他人邮件"，法律依据适用《快递暂行条例》第 42 条第 1 款和《中华人民共和国治安管理处罚法》第 48 条。

101. 盗窃（第 49 条）

102. 诈骗（第 49 条）

103. 哄抢（第 49 条）

104. 抢夺（第 49 条）

105. 敲诈勒索（第 49 条）

106. 故意损毁财物（第 49 条）

107. 拒不执行紧急状态下的决定、命令（第 50 条第 1 款第 1 项）

108. 阻碍执行职务（第 50 条第 1 款第 2 项）

《保安服务管理条例》第 45 条第 1 款第 3 项与《中华人民共和国治安管理处罚法》第 50 条第 1 款第 2 项竞合。对保安员阻碍依法执行公务，违法行为名称表述为"阻碍执行职务"。如果其行为依法应当予以治安管理处罚的，法律依据适用《中华人民共和国治安管理处罚法》第 50 条第 1 款第 2 项。如果其行为情节严重，依法应当吊销保安员证，并应当依法予以治安管理处罚的，法律依据适用《中华人民共和国治安管理处罚法》第 50 条第 1 款第 2 项和《保安服务管理条例》第 45 条第 1 款第 3 项。如果其行为情节轻微，不构成违反治安管理行为，仅应当予以训诫的，法律依据适用《保安服务管理条例》第 45 条第 1 款第 3 项。

对阻碍消防救援机构的工作人员依法执行职务，尚不够刑事处罚的，违法行为名称表述为"阻碍执行职务"，法律依据适用《中华人民共和国消防法》第 62 条第 5 项和《中华人民共和国治安管理处罚法》第 50 条第 1 款第 2 项。

对阻碍国家情报工作机构及其工作人员依法开展情报工作，尚不够刑事处罚的，违法行为名称及法律适用规范按照本意见第 777 条的规定执行。

109. 阻碍特种车辆通行（第 50 条第 1 款第 3 项）

对阻碍消防车、消防艇执行任务的，违法行为名称表述为"阻碍特种车辆通行（消防车、消防艇）"，法律依据适用《中华人民共和国消防法》第 62 条第 4 项和《中华人民共和国治安管理处罚法》第 50 条第 1 款第 3 项。

110. 冲闯警戒带、警戒区（第 50 条第 1 款第 4 项）

111. 招摇撞骗（第 51 条第 1 款）

112. 伪造、变造、买卖公文、证件、证明文件、印章（第 52 条第 1 项）

《报废机动车回收管理办法》第 20 条第 1 款第 1 项与《中华人民共和国治安管理处罚法》第 52 条第 1 项竞合。对买卖、伪造、变造报废机动车回收证明的，违法行为名称表述为"伪造、变造、买卖证明文件（报废机动车回收证明）"，处罚的法律依据适用《中华人民共和国治安管理处罚法》第 52 条第 1 项和《报废机动车回收管理办法》第 20 条第 1 款第 1 项。

113. 买卖、使用伪造、变造的公文、证件、证明文件（第 52 条第 2 项）

114. 伪造、变造、倒卖有价票证、凭证（第 52 条第 3 项）

115. 伪造、变造船舶户牌（第 52 条第 4 项）

116. 买卖、使用伪造、变造的船舶户牌（第 52 条第 4 项）

117. 涂改船舶发动机号码（第 52 条第 4 项）

118. 驾船擅自进入、停靠国家管制的水域、岛屿（第 53 条）

《沿海船舶边防治安管理规定》第 28 条第 1 项与《中华人民共和国治安管理处罚法》第 53 条竞合。对沿海船舶非法进入国家禁止或者限制进入的海域或者岛屿的，违法行为名称表述为"驾船擅自进入国家管制的水域、岛屿"，法律依据适用《中华人民共和国治安管理处罚法》第 53 条。

119. 非法以社团名义活动（第 54 条第 1 款第 1 项）

120. 以被撤销登记的社团名义活动（第 54 条第 1 款第 2 项）

121. 未获公安许可擅自经营（第 54 条第 1 款第 3 项）

《旅馆业治安管理办法》第 15 条与《中华人民共和国治安管理处罚法》第 54 条第 1 款第 3 项、第 2 款竞合。对未经公安机关许可开办旅馆的，违法行为名称表述为"未获公安许可擅自经营（旅馆）"，法律依据适用《中华人民共和国治安管理处罚法》第 54 条第 1 款第 3 项、第 2 款和《旅馆业治安管理办法》第 4 条。

《保安服务管理条例》第 41 条与《中华人民共和国治安管理处罚法》第 54 条第 1 款第 3 项、第 2 款竞合。对未经许可从事保安服务的，违法行为名称表述为"未获公安许可擅自经营（保安服务）"，法律依据适用《中华人民共和国治安管理处罚法》第 54 条第 1 款第 3 项、第 2 款以及《保安服务管理条例》第 9 条和第 41 条。对未经许可从事保安培训的，违法行为名称表述为"未获公安许可擅自经营（保安培训）"，法律依据适用《中华人民共和国治安管理处罚法》第 54 条第 1 款第 3 项、第 2 款以及《保安服务管理条例》第 33 条和第 41 条。

122. 煽动、策划非法集会、游行、示威（第 55 条）

123. 不按规定登记住宿旅客信息（第 56 条第 1 款）

124. 不制止住宿旅客带入危险物质（第 56 条第 1 款）

125. 明知住宿旅客是犯罪嫌疑人不报（第 56 条第 2 款）

126. 将房屋出租给无身份证件人居住（第 57 条第 1 款）

127. 不按规定登记承租人信息（第 57 条第 1 款）

128. 明知承租人利用出租屋犯罪不报（第 57 条第 2 款）

129. 制造噪声干扰正常生活（第 58 条）

130. 违法承接典当物品（第 59 条第 1 项）

131. 典当发现违法犯罪嫌疑人、赃物不报（第 59 条第 1 项）

《典当管理办法》第 66 条第 1 款与《中华人民共和国治安管理处罚

法》第 59 条第 1 项竞合。对典当行发现公安机关通报协查的人员或者赃物不向公安机关报告的，违法行为名称表述为"典当发现违法犯罪嫌疑人、赃物不报"。对典当行处罚的法律依据适用《典当管理办法》第 27 条和第 52 条及第 66 条第 1 款，对其直接负责的主管人员和其他直接责任人员处罚的法律依据适用《中华人民共和国治安管理处罚法》第 18 条和第 59 条第 1 项。对典当行工作人员发现违法犯罪嫌疑人、赃物不向公安机关报告的，法律依据适用《中华人民共和国治安管理处罚法》第 59 条第 1 项。

132. 违法收购废旧专用器材（第 59 条第 2 项）

133. 收购赃物、有赃物嫌疑的物品（第 59 条第 3 项）

134. 收购国家禁止收购的其他物品（第 59 条第 4 项）

135. 隐藏、转移、变卖、损毁依法扣押、查封、冻结的财物（第 60 条第 1 项）

136. 伪造、隐匿、毁灭证据（第 60 条第 2 项）

137. 提供虚假证言（第 60 条第 2 项）

138. 谎报案情（第 60 条第 2 项）

139. 窝藏、转移、代销赃物（第 60 条第 3 项）

对机动车修理企业和个体工商户明知是盗窃、抢劫所得机动车而予以拆解、改装、拼装、倒卖的，对其直接负责的主管人员和其他直接责任人员处罚的法律依据适用《中华人民共和国治安管理处罚法》第 18 条和第 60 条第 3 项以及《机动车修理业、报废机动车回收业治安管理办法》第 15 条。

对报废机动车回收企业明知或者应当知道回收的机动车为赃物或者用于盗窃、抢劫等犯罪活动的犯罪工具，未向公安机关报告，擅自拆解、改装、拼装、倒卖该机动车的，对其直接负责的主管人员和其他直接责任人员处罚的法律依据适用《中华人民共和国治安管理处罚法》第 18 条和第 60 条第 3 项以及《报废机动车回收管理办法》第 20 条第 1 款第 2 项。

140. 违反监督管理规定（第 60 条第 4 项）

141. 协助组织、运送他人偷越国（边）境（第 61 条）

142. 为偷越国（边）境人员提供条件（第 62 条第 1 款）

143. 偷越国（边）境（第 62 条第 2 款）

144. 故意损坏文物、名胜古迹（第 63 条第 1 项）

145. 违法实施危及文物安全的活动（第 63 条第 2 项）

146. 偷开机动车（第 64 条第 1 项）

147. 无证驾驶、偷开航空器、机动船舶（第 64 条第 2 项）

《沿海船舶边防治安管理规定》第 29 条第 2 项规定的"偷开他人船舶"，与《中华人民共和国治安管理处罚法》第 64 条第 2 项规定的"偷开机动船舶"竞合。对偷开他人船舶的，法律依据适用《中华人民共和国治安管理处罚法》第 64 条第 2 项。

148. 破坏、污损坟墓（第 65 条第 1 项）

149. 毁坏、丢弃尸骨、骨灰（第 65 条第 1 项）

150. 违法停放尸体（第 65 条第 2 项）

151. 卖淫（第 66 条第 1 款）

152. 嫖娼（第 66 条第 1 款）

153. 拉客招嫖（第 66 条第 2 款）

154. 引诱、容留、介绍卖淫（第 67 条）

155. 制作、运输、复制、出售、出租淫秽物品（第 68 条）

156. 传播淫秽信息（第 68 条）

157. 组织播放淫秽音像（第 69 条第 1 款第 1 项）

158. 组织淫秽表演（第 69 条第 1 款第 2 项）

159. 进行淫秽表演（第 69 条第 1 款第 2 项）

160. 参与聚众淫乱（第 69 条第 1 款第 3 项）

161. 为淫秽活动提供条件（第 69 条第 2 款）

162. 为赌博提供条件（第 70 条）

163. 赌博（第 70 条）

164. 非法种植毒品原植物（第 71 条第 1 款第 1 项）

165. 非法买卖、运输、携带、持有毒品原植物种苗（第 71 条第 1 款第 2 项）

166. 非法运输、买卖、储存、使用罂粟壳（第 71 条第 1 款第 3 项）

167. 非法持有毒品（第 72 条第 1 项）

168. 提供毒品（第 72 条第 2 项）

169. 吸毒（第 72 条第 3 项）

170. 胁迫、欺骗开具麻醉药品、精神药品（第 72 条第 4 项）

171. 教唆、引诱、欺骗吸毒（第 73 条）

172. 为吸毒、赌博、卖淫、嫖娼人员通风报信（第 74 条）

173. 饲养动物干扰正常生活（第 75 条第 1 款）

174. 放任动物恐吓他人（第 75 条第 1 款）

175. 担保人不履行担保义务（第 109 条第 2 款）

（五）《中华人民共和国国旗法》（法律）

176. 侮辱国旗（第 19 条）

（六）《中华人民共和国国徽法》（法律）

177. 侮辱国徽（第 13 条）

（七）《中华人民共和国国歌法》（法律）

178. 侮辱国歌（第 15 条）

（八）《全国人民代表大会常务委员会关于惩治破坏金融秩序犯罪的决定》（法律）

179. 出售、购买、运输假币（第 2 条第 1 款和第 21 条）

对"出售、运输伪造、变造的人民币"的，法律依据适用《中华人民共和国中国人民银行法》第 42 条。

180. 金融工作人员购买假币、以假币换取货币（第 2 条第 2 款和第 21 条）

181. 持有、使用假币（第 4 条和第 21 条）

对"购买、持有、使用伪造、变造的人民币"的，法律依据适用《中华人民共和国中国人民银行法》第 43 条。

182. 变造货币（第 5 条和第 21 条）

对"变造人民币"的，法律依据适用《中华人民共和国中国人民银行法》第 42 条。

183. 伪造、变造金融票证（第 11 条和第 21 条）

184. 金融票据诈骗（第 12 条和第 21 条）

185. 信用卡诈骗（第 14 条和第 21 条）

186. 保险诈骗（第 16 条和第 21 条）

（九）《中华人民共和国中国人民银行法》（法律）

187. 伪造人民币（第 42 条）

188. 变造人民币（第 42 条）

189. 出售、运输伪造、变造的人民币（第42条）

190. 购买、持有、使用伪造、变造的人民币（第43条）

（十）《中华人民共和国人民币管理条例》（行政法规）

191. 故意毁损人民币（第42条）

（十一）《全国人民代表大会常务委员会关于惩治虚开、伪造和非法出售增值税专用发票犯罪的决定》（法律）

192. 伪造、出售伪造的增值税专用发票（第2条第1款和第11条）

193. 非法出售增值税专用发票（第3条和第11条）

194. 非法购买增值税专用发票（第4条第1款和第11条）

195. 购买伪造的增值税专用发票（第4条第1款和第11条）

196. 非法制造、出售非法制造的可以用于骗取出口退税、抵扣税款的其他发票（第6条第1款和第11条）

197. 非法制造、出售非法制造的发票（第6条第2款和第11条）

198. 非法出售可以用于骗取出口退税、抵扣税款的其他发票（第6条第3款和第11条）

199. 非法出售发票（第6条第4款和第11条）

"非法制造、出售非法制造的发票""非法出售发票"中的"发票"，是指用于骗取出口退税、抵扣税款的发票以外的发票。

（十二）《全国人民代表大会常务委员会关于严禁卖淫嫖娼的决定》（法律）

200. 放任卖淫、嫖娼活动（第7条）

（十三）《中华人民共和国集会游行示威法》（法律）

201. 非法集会、游行、示威（第28条第2款第1项、第2项）

202. 破坏集会、游行、示威（第30条）

（十四）《中华人民共和国居民身份证法》（法律）

203. 骗领居民身份证（第16条第1项）

204. 出租、出借、转让居民身份证（第16条第2项）

205. 非法扣押居民身份证（第16条第3项）

对保安员扣押他人居民身份证的，违法行为名称表述为"非法扣押居民身份证"，法律依据适用《保安服务管理条例》第45条第1款第2项。

206. 冒用居民身份证（第17条第1款第1项）

207. 使用骗领的居民身份证（第 17 条第 1 款第 1 项）

208. 购买、出售、使用伪造、变造的居民身份证（第 17 条第 1 款第 2 项）

209. 泄露公民个人信息（第 19 条第 1.2 款）

对国家机关或者金融、电信、交通、教育、医疗等单位的工作人员泄露公民个人信息的，法律依据适用《中华人民共和国居民身份证法》第 19 条第 1 款；对单位泄露公民个人信息的，对其直接负责的主管人员和其他直接责任人员的处罚，法律依据适用《中华人民共和国居民身份证法》第 19 条第 2 款。

（十五）《居住证暂行条例》（行政法规）

210. 使用虚假证明材料骗领居住证（第 18 条第 1 项）

211. 出租、出借、转让居住证（第 18 条第 2 项）

212. 非法扣押他人居住证（第 18 条第 3 项）

213. 冒用他人居住证（第 19 条第 1 款第 1 项）

214. 使用骗领的居住证（第 19 条第 1 款第 1 项）

215. 购买、出售、使用伪造、变造的居住证（第 19 条第 1 款第 2 项）

（十六）《中华人民共和国枪支管理法》（法律）

216. 违规制造、销（配）售枪支（第 40 条）

对"超过限额或者不按照规定的品种制造枪支"的，违法行为名称表述为"违规制造枪支"，法律依据适用《中华人民共和国枪支管理法》第 40 条第 1 项；对"制造无号、重号、假号的枪支"的，违法行为名称表述为"违规制造枪支"，法律依据适用《中华人民共和国枪支管理法》第 40 条第 2 项。

对"超过限额或者不按照规定的品种配售枪支"的，违法行为名称表述为"违规配售枪支"，法律依据适用《中华人民共和国枪支管理法》第 40 条第 1 项；对"私自销售枪支""在境内销售为出口制造的枪支"的，违法行为名称表述为"违规销售枪支"，法律依据适用《中华人民共和国枪支管理法》第 40 条第 3 项。

217. 违规运输枪支（第 42 条）

218. 非法出租、出借枪支（第 43 条第 5 款）

219. 未按规定标准制造民用枪支（第 44 条第 1 款第 1 项和第 2 款）

《中华人民共和国枪支管理法》第 44 条第 1 款第 2 项规定的在禁止携带枪支的区域、场所携带枪支的，违法行为名称及法律适用规范按照本意见第 55 条的规定执行。

220. 不上缴报废枪支（第 44 条第 1 款第 3 项和第 2 款）

221. 丢失枪支不报（第 44 条第 1 款第 4 项）

222. 制造、销售仿真枪（第 44 条第 1 款第 5 项和第 2 款）

（十七）《中华人民共和国教育法》（法律）

223. 组织作弊（第 80 条第 1 项）

224. 为作弊提供帮助、便利（第 80 条第 2 项）

225. 代替他人参加考试（第 80 条第 3 项）

226. 泄露、传播考试试题、答案（第 80 条第 4 项）

227. 其他扰乱考试秩序的行为（第 80 条第 5 项）

（十八）《民用爆炸物品安全管理条例》（行政法规）

228. 未经许可从事爆破作业（第 44 条第 4 款）

对《民用爆炸物品安全管理条例》第 44 条第 4 款规定的未经许可购买、运输民用爆炸物品的，违法行为名称及法律适用规范按照本意见第 53 条的规定执行。

229. 未按规定对民用爆炸物品做出警示、登记标识（第 46 条第 1 项）

230. 未按规定对雷管编码打号（第 46 条第 1 项）

231. 超出许可购买民用爆炸物品（第 46 条第 2 项）

232. 使用现金、实物交易民用爆炸物品（第 46 条第 3 项）

233. 销售民用爆炸物品未按规定保存交易证明材料（第 46 条第 4 项）

234. 销售、购买、进出口民用爆炸物品未按规定备案（第 46 条第 5 项）

235. 未按规定建立民用爆炸物品登记制度（第 46 条第 6 项、第 48 条第 1 款第 3 项、第 49 条第 2 项）

对未如实将本单位生产、销售、购买、运输、储存、使用民用爆炸物品的品种、数量和流向信息输入计算机系统的，违法行为名称表述为"未按规定建立民用爆炸物品登记制度"，法律依据适用《民用爆炸物品安全管理条例》第 46 条第 6 项；对爆破作业单位未按规定建立民用爆炸物品领取登记制度、保存领取登记记录的，违法行为名称表述为"未按规定建立民用爆炸物品登记制度"，法律依据适用《民用爆炸物品安全管理条例》第48条第1款第3项；对未按规定建立出入库检查、登记制度或者收存和发放民用爆炸物品，致使账物不符的，违法行为名称表述为"未按规定建立民用爆炸物品登记制度"，法律依据适用《民用爆炸物品安全管理条例》第49条第2项。

236. 未按规定核销民用爆炸物品运输许可证（第46条第7项）

237. 违反许可事项运输民用爆炸物品（第47条第1项）

238. 未携带许可证运输民用爆炸物品（第47条第2项）

239. 违规混装民用爆炸物品（第47条第3项）

240. 民用爆炸物品运输车辆未按规定悬挂、安装警示标志（第47条第4项）

241. 违反行驶、停靠规定运输民用爆炸物品（第47条第5项）

242. 装载民用爆炸物品的车厢载人（第47条第6项）

243. 运输民用爆炸物品发生危险未处置、不报告（第47条第7项）

244. 未按资质等级从事爆破作业（第48条第1款第1项）

245. 营业性爆破作业单位跨区域作业未报告（第48条第1款第2项）

246. 违反标准实施爆破作业（第48条第1款第4项）

对爆破作业人员违反国家有关标准和规范的规定实施爆破作业，情节严重，依法应当吊销爆破作业人员许可证的，违法行为名称表述为"违反标准实施爆破作业"，法律依据适用《民用爆炸物品安全管理条例》第48条第1款第4项和第2款。

247. 未按规定设置民用爆炸物品专用仓库技术防范设施（第49条第1项）

对《民用爆炸物品安全管理条例》第49条第3项、第4项规定的超量储存、在非专用仓库储存或者违反储存标准和规范储存民用爆炸物品以及其他违反规定储存民用爆炸物品的，违法行为名称及法律适用规范按照本意见第53条的规定执行。

248. 违反制度致使民用爆炸物品丢失、被盗、被抢（第50条第1项）

对《民用爆炸物品安全管理条例》第50条第2项规定的民用爆炸物品丢失、被盗、被抢不报的，违法行为名称及法律适用规范按照本意见第54条的规定执行。

249. 非法转让、出借、转借、抵押、赠送民用爆炸物品（第50条第3项）

对《民用爆炸物品安全管理条例》第51条规定的携带民用爆炸物品搭乘公共交通工具或者进入公共场所，邮寄或者在托运的货物、行李、包裹、邮件中夹带民用爆炸物品，尚不构成犯罪的，违法行为名称及法律适用规范按照本意见第53条的规定执行。

250. 未履行民用爆炸物品安全管理责任（第52条）

（十九）《烟花爆竹安全管理条例》（行政法规）

对《烟花爆竹安全管理条例》第36条第2款规定的未经许可经由道路运输烟花爆竹的，违法行为名称及法律适用规范按照本意见第53条的规定执行。

对《烟花爆竹安全管理条例》第39条规定的生产、经营、使用黑火药、烟火药、引火线的企业，丢失黑火药、烟火药、引火线未及时报告的，违法行为名称及法律适用规范按照本意见第54条的规定执行。

251. 违反许可事项经道路运输烟花爆竹（第40条第1项）

252. 未携带许可证经道路运输烟花爆竹（第40条第2项）

253. 烟花爆竹道路运输车辆未按规定悬挂、安装警示标志（第40条第3项）

254. 未按规定装载烟花爆竹（第40条第4项）

255. 装载烟花爆竹的车厢载人（第40条第5项）

256. 烟花爆竹运输车辆超速行驶（第40条第6项）

257. 烟花爆竹运输车辆经停无人看守（第40条第7项）

258. 未按规定核销烟花爆竹道路运输许可证（第40条第8项）

对《烟花爆竹安全管理条例》第41条规定的携带烟花爆竹搭乘公共交通工具，或者邮寄烟花爆竹以及在托运的行李、包裹、邮件中夹带烟花爆竹的，违法行为名称及法律适用规范按照本意见第53条的规定执行。

259. 非法举办大型焰火燃放活动（第42条第1款）

260. 违规从事燃放作业（第42条第1款）

261. 违规燃放烟花爆竹（第42条第2款）

（二十）《危险化学品安全管理条例》（行政法规）

262. 剧毒化学品、易制爆危险化学品专用仓库未按规定设置技术防范

设施（第78条第2款）

263. 未如实记录剧毒化学品、易制爆危险化学品数量、流向（第81条第1款第1项）

对《危险化学品安全管理条例》第81条第1款第2项规定的发现剧毒化学品、易制爆危险化学品丢失或者被盗，不立即向公安机关报告的，违法行为名称及法律适用规范按照本意见第54条的规定执行。

264. 储存剧毒化学品未备案（第81条第1款第3项）

265. 未如实记录剧毒化学品、易制爆危险化学品购买信息（《危险化学品安全管理条例》第81条第1款第4项和《剧毒化学品购买和公路运输许可证件管理办法》第23条第2款）

266. 未按规定期限保存剧毒化学品、易制爆危险化学品销售记录、材料（第81条第1款第4项）

267. 未按规定期限备案剧毒化学品、易制爆危险化学品销售、购买信息（第81条第1款第5项）

268. 转让剧毒化学品、易制爆危险化学品不报（第81条第1款第6项）

269. 转产、停产、停业、解散未备案处置方案（第82条第2款）

270. 单位未经许可购买剧毒化学品、易制爆危险化学品（第84条第2款）

271. 个人非法购买剧毒化学品、易制爆危险化学品（第84条第2款）

272. 单位非法出借、转让剧毒化学品、易制爆危险化学品（第84条第3款）

273. 违反核定载质量运输危险化学品（第88条第1项）

274. 使用不符合安全标准车辆运输危险化学品（第88条第2项）

275. 道路运输危险化学品擅自进入限制通行区域（第88条第3项）

《危险化学品安全管理条例》第88条第4项规定的非法运输剧毒化学品的违法行为名称及法律适用规范按照本意见第53条的规定执行。

276. 未按规定悬挂、喷涂危险化学品警示标志（第89条第1项）

277. 不配备危险化学品押运人员（第89条第2项）

278. 道路运输剧毒化学品、易制爆危险化学品长时间停车不报（第89条第3项）

279. 剧毒化学品、易制爆危险化学品运输途中丢失、被盗、被抢、流散、泄露未采取有效警示和安全措施（第 89 条第 4 项）

280. 剧毒化学品、易制爆危险化学品运输途中流散、泄露不报（第 89 条第 4 项）

281. 伪造、变造、出租、出借、转让剧毒化学品许可证件（第 93 条第 2 款）

282. 使用伪造、变造的剧毒化学品许可证件（第 93 条第 2 款）

《危险化学品安全管理条例》第 93 条第 2 款与《中华人民共和国治安管理处罚法》第 52 条第 1 项、第 2 项竞合。对单位伪造、变造剧毒化学品许可证件或者使用伪造、变造的剧毒化学品许可证件的，法律依据适用《危险化学品安全管理条例》第 93 条第 2 款，对其直接负责的主管人员和其他直接责任人员处罚的，法律依据适用《中华人民共和国治安管理处罚法》第 18 条和第 52 条第 1 项、第 2 项。对个人伪造、变造剧毒化学品许可证件或者使用伪造、变造的剧毒化学品许可证件的，法律依据适用《中华人民共和国治安管理处罚法》第 52 条第 1 项、第 2 项。

（二十一）《剧毒化学品购买和公路运输许可证件管理办法》（部门规章）

《剧毒化学品购买和公路运输许可证件管理办法》第 20 条规定的未经许可购买、通过公路运输剧毒化学品的，违法行为名称及法律适用规范按照本意见第 53 条的规定执行。

283. 非法获取剧毒化学品购买、公路运输许可证件（第 21 条第 1 款）

284. 未按规定更正剧毒化学品购买许可证件回执填写错误（第 23 条第 1 款）

285. 未携带许可证经公路运输剧毒化学品（第 24 条第 1 款）

286. 违反许可事项经公路运输剧毒化学品（第 24 条第 2 款）

对违反许可事项通过公路运输剧毒化学品，尚未造成严重后果的，对单位处罚的法律依据适用《剧毒化学品购买和公路运输许可证件管理办法》第 24 条第 2 款，对其直接负责的主管人员和其他直接责任人员处罚的法律依据适用《中华人民共和国治安管理处罚法》第 18 条和第 30 条。

287. 未按规定缴交剧毒化学品购买证件回执（第 25 条第 1 项）

288. 未按规定缴交剧毒化学品公路运输通行证件（第 25 条第 2 项）

289. 未按规定缴交剧毒化学品购买凭证、凭证存根（第 25 条第 3 项）

290. 未按规定作废、缴交填写错误的剧毒化学品购买凭证（第 25 条第 4 项）

（二十二）《易制爆危险化学品治安管理办法》（部门规章）

291. 未按规定建立易制爆危险化学品信息系统（第 6 条第 1 款和第 36 条）

292. 违规在互联网发布易制爆危险化学品信息（第 23 条、第 24 条和第 42 条）

（二十三）《危险货物道路运输安全管理办法》（部门规章）

293. 未携带许可证明经道路运输放射性物品（第 71 条第 4 项）

（二十四）《放射性物品运输安全管理条例》（行政法规）

《放射性物品运输安全管理条例》第 62 条第 1 项规定的未经许可通过道路运输放射性物品的违法行为名称及法律适用规范按照本意见第 53 条的规定执行。

294. 放射性物品运输车辆违反行驶规定（第 62 条第 2 项）

295. 放射性物品运输车辆未悬挂警示标志（第 62 条第 2 项）

296. 道路运输放射性物品未配备押运人员（第 62 条第 3 项）

297. 道路运输放射性物品脱离押运人员监管（第 62 条第 3 项）

（二十五）《中华人民共和国民用航空安全保卫条例》（行政法规）

298. 装载未采取安全措施的物品（第 24 条第 4 项和 35 条第 1 项）

299. 违法交运、捎带他人货物（第 24 条第 3 项和第 35 条第 2 项）

300. 托运人伪报品名托运（第 30 条第 2 款和第 35 条第 3 项）

301. 托运人在托运货物中夹带危险物品（第 30 条第 2 款和第 35 条第 3 项）

302. 携带、交运禁运物品（第 32 条和第 35 条第 3 项）

303. 违反警卫制度致使航空器失控（第 15 条和第 36 条第 1 项）

304. 违规出售客票（第 17 条和第 36 条第 2 项）

305. 承运时未核对乘机人和行李（第 18 条和第 36 条第 3 项）

306. 承运人未核对登机旅客人数（第 19 条第 1 款和第 36 条第 4 项）

307. 将未登机人员的行李装入、滞留航空器内（第 19 条第 2 款、第 3 款和第 36 条第 4 项）

308. 承运人未全程监管承运物品（第20条和第36条第5项）

309. 配制、装载单位未对供应品采取安全措施（第21条和第36条第5项）

310. 未对承运货物采取安全措施（第30条第1款和第36条第5项）

311. 未对航空邮件安检（第31条和第36条第5项）

（二十六）《铁路安全管理条例》（行政法规）

312. 毁坏铁路设施设备、防护设施（第51条和第95条）

313. 危及铁路通信、信号设施安全（第52条和第95条）

314. 危害电气化铁路设施（第53条和第95条）

法律适用规范同本意见第315条。

315. 危害铁路安全（第77条和第95条）

对具有《铁路安全管理条例》第77条规定的危害铁路安全行为之一，但未构成违反治安管理行为的，违法行为名称表述为"危害铁路安全"，法律依据适用《铁路安全管理条例》第77条和第95条。如果行为人实施了《铁路安全管理条例》第77条规定的危害铁路安全行为之一，该行为同时又构成违反治安管理行为的，违法行为名称表述为《中华人民共和国治安管理处罚法》中的相应违法行为名称，对单位处罚的法律依据适用《铁路安全管理条例》第77条和第95条，对其直接负责的主管人员和其他直接责任人员处罚的法律依据适用《中华人民共和国治安管理处罚法》的相关规定；违法行为人为自然人的，法律依据适用《中华人民共和国治安管理处罚法》的相关规定。

316. 运输危险货物不按规定配备押运人员（第98条）

317. 发生危险货物泄漏不报（第98条）

《铁路安全管理条例》第98条与《中华人民共和国治安管理处罚法》第31条竞合。铁路运输托运人运输危险货物发生危险货物被盗、丢失不按照规定及时报告的，违法行为名称表述为"危险物质被盗、丢失不报"，对单位处罚的法律依据适用《铁路安全管理条例》第98条，对其直接负责的主管人员和其他直接责任人员处罚的法律依据适用《中华人民共和国治安管理处罚法》第18条和第31条。

（二十七）《娱乐场所管理条例》（行政法规）

318. 娱乐场所从事毒品违法犯罪活动（第14条和第43条）

对娱乐场所从业人员实施《娱乐场所管理条例》第14条规定的禁止行为的，按照相关法律、法规确定违法行为名称，并适用相关法律、法规。

319. 娱乐场所为毒品违法犯罪活动提供条件（第14条和第43条）

320. 娱乐场所组织、强迫、引诱、容留、介绍他人卖淫、嫖娼（第14条和第43条）

《娱乐场所管理条例》第43条与《中华人民共和国治安管理处罚法》第67条竞合。对娱乐场所引诱、容留、介绍他人卖淫的，法律依据适用《娱乐场所管理条例》第43条。

321. 娱乐场所为组织、强迫、引诱、容留、介绍他人卖淫、嫖娼提供条件（第14条和第43条）

322. 娱乐场所制作、贩卖、传播淫秽物品（第14条和第43条）

《娱乐场所管理条例》第43条与《中华人民共和国治安管理处罚法》第68条竞合。对娱乐场所制作、贩卖、传播淫秽物品的，法律依据适用《娱乐场所管理条例》第43条。

323. 娱乐场所为制作、贩卖、传播淫秽物品提供条件（第14条和第43条）

324. 娱乐场所提供营利性陪侍（第14条和第43条）

325. 娱乐场所从业人员从事营利性陪侍（第14条和第43条）

326. 娱乐场所为提供、从事营利性陪侍提供条件（第14条和第43条）

327. 娱乐场所赌博（第14条和第43条）

《娱乐场所管理条例》第43条与《中华人民共和国治安管理处罚法》第70条竞合。对娱乐场所赌博的，法律依据适用《娱乐场所管理条例》第43条。

328. 娱乐场所为赌博提供条件（第14条和第43条）

《娱乐场所管理条例》第43条与《中华人民共和国治安管理处罚法》第70条竞合。对娱乐场所为赌博提供条件的，法律依据适用《娱乐场所管理条例》第43条。

329. 娱乐场所从事邪教、迷信活动（第14条和第43条）

330. 娱乐场所为从事邪教、迷信活动提供条件（第14条和第43条）

331. 娱乐场所设施不符合规定（第44条第1项）

332. 未按规定安装、使用娱乐场所闭路电视监控设备（第44条第2项）

333. 删改、未按规定留存娱乐场所监控录像资料（第44条第3项）

《娱乐场所管理条例》第44条第3项"删改娱乐场所监控录像资料"的规定和《中华人民共和国治安管理处罚法》第29条第3项"非法改变计算机信息系统数据"的规定竞合。对删改娱乐场所监控录像资料的，违法行为名称表述为"删改娱乐场所监控录像资料"，对娱乐场所处罚的法律依据适用《娱乐场所管理条例》第44条第3项的规定，对其直接负责的主管人员和其他直接责任人员处罚的法律依据适用《中华人民共和国治安管理处罚法》第18条和第29条第3项。

334. 未按规定配备娱乐场所安全检查设备（第44条第4项）

335. 未对进入娱乐场所人员进行安全检查（第44条第4项）

对因未配备娱乐场所安全检查设备而未对进入营业场所人员进行安全检查的，违法行为名称表述为"未按规定配备娱乐场所安全检查设备"。

336. 未按规定配备娱乐场所保安人员（第44条第5项）

337. 设置具有赌博功能的游戏设施设备（第45条第1项）

338. 以现金、有价证券作为娱乐奖品（第45条第2项）

339. 非法回购娱乐奖品（第45条第2项）

对以现金、有价证券作为娱乐奖品，并回购娱乐奖品的，违法行为名称表述为"非法回购娱乐奖品"。

340. 指使、纵容娱乐场所从业人员侵害消费者人身权利（第46条）

341. 未按规定备案娱乐场所营业执照（第47条）

342. 未按规定建立娱乐场所从业人员名簿、营业日志（第50条）

343. 娱乐场所内发现违法犯罪行为不报（第50条）

344. 未按规定悬挂娱乐场所警示标志（第51条）

（二十八）《娱乐场所治安管理办法》（部门规章）

345. 拒不补齐娱乐场所备案项目（第41条第1款）

346. 未按规定进行娱乐场所备案变更（第7条和第41条第2款）

347. 要求娱乐场所保安人员从事非职务活动（第29条和第43条第1款）

348. 未按规定通报娱乐场所保安人员工作情况（第29条和第43条第

1 款）

349. 未按规定建立、使用娱乐场所治安管理信息系统（第 26 条和第 44 条）

（二十九）《营业性演出管理条例》（行政法规）

350. 未制止有非法内容的营业性演出（第 25 条和第 46 条第 2 款）

351. 发现有非法内容的营业性演出不报（第 26 条和第 46 条第 2 款）

352. 超过核准数量印制、出售营业性演出门票（第 51 条第 2 款）

353. 印制、出售观众区域以外的营业性演出门票（第 51 条第 2 款）

（三十）《印刷业管理条例》（行政法规）

354. 印刷非法印刷品（第 3 条和第 38 条）

355. 印刷经营中发现违法犯罪行为未报告（第 39 条第 1 款第 2 项）

（三十一）《旅馆业治安管理办法》（行政法规）

356. 旅馆变更登记未备案（第 4 条第 2 款和第 15 条）

《旅馆业治安管理办法》第 15 条规定的未经许可开办旅馆的违法行为名称及法律适用规范按照本意见第 121 条的规定执行。

（三十二）《租赁房屋治安管理规定》（部门规章）

357. 不履行出租房屋治安责任（第 9 条第 3 项）

对房屋出租人明知承租人利用出租房屋进行犯罪活动，不向公安机关报告的，违法行为名称表述为"明知承租人利用出租屋犯罪不报"，法律依据适用《中华人民共和国治安管理处罚法》第 57 条第 2 款。对房屋出租人不履行治安责任，出租房屋发生案件、治安灾害事故的，违法行为名称表述为"不履行出租房屋治安责任"，法律依据适用《租赁房屋治安管理规定》第 9 条第 3 项。但是，如果并处罚款的，其罚款数额不得超过《国务院关于贯彻实施〈中华人民共和国行政处罚法〉的通知》（国发〔1996〕13 号）第 2 条中"国务院各部门制定的规章对非经营活动中的违法行为设定罚款不得超过 1000 元；对经营活动中的违法行为，有违法所得的，设定罚款不得超过违法所得的 3 倍，但是最高不得超过 30000 元，没有违法所得的，设定罚款不得超过 10000 元；超过上述限额的，应当报国务院批准"的规定。

358. 转租、转借承租房屋未按规定报告（第 9 条第 4 项）

359. 利用出租房屋非法生产、储存、经营危险物品（第 9 条第 5 项）

依照《租赁房屋治安管理规定》第9条第5项的规定"处月租金十倍以下罚款"的，其罚款数额不得超过《国务院关于贯彻实施〈中华人民共和国行政处罚法〉的通知》（国发〔1996〕13号）第2条中"国务院各部门制定的规章对非经营活动中的违法行为设定罚款不得超过1000元；对经营活动中的违法行为，有违法所得的，设定罚款不得超过违法所得的3倍，但是最高不得超过30000元，没有违法所得的，设定罚款不得超过10000元；超过上述限额的，应当报国务院批准"的规定。

（三十三）《废旧金属收购业治安管理办法》（行政法规）

360. 非法设点收购废旧金属（第7条和第13条第1款第4项）

361. 收购生产性废旧金属未如实登记（第8条和第13条第1款第5项）

对再生资源回收企业收购生产性废旧金属未如实登记的，违法行为名称表述为"收购生产性废旧金属未如实登记"，法律依据适用《再生资源回收管理办法》第23条和《废旧金属收购业治安管理办法》第13条第1款第5项。

362. 收购国家禁止收购的金属物品（第9条和第13条第1款第6项）

对单位违反《废旧金属收购业治安管理办法》第9条的规定，收购国家禁止收购的金属物品的，法律依据适用《废旧金属收购业治安管理办法》第9条和第13条第1款第6项，对其直接负责的主管人员和其他直接责任人员处罚的法律依据适用《中华人民共和国治安管理处罚法》第18条和第59条第2项、第3项或者第4项。对个人收购国家禁止收购的金属物品的，法律依据适用《中华人民共和国治安管理处罚法》第59条第2项、第3项或者第4项。

（三十四）《机动车修理业、报废机动车回收业治安管理办法》（部门规章）

363. 承修机动车不如实登记（第14条）

364. 回收报废机动车不如实登记（《机动车修理业、报废机动车回收业治安管理办法》第14条和《废旧金属收购业治安管理办法》第13条第1款第5项）

365. 承修非法改装机动车（第16条）

366. 承修交通肇事逃逸车辆不报（第16条）

367. 回收无报废证明的机动车（第 16 条）

368. 更改机动车发动机号码、车架号码（第 17 条）

369. 非法拼（组）装汽车、摩托车（《机动车修理业、报废机动车回收业治安管理办法》第 19 条和《关于禁止非法拼（组）装汽车、摩托车的通告》（行政法规 1996 年 8 月 21 日起施行）第 5 条）

对机动车修理企业和个体工商户、报废机动车回收企业实施本意见第 363 条至第 369 条规定的违法行为，情节严重或者屡次不改，依法应当吊销有关证照的，法律依据除适用上述各条的法律依据外，还应当适用《机动车修理业、报废机动车回收业治安管理办法》第 20 条。

（三十五）《沿海船舶边防治安管理规定》（部门规章）

370. 擅自容留非出海人员作业、住宿（第 26 条第 4 项）

371. 拒不编刷船名、船号（第 27 条第 3 项）

372. 擅自拆换、遮盖、涂改船名、船号（第 27 条第 3 项）

373. 悬挂活动船牌号（第 27 条第 3 项）

374. 私自载运非出海人员出海（第 27 条第 4 项）

375. 擅自引航境外船舶进入未开放港口、锚地（第 28 条第 2 项）

《沿海船舶边防治安管理规定》第 28 条第 1 项规定的非法进入国家禁止或者限制进入的海域、岛屿的违法行为名称及法律适用规范按照本意见第 118 条的规定执行。

376. 擅自搭靠境外船舶（第 28 条第 3 项）

377. 被迫搭靠境外船舶不及时报告（第 28 条第 3 项）

378. 擅自在非指定港口停泊、上下人员、装卸货物（第 28 条第 4 项）

379. 携带、隐匿、留用、擅自处理违禁物品（第 29 条第 1 项）

380. 非法拦截、强行靠登、冲撞他人船舶（第 29 条第 2 项）

《沿海船舶边防治安管理规定》第 29 条第 2 项规定的偷开他人船舶的违法行为名称及法律适用规范按照本意见第 147 条的规定执行。

381. 非法扣押他人船舶、船上物品（第 29 条第 3 项）

382. "三无"船舶擅自出海作业（第 30 条）

（三十六）《典当管理办法》（部门规章）

383. 收当禁当财物（第 27 条和第 63 条）

384. 未按规定查验证明文件（第 35 条第 3 款和第 65 条）

对典当业工作人员承接典当物品，不查验有关证明、不履行登记手续的，违法行为名称表述为"违法承接典当物品"，法律依据适用《中华人民共和国治安管理处罚法》第59条第1项。

385. 未按规定记录、统计、报送典当信息（第51条和第65条）

386. 发现禁当财物不报（第27条和第52条及第66条第1款）

《典当管理办法》第52条和第66条第1款规定的典当行发现公安机关通报协查的人员或者赃物不向公安机关报告的违法行为名称及法律适用规范按照本意见第131条的规定执行。

（三十七）《再生资源回收管理办法》（部门规章）

387. 未按规定进行再生资源回收从业备案（第8条和第22条）

388. 未按规定保存回收生产性废旧金属登记资料（第10条第3款和第24条）

389. 再生资源回收经营中发现赃物、有赃物嫌疑物品不报（第11条和第25条）

（三十八）《大型群众性活动安全管理条例》（行政法规）

390. 擅自变更大型活动时间、地点、内容、举办规模（第20条第1款）

对承办者擅自变更大型群众性活动的时间、地点、内容或者擅自扩大大型群众性活动的举办规模，对大型群众性活动承办单位的处罚，法律依据适用《大型群众性活动安全管理条例》第20条第1款，对有发生安全事故危险的，对其直接负责的主管人员和其他直接责任人员的处罚，法律依据适用《中华人民共和国治安管理处罚法》第18条和第38条。

391. 未经许可举办大型活动（第20条第2款）

392. 举办大型活动发生安全事故（第21条）

对举办大型群众性活动发生安全事故的，对大型群众性活动承办单位或者大型群众性活动场所管理单位的处罚，法律依据适用《大型群众性活动安全管理条例》第21条，对安全责任人和其他直接责任人员的处罚，法律依据适用《中华人民共和国治安管理处罚法》第18条和第38条以及《大型群众性活动安全管理条例》第21条。

393. 大型活动发生安全事故不处置（第22条）

394. 大型活动发生安全事故不报（第22条）

（三十九）《长江三峡水利枢纽安全保卫条例》（行政法规）

395. 非法运输危险物品进入陆域安全保卫区（第13条和第35条第1项）

396. 扰乱陆域安全保卫区管理秩序（第14条第1至4项和第35条第2项）

397. 危害陆域安全保卫区设施安全（第14条第3.4项和第35条第2项）

398. 非法进入陆域安全保卫区（第15条和第35条第3项）

399. 人员非法进入禁航区（第19条和第35条第4项）

400. 非法进行升放活动（第23条和第35条第5项）

（四十）《企业事业单位内部治安保卫条例》（行政法规）

401. 不落实单位内部治安保卫措施（《企业事业单位内部治安保卫条例》第19条，《公安机关监督检查企业事业单位内部治安保卫工作规定》第8条、第11条或者第12条，《金融机构营业场所和金库安全防范设施建设许可实施办法》第15条，《易制爆危险化学品治安管理办法》第25条、第27条、第43条）

对金融机构安全防范设施建设、使用存在治安隐患的，违法行为名称表述为"不落实单位内部治安保卫措施"，法律依据适用《企业事业单位内部治安保卫条例》第19条和《金融机构营业场所和金库安全防范设施建设许可实施办法》第15条。

对企业事业单位具有《公安机关监督检查企业事业单位内部治安保卫工作规定》第11条或者第12条规定情形的，违法行为名称表述为"不落实单位内部治安保卫措施"，法律依据适用《企业事业单位内部治安保卫条例》第19条和《公安机关监督检查企业事业单位内部治安保卫工作规定》第8条、第11条或者第12条。

（四十一）《保安服务管理条例》（行政法规）

《保安服务管理条例》第41条规定的未经许可从事保安服务、保安培训的违法行为名称及法律适用规范按照本意见第121条的规定执行。

402. 未经审核变更保安服务公司法定代表人（第42条第1款第1项）

403. 未按规定进行自招保安员备案（第42条第1款第2项）

404. 未按规定撤销自招保安员备案（第42条第1款第2项）

405. 超范围开展保安服务（第42条第1款第3项）

406. 违反规定条件招用保安员（第42条第1款第4项）

407. 未按规定核查保安服务合法性（第42条第1款第5项）

408. 未报告违法保安服务要求（第42条第1款第5项）

409. 未按规定签订、留存保安服务合同（第42条第1款第6项）

410. 未按规定留存保安服务监控影像资料、报警记录（第42条第1款第7项及第2款）

411. 泄露保密信息（第43条第1款第1项）

412. 使用监控设备侵犯他人合法权益、个人隐私（第43条第1款第2项）

413. 删改、扩散保安服务监控影像资料、报警记录（第43条第1款第3项及第2款）

414. 指使、纵容保安员实施违法犯罪行为（第43条第1款第4项）

415. 疏于管理导致发生保安员违法犯罪案件（第43条第1款第5项）

416. 保安员扣押、没收他人证件、财物（第45条第1款第2项）

417. 保安员参与追索债务（第45条第1款第4项）

418. 保安员采用暴力、以暴力相威胁处置纠纷（第45条第1款第4项）

419. 保安员删改、扩散保安服务监控影像资料、报警记录（第45条第1款第5项）

420. 保安员侵犯个人隐私、泄露保密信息（第45条第1款第6项）

421. 未按规定进行保安员培训（第47条）

（四十二）《保安培训机构管理办法》（部门规章）

422. 非法获取保安培训许可证（第32条第2款）

423. 未按规定办理保安培训机构变更手续（第9条和第33条第1款）

424. 未按规定时间安排保安学员实习（第14条第1款和第33条第1款）

425. 非法提供保安服务（第14条第2款和第33条第1款）

426. 未按规定签订保安培训合同（第19条和第33条第1款）

427. 未按规定备案保安培训合同式样（第19条和第33条第1款）

428. 发布虚假招生广告（第21条和第33条第2款）

429. 非法传授侦察技术手段（第 15 条第 2 款和第 34 条第 2 款）

430. 未按规定内容、计划进行保安培训（第 13 条和第 35 条）

431. 未按规定颁发保安培训结业证书（第 16 条和第 35 条）

432. 未按规定建立保安学员档案管理制度（第 17 条第 1 款和第 35 条）

433. 未按规定保存保安学员文书档案（第 17 条第 1 款和第 35 条）

对保安培训机构因未按规定建立保安学员档案管理制度而未按规定保存保安学员文书档案的，违法行为名称表述为"未按规定建立保安学员档案管理制度"。

434. 未按规定备案保安学员、师资人员档案（第 17 条第 2 款和第 35 条）

435. 违规收取保安培训费用（第 18 条和第 35 条）

436. 转包、违规委托保安培训业务（第 20 条和第 35 条）

（四十三）《金融机构营业场所和金库安全防范设施建设许可实施办法》（部门规章）

437. 安全防范设施建设方案未经许可施工（第 16 条）

438. 安全防范设施建设工程未经验收投入使用（第 17 条）

（四十四）《中华人民共和国安全生产法》（法律）

439. 发生生产安全事故逃匿（第 106 条第 1 款）

110

（四十五）《中华人民共和国收养法》（法律）

440. 出卖亲生子女（第 31 条第 3 款）

（四十六）《拘留所条例实施办法》（部门规章）

441. 担保人不履行担保义务（第 57 条第 3 款）

……

公安机关执行《中华人民共和国 治安管理处罚法》有关问题的解释①

(2006 年 1 月 23 日　公通字〔2006〕12 号)

根据全国人大常委会《关于加强法律解释工作的决议》的规定，现对公安机关执行《中华人民共和国治安管理处罚法》（以下简称《治安管理处罚法》）的有关问题解释如下：

一、关于治安案件的调解问题。根据《治安管理处罚法》第 9 条的规定，对因民间纠纷引起的打架斗殴或者损毁他人财物以及其他违反治安管理行为，情节较轻的，公安机关应当本着化解矛盾纠纷、维护社会稳定、构建和谐社会的要求，依法尽量予以调解处理。特别是对因家庭、邻里、同事之间纠纷引起的违反治安管理行为，情节较轻，双方当事人愿意和解的，如制造噪声、发送信息、饲养动物干扰他人正常生活，放任动物恐吓他人、侮辱、诽谤、诬告陷害、侵犯隐私、偷开机动车等治安案件，公安机关都可以调解处理。同时，为确保调解取得良好效果，调解前应当及时依法做深入细致的调查取证工作，以查明事实、收集证据、分清责任。调解达成协议的，应当制作调解书，交双方当事人签字。

二、关于涉外治安案件的办理问题。《治安管理处罚法》第 10 条第 2 款规定："对违反治安管理的外国人可以附加适用限期出境、驱逐出境"。对外国人需要依法适用限期出境、驱逐出境处罚的，由承办案件的公安机关逐级上报公安部或者公安部授权的省级人民政府公安机关决定，由承办案件的公安机关执行。对外国人依法决定行政拘留的，由承办案件的县级以上（含县级，下同）公安机关决定，不再报上一级公安机关批准。对外国人依法决定警告、罚款、行政拘留，并附加适用限期出境、驱逐出境处罚的，应当在警告、罚款、行政拘留执行完毕后，再执行限期出境、驱逐出境。

---

① 本篇法规中"有关收容教育内容"已被《公安部关于保留废止修改有关收容教育规范性文件的通知》（公法制〔2020〕818 号）废止。

三、关于不予处罚问题。《治安管理处罚法》第12条、第13条、第14条、第19条对不予处罚的情形作了明确规定，公安机关对依法不予处罚的违反治安管理行为人，有违法所得的，应当依法予以追缴；有非法财物的，应当依法予以收缴。

《治安管理处罚法》第22条对违反治安管理行为的追究时效作了明确规定，公安机关对超过追究时效的违反治安管理行为不再处罚，但有违禁品的，应当依法予以收缴。

四、关于对单位违反治安管理的处罚问题。《治安管理处罚法》第18条规定，"单位违反治安管理的，对其直接负责的主管人员和其他直接责任人员依照本法的规定处罚。其他法律、行政法规对同一行为规定给予单位处罚的，依照其规定处罚"，并在第54条规定可以吊销公安机关发放的许可证。对单位实施《治安管理处罚法》第三章所规定的违反治安管理行为的，应当依法对其直接负责的主管人员和其他直接责任人员予以治安管理处罚；其他法律、行政法规对同一行为明确规定由公安机关给予单位警告、罚款、没收违法所得、没收非法财物等处罚，或者采取责令其限期停业整顿、停业整顿、取缔等强制措施的，应当依照其规定办理。对被依法吊销许可证的单位，应当同时依法收缴非法财物、追缴违法所得。参照刑法的规定，单位是指公司、企业、事业单位、机关、团体。

五、关于不执行行政拘留处罚问题。根据《治安管理处罚法》第21条的规定，对"已满十四周岁不满十六周岁的"，"已满十六周岁不满十八周岁，初次违反治安管理的"，"七十周岁以上的"，"怀孕或者哺乳自己不满一周岁婴儿的"违反治安管理行为人，可以依法作出行政拘留处罚决定，但不投送拘留所执行。被处罚人居住地公安派出所应当会同被处罚人所在单位、学校、家庭、居（村）民委员会、未成年人保护组织和有关社会团体进行帮教。上述未成年人、老年人的年龄、怀孕或者哺乳自己不满1周岁婴儿的妇女的情况，以其实施违反治安管理行为或者正要执行行政拘留时的实际情况确定，即违反治安管理行为人在实施违反治安管理行为时具有上述情形之一的，或者执行行政拘留时符合上述情形之一的，均不再投送拘留所执行行政拘留。

六、关于取缔问题。根据《治安管理处罚法》第54条的规定，对未经许可，擅自经营按照国家规定需要由公安机关许可的行业的，予以取缔。

这里的"按照国家规定需要由公安机关许可的行业",是指按照有关法律、行政法规和国务院决定的有关规定,需要由公安机关许可的旅馆业、典当业、公章刻制业、保安培训业等行业。取缔应当由违反治安管理行为发生地的县级以上公安机关作出决定,按照《治安管理处罚法》的有关规定采取相应的措施,如责令停止相关经营活动、进入无证经营场所进行检查、扣押与案件有关的需要作为证据的物品等。在取缔的同时,应当依法收缴非法财物、追缴违法所得。

七、关于强制性教育措施问题。《治安管理处罚法》第76条规定,对有"引诱、容留、介绍他人卖淫","制作、运输、复制、出售、出租淫秽的书刊、图片、影片、音像制品等淫秽物品或者利用计算机信息网络、电话以及其他通讯工具传播淫秽信息","以营利为目的,为赌博提供条件的,或者参与赌博赌资较大的"行为,"屡教不改的,可以按照国家规定采取强制性教育措施"。这里的"强制性教育措施"目前是指劳动教养;"按照国家规定"是指按照《治安管理处罚法》和其他有关劳动教养的法律、行政法规的规定;"屡教不改"是指有上述行为被依法判处刑罚执行期满后五年内又实施前述行为之一,或者被依法予以罚款、行政拘留、收容教育、劳动教养执行期满后三年内实施前述行为之一,情节较重,但尚不够刑事处罚的情形。

八、关于询问查证时间问题。《治安管理处罚法》第83条第1款规定,"对违反治安管理行为人,公安机关传唤后应当及时询问查证,询问查证的时间不得超过八小时;情况复杂,依照本法规定可能适用行政拘留处罚的,询问查证的时间不得超过二十四小时"。这里的"依照本法规定可能适用行政拘留处罚",是指本法第三章对行为人实施的违反治安管理行为设定了行政拘留处罚,且根据其行为的性质和情节轻重,可能依法对违反治安管理行为人决定予以行政拘留的案件。

根据《治安管理处罚法》第82条和第83条的规定,公安机关或者办案部门负责人在审批书面传唤时,可以一并审批询问查证时间。对经过询问查证,属于"情况复杂",且"依照本法规定可能适用行政拘留处罚"的案件,需要对违反治安管理行为人适用超过8小时询问查证时间的,需口头或者书面报经公安机关或者其办案部门负责人批准。对口头报批的,办案民警应当记录在案。

九、关于询问不满 16 周岁的未成年人问题。《治安管理处罚法》第 84 条、第 85 条规定，询问不满 16 周岁的违反治安管理行为人、被侵害人或者其他证人，应当通知其父母或者其他监护人到场。上述人员父母双亡，又没有其他监护人的，因种种原因无法找到其父母或者其他监护人的，以及其父母或者其他监护人收到通知后拒不到场或者不能及时到场的，办案民警应当将有关情况在笔录中注明。为保证询问的合法性和证据的有效性，在被询问人的父母或者其他监护人不能到场时，可以邀请办案地居（村）民委员会的人员，或者被询问人在办案地有完全行为能力的亲友，或者所在学校的教师，或者其他见证人到场。询问笔录应当由办案民警、被询问人、见证人签名或者盖章。有条件的地方，还可以对询问过程进行录音、录像。

十、关于铁路、交通、民航、森林公安机关和海关侦查走私犯罪公安机构以及新疆生产建设兵团公安局的治安管理处罚权问题。《治安管理处罚法》第 91 条规定："治安管理处罚由县级以上人民政府公安机关决定；其中警告、五百元以下罚款可以由公安派出所决定。"根据有关法律，铁路、交通、民航、森林公安机关依法负责其管辖范围内的治安管理工作，《中华人民共和国海关行政处罚实施条例》第 6 条赋予了海关侦查走私犯罪公安机构对阻碍海关缉私警察依法执行职务的治安案件的查处权。为有效维护社会治安，县级以上铁路、交通、民航、森林公安机关对其管辖的治安案件，可以依法作出治安管理处罚决定，铁路、交通、民航、森林公安派出所可以作出警告、500 元以下罚款的治安管理处罚决定；海关系统相当于县级以上公安机关的侦查走私犯罪公安机构可以依法查处阻碍缉私警察依法执行职务的治安案件，并依法作出治安管理处罚决定。

新疆生产建设兵团系统的县级以上公安局应当视为"县级以上人民政府公安机关"，可以依法作出治安管理处罚决定；其所属的公安派出所可以依法作出警告、500 元以下罚款的治安管理处罚决定。

十一、关于限制人身自由的强制措施折抵行政拘留问题。《治安管理处罚法》第 92 条规定："对决定给予行政拘留处罚的人，在处罚前已经采取强制措施限制人身自由的时间，应当折抵。限制人身自由一日，折抵行政拘留一日。"这里的"强制措施限制人身自由的时间"，包括被行政拘留人在被行政拘留前因同一行为被依法刑事拘留、逮捕时间。如果被行政拘留人被刑事拘留、逮捕的时间已超过被行政拘留的时间的，则行政拘留不再执行，但办案部门必须将《治安管理处罚决定书》送达被处罚人。

十二、关于办理治安案件期限问题。《治安管理处罚法》第99条规定："公安机关办理治安案件的期限，自受理之日起不得超过三十日；案情重大、复杂的，经上一级公安机关批准，可以延长三十日。为了查明案情进行鉴定的期间，不计入办理治安案件的期限。"这里的"鉴定期间"，是指公安机关提交鉴定之日起至鉴定机构作出鉴定结论并送达公安机关的期间。公安机关应当切实提高办案效率，保证在法定期限内办结治安案件。对因违反治安管理行为人逃跑等客观原因造成案件不能在法定期限内办结的，公安机关应当继续进行调查取证，及时依法作出处理决定，不能因已超过法定办案期限就不再调查取证。因违反治安管理行为人在逃，导致无法查清案件事实，无法收集足够证据而结不了案的，公安机关应当向被侵害人说明原因。对调解未达成协议或者达成协议后不履行的治安案件的办案期限，应当从调解未达成协议或者达成协议后不履行之日起开始计算。

公安派出所承办的案情重大、复杂的案件，需要延长办案期限的，应当报所属县级以上公安机关负责人批准。

十三、关于将被拘留人送达拘留所执行问题。《治安管理处罚法》第103条规定："对被决定给予行政拘留处罚的人，由作出决定的公安机关送达拘留所执行。"这里的"送达拘留所执行"，是指作出行政拘留决定的公安机关将被决定行政拘留的人送到拘留所并交付执行，拘留所依法办理入所手续后即为送达。

十四、关于治安行政诉讼案件的出庭应诉问题。《治安管理处罚法》取消了行政复议前置程序。被处罚人对治安管理处罚决定不服的，既可以申请行政复议，也可以直接提起行政诉讼。对未经行政复议和经行政复议决定维持原处罚决定的行政诉讼案件，由作出处罚决定的公安机关负责人和原办案部门的承办民警出庭应诉；对经行政复议决定撤销、变更原处罚决定或者责令被申请人重新作出具体行政行为的行政诉讼案件，由行政复议机关负责人和行政复议机构的承办民警出庭应诉。

十五、关于《治安管理处罚法》的溯及力问题。按照《中华人民共和国立法法》第84条的规定，《治安管理处罚法》不溯及既往。《治安管理处罚法》施行后，对其施行前发生且尚未作出处罚决定的违反治安管理行为，适用《中华人民共和国治安管理处罚条例》；但是，如果《治安管理处罚法》不认为是违反治安管理行为或者处罚较轻的，适用《治安管理处罚法》。

公安机关执行《中华人民共和国治安管理处罚法》有关问题的解释（二）

(2007 年 1 月 8 日　公通字〔2007〕1 号)

为正确、有效地执行《中华人民共和国治安管理处罚法》（以下简称《治安管理处罚法》），根据全国人民代表大会常务委员会《关于加强法律解释工作的决议》的规定，现对公安机关执行《治安管理处罚法》的有关问题解释如下：

一、关于制止违反治安管理行为的法律责任问题

为了免受正在进行的违反治安管理行为的侵害而采取的制止违法侵害行为，不属于违反治安管理行为。但对事先挑拨、故意挑逗他人对自己进行侵害，然后以制止违法侵害为名对他人加以侵害的行为，以及互相斗殴的行为，应当予以治安管理处罚。

二、关于未达目的违反治安管理行为的法律责任问题

行为人为实施违反治安管理行为准备工具、制造条件的，不予处罚。

行为人自动放弃实施违反治安管理行为或者自动有效地防止违反治安管理行为结果发生，没有造成损害的，不予处罚；造成损害的，应当减轻处罚。

行为人已经着手实施违反治安管理行为，但由于本人意志以外的原因而未得逞的，应当从轻处罚、减轻处罚或者不予处罚。

三、关于未达到刑事责任年龄不予刑事处罚的，能否予以治安管理处罚问题

对已满十四周岁不满十六周岁不予刑事处罚的，应当责令其家长或者监护人加以管教；必要时，可以依照《治安管理处罚法》的相关规定予以治安管理处罚，或者依照《中华人民共和国刑法》第十七条的规定予以收容教养。

四、关于减轻处罚的适用问题

违反治安管理行为人具有《治安管理处罚法》第十二条、第十四条、第十九条减轻处罚情节的，按下列规定适用：

（一）法定处罚种类只有一种，在该法定处罚种类的幅度以下减轻处罚；

（二）法定处罚种类只有一种，在该法定处罚种类的幅度以下无法再减轻处罚的，不予处罚；

（三）规定拘留并处罚款的，在法定处罚幅度以下单独或者同时减轻拘留和罚款，或者在法定处罚幅度内单处拘留；

（四）规定拘留可以并处罚款的，在拘留的法定处罚幅度以下减轻处罚；在拘留的法定处罚幅度以下无法再减轻处罚的，不予处罚。

五、关于"初次违反治安管理"的认定问题

《治安管理处罚法》第二十一条第二项规定的"初次违反治安管理"，是指行为人的违反治安管理行为第一次被公安机关发现或者查处。但具有下列情形之一的，不属于"初次违反治安管理"：

（一）曾违反治安管理，虽未被公安机关发现或者查处，但仍在法定追究时效内的；

（二）曾因不满十六周岁违反治安管理，不执行行政拘留的；

（三）曾违反治安管理，经公安机关调解结案的；

（四）曾被收容教养、劳动教养的；

（五）曾因实施扰乱公共秩序，妨害公共安全，侵犯人身权利、财产权利，妨害社会管理的行为被人民法院判处刑罚或者免除刑事处罚的。

六、关于扰乱居（村）民委员会秩序和破坏居（村）民委员会选举秩序行为的法律适用问题

对扰乱居（村）民委员会秩序的行为，应当根据其具体表现形式，如侮辱、诽谤、殴打他人、故意伤害、故意损毁财物等，依照《治安管理处罚法》的相关规定予以处罚。

对破坏居（村）民委员会选举秩序的行为，应当依照《治安管理处罚法》第二十三条第一款第五项的规定予以处罚。

七、关于殴打、伤害特定对象的处罚问题

对违反《治安管理处罚法》第四十三条第二款第二项规定行为的处

罚，不要求行为人主观上必须明知殴打、伤害的对象为残疾人、孕妇、不满十四周岁的人或者六十周岁以上的人。

八、关于"结伙"、"多次"、"多人"的认定问题

《治安管理处罚法》中规定的"结伙"是指两人（含两人）以上；"多次"是指三次（含三次）以上；"多人"是指三人（含三人）以上。

九、关于运送他人偷越国（边）境、偷越国（边）境和吸食、注射毒品行为的法律适用问题

对运送他人偷越国（边）境、偷越国（边）境和吸食、注射毒品行为的行政处罚，适用《治安管理处罚法》第六十一条、第六十二条第二款和第七十二条第三项的规定，不再适用全国人民代表大会常务委员会《关于严惩组织、运送他人偷越国（边）境犯罪的补充规定》和《关于禁毒的决定》的规定。

十、关于居住场所与经营场所合一的检查问题

违反治安管理行为人的居住场所与其在工商行政管理部门注册登记的经营场所合一的，在经营时间内对其检查时，应当按照检查经营场所办理相关手续；在非经营时间内对其检查时，应当按照检查公民住所办理相关手续。

十一、关于被侵害人是否有权申请行政复议问题

根据《中华人民共和国行政复议法》第二条的规定，治安案件的被侵害人认为公安机关依据《治安管理处罚法》作出的具体行政行为侵犯其合法权益的，可以依法申请行政复议。

公安机关治安调解工作规范

(2007 年 12 月 8 日　公通字〔2007〕81 号)

第一条　为进一步规范公安机关治安调解工作，最大限度地增加和谐因素，最大限度地减少不和谐因素，化解社会矛盾，促进社会稳定，根据《中华人民共和国治安管理处罚法》和《公安机关办理行政案件程序规定》等规定，制定本规范。

第二条 本规范所称治安调解，是指对于因民间纠纷引起的打架斗殴或者损毁他人财物等违反治安管理、情节较轻的治安案件，在公安机关的主持下，以国家法律、法规和规章为依据，在查清事实、分清责任的基础上，劝说、教育并促使双方交换意见，达成协议，对治安案件做出处理的活动。

第三条 对于因民间纠纷引起的殴打他人、故意伤害、侮辱、诽谤、诬告陷害、故意损毁财物、干扰他人正常生活、侵犯隐私等违反治安管理行为，情节较轻的，经双方当事人同意，公安机关可以治安调解。

民间纠纷是指公民之间、公民和单位之间，在生活、工作、生产经营等活动中产生的纠纷。对不构成违反治安管理行为的民间纠纷，应当告知当事人向人民法院或者人民调解组织申请处理。

第四条 违反治安管理行为有下列情形之一的，不适用治安调解：

（一）雇凶伤害他人的；

（二）结伙斗殴的；

（三）寻衅滋事的；

（四）多次实施违反治安管理行为的；

（五）当事人在治安调解过程中又挑起事端的；

（六）其他不宜治安调解的。

第五条 治安调解应当依法进行调查询问，收集证据，在查明事实的基础上实施。

第六条 治安调解应当遵循以下原则：

（一）合法原则。治安调解应当按照法律规定的程序进行，双方当事人达成的协议必须符合法律规定。

（二）公正原则。治安调解应当分清责任，实事求是地提出调解意见，不得偏袒一方。

（三）公开原则。治安调解应当公开进行，涉及国家机密、商业秘密或者个人隐私，以及双方当事人都要求不公开的除外。

（四）自愿原则。治安调解应当在当事人双方自愿的基础上进行。达成协议的内容，必须是双方当事人真实意思表示。

（五）及时原则。治安调解应当及时进行，使当事人尽快达成协议，解决纠纷。治安调解不成应当在法定的办案期限内及时依法处罚，不得久拖不决。

（六）教育原则。治安调解应当通过查清事实，讲明道理，指出当事人的错误和违法之处，教育当事人自觉守法并通过合法途径解决纠纷。

第七条 被侵害人可以亲自参加治安调解，也可以委托其他人参加治安调解。委托他人参加治安调解的，应当向公安机关提交委托书，并注明委托权限。

第八条 公安机关进行治安调解时，可以邀请当地居（村）民委员会的人员或者双方当事人熟悉的人员参加。

当事人中有不满十六周岁未成年人的，调解时应当通知其父母或者其他监护人到场。

第九条 治安调解一般为一次，必要时可以增加一次。

对明显不构成轻伤、不需要伤情鉴定以及损毁财物价值不大，不需要进行价值认定的治安案件，应当在受理案件后的 3 个工作日内完成调解；对需要伤情鉴定或者价值认定的治安案件，应当在伤情鉴定文书和价值认定结论出具后的 3 个工作日内完成调解。

对一次调解不成，有必要再次调解的，应当在第一次调解后的 7 个工作日内完成。

第十条 治安调解达成协议的，在公安机关主持下制作《治安调解协议书》（式样附后），双方当事人应当在协议书上签名，并履行协议。

第十一条 《治安调解协议书》应当包括以下内容：

（一）治安调解机关名称，主持人、双方当事人和其他在场人员的基本情况；

（二）案件发生时间、地点、人员、起因、经过、情节、结果等情况；

（三）协议内容、履行期限和方式；

（四）治安调解机关印章、主持人、双方当事人及其他参加人签名、印章（捺指印）。

《治安调解协议书》一式三份，双方当事人各执一份，治安调解机关留存一份备查。

第十二条 调解协议履行期满三日内，办案民警应当了解协议履行情况。对已经履行调解协议的，应当及时结案，对没有履行协议的，应当及时了解情况，查清原因。对无正当理由不履行协议的，依法对违反治安管理行为人予以处罚，并告知当事人可以就民事争议依法向人民法院提起民事诉讼。

第十三条 治安调解案件的办案期限从未达成协议或者达成协议不履行之日起开始计算。

第十四条 公安机关对情节轻微，事实清楚，因果关系明确、不涉及医疗费用、物品损失或者双方当事人对医疗费用和物品损失的赔付无争议，符合治安调解条件，双方当事人同意现场调解并当场履行的治安案件，可以进行现场调解。

现场调解达成协议的，应当制作《现场治安调解协议书》一式三联（式样附后），由双方当事人签名。

第十五条 经治安调解结案的治安案件应当纳入统计范围，并根据案卷装订要求建立卷宗。

现场治安调解结案的治安案件，可以不制作卷宗，但办案部门应当将《现场治安调解协议书》按编号装订存档。

第十六条 公安机关人民警察在治安调解过程中，有徇私舞弊、滥用职权、不依法履行法定职责等情形的，依法给予行政处分；构成犯罪的，依法追究刑事责任。

第十七条 本规范自下发之日起施行。

公安机关涉案财物管理若干规定

（2015年7月22日 公通字〔2015〕21号）

第一章 总 则

第一条 为进一步规范公安机关涉案财物管理工作，保护公民、法人和其他组织的合法财产权益，保障办案工作依法有序进行，根据有关法律、法规和规章，制定本规定。

第二条 本规定所称涉案财物，是指公安机关在办理刑事案件和行政案件过程中，依法采取查封、扣押、冻结、扣留、调取、先行登记保存、抽样取证、追缴、收缴等措施提取或者固定，以及从其他单位和个人接收的与案件有关的物品、文件和款项，包括：

（一）违法犯罪所得及其孳息；

（二）用于实施违法犯罪行为的工具；

（三）非法持有的淫秽物品、毒品等违禁品；

（四）其他可以证明违法犯罪行为发生、违法犯罪行为情节轻重的物品和文件。

第三条 涉案财物管理实行办案与管理相分离、来源去向明晰、依法及时处理、全面接受监督的原则。

第四条 公安机关管理涉案财物，必须严格依法进行。任何单位和个人不得贪污、挪用、私分、调换、截留、坐支、损毁、擅自处理涉案财物。

对于涉及国家秘密、商业秘密、个人隐私的涉案财物，应当保密。

第五条 对涉案财物采取措施，应当严格依照法定条件和程序进行，履行相关法律手续，开具相应法律文书。严禁在刑事案件立案之前或者行政案件受案之前对财物采取查封、扣押、冻结、扣留措施，但有关法律、行政法规另有规定的除外。

第六条 公安机关对涉案财物采取措施后，应当及时进行审查。经查明确实与案件无关的，应当在三日以内予以解除、退还，并通知有关当事人。对与本案无关，但有证据证明涉及其他部门管辖的违纪、违法、犯罪行为的财物，应当依照相关法律规定，连同有关线索移送有管辖权的部门处理。

对涉案财物采取措施，应当为违法犯罪嫌疑人及其所扶养的亲属保留必需的生活费用和物品；根据案件具体情况，在保证侦查活动正常进行的同时，可以允许有关当事人继续合理使用有关涉案财物，并采取必要的保值保管措施，以减少侦查办案对正常办公和合法生产经营的影响。

第七条 公安机关对涉案财物进行保管、鉴定、估价、公告等，不得向当事人收取费用。

第二章　涉案财物的保管

第八条 公安机关应当完善涉案财物管理制度，建立办案部门与保管部门、办案人员与保管人员相互制约制度。

公安机关应当指定一个部门作为涉案财物管理部门，负责对涉案财物实行统一管理，并设立或者指定专门保管场所，对各办案部门经手的全部涉案财物或者价值较大、管理难度较高的涉案财物进行集中保管。涉案财物集中保管的范围，由地方公安机关根据本地区实际情况确定。

对于价值较低、易于保管，或者需要作为证据继续使用，以及需要先行返还被害人、被侵害人的涉案财物，可以由办案部门设置专门的场所进行保管。

办案部门应当指定不承担办案工作的民警负责本部门涉案财物的接收、保管、移交等管理工作；严禁由办案人员自行保管涉案财物。

第九条 公安机关应当设立或者指定账户，作为本机关涉案款项管理的唯一合规账户。

办案部门扣押涉案款项后，应当立即将其移交涉案财物管理部门。涉案财物管理部门应当对涉案款项逐案设立明细账，存入唯一合规账户，并将存款回执交办案部门附卷保存。但是，对于具有特定特征、能够证明某些案件事实而需要作为证据使用的现金，应当交由涉案财物管理部门或者办案部门涉案财物管理人员，作为涉案物品进行管理，不再存入唯一合规账户。

第十条 公安机关应当建立涉案财物集中管理信息系统，对涉案财物信息进行实时、全程录入和管理，并与执法办案信息系统关联。涉案财物管理人员应当对所有涉案财物逐一编号，并将案由、来源、财物基本情况、保管状态、场所和去向等信息录入信息系统。

第十一条 对于不同案件、不同种类的涉案财物，应当分案、分类保管。

涉案财物保管场所和保管措施应当适合被保管财物的特性，符合防火、防盗、防潮、防蛀、防磁、防腐蚀等安全要求。涉案财物保管场所应当安装视频监控设备，并配备必要的储物容器、一次性储物袋、计量工具等物品。有条件的地方，可以会同人民法院、人民检察院等部门，建立多部门共用的涉案财物管理中心，对涉案财物进行统一管理。

对于易燃、易爆、毒害性、放射性等危险物品，鲜活动植物，大宗物品，车辆、船舶、航空器等大型交通工具，以及其他对保管条件、保管场所有特殊要求的涉案财物，应当存放在符合条件的专门场所。公安机关没有具备保管条件的场所的，可以委托具有相应条件、资质或者管理能力的单位代为保管。

依法对文物、金银、珠宝、名贵字画等贵重财物采取查封、扣押、扣留等措施的，应当拍照或者录像，并及时鉴定、估价；必要时，可以实行双人保管。

未经涉案财物管理部门或者管理涉案财物的办案部门负责人批准，除保管人员以外的其他人员不得进入涉案财物保管场所。

第十二条 办案人员依法提取涉案财物后，应当在二十四小时以内按照规定将其移交涉案财物管理部门或者本部门的涉案财物管理人员，并办理移交手续。

对于采取查封、冻结、先行登记保存等措施后不在公安机关保管的涉案财物，办案人员应当在采取有关措施后的二十四小时以内，将相关法律文书和清单的复印件移交涉案财物管理人员予以登记。

第十三条 因情况紧急，需要在提取后的二十四小时以内开展鉴定、辨认、检验、检查等工作的，经办案部门负责人批准，可以在上述工作完成后的二十四小时以内将涉案财物移交涉案财物管理人员，并办理移交手续。

异地办案或者在偏远、交通不便地区办案的，应当在返回办案单位后的二十四小时以内办理移交手续；行政案件在提取后的二十四小时以内已将涉案财物处理完毕的，可以不办理移交手续，但应当将处理涉案财物的相关手续附卷保存。

第十四条 涉案财物管理人员对办案人员移交的涉案财物，应当对照有关法律文书当场查验核对、登记入册，并与办案人员共同签名。

对于缺少法律文书、法律文书对必要事项记载不全或者实物与法律文书记载严重不符的，涉案财物管理人员可以拒绝接收涉案财物，并应当要求办案人员补齐相关法律文书、信息或者财物。

第十五条 因讯问、询问、鉴定、辨认、检验、检查等办案工作需要，经办案部门负责人批准，办案人员可以向涉案财物管理人员调用涉案财物。调用结束后，应当在二十四小时以内将涉案财物归还涉案财物管理人员。

因宣传教育等工作需要调用涉案财物的，应当经公安机关负责人批准。

涉案财物管理人员应当详细登记调用人、审批人、时间、事由、期限、调用的涉案财物状况等事项。

第十六条 调用人应当妥善保管和使用涉案财物。调用人归还涉案财物时，涉案财物管理人员应当进行检查、核对。对于有损毁、短少、调换、灭失等情况的，涉案财物管理人员应当如实记录，并报告调用人所属部门负责人和涉案财物管理部门负责人。因鉴定取样等事由导致涉案财物出现合理损耗的，不需要报告，但调用人应当向涉案财物管理人员提供相应证明材料和书面说明。

调用人未按照登记的调用时间归还涉案财物的，涉案财物管理人员应当报告调用人所属部门负责人；有关负责人应当责令调用人立即归还涉案财物。确需继续调用涉案财物的，调用人应当按照原批准程序办理延期手续，并交由涉案财物管理人员留存。

第十七条 办案部门扣押、扣留涉案车辆时，应当认真查验车辆特征，并在清单或者行政强制措施凭证中详细载明当事人的基本情况、案由、厂牌型号、识别代码、牌照号码、行驶里程、重要装备、车身颜色、车辆状况等情况。

对车辆内的物品，办案部门应当仔细清点。对与案件有关，需要作为证据使用的，应当依法扣押；与案件无关的，通知当事人或者其家属、委托的人领取。

公安机关应当对管理的所有涉案车辆进行专门编号登记，严格管理，妥善保管，非因法定事由并经公安机关负责人批准，不得调用。

对船舶、航空器等交通工具采取措施和进行管理，参照前三款规定办理。

第三章　涉案财物的处理

第十八条 公安机关应当依据有关法律规定，及时办理涉案财物的移送、返还、变卖、拍卖、销毁、上缴国库等工作。

对刑事案件中作为证据使用的涉案财物，应当随案移送；对于危险品、大宗大型物品以及容易腐烂变质等不宜随案移送的物品，应当移送相关清单、照片或者其他证明文件。

第十九条 有关违法犯罪事实查证属实后，对于有证据证明权属明确且无争议的被害人、被侵害人合法财产及其孳息，凡返还不损害其他被害人、被侵害人或者利害关系人的利益，不影响案件正常办理的，应当在登记、拍照或者录像和估价后，报经县级以上公安机关负责人批准，开具发还清单并返还被害人、被侵害人。办案人员应当在案卷材料中注明返还的理由，并将原物照片、发还清单和被害人、被侵害人的领取手续存卷备查。

领取人应当是涉案财物的合法权利人或者其委托的人，办案人员或者公安机关其他工作人员不得代为领取。

第二十条　对于刑事案件依法撤销、行政案件因违法事实不能成立而作出不予行政处罚决定的，除依照法律、行政法规有关规定另行处理的以外，公安机关应当解除对涉案财物采取的相关措施并返还当事人。

人民检察院决定不起诉、人民法院作出无罪判决，涉案财物由公安机关管理的，公安机关应当根据人民检察院的书面通知或者人民法院的生效判决，解除对涉案财物采取的相关措施并返还当事人。

人民法院作出有罪判决，涉案财物由公安机关管理的，公安机关应当根据人民法院的生效判决，对涉案财物作出处理。人民法院的判决没有明确涉案财物如何处理的，公安机关应当征求人民法院意见。

第二十一条　对于因自身材质原因易损毁、灭失、腐烂、变质而不宜长期保存的食品、药品及其原材料等物品，长期不使用容易导致机械性能下降、价值贬损的车辆、船舶等物品，市场价格波动大的债券、股票、基金份额等财产和有效期即将届满的汇票、本票、支票等，权利人明确的，经其本人书面同意或者申请，并经县级以上公安机关主要负责人批准，可以依法变卖、拍卖，所得款项存入本单位唯一合规账户；其中，对于冻结的债券、股票、基金份额等财产，有对应的银行账户的，应当将变现后的款项继续冻结在对应账户中。

对涉案财物的变卖、拍卖应当坚持公开、公平原则，由县级以上公安机关商本级人民政府财政部门统一组织实施，严禁暗箱操作。

善意第三人等案外人与涉案财物处理存在利害关系的，公安机关应当告知其相关诉讼权利。

第二十二条　公安机关在对违法行为人、犯罪嫌疑人依法作出限制人身自由的处罚或者采取限制人身自由的强制措施时，对其随身携带的与案件无关的财物，应当按照《公安机关代为保管涉案人员随身财物若干规定》有关要求办理。

第二十三条　对于违法行为人、犯罪嫌疑人或者其家属、亲友给予被害人、被侵害人退、赔款物的，公安机关应当通知其向被害人、被侵害人或者其家属、委托的人直接交付，并将退、赔情况及时书面告知公安机关。公安机关不得将退、赔款物作为涉案财物扣押或者暂存，但需要作为证据使用的除外。

被害人、被侵害人或者其家属、委托的人不愿意当面接收的，经其书面同意或者申请，公安机关可以记录其银行账号，通知违法行为人、犯罪嫌疑人或者其家属、亲友将退、赔款项汇入该账户。

公安机关应当将双方的退赔协议或者交付手续复印附卷保存，并将退赔履行情况记录在案。

第四章　监督与救济

第二十四条　公安机关应当将涉案财物管理工作纳入执法监督和执法质量考评范围；定期或者不定期组织有关部门对本机关及办案部门负责管理的涉案财物进行核查，防止涉案财物损毁、灭失或者被挪用、不按规定及时移交、移送、返还、处理等；发现违法采取措施或者管理不当的，应当责令有关部门及时纠正。

第二十五条　公安机关纪检、监察、警务督察、审计、装备财务、警务保障、法制等部门在各自职权范围内对涉案财物管理工作进行监督。

公安机关负责人在审批案件时，应当对涉案财物情况一并进行严格审查，发现对涉案财物采取措施或者处理不合法、不适当的，应当责令有关部门立即予以纠正。

法制部门在审核案件时，发现对涉案财物采取措施或者处理不合法、不适当的，应当通知办案部门及时予以纠正。

第二十六条　办案人员有下列行为之一的，应当根据其行为的情节和后果，依照有关规定追究责任；涉嫌犯罪的，移交司法机关依法处理：

（一）对涉案财物采取措施违反法定程序的；

（二）对明知与案件无关的财物采取查封、扣押、冻结等措施的；

（三）不按照规定向当事人出具有关法律文书的；

（四）提取涉案财物后，在规定的时限内无正当理由不向涉案财物管理人员移交涉案财物的；

（五）擅自处置涉案财物的；

（六）依法应当将有关财物返还当事人而拒不返还，或者向当事人及其家属等索取费用的；

（七）因故意或者过失，致使涉案财物损毁、灭失的；

（八）其他违反法律规定的行为。

案件审批人、审核人对于前款规定情形的发生负有责任的，依照前款规定处理。

第二十七条 涉案财物管理人员不严格履行管理职责，有下列行为之一的，应当根据其行为的情节和后果，依照有关规定追究责任；涉嫌犯罪的，移交司法机关依法处理：

（一）未按照规定严格履行涉案财物登记、移交、调用等手续的；

（二）因故意或者过失，致使涉案财物损毁、灭失的；

（三）发现办案人员不按照规定移交、使用涉案财物而不及时报告的；

（四）其他不严格履行管理职责的行为。

调用人有前款第一项、第二项行为的，依照前款规定处理。

第二十八条 对于贪污、挪用、私分、调换、截留、坐支、损毁涉案财物，以及在涉案财物拍卖、变卖过程中弄虚作假、中饱私囊的有关领导和直接责任人员，应当依照有关规定追究责任；涉嫌犯罪的，移交司法机关依法处理。

第二十九条 公安机关及其工作人员违反涉案财物管理规定，给当事人造成损失的，公安机关应当依法予以赔偿，并责令有故意或者重大过失的有关领导和直接责任人员承担部分或者全部赔偿费用。

第三十条 在对涉案财物采取措施、管理和处置过程中，公安机关及其工作人员存在违法违规行为，损害当事人合法财产权益的，当事人和辩护人、诉讼代理人、利害关系人有权向公安机关提出投诉、控告、举报、复议或者国家赔偿。公安机关应当依法及时受理，并依照有关规定进行处理；对于情况属实的，应当予以纠正。

上级公安机关发现下级公安机关存在前款规定的违法违规行为，或者对投诉、控告、举报或者复议事项不按照规定处理的，应当责令下级公安机关限期纠正，下级公安机关应当立即执行。

第五章 附 则

第三十一条 各地公安机关可以根据本规定，结合本地和各警种实际情况，制定实施细则，并报上一级公安机关备案。

第三十二条 本规定自 2015 年 9 月 1 日起施行。2010 年 11 月 4 日印发的《公安机关涉案财物管理若干规定》（公通字〔2010〕57 号）同时废止。公安部此前制定的有关涉案财物管理的规范性文件与本规定不一致的，以本规定为准。

公安机关受理行政执法机关
移送涉嫌犯罪案件规定

（2016 年 6 月 16 日 公通字〔2016〕16 号）

第一条 为规范公安机关受理行政执法机关移送涉嫌犯罪案件工作，完善行政执法与刑事司法衔接工作机制，根据有关法律、法规，制定本规定。

第二条 对行政执法机关移送的涉嫌犯罪案件，公安机关应当接受，及时录入执法办案信息系统，并检查是否附有下列材料：

（一）案件移送书，载明移送机关名称、行政违法行为涉嫌犯罪罪名、案件主办人及联系电话等。案件移送书应当附移送材料清单，并加盖移送机关公章；

（二）案件调查报告，载明案件来源、查获情况、嫌疑人基本情况、涉嫌犯罪的事实、证据和法律依据、处理建议等；

（三）涉案物品清单，载明涉案物品的名称、数量、特征、存放地等事项，并附采取行政强制措施、现场笔录等表明涉案物品来源的相关材料；

（四）附有鉴定机构和鉴定人资质证明或者其他证明文件的检验报告或者鉴定意见；

（五）现场照片、询问笔录、电子数据、视听资料、认定意见、责令整改通知书等其他与案件有关的证据材料。

移送材料表明移送案件的行政执法机关已经或者曾经作出有关行政处罚决定的，应当检查是否附有有关行政处罚决定书。

对材料不全的，应当在接受案件的二十四小时内书面告知移送的行政执法机关在三日内补正。但不得以材料不全为由，不接受移送案件。

第三条　对接受的案件，公安机关应当按照下列情形分别处理：

（一）对属于本公安机关管辖的，迅速进行立案审查；

（二）对属于公安机关管辖但不属于本公安机关管辖的，移送有管辖权的公安机关，并书面告知移送案件的行政执法机关；

（三）对不属于公安机关管辖的，退回移送案件的行政执法机关，并书面说明理由。

第四条　对接受的案件，公安机关应当立即审查，并在规定的时间内作出立案或者不立案的决定。

决定立案的，应当书面通知移送案件的行政执法机关。对决定不立案的，应当说明理由，制作不予立案通知书，连同案卷材料在三日内送达移送案件的行政执法机关。

第五条　公安机关审查发现涉嫌犯罪案件移送材料不全、证据不充分的，可以就证明有犯罪事实的相关证据要求等提出补充调查意见，商请移送案件的行政执法机关补充调查。必要时，公安机关可以自行调查。

第六条　对决定立案的，公安机关应当自立案之日起三日内与行政执法机关交接涉案物品以及与案件有关的其他证据材料。

对保管条件、保管场所有特殊要求的涉案物品，公安机关可以在采取必要措施固定留取证据后，商请行政执法机关代为保管。

移送案件的行政执法机关在移送案件后，需要作出责令停产停业、吊销许可证等行政处罚，或者在相关行政复议、行政诉讼中，需要使用已移送公安机关证据材料的，公安机关应当协助。

第七条　单位或者个人认为行政执法机关办理的行政案件涉嫌犯罪，向公安机关报案、控告、举报或者自首的，公安机关应当接受，不得要求相关单位或者人员先行向行政执法机关报案、控告、举报或者自首。

第八条　对行政执法机关移送的涉嫌犯罪案件，公安机关立案后决定撤销案件的，应当将撤销案件决定书连同案卷材料送达移送案件的行政执法机关。对依法应当追究行政法律责任的，可以同时向行政执法机关提出书面建议。

第九条 公安机关应当定期总结受理审查行政执法机关移送涉嫌犯罪案件情况，分析衔接工作中存在的问题，并提出意见建议，通报行政执法机关、同级人民检察院。必要时，同时通报本级或者上一级人民政府，或者实行垂直管理的行政执法机关的上一级机关。

第十条 公安机关受理行政执法机关移送涉嫌犯罪案件，依法接受人民检察院的法律监督。

第十一条 公安机关可以根据法律法规，联合同级人民检察院、人民法院、行政执法机关制定行政执法机关移送涉嫌犯罪案件类型、移送标准、证据要求、法律文书等文件。

第十二条 本规定自印发之日起实施。

公安部关于森林公安机关执行《中华人民共和国治安管理处罚法》有关问题的批复

(2008 年 1 月 10 日 公法〔2008〕18 号)

国家林业局森林公安局：

你局《关于森林公安机关执行〈治安管理处罚法〉有关问题的请示》(林公治〔2007〕45 号) 收悉。现批复如下：

一、关于"县级以上森林公安机关"的确定问题

《公安机关执行〈中华人民共和国治安管理处罚法〉有关问题的解释》(公通字〔2006〕12 号) 第十条规定，县级以上森林公安机关对其管辖的治安案件，可以依法作出了公安管理处罚决定。这里的"县级以上森林公安机关"，是指相当于县级以上人民政府公安机关的行政级别，并有权以自己的名义办理案件、作出决定和制作法律文书的森林公安机关。

二、关于森林公安机关与地方公安机关办理治安案件的管辖分工问题

鉴于我国地域辽阔、地区差异性较大，各地林区公安机关的设置情况不一，有关森林公安机关与地方公安机关办理治安案件的管辖分工，可以由各级人民政府公安机关根据当地实际情况确定。

公安部关于如何执行《治安管理处罚法》第十八条规定问题的批复

（2010 年 8 月 3 日　公复字〔2010〕4 号）

浙江省公安厅：

你厅《关于〈治安管理处罚法〉第十八条适用问题的请示》（浙公请〔2010〕106 号）收悉。现批复如下：

单位违反治安管理，其他法律、行政法规对同一行为没有规定给予单位处罚的，不对单位处罚，但应当依照《治安管理处罚法》的规定，对其直接负责的主管人员和其他直接责任人员予以处罚。

二、公共秩序管理

中华人民共和国戒严法

（1996年3月1日第八届全国人民代表大会常务委员会第十八次会议通过　1996年3月1日中华人民共和国主席令第61号公布自公布之日起施行）

目　　录

第一章　总　　则

第一条　根据中华人民共和国宪法，制定本法。

第二条　在发生严重危及国家的统一、安全或者社会公共安全的动乱、暴乱或者严重骚乱，不采取非常措施不足以维护社会秩序、保护人民的生命和财产安全的紧急状态时，国家可以决定实行戒严。

第三条　全国或者个别省、自治区、直辖市的戒严，由国务院提请全国人民代表大会常务委员会决定；中华人民共和国主席根据全国人民代表大会常务委员会的决定，发布戒严令。

省、自治区、直辖市的范围内部分地区的戒严，由国务院决定，国务院总理发布戒严令。

第四条　戒严期间，为保证戒严的实施和维护社会治安秩序，国家可以依照本法在戒严地区内，对宪法、法律规定的公民权利和自由的行使作出特别规定。

第五条　戒严地区内的人民政府应当依照本法采取必要的措施，尽快恢复正常社会秩序，保障人民的生命和财产安全以及基本生活必需品的供应。

第六条　戒严地区内的一切组织和个人，必须严格遵守戒严令和实施戒严令的规定，积极协助人民政府恢复正常社会秩序。

第七条　国家对遵守戒严令和实施戒严令的规定的组织和个人，采取有效措施保护其合法权益不受侵犯。

第八条　戒严任务由人民警察、人民武装警察执行；必要时，国务院可以向中央军事委员会提出，由中央军事委员会决定派出人民解放军协助执行戒严任务。

第二章　戒严的实施

第九条　全国或者个别省、自治区、直辖市的戒严，由国务院组织实施。

省、自治区、直辖市的范围内部分地区的戒严，由省、自治区、直辖市人民政府组织实施；必要时，国务院可以直接组织实施。

组织实施戒严的机关称为戒严实施机关。

第十条　戒严实施机关建立戒严指挥机构，由戒严指挥机构协调执行戒严任务的有关方面的行动，统一部署和实施戒严措施。

执行戒严任务的人民解放军，在戒严指挥机构的统一部署下，由中央军事委员会指定的军事机关实施指挥。

第十一条　戒严令应当规定戒严的地域范围、起始时间、实施机关等事项。

第十二条　根据本法第二条规定实行戒严的紧急状态消除后，应当及时解除戒严。

解除戒严的程序与决定戒严的程序相同。

第三章　实施戒严的措施

第十三条　戒严期间，戒严实施机关可以决定在戒严地区采取下列措施，并可以制定具体实施办法：

（一）禁止或者限制集会、游行、示威、街头讲演以及其他聚众活动；

（二）禁止罢工、罢市、罢课；

（三）实行新闻管制；

（四）实行通讯、邮政、电信管制；

（五）实行出境入境管制；

（六）禁止任何反对戒严的活动。

第十四条　戒严期间，戒严实施机关可以决定在戒严地区采取交通管制措施，限制人员进出交通管制区域，并对进出交通管制区域人员的证件、车辆、物品进行检查。

第十五条　戒严期间，戒严实施机关可以决定在戒严地区采取宵禁措施。宵禁期间，在实行宵禁地区的街道或者其他公共场所通行，必须持有本人身份证件和戒严实施机关制发的特别通行证。

第十六条　戒严期间，戒严实施机关或者戒严指挥机构可以在戒严地区对下列物品采取特别管理措施：

（一）武器、弹药；

（二）管制刀具；

（三）易燃易爆物品；

（四）化学危险物品、放射性物品、剧毒物品等。

第十七条　根据执行戒严任务的需要，戒严地区的县级以上人民政府可以临时征用国家机关、企业事业组织、社会团体以及公民个人的房屋、场所、设施、运输工具、工程机械等。在非常紧急的情况下，执行戒严任务的人民警察、人民武装警察、人民解放军的现场指挥员可以直接决定临时征用，地方人民政府应当给予协助。实施征用应当开具征用单据。

前款规定的临时征用物，在使用完毕或者戒严解除后应当及时归还；因征用造成损坏的，由县级以上人民政府按照国家有关规定给予相应补偿。

第十八条　戒严期间，对戒严地区的下列单位、场所，采取措施，加强警卫：

（一）首脑机关；

（二）军事机关和重要军事设施；

（三）外国驻华使领馆、国际组织驻华代表机构和国宾下榻处；

（四）广播电台、电视台、国家通讯社等重要新闻单位及其重要设施；

（五）与国计民生有重大关系的公用企业和公共设施；

（六）机场、火车站和港口；

（七）监狱、劳教场所、看守所；

（八）其他需要加强警卫的单位和场所。

第十九条 为保障戒严地区内的人民基本生活必需品的供应，戒严实施机关可以对基本生活必需品的生产、运输、供应、价格，采取特别管理措施。

第二十条 戒严实施机关依照本法采取的实施戒严令的措施和办法，需要公众遵守的，应当公布；在实施过程中，根据情况，对于不需要继续实施的措施和办法，应当及时公布停止实施。

第四章 戒严执勤人员的职责

第二十一条 执行戒严任务的人民警察、人民武装警察和人民解放军是戒严执勤人员。

戒严执勤人员执行戒严任务时，应当佩带由戒严实施机关统一规定的标志。

第二十二条 戒严执勤人员依照戒严实施机关的规定，有权对戒严地区公共道路上或者其他公共场所内的人员的证件、车辆、物品进行检查。

第二十三条 戒严执勤人员依照戒严实施机关的规定，有权对违反宵禁规定的人予以扣留，直至清晨宵禁结束；并有权对被扣留者的人身进行搜查，对其携带的物品进行检查。

第二十四条 戒严执勤人员依照戒严实施机关的规定，有权对下列人员立即予以拘留：

（一）正在实施危害国家安全、破坏社会秩序的犯罪或者有重大嫌疑的；

（二）阻挠或者抗拒戒严执勤人员执行戒严任务的；

（三）抗拒交通管制或者宵禁规定的；

（四）从事其他抗拒戒严令的活动的。

第二十五条 戒严执勤人员依照戒严实施机关的规定，有权对被拘留的人员的人身进行搜查，有权对犯罪嫌疑分子的住所和涉嫌藏匿犯罪分子、犯罪嫌疑分子或者武器、弹药等危险物品的场所进行搜查。

第二十六条 在戒严地区有下列聚众情形之一、阻止无效的，戒严执勤人员根据有关规定，可以使用警械强行制止或者驱散，并将其组织者和拒不服从的人员强行带离现场或者立即予以拘留：

（一）非法进行集会、游行、示威以及其他聚众活动的；

（二）非法占据公共场所或者在公共场所煽动进行破坏活动的；

（三）冲击国家机关或者其他重要单位、场所的；

（四）扰乱交通秩序或者故意堵塞交通的；

（五）哄抢或者破坏机关、团体、企业事业组织和公民个人的财产的。

第二十七条 戒严执勤人员对于依照本法规定予以拘留的人员，应当及时登记和讯问，发现不需要继续拘留的，应当立即释放。

戒严期间拘留、逮捕的程序和期限可以不受中华人民共和国刑事诉讼法有关规定的限制，但逮捕须经人民检察院批准或者决定。

第二十八条 在戒严地区遇有下列特别紧急情形之一，使用警械无法制止时，戒严执勤人员可以使用枪支等武器：

（一）公民或者戒严执勤人员的生命安全受到暴力危害时；

（二）拘留、逮捕、押解人犯，遇有暴力抗拒、行凶或者脱逃时；

（三）遇暴力抢夺武器、弹药时；

（四）警卫的重要对象、目标受到暴力袭击，或者有受到暴力袭击的紧迫危险时；

（五）在执行消防、抢险、救护作业以及其他重大紧急任务中，受到严重暴力阻挠时；

（六）法律、行政法规规定可以使用枪支等武器的其他情形。

戒严执勤人员必须严格遵守使用枪支等武器的规定。

第二十九条 戒严执勤人员应当遵守法律、法规和执勤规则，服从命令，履行职责，尊重当地民族风俗习惯，不得侵犯和损害公民的合法权益。

第三十条 戒严执勤人员依法执行任务的行为受法律保护。

戒严执勤人员违反本法规定，滥用职权，侵犯和损害公民合法权益的，依法追究法律责任。

第五章　附　　则

第三十一条 在个别县、市的局部范围内突然发生严重骚乱，严重危及国家安全、社会公共安全和人民的生命财产安全，国家没有作出戒严决定时，当地省级人民政府报经国务院批准，可以决定并组织人民警察、人民武装警察实施交通管制和现场管制，限制人员进出管制区域，对进出管制区域人员的证件、车辆、物品进行检查，对参与骚乱的人可以强行予以驱散、强行带离现场、搜查，对组织者和拒不服从的人员可以立即予以拘留；在人民警察、人民武装警察力量还不足以维持社会秩序时，可以报请国务院向中央军事委员会提出，由中央军事委员会决定派出人民解放军协助当地人民政府恢复和维持正常社会秩序。

第三十二条 本法自公布之日起施行。

中华人民共和国集会游行示威法

（1989 年 10 月 31 日第七届全国人民代表大会常务委员会第十次会议通过　根据 2009 年 8 月 27 日第十一届全国人民代表大会常务委员会第十次会议《关于修改部分法律的决定》修正）

目　　录

第一章　总　　则

第一条 为了保障公民依法行使集会、游行、示威的权利，维护社会安定和公共秩序，根据宪法，制定本法。

第二条 在中华人民共和国境内举行集会、游行、示威，均适用本法。

本法所称集会，是指聚集于露天公共场所，发表意见、表达意愿的活动。

本法所称游行，是指在公共道路、露天公共场所列队行进、表达共同意愿的活动。

本法所称示威，是指在露天公共场所或者公共道路上以集会、游行、静坐等方式，表达要求、抗议或者支持、声援等共同意愿的活动。

文娱、体育活动，正常的宗教活动，传统的民间习俗活动，不适用本法。

第三条 公民行使集会、游行、示威的权利，各级人民政府应当依照本法规定，予以保障。

第四条 公民在行使集会、游行、示威的权利的时候，必须遵守宪法和法律，不得反对宪法所确定的基本原则，不得损害国家的、社会的、集体的利益和其他公民的合法的自由和权利。

第五条 集会、游行、示威应当和平地进行，不得携带武器、管制刀具和爆炸物，不得使用暴力或者煽动使用暴力。

第六条 集会、游行、示威的主管机关，是集会、游行、示威举行地的市、县公安局、城市公安分局；游行、示威路线经过两个以上区、县的，主管机关为所经过区、县的公安机关的共同上一级公安机关。

第二章　集会游行示威的申请和许可

第七条 举行集会、游行、示威，必须依照本法规定向主管机关提出申请并获得许可。

下列活动不需申请：

（一）国家举行或者根据国家决定举行的庆祝、纪念等活动；

（二）国家机关、政党、社会团体、企业事业组织依照法律、组织章程举行的集会。

第八条 举行集会、游行、示威，必须有负责人。

依照本法规定需要申请的集会、游行、示威，其负责人必须在举行日期的五日前向主管机关递交书面申请。申请书中应当载明集会、游行、示威的目的、方式、标语、口号、人数、车辆数、使用音响设备的种类与数量、起止时间、地点（包括集合地和解散地）、路线和负责人的姓名、职业、住址。

第九条 主管机关接到集会、游行、示威申请书后，应当在申请举行日期的二日前，将许可或者不许可的决定书面通知其负责人。不许可的，应当说明理由。逾期不通知的，视为许可。

确因突然发生的事件临时要求举行集会、游行、示威的，必须立即报告主管机关；主管机关接到报告后，应当立即审查决定许可或者不许可。

第十条 申请举行集会、游行、示威要求解决具体问题的，主管机关接到申请书后，可以通知有关机关或者单位同集会、游行、示威的负责人协商解决问题，并可以将申请举行的时间推迟五日。

第十一条 主管机关认为按照申请的时间、地点、路线举行集会、游行、示威，将对交通秩序和社会秩序造成严重影响的，在决定许可时或者决定许可后，可以变更举行集会、游行、示威的时间、地点、路线，并及时通知其负责人。

第十二条 申请举行的集会、游行、示威，有下列情形之一的，不予许可：

（一）反对宪法所确定的基本原则的；

（二）危害国家统一、主权和领土完整的；

（三）煽动民族分裂的；

（四）有充分根据认定申请举行的集会、游行、示威将直接危害公共安全或者严重破坏社会秩序的。

第十三条 集会、游行、示威的负责人对主管机关不许可的决定不服的，可以自接到决定通知之日起三日内，向同级人民政府申请复议，人民政府应当自接到申请复议书之日起三日内作出决定。

第十四条 集会、游行、示威的负责人在提出申请后接到主管机关通知前，可以撤回申请；接到主管机关许可的通知后，决定不举行集会、游行、示威的，应当及时告知主管机关，参加人已经集合的，应当负责解散。

第十五条 公民不得在其居住地以外的城市发动、组织、参加当地公民的集会、游行、示威。

第十六条 国家机关工作人员不得组织或者参加违背有关法律、法规规定的国家机关工作人员职责、义务的集会、游行、示威。

第十七条 以国家机关、社会团体、企业事业组织的名义组织或者参加集会、游行、示威，必须经本单位负责人批准。

第三章 集会游行示威的举行

第十八条 对于依法举行的集会、游行、示威，主管机关应当派出人民警察维持交通秩序和社会秩序，保障集会、游行、示威的顺利进行。

第十九条 依法举行的集会、游行、示威，任何人不得以暴力、胁迫或者其他非法手段进行扰乱、冲击和破坏。

第二十条 为了保障依法举行的游行的行进，负责维持交通秩序的人民警察可以临时变通执行交通规则的有关规定。

第二十一条 游行在行进中遇有不可预料的情况，不能按照许可的路线行进时，人民警察现场负责人有权改变游行队伍的行进路线。

第二十二条 集会、游行、示威在国家机关、军事机关、广播电台、电视台、外国驻华使馆领馆等单位所在地举行或者经过的，主管机关为了维持秩序，可以在附近设置临时警戒线，未经人民警察许可，不得逾越。

第二十三条 在下列场所周边距离十米至三百米内，不得举行集会、游行、示威，经国务院或者省、自治区、直辖市的人民政府批准的除外：

（一）全国人民代表大会常务委员会、国务院、中央军事委员会、最高人民法院、最高人民检察院的所在地；

（二）国宾下榻处；

（三）重要军事设施；

（四）航空港、火车站和港口。

前款所列场所的具体周边距离，由省、自治区、直辖市的人民政府规定。

第二十四条 举行集会、游行、示威的时间限于早六时至晚十时，经当地人民政府决定或者批准的除外。

第二十五条 集会、游行、示威应当按照许可的目的、方式、标语、口号、起止时间、地点、路线及其他事项进行。

集会、游行、示威的负责人必须负责维持集会、游行、示威的秩序，并严格防止其他人加入。

集会、游行、示威的负责人在必要时，应当指定专人协助人民警察维持秩序。负责维持秩序的人员应当佩戴标志。

第二十六条 举行集会、游行、示威，不得违反治安管理法规，不得进行犯罪活动或者煽动犯罪。

第二十七条 举行集会、游行、示威，有下列情形之一的，人民警察应当予以制止：

（一）未依照本法规定申请或者申请未获许可的；

（二）未按照主管机关许可的目的、方式、标语、口号、起止时间、地点、路线进行的；

（三）在进行中出现危害公共安全或者严重破坏社会秩序情况的。

有前款所列情形之一，不听制止的，人民警察现场负责人有权命令解散；拒不解散的，人民警察现场负责人有权依照国家有关规定决定采取必要手段强行驱散，并对拒不服从的人员强行带离现场或者立即予以拘留。

参加集会、游行、示威的人员越过依照本法第二十二条规定设置的临时警戒线、进入本法第二十三条所列不得举行集会、游行、示威的特定场所周边一定范围或者有其他违法犯罪行为的，人民警察可以将其强行带离现场或者立即予以拘留。

第四章 法 律 责 任

第二十八条 举行集会、游行、示威，有违反治安管理行为的，依照治安管理处罚法有关规定予以处罚。

举行集会、游行、示威，有下列情形之一的，公安机关可以对其负责人和直接责任人员处以警告或者十五日以下拘留：

（一）未依照本法规定申请或者申请未获许可的；

（二）未按照主管机关许可的目的、方式、标语、口号、起止时间、地点、路线进行，不听制止的。

第二十九条 举行集会、游行、示威，有犯罪行为的，依照刑法有关规定追究刑事责任。

携带武器、管制刀具或者爆炸物的，依照刑法有关规定追究刑事责任。

未依照本法规定申请或者申请未获许可，或者未按照主管机关许可的起止时间、地点、路线进行，又拒不服从解散命令，严重破坏社会秩序的，对集会、游行、示威的负责人和直接责任人员依照刑法有关规定追究刑事责任。

包围、冲击国家机关，致使国家机关的公务活动或者国事活动不能正常进行的，对集会、游行、示威的负责人和直接责任人员依照刑法有关规定追究刑事责任。

占领公共场所、拦截车辆行人或者聚众堵塞交通，严重破坏公共场所秩序、交通秩序的，对集会、游行、示威的负责人和直接责任人员依照刑法有关规定追究刑事责任。

第三十条 扰乱、冲击或者以其他方法破坏依法举行的集会、游行、示威的，公安机关可以处以警告或者十五日以下拘留；情节严重，构成犯罪的，依照刑法有关规定追究刑事责任。

第三十一条 当事人对公安机关依照本法第二十八条第二款或者第三十条的规定给予的拘留处罚决定不服的，可以自接到处罚决定通知之日起五日内，向上一级公安机关提出申诉，上一级公安机关应当自接到申诉之日起五日内作出裁决；对上一级公安机关裁决不服的，可以自接到裁决通知之日起五日内，向人民法院提起诉讼。

第三十二条 在举行集会、游行、示威过程中，破坏公私财物或者侵害他人身体造成伤亡的，除依照刑法或者治安管理处罚法的有关规定可以予以处罚外，还应当依法承担赔偿责任。

第三十三条 公民在本人居住地以外的城市发动、组织当地公民的集会、游行、示威的，公安机关有权予以拘留或者强行遣回原地。

第五章 附 则

第三十四条 外国人在中国境内举行集会、游行、示威，适用本法规定。

外国人在中国境内未经主管机关批准不得参加中国公民举行的集会、游行、示威。

第三十五条 国务院公安部门可以根据本法制定实施条例，报国务院批准施行。

省、自治区、直辖市的人民代表大会常务委员会可以根据本法制定实施办法。

第三十六条 本法自公布之日起施行。

中华人民共和国突发事件应对法

(2007年8月30日第十届全国人民代表大会常务委员会第二十九次会议通过 2007年8月30日中华人民共和国主席令第69号公布 自2007年11月1日起施行)

目 录

第一章 总 则

第一条 为了预防和减少突发事件的发生，控制、减轻和消除突发事件引起的严重社会危害，规范突发事件应对活动，保护人民生命财产安全，维护国家安全、公共安全、环境安全和社会秩序，制定本法。

第二条 突发事件的预防与应急准备、监测与预警、应急处置与救援、事后恢复与重建等应对活动，适用本法。

第三条 本法所称突发事件，是指突然发生，造成或者可能造成严重社会危害，需要采取应急处置措施予以应对的自然灾害、事故灾难、公共卫生事件和社会安全事件。

按照社会危害程度、影响范围等因素，自然灾害、事故灾难、公共卫生事件分为特别重大、重大、较大和一般四级。法律、行政法规或者国务院另有规定的，从其规定。

突发事件的分级标准由国务院或者国务院确定的部门制定。

第四条 国家建立统一领导、综合协调、分类管理、分级负责、属地管理为主的应急管理体制。

第五条 突发事件应对工作实行预防为主、预防与应急相结合的原则。国家建立重大突发事件风险评估体系，对可能发生的突发事件进行综合性评估，减少重大突发事件的发生，最大限度地减轻重大突发事件的影响。

第六条 国家建立有效的社会动员机制，增强全民的公共安全和防范风险的意识，提高全社会的避险救助能力。

第七条 县级人民政府对本行政区域内突发事件的应对工作负责；涉及两个以上行政区域的，由有关行政区域共同的上一级人民政府负责，或者由各有关行政区域的上一级人民政府共同负责。

突发事件发生后，发生地县级人民政府应当立即采取措施控制事态发展，组织开展应急救援和处置工作，并立即向上一级人民政府报告，必要时可以越级上报。

突发事件发生地县级人民政府不能消除或者不能有效控制突发事件引起的严重社会危害的，应当及时向上级人民政府报告。上级人民政府应当及时采取措施，统一领导应急处置工作。

法律、行政法规规定由国务院有关部门对突发事件的应对工作负责的，从其规定；地方人民政府应当积极配合并提供必要的支持。

第八条 国务院在总理领导下研究、决定和部署特别重大突发事件的应对工作；根据实际需要，设立国家突发事件应急指挥机构，负责突发事件应对工作；必要时，国务院可以派出工作组指导有关工作。

县级以上地方各级人民政府设立由本级人民政府主要负责人、相关部门负责人、驻当地中国人民解放军和中国人民武装警察部队有关负责人组成的突发事件应急指挥机构，统一领导、协调本级人民政府各有关部门和下级人民政府开展突发事件应对工作；根据实际需要，设立相关类别突发事件应急指挥机构，组织、协调、指挥突发事件应对工作。

上级人民政府主管部门应当在各自职责范围内，指导、协助下级人民政府及其相应部门做好有关突发事件的应对工作。

第九条 国务院和县级以上地方各级人民政府是突发事件应对工作的行政领导机关，其办事机构及具体职责由国务院规定。

第十条 有关人民政府及其部门作出的应对突发事件的决定、命令，应当及时公布。

第十一条 有关人民政府及其部门采取的应对突发事件的措施，应当与突发事件可能造成的社会危害的性质、程度和范围相适应；有多种措施可供选择的，应当选择有利于最大程度地保护公民、法人和其他组织权益的措施。

公民、法人和其他组织有义务参与突发事件应对工作。

第十二条 有关人民政府及其部门为应对突发事件，可以征用单位和个人的财产。被征用的财产在使用完毕或者突发事件应急处置工作结束后，应当及时返还。财产被征用或者征用后毁损、灭失的，应当给予补偿。

第十三条 因采取突发事件应对措施，诉讼、行政复议、仲裁活动不能正常进行的，适用有关时效中止和程序中止的规定，但法律另有规定的除外。

第十四条 中国人民解放军、中国人民武装警察部队和民兵组织依照本法和其他有关法律、行政法规、军事法规的规定以及国务院、中央军事委员会的命令，参加突发事件的应急救援和处置工作。

第十五条 中华人民共和国政府在突发事件的预防、监测与预警、应急处置与救援、事后恢复与重建等方面，同外国政府和有关国际组织开展合作与交流。

第十六条 县级以上人民政府作出应对突发事件的决定、命令，应当报本级人民代表大会常务委员会备案；突发事件应急处置工作结束后，应当向本级人民代表大会常务委员会作出专项工作报告。

第二章 预防与应急准备

第十七条 国家建立健全突发事件应急预案体系。

国务院制定国家突发事件总体应急预案，组织制定国家突发事件专项应急预案；国务院有关部门根据各自的职责和国务院相关应急预案，制定国家突发事件部门应急预案。

地方各级人民政府和县级以上地方各级人民政府有关部门根据有关法律、法规、规章、上级人民政府及其有关部门的应急预案以及本地区的实际情况，制定相应的突发事件应急预案。

应急预案制定机关应当根据实际需要和情势变化，适时修订应急预案。应急预案的制定、修订程序由国务院规定。

第十八条 应急预案应当根据本法和其他有关法律、法规的规定，针对突发事件的性质、特点和可能造成的社会危害，具体规定突发事件应急管理工作的组织指挥体系与职责和突发事件的预防与预警机制、处置程序、应急保障措施以及事后恢复与重建措施等内容。

第十九条 城乡规划应当符合预防、处置突发事件的需要，统筹安排应对突发事件所必需的设备和基础设施建设，合理确定应急避难场所。

第二十条 县级人民政府应当对本行政区域内容易引发自然灾害、事故灾难和公共卫生事件的危险源、危险区域进行调查、登记、风险评估，定期进行检查、监控，并责令有关单位采取安全防范措施。

省级和设区的市级人民政府应当对本行政区域内容易引发特别重大、重大突发事件的危险源、危险区域进行调查、登记、风险评估，组织进行检查、监控，并责令有关单位采取安全防范措施。

县级以上地方各级人民政府按照本法规定登记的危险源、危险区域，应当按照国家规定及时向社会公布。

第二十一条 县级人民政府及其有关部门、乡级人民政府、街道办事处、居民委员会、村民委员会应当及时调解处理可能引发社会安全事件的矛盾纠纷。

第二十二条 所有单位应当建立健全安全管理制度，定期检查本单位各项安全防范措施的落实情况，及时消除事故隐患；掌握并及时处理本单位存在的可能引发社会安全事件的问题，防止矛盾激化和事态扩大；对本单位可能发生的突发事件和采取安全防范措施的情况，应当按照规定及时向所在地人民政府或者人民政府有关部门报告。

第二十三条 矿山、建筑施工单位和易燃易爆物品、危险化学品、放射性物品等危险物品的生产、经营、储运、使用单位，应当制定具体应急预案，并对生产经营场所、有危险物品的建筑物、构筑物及周边环境开展隐患排查，及时采取措施消除隐患，防止发生突发事件。

第二十四条 公共交通工具、公共场所和其他人员密集场所的经营单位或者管理单位应当制定具体应急预案，为交通工具和有关场所配备报警装置和必要的应急救援设备、设施，注明其使用方法，并显著标明安全撤离的通道、路线，保证安全通道、出口的畅通。

有关单位应当定期检测、维护其报警装置和应急救援设备、设施，使其处于良好状态，确保正常使用。

第二十五条 县级以上人民政府应当建立健全突发事件应急管理培训制度，对人民政府及其有关部门负有处置突发事件职责的工作人员定期进行培训。

第二十六条 县级以上人民政府应当整合应急资源，建立或者确定综合性应急救援队伍。人民政府有关部门可以根据实际需要设立专业应急救援队伍。

县级以上人民政府及其有关部门可以建立由成年志愿者组成的应急救援队伍。单位应当建立由本单位职工组成的专职或者兼职应急救援队伍。

县级以上人民政府应当加强专业应急救援队伍与非专业应急救援队伍的合作，联合培训、联合演练，提高合成应急、协同应急的能力。

第二十七条 国务院有关部门、县级以上地方各级人民政府及其有关部门、有关单位应当为专业应急救援人员购买人身意外伤害保险，配备必要的防护装备和器材，减少应急救援人员的人身风险。

第二十八条 中国人民解放军、中国人民武装警察部队和民兵组织应当有计划地组织开展应急救援的专门训练。

第二十九条 县级人民政府及其有关部门、乡级人民政府、街道办事处应当组织开展应急知识的宣传普及活动和必要的应急演练。

居民委员会、村民委员会、企业事业单位应当根据所在地人民政府的要求，结合各自的实际情况，开展有关突发事件应急知识的宣传普及活动和必要的应急演练。

新闻媒体应当无偿开展突发事件预防与应急、自救与互救知识的公益宣传。

第三十条 各级各类学校应当把应急知识教育纳入教学内容，对学生进行应急知识教育，培养学生的安全意识和自救与互救能力。

教育主管部门应当对学校开展应急知识教育进行指导和监督。

第三十一条 国务院和县级以上地方各级人民政府应当采取财政措施，保障突发事件应对工作所需经费。

第三十二条 国家建立健全应急物资储备保障制度，完善重要应急物资的监管、生产、储备、调拨和紧急配送体系。

设区的市级以上人民政府和突发事件易发、多发地区的县级人民政府应当建立应急救援物资、生活必需品和应急处置装备的储备制度。

县级以上地方各级人民政府应当根据本地区的实际情况，与有关企业签订协议，保障应急救援物资、生活必需品和应急处置装备的生产、供给。

第三十三条 国家建立健全应急通信保障体系，完善公用通信网，建立有线与无线相结合、基础电信网络与机动通信系统相配套的应急通信系统，确保突发事件应对工作的通信畅通。

第三十四条 国家鼓励公民、法人和其他组织为人民政府应对突发事件工作提供物资、资金、技术支持和捐赠。

第三十五条 国家发展保险事业，建立国家财政支持的巨灾风险保险体系，并鼓励单位和公民参加保险。

第三十六条 国家鼓励、扶持具备相应条件的教学科研机构培养应急管理专门人才，鼓励、扶持教学科研机构和有关企业研究开发用于突发事件预防、监测、预警、应急处置与救援的新技术、新设备和新工具。

第三章 监测与预警

第三十七条 国务院建立全国统一的突发事件信息系统。

县级以上地方各级人民政府应当建立或者确定本地区统一的突发事件信息系统，汇集、储存、分析、传输有关突发事件的信息，并与上级人民政府及其有关部门、下级人民政府及其有关部门、专业机构和监测网点的突发事件信息系统实现互联互通，加强跨部门、跨地区的信息交流与情报合作。

第三十八条 县级以上人民政府及其有关部门、专业机构应当通过多种途径收集突发事件信息。

县级人民政府应当在居民委员会、村民委员会和有关单位建立专职或者兼职信息报告员制度。

获悉突发事件信息的公民、法人或者其他组织，应当立即向所在地人民政府、有关主管部门或者指定的专业机构报告。

第三十九条 地方各级人民政府应当按照国家有关规定向上级人民政府报送突发事件信息。县级以上人民政府有关主管部门应当向本级人民政府相关部门通报突发事件信息。专业机构、监测网点和信息报告员应当及时向所在地人民政府及其有关主管部门报告突发事件信息。

有关单位和人员报送、报告突发事件信息，应当做到及时、客观、真实，不得迟报、谎报、瞒报、漏报。

第四十条 县级以上地方各级人民政府应当及时汇总分析突发事件隐患和预警信息，必要时组织相关部门、专业技术人员、专家学者进行会商，对发生突发事件的可能性及其可能造成的影响进行评估；认为可能发生重大或者特别重大突发事件的，应当立即向上级人民政府报告，并向上级人民政府有关部门、当地驻军和可能受到危害的毗邻或者相关地区的人民政府通报。

第四十一条 国家建立健全突发事件监测制度。

县级以上人民政府及其有关部门应当根据自然灾害、事故灾难和公共卫生事件的种类和特点，建立健全基础信息数据库，完善监测网络，划分监测区域，确定监测点，明确监测项目，提供必要的设备、设施，配备专职或者兼职人员，对可能发生的突发事件进行监测。

第四十二条 国家建立健全突发事件预警制度。

可以预警的自然灾害、事故灾难和公共卫生事件的预警级别，按照突发事件发生的紧急程度、发展势态和可能造成的危害程度分为一级、二级、三级和四级，分别用红色、橙色、黄色和蓝色标示，一级为最高级别。

预警级别的划分标准由国务院或者国务院确定的部门制定。

第四十三条 可以预警的自然灾害、事故灾难或者公共卫生事件即将发生或者发生的可能性增大时，县级以上地方各级人民政府应当根据有关法律、行政法规和国务院规定的权限和程序，发布相应级别的警报，决定并宣布有关地区进入预警期，同时向上一级人民政府报告，必要时可以越级上报，并向当地驻军和可能受到危害的毗邻或者相关地区的人民政府通报。

第四十四条 发布三级、四级警报，宣布进入预警期后，县级以上地方各级人民政府应当根据即将发生的突发事件的特点和可能造成的危害，采取下列措施：

（一）启动应急预案；

（二）责令有关部门、专业机构、监测网点和负有特定职责的人员及时收集、报告有关信息，向社会公布反映突发事件信息的渠道，加强对突发事件发生、发展情况的监测、预报和预警工作；

（三）组织有关部门和机构、专业技术人员、有关专家学者，随时对突发事件信息进行分析评估，预测发生突发事件可能性的大小、影响范围和强度以及可能发生的突发事件的级别；

（四）定时向社会发布与公众有关的突发事件预测信息和分析评估结果，并对相关信息的报道工作进行管理；

（五）及时按照有关规定向社会发布可能受到突发事件危害的警告，宣传避免、减轻危害的常识，公布咨询电话。

第四十五条 发布一级、二级警报，宣布进入预警期后，县级以上地方各级人民政府除采取本法第四十四条规定的措施外，还应当针对即将发生的突发事件的特点和可能造成的危害，采取下列一项或者多项措施：

（一）责令应急救援队伍、负有特定职责的人员进入待命状态，并动员后备人员做好参加应急救援和处置工作的准备；

（二）调集应急救援所需物资、设备、工具，准备应急设施和避难场所，并确保其处于良好状态、随时可以投入正常使用；

（三）加强对重点单位、重要部位和重要基础设施的安全保卫，维护社会治安秩序；

（四）采取必要措施，确保交通、通信、供水、排水、供电、供气、供热等公共设施的安全和正常运行；

（五）及时向社会发布有关采取特定措施避免或者减轻危害的建议、劝告；

（六）转移、疏散或者撤离易受突发事件危害的人员并予以妥善安置，转移重要财产；

（七）关闭或者限制使用易受突发事件危害的场所，控制或者限制容易导致危害扩大的公共场所的活动；

（八）法律、法规、规章规定的其他必要的防范性、保护性措施。

第四十六条 对即将发生或者已经发生的社会安全事件，县级以上地方各级人民政府及其有关主管部门应当按照规定向上一级人民政府及其有关主管部门报告，必要时可以越级上报。

第四十七条 发布突发事件警报的人民政府应当根据事态的发展，按照有关规定适时调整预警级别并重新发布。

有事实证明不可能发生突发事件或者危险已经解除的，发布警报的人民政府应当立即宣布解除警报，终止预警期，并解除已经采取的有关措施。

第四章　应急处置与救援

第四十八条　突发事件发生后，履行统一领导职责或者组织处置突发事件的人民政府应当针对其性质、特点和危害程度，立即组织有关部门，调动应急救援队伍和社会力量，依照本章的规定和有关法律、法规、规章的规定采取应急处置措施。

第四十九条　自然灾害、事故灾难或者公共卫生事件发生后，履行统一领导职责的人民政府可以采取下列一项或者多项应急处置措施：

（一）组织营救和救治受害人员，疏散、撤离并妥善安置受到威胁的人员以及采取其他救助措施；

（二）迅速控制危险源，标明危险区域，封锁危险场所，划定警戒区，实行交通管制以及其他控制措施；

（三）立即抢修被损坏的交通、通信、供水、排水、供电、供气、供热等公共设施，向受到危害的人员提供避难场所和生活必需品，实施医疗救护和卫生防疫以及其他保障措施；

（四）禁止或者限制使用有关设备、设施，关闭或者限制使用有关场所，中止人员密集的活动或者可能导致危害扩大的生产经营活动以及采取其他保护措施；

（五）启用本级人民政府设置的财政预备费和储备的应急救援物资，必要时调用其他急需物资、设备、设施、工具；

（六）组织公民参加应急救援和处置工作，要求具有特定专长的人员提供服务；

（七）保障食品、饮用水、燃料等基本生活必需品的供应；

（八）依法从严惩处囤积居奇、哄抬物价、制假售假等扰乱市场秩序的行为，稳定市场价格，维护市场秩序；

（九）依法从严惩处哄抢财物、干扰破坏应急处置工作等扰乱社会秩序的行为，维护社会治安；

（十）采取防止发生次生、衍生事件的必要措施。

第五十条　社会安全事件发生后，组织处置工作的人民政府应当立即组织有关部门并由公安机关针对事件的性质和特点，依照有关法律、行政法规和国家其他有关规定，采取下列一项或者多项应急处置措施：

（一）强制隔离使用器械相互对抗或者以暴力行为参与冲突的当事人，妥善解决现场纠纷和争端，控制事态发展；

（二）对特定区域内的建筑物、交通工具、设备、设施以及燃料、燃气、电力、水的供应进行控制；

（三）封锁有关场所、道路，查验现场人员的身份证件，限制有关公共场所内的活动；

（四）加强对易受冲击的核心机关和单位的警卫，在国家机关、军事机关、国家通讯社、广播电台、电视台、外国驻华使领馆等单位附近设置临时警戒线；

（五）法律、行政法规和国务院规定的其他必要措施。

严重危害社会治安秩序的事件发生时，公安机关应当立即依法出动警力，根据现场情况依法采取相应的强制性措施，尽快使社会秩序恢复正常。

第五十一条 发生突发事件，严重影响国民经济正常运行时，国务院或者国务院授权的有关主管部门可以采取保障、控制等必要的应急措施，保障人民群众的基本生活需要，最大限度地减轻突发事件的影响。

第五十二条 履行统一领导职责或者组织处置突发事件的人民政府，必要时可以向单位和个人征用应急救援所需设备、设施、场地、交通工具和其他物资，请求其他地方人民政府提供人力、物力、财力或者技术支援，要求生产、供应生活必需品和应急救援物资的企业组织生产、保证供给，要求提供医疗、交通等公共服务的组织提供相应的服务。

履行统一领导职责或者组织处置突发事件的人民政府，应当组织协调运输经营单位，优先运送处置突发事件所需物资、设备、工具、应急救援人员和受到突发事件危害的人员。

第五十三条 履行统一领导职责或者组织处置突发事件的人民政府，应当按照有关规定统一、准确、及时发布有关突发事件事态发展和应急处置工作的信息。

第五十四条 任何单位和个人不得编造、传播有关突发事件事态发展或者应急处置工作的虚假信息。

第五十五条 突发事件发生地的居民委员会、村民委员会和其他组织应当按照当地人民政府的决定、命令，进行宣传动员，组织群众开展自救和互救，协助维护社会秩序。

第五十六条 受到自然灾害危害或者发生事故灾难、公共卫生事件的单位，应当立即组织本单位应急救援队伍和工作人员营救受害人员，疏散、撤离、安置受到威胁的人员，控制危险源，标明危险区域，封锁危险场所，并采取其他防止危害扩大的必要措施，同时向所在地县级人民政府报告；对因本单位的问题引发的或者主体是本单位人员的社会安全事件，有关单位应当按照规定上报情况，并迅速派出负责人赶赴现场开展劝解、疏导工作。

突发事件发生地的其他单位应当服从人民政府发布的决定、命令，配合人民政府采取的应急处置措施，做好本单位的应急救援工作，并积极组织人员参加所在地的应急救援和处置工作。

第五十七条 突发事件发生地的公民应当服从人民政府、居民委员会、村民委员会或者所属单位的指挥和安排，配合人民政府采取的应急处置措施，积极参加应急救援工作，协助维护社会秩序。

第五章　事后恢复与重建

第五十八条 突发事件的威胁和危害得到控制或者消除后，履行统一领导职责或者组织处置突发事件的人民政府应当停止执行依照本法规定采取的应急处置措施，同时采取或者继续实施必要措施，防止发生自然灾害、事故灾难、公共卫生事件的次生、衍生事件或者重新引发社会安全事件。

第五十九条 突发事件应急处置工作结束后，履行统一领导职责的人民政府应当立即组织对突发事件造成的损失进行评估，组织受影响地区尽快恢复生产、生活、工作和社会秩序，制定恢复重建计划，并向上一级人民政府报告。

受突发事件影响地区的人民政府应当及时组织和协调公安、交通、铁路、民航、邮电、建设等有关部门恢复社会治安秩序，尽快修复被损坏的交通、通信、供水、排水、供电、供气、供热等公共设施。

第六十条 受突发事件影响地区的人民政府开展恢复重建工作需要上一级人民政府支持的，可以向上一级人民政府提出请求。上一级人民政府应当根据受影响地区遭受的损失和实际情况，提供资金、物资支持和技术指导，组织其他地区提供资金、物资和人力支援。

第六十一条 国务院根据受突发事件影响地区遭受损失的情况，制定扶持该地区有关行业发展的优惠政策。

受突发事件影响地区的人民政府应当根据本地区遭受损失的情况，制定救助、补偿、抚慰、抚恤、安置等善后工作计划并组织实施，妥善解决因处置突发事件引发的矛盾和纠纷。

公民参加应急救援工作或者协助维护社会秩序期间，其在本单位的工资待遇和福利不变；表现突出、成绩显著的，由县级以上人民政府给予表彰或者奖励。

县级以上人民政府对在应急救援工作中伤亡的人员依法给予抚恤。

第六十二条 履行统一领导职责的人民政府应当及时查明突发事件的发生经过和原因，总结突发事件应急处置工作的经验教训，制定改进措施，并向上一级人民政府提出报告。

第六章 法律责任

第六十三条 地方各级人民政府和县级以上各级人民政府有关部门违反本法规定，不履行法定职责的，由其上级行政机关或者监察机关责令改正；有下列情形之一的，根据情节对直接负责的主管人员和其他直接责任人员依法给予处分：

（一）未按规定采取预防措施，导致发生突发事件，或者未采取必要的防范措施，导致发生次生、衍生事件的；

（二）迟报、谎报、瞒报、漏报有关突发事件的信息，或者通报、报送、公布虚假信息，造成后果的；

（三）未按规定及时发布突发事件警报、采取预警期的措施，导致损害发生的；

（四）未按规定及时采取措施处置突发事件或者处置不当，造成后果的；

（五）不服从上级人民政府对突发事件应急处置工作的统一领导、指挥和协调的；

（六）未及时组织开展生产自救、恢复重建等善后工作的；

（七）截留、挪用、私分或者变相私分应急救援资金、物资的；

（八）不及时归还征用的单位和个人的财产，或者对被征用财产的单位和个人不按规定给予补偿的。

第六十四条 有关单位有下列情形之一的，由所在地履行统一领导职责的人民政府责令停产停业，暂扣或者吊销许可证或者营业执照，并处五万元以上二十万元以下的罚款；构成违反治安管理行为的，由公安机关依法给予处罚：

（一）未按规定采取预防措施，导致发生严重突发事件的；

（二）未及时消除已发现的可能引发突发事件的隐患，导致发生严重突发事件的；

（三）未做好应急设备、设施日常维护、检测工作，导致发生严重突发事件或者突发事件危害扩大的；

（四）突发事件发生后，不及时组织开展应急救援工作，造成严重后果的。

前款规定的行为，其他法律、行政法规规定由人民政府有关部门依法决定处罚的，从其规定。

第六十五条 违反本法规定，编造并传播有关突发事件事态发展或者应急处置工作的虚假信息，或者明知是有关突发事件事态发展或者应急处置工作的虚假信息而进行传播的，责令改正，给予警告；造成严重后果的，依法暂停其业务活动或者吊销其执业许可证；负有直接责任的人员是国家工作人员的，还应当对其依法给予处分；构成违反治安管理行为的，由公安机关依法给予处罚。

第六十六条 单位或者个人违反本法规定，不服从所在地人民政府及其有关部门发布的决定、命令或者不配合其依法采取的措施，构成违反治安管理行为的，由公安机关依法给予处罚。

第六十七条 单位或者个人违反本法规定，导致突发事件发生或者危害扩大，给他人人身、财产造成损害的，应当依法承担民事责任。

第六十八条 违反本法规定，构成犯罪的，依法追究刑事责任。

第七章 附 则

第六十九条 发生特别重大突发事件，对人民生命财产安全、国家安全、公共安全、环境安全或者社会秩序构成重大威胁，采取本法和其他有关法律、法规、规章规定的应急处置措施不能消除或者有效控制、减轻其严重社会危害，需要进入紧急状态的，由全国人民代表大会常务委员会或者国务院依照宪法和其他有关法律规定的权限和程序决定。

紧急状态期间采取的非常措施，依照有关法律规定执行或者由全国人民代表大会常务委员会另行规定。

第七十条　本法自 2007 年 11 月 1 日起施行。

中华人民共和国集会游行
示威法实施条例

（1992 年 5 月 12 日国务院批准　1992 年 6 月 16 日公安部令第 8 号发布　根据 2011 年 1 月 8 日《国务院关于废止和修改部分行政法规的决定》修订）

第一章　总　　则

第一条　根据《中华人民共和国集会游行示威法》（以下简称《集会游行示威法》），制定本条例。

第二条　各级人民政府应当依法保障公民行使集会、游行、示威的权利，维护社会安定和公共秩序，保障依法举行的集会、游行、示威不受任何人以暴力、胁迫或者其他非法手段进行扰乱、冲击和破坏。

第三条　《集会游行示威法》第二条所称露天公共场所是指公众可以自由出入的或者凭票可以进入的室外公共场所，不包括机关、团体、企业事业组织管理的内部露天场所；公共道路是指除机关、团体、企业事业组织内部的专用道路以外的道路和水路。

第四条　文娱、体育活动，正常的宗教活动，传统的民间习俗活动，由各级人民政府或者有关主管部门依照有关的法律、法规和国家其他有关规定进行管理。

第五条　《集会游行示威法》第五条所称武器是指各种枪支、弹药以及其他可用于伤害人身的器械；管制刀具是指匕首、三棱刀、弹簧刀以及其他依法管制的刀具；爆炸物是指具有爆发力和破坏性能，瞬间可以造成人员伤亡、物品毁损的一切爆炸物品。

前款所列武器、管制刀具、爆炸物，在集会、游行、示威中不得携带，也不得运往集会、游行、示威的举行地。

第六条 依照《集会游行示威法》第七条第二款的规定，举行不需要申请的活动，应当维护交通秩序和社会秩序。

第七条 集会、游行、示威由举行地的市、县公安局、城市公安分局主管。

游行、示威路线在同一直辖市、省辖市、自治区辖市或者省、自治区人民政府派出机关所在地区经过两个以上区、县的，由该市公安局或者省、自治区人民政府派出机关的公安处主管；在同一省、自治区行政区域内经过两个以上省辖市、自治区辖市或者省、自治区人民政府派出机关所在地区的，由所在省、自治区公安厅主管；经过两个以上省、自治区、直辖市的，由公安部主管，或者由公安部授权的省、自治区、直辖市公安机关主管。

第二章 集会游行示威的申请和许可

第八条 举行集会、游行、示威，必须有负责人。

下列人员不得担任集会、游行、示威的负责人：

（一）无行为能力人或者限制行为能力人；

（二）被判处刑罚尚未执行完毕的；

（三）正在被劳动教养的；

（四）正在被依法采取刑事强制措施或者法律规定的其他限制人身自由措施的。

第九条 举行集会、游行、示威，必须由其负责人向本条例第七条规定的主管公安机关亲自递交书面申请；不是由负责人亲自递交书面申请的，主管公安机关不予受理。

集会、游行、示威的负责人在递交书面申请时，应当出示本人的居民身份证或者其他有效证件，并如实填写申请登记表。

第十条 主管公安机关接到集会、游行、示威的申请书后，应当及时审查，在法定期限内作出许可或者不许可的书面决定；决定书应当载明许可的内容，或者不许可的理由。

决定书应当在申请举行集会、游行、示威日的 2 日前送达其负责人，由负责人在送达通知书上签字。负责人拒绝签收的，送达人应当邀请其所在地基层组织的代表或者其他人作为见证人到场说明情况，在送达通知书上写明拒收的事由和日期，由见证人、送达人签名，将决定书留在负责人的住处，即视为已经送达。

事前约定送达的具体时间、地点，集会、游行、示威的负责人不在约定的时间、地点等候而无法送达的，视为自行撤销申请；主管公安机关未按约定的时间、地点送达的，视为许可。

第十一条　申请举行集会、游行、示威要求解决具体问题的，主管公安机关应当自接到申请书之日起 2 日内将《协商解决具体问题通知书》分别送交集会、游行、示威的负责人和有关机关或者单位，必要时可以同时送交有关机关或者单位的上级主管部门。有关机关或者单位和申请集会、游行、示威的负责人，应当自接到公安机关的《协商解决具体问题通知书》的次日起 2 日内进行协商。达成协议的，协议书经双方负责人签字后，由有关机关或者单位及时送交主管公安机关；未达成协议或者自接到《协商解决具体问题通知书》的次日起 2 日内未进行协商，申请人坚持举行集会、游行、示威的，有关机关或者单位应当及时通知主管公安机关，主管公安机关应当依照本条例第十条规定的程序及时作出许可或者不许可的决定。

主管公安机关通知协商解决具体问题的一方或者双方在外地的，《协商解决具体问题通知书》、双方协商达成的协议书或者未达成协议的通知，送交的开始日和在路途上的时间不计算在法定期间内。

第十二条　依照《集会游行示威法》第十五条的规定，公民不得在其居住地以外的城市发动、组织、参加当地公民的集会、游行、示威。本条所称居住地，是指公民常住户口所在地或者向暂住地户口登记机关办理了暂住登记并持续居住半年以上的地方。

第十三条　主管公安机关接到举行集会、游行、示威的申请书后，在决定许可时，有下列情形之一的，可以变更举行集会、游行、示威的时间、地点、路线，并及时通知其负责人：

（一）举行时间在交通高峰期，可能造成交通较长时间严重堵塞的；

（二）举行地或者行经路线正在施工，不能通行的；

（三）举行地为渡口、铁路道口或者是毗邻国（边）境的；

（四）所使用的机动车辆不符合道路养护规定的；

（五）在申请举行集会、游行、示威的同一时间、地点有重大国事活动的；

（六）在申请举行集会、游行、示威的同一时间、地点、路线已经许可他人举行集会、游行、示威的。

主管公安机关在决定许可时，认为需要变更举行集会、游行、示威的时间、地点、路线的，应当在许可决定书中写明。

在决定许可后，申请举行集会、游行、示威的地点、经过的路段发生自然灾害事故、治安灾害事故，尚在进行抢险救灾，举行日前不能恢复正常秩序的，主管公安机关可以变更举行集会、游行、示威的时间、地点、路线，但是应当将《集会游行示威事项变更决定书》于申请举行之日前送达集会、游行、示威的负责人。

第十四条 集会、游行、示威的负责人对主管公安机关不许可的决定不服的，可以自接到不许可决定书之日起 3 日内向同级人民政府申请复议。人民政府应当自接到复议申请书之日起 3 日内作出维持或者撤销主管公安机关原决定的复议决定，并将《集会游行示威复议决定书》送达集会、游行、示威的负责人，同时将副本送作出原决定的主管公安机关。人民政府作出的复议决定，主管公安机关和集会、游行、示威的负责人必须执行。

第十五条 集会、游行、示威的负责人在提出申请后接到主管公安机关的通知前，撤回申请的，应当及时到受理申请的主管公安机关办理撤回手续。

集会、游行、示威的负责人接到主管公安机关许可的通知或者人民政府许可的复议决定后，决定不举行集会、游行、示威的，应当在原定举行集会、游行、示威的时间前到原受理的主管公安机关或者人民政府交回许可决定书或者复议决定书。

第十六条 以国家机关、社会团体、企业事业组织的名义组织或者参加集会、游行、示威的，其负责人在递交申请书时，必须同时递交该国家机关、社会团体、企业事业组织负责人签署并加盖公章的证明文件。

第三章 集会游行示威的举行

第十七条 对依法举行的集会，公安机关应当根据实际需要，派出人民警察维持秩序，保障集会的顺利举行。

对依法举行的游行、示威，负责维持秩序的人民警察应当在主管公安机关许可举行游行、示威的路线或者地点疏导交通，防止他人扰乱、破坏游行、示威秩序，必要时还可以临时变通执行交通规则的有关规定，保障游行、示威的顺利进行。

第十八条　负责维持交通秩序和社会秩序的人民警察，由主管公安机关指派的现场负责人统一指挥。人民警察现场负责人应当同集会、游行、示威的负责人保持联系。

第十九条　游行队伍在行进中遇有前方路段临时发生自然灾害事故、交通事故及其他治安灾害事故，或者游行队伍之间、游行队伍与围观群众之间发生严重冲突和混乱，以及突然发生其他不可预料的情况，致使游行队伍不能按照许可的路线行进时，人民警察现场负责人有权临时决定改变游行队伍的行进路线。

第二十条　主管公安机关临时设置的警戒线，应当有明显的标志，必要时还可以设置障碍物。

第二十一条　《集会游行示威法》第二十三条所列不得举行集会、游行、示威的场所的周边距离，是指自上述场所的建筑物周边向外扩展的距离；有围墙或者栅栏的，从围墙或者栅栏的周边开始计算。不得举行集会、游行、示威的场所具体周边距离，由省、自治区、直辖市人民政府规定并予以公布。

省、自治区、直辖市人民政府规定不得举行集会、游行、示威的场所具体周边距离，应当有利于保护上述场所的安全和秩序，同时便于合法的集会、游行、示威的举行。

第二十二条　集会、游行、示威的负责人必须负责维持集会、游行、示威的秩序，遇有其他人加入集会、游行、示威队伍的，应当进行劝阻；对不听劝阻的，应当立即报告现场维持秩序的人民警察。人民警察接到报告后，应当予以制止。

集会、游行、示威的负责人指定协助人民警察维持秩序的人员所佩戴的标志，应当在举行日前将式样报主管公安机关备案。

第二十三条　依照《集会游行示威法》第二十七条的规定，对非法举行集会、游行、示威或者在集会、游行、示威进行中出现危害公共安全或者严重破坏社会秩序情况的，人民警察有权立即予以制止。对不听制止，需要命令解散的，应当通过广播、喊话等明确方式告知在场人员在限定时间内按照指定通道离开现场。对在限定时间内拒不离去的，人民警察现场负责人有权依照国家有关规定，命令使用警械或者采用其他警用手段强行驱散；对继续滞留现场的人员，可以强行带离现场或者立即予以拘留。

第四章　法律责任

第二十四条　拒绝、阻碍人民警察依法执行维持交通秩序和社会秩序职务，应当给予治安管理处罚的，依照治安管理处罚法的规定予以处罚；构成犯罪的，依法追究刑事责任。

违反本条例第五条的规定，尚不构成犯罪的，依照治安管理处罚法的规定予以处罚。

第二十五条　依照《集会游行示威法》第二十九条、第三十条的规定，需要依法追究刑事责任的，由举行地主管公安机关依照刑事诉讼法规定的程序办理。

第二十六条　依照《集会游行示威法》第三十三条的规定予以拘留的，公安机关应当在 24 小时内进行讯问；需要强行遣回原地的，由行为地的主管公安机关制作《强行遣送决定书》，并派人民警察执行。负责执行的人民警察应当将被遣送人送回其居住地，连同《强行遣送决定书》交给被遣送人居住地公安机关，由居住地公安机关依法处理。

第二十七条　依照《集会游行示威法》第二十八条、第三十条以及本条例第二十四条的规定，对当事人给予治安管理处罚的，依照治安管理处罚法规定的程序，由行为地公安机关决定和执行。被处罚人对处罚决定不服的，可以申请复议；对上一级公安机关的复议决定不服的，可以依照法律规定向人民法院提起诉讼。

第二十八条　对于依照《集会游行示威法》第二十七条的规定被强行带离现场或者立即予以拘留的，公安机关应当在 24 小时以内进行讯问。不需要追究法律责任的，可以令其具结悔过后释放；需要追究法律责任的，依照有关法律规定办理。

第二十九条　在举行集会、游行、示威的过程中，破坏公私财物或者侵害他人身体造成伤亡的，应当依法承担赔偿责任。

第五章　附　　则

第三十条　外国人在中国境内举行集会、游行、示威，适用本条例的规定。

外国人在中国境内要求参加中国公民举行的集会、游行、示威的，集会、游行、示威的负责人在申请书中应当载明；未经主管公安机关批准，不得参加。

第三十一条　省、自治区、直辖市的人民代表大会常务委员会根据《集会游行示威法》制定的实施办法适用于本行政区域；与本条例相抵触的，以本条例为准。

第三十二条　本条例具体应用中的问题由公安部负责解释。

第三十三条　本条例自发布之日起施行。

大型群众性活动安全管理条例

（2007 年 8 月 29 日国务院第 190 次常务会议通过　2007 年 9 月 14 日中华人民共和国国务院令第 505 号公布　自 2007 年 10 月 1 日起施行）

第一章　总　　则

第一条　为了加强对大型群众性活动的安全管理，保护公民生命和财产安全，维护社会治安秩序和公共安全，制定本条例。

第二条　本条例所称大型群众性活动，是指法人或者其他组织面向社会公众举办的每场次预计参加人数达到 1000 人以上的下列活动：

（一）体育比赛活动；

（二）演唱会、音乐会等文艺演出活动；

（三）展览、展销等活动；

（四）游园、灯会、庙会、花会、焰火晚会等活动；

（五）人才招聘会、现场开奖的彩票销售等活动。

影剧院、音乐厅、公园、娱乐场所等在其日常业务范围内举办的活动，不适用本条例的规定。

第三条 大型群众性活动的安全管理应当遵循安全第一、预防为主的方针，坚持承办者负责、政府监管的原则。

第四条 县级以上人民政府公安机关负责大型群众性活动的安全管理工作。

县级以上人民政府其他有关主管部门按照各自的职责，负责大型群众性活动的有关安全工作。

第二章　安全责任

第五条 大型群众性活动的承办者（以下简称承办者）对其承办活动的安全负责，承办者的主要负责人为大型群众性活动的安全责任人。

第六条 举办大型群众性活动，承办者应当制订大型群众性活动安全工作方案。

大型群众性活动安全工作方案包括下列内容：

（一）活动的时间、地点、内容及组织方式；

（二）安全工作人员的数量、任务分配和识别标志；

（三）活动场所消防安全措施；

（四）活动场所可容纳的人员数量以及活动预计参加人数；

（五）治安缓冲区域的设定及其标识；

（六）入场人员的票证查验和安全检查措施；

（七）车辆停放、疏导措施；

（八）现场秩序维护、人员疏导措施；

（九）应急救援预案。

第七条 承办者具体负责下列安全事项：

（一）落实大型群众性活动安全工作方案和安全责任制度，明确安全措施、安全工作人员岗位职责，开展大型群众性活动安全宣传教育；

（二）保障临时搭建的设施、建筑物的安全，消除安全隐患；

（三）按照负责许可的公安机关的要求，配备必要的安全检查设备，对参加大型群众性活动的人员进行安全检查，对拒不接受安全检查的，承办者有权拒绝其进入；

（四）按照核准的活动场所容纳人员数量、划定的区域发放或者出售门票；

（五）落实医疗救护、灭火、应急疏散等应急救援措施并组织演练；

（六）对妨碍大型群众性活动安全的行为及时予以制止，发现违法犯罪行为及时向公安机关报告；

（七）配备与大型群众性活动安全工作需要相适应的专业保安人员以及其他安全工作人员；

（八）为大型群众性活动的安全工作提供必要的保障。

第八条 大型群众性活动的场所管理者具体负责下列安全事项：

（一）保障活动场所、设施符合国家安全标准和安全规定；

（二）保障疏散通道、安全出口、消防车通道、应急广播、应急照明、疏散指示标志符合法律、法规、技术标准的规定；

（三）保障监控设备和消防设施、器材配置齐全、完好有效；

（四）提供必要的停车场地，并维护安全秩序。

第九条 参加大型群众性活动的人员应当遵守下列规定：

（一）遵守法律、法规和社会公德，不得妨碍社会治安、影响社会秩序；

（二）遵守大型群众性活动场所治安、消防等管理制度，接受安全检查，不得携带爆炸性、易燃性、放射性、毒害性、腐蚀性等危险物质或者非法携带枪支、弹药、管制器具；

（三）服从安全管理，不得展示侮辱性标语、条幅等物品，不得围攻裁判员、运动员或者其他工作人员，不得投掷杂物。

第十条 公安机关应当履行下列职责：

（一）审核承办者提交的大型群众性活动申请材料，实施安全许可；

（二）制订大型群众性活动安全监督方案和突发事件处置预案；

（三）指导对安全工作人员的教育培训；

（四）在大型群众性活动举办前，对活动场所组织安全检查，发现安全隐患及时责令改正；

（五）在大型群众性活动举办过程中，对安全工作的落实情况实施监督检查，发现安全隐患及时责令改正；

（六）依法查处大型群众性活动中的违法犯罪行为，处置危害公共安全的突发事件。

第三章 安 全 管 理

第十一条 公安机关对大型群众性活动实行安全许可制度。《营业性演出管理条例》对演出活动的安全管理另有规定的，从其规定。

举办大型群众性活动应当符合下列条件：

（一）承办者是依照法定程序成立的法人或者其他组织；

（二）大型群众性活动的内容不得违反宪法、法律、法规的规定，不得违反社会公德；

（三）具有符合本条例规定的安全工作方案，安全责任明确、措施有效；

（四）活动场所、设施符合安全要求。

第十二条 大型群众性活动的预计参加人数在 1000 人以上 5000 人以下的，由活动所在地县级人民政府公安机关实施安全许可；预计参加人数在 5000 人以上的，由活动所在地设区的市级人民政府公安机关或者直辖市人民政府公安机关实施安全许可；跨省、自治区、直辖市举办大型群众性活动的，由国务院公安部门实施安全许可。

第十三条 承办者应当在活动举办日的 20 日前提出安全许可申请，申请时，应当提交下列材料：

（一）承办者合法成立的证明以及安全责任人的身份证明；

（二）大型群众性活动方案及其说明，2 个或者 2 个以上承办者共同承办大型群众性活动的，还应当提交联合承办的协议；

（三）大型群众性活动安全工作方案；

（四）活动场所管理者同意提供活动场所的证明。

依照法律、行政法规的规定，有关主管部门对大型群众性活动的承办者有资质、资格要求的，还应当提交有关资质、资格证明。

第十四条 公安机关收到申请材料应当依法做出受理或者不予受理的决定。对受理的申请，应当自受理之日起 7 日内进行审查，对活动场所进行查验，对符合安全条件的，做出许可的决定；对不符合安全条件的，做出不予许可的决定，并书面说明理由。

第十五条 对经安全许可的大型群众性活动，承办者不得擅自变更活动的时间、地点、内容或者扩大大型群众性活动的举办规模。

承办者变更大型群众性活动时间的，应当在原定举办活动时间之前向做出许可决定的公安机关申请变更，经公安机关同意方可变更。

承办者变更大型群众性活动地点、内容以及扩大大型群众性活动举办规模的，应当依照本条例的规定重新申请安全许可。

承办者取消举办大型群众性活动的，应当在原定举办活动时间之前书面告知做出安全许可决定的公安机关，并交回公安机关颁发的准予举办大型群众性活动的安全许可证件。

第十六条 对经安全许可的大型群众性活动，公安机关根据安全需要组织相应警力，维持活动现场周边的治安、交通秩序，预防和处置突发治安事件，查处违法犯罪活动。

第十七条 在大型群众性活动现场负责执行安全管理任务的公安机关工作人员，凭值勤证件进入大型群众性活动现场，依法履行安全管理职责。

公安机关和其他有关主管部门及其工作人员不得向承办者索取门票。

第十八条 承办者发现进入活动场所的人员达到核准数量时，应当立即停止验票；发现持有划定区域以外的门票或者持假票的人员，应当拒绝其入场并向活动现场的公安机关工作人员报告。

第十九条 在大型群众性活动举办过程中发生公共安全事故、治安案件的，安全责任人应当立即启动应急救援预案，并立即报告公安机关。

第四章　法律责任

第二十条 承办者擅自变更大型群众性活动的时间、地点、内容或者擅自扩大大型群众性活动的举办规模的，由公安机关处1万元以上5万元以下罚款；有违法所得的，没收违法所得。

未经公安机关安全许可的大型群众性活动由公安机关予以取缔，对承办者处10万元以上30万元以下罚款。

第二十一条 承办者或者大型群众性活动场所管理者违反本条例规定致使发生重大伤亡事故、治安案件或者造成其他严重后果构成犯罪的，依法追究刑事责任；尚不构成犯罪的，对安全责任人和其他直接责任人员依法给予处分、治安管理处罚，对单位处1万元以上5万元以下罚款。

第二十二条 在大型群众性活动举办过程中发生公共安全事故，安全责任人不立即启动应急救援预案或者不立即向公安机关报告的，由公安机关对安全责任人和其他直接责任人员处5000元以上5万元以下罚款。

第二十三条　参加大型群众性活动的人员有违反本条例第九条规定行为的，由公安机关给予批评教育；有危害社会治安秩序、威胁公共安全行为的，公安机关可以将其强行带离现场，依法给予治安管理处罚；构成犯罪的，依法追究刑事责任。

第二十四条　有关主管部门的工作人员和直接负责的主管人员在履行大型群众性活动安全管理职责中，有滥用职权、玩忽职守、徇私舞弊行为的，依法给予处分；构成犯罪的，依法追究刑事责任。

第五章　附　　则

第二十五条　县级以上各级人民政府、国务院部门直接举办的大型群众性活动的安全保卫工作，由举办活动的人民政府、国务院部门负责，不实行安全许可制度，但应当按照本条例的有关规定，责成或者会同有关公安机关制订更加严格的安全保卫工作方案，并组织实施。

第二十六条　本条例自 2007 年 10 月 1 日起施行。

突发事件应急预案管理办法

（2024 年 1 月 31 日　国办发〔2024〕5 号）

第一章　总　　则

第一条　为加强突发事件应急预案（以下简称应急预案）体系建设，规范应急预案管理，增强应急预案的针对性、实用性和可操作性，依据《中华人民共和国突发事件应对法》等法律、行政法规，制定本办法。

第二条　本办法所称应急预案，是指各级人民政府及其部门、基层组织、企事业单位和社会组织等为依法、迅速、科学、有序应对突发事件，最大程度减少突发事件及其造成的损害而预先制定的方案。

第三条　应急预案的规划、编制、审批、发布、备案、培训、宣传、演练、评估、修订等工作，适用本办法。

第四条　应急预案管理遵循统一规划、综合协调、分类指导、分级负责、动态管理的原则。

第五条 国务院统一领导全国应急预案体系建设和管理工作，县级以上地方人民政府负责领导本行政区域内应急预案体系建设和管理工作。

突发事件应对有关部门在各自职责范围内，负责本部门（行业、领域）应急预案管理工作；县级以上人民政府应急管理部门负责指导应急预案管理工作，综合协调应急预案衔接工作。

第六条 国务院应急管理部门统筹协调各地区各部门应急预案数据库管理，推动实现应急预案数据共享共用。各地区各部门负责本行政区域、本部门（行业、领域）应急预案数据管理。

县级以上人民政府及其有关部门要注重运用信息化数字化智能化技术，推进应急预案管理理念、模式、手段、方法等创新，充分发挥应急预案牵引应急准备、指导处置救援的作用。

第二章 分类与内容

第七条 按照制定主体划分，应急预案分为政府及其部门应急预案、单位和基层组织应急预案两大类。

政府及其部门应急预案包括总体应急预案、专项应急预案、部门应急预案等。

单位和基层组织应急预案包括企事业单位、村民委员会、居民委员会、社会组织等编制的应急预案。

第八条 总体应急预案是人民政府组织应对突发事件的总体制度安排。

总体应急预案围绕突发事件事前、事中、事后全过程，主要明确应对工作的总体要求、事件分类分级、预案体系构成、组织指挥体系与职责，以及风险防控、监测预警、处置救援、应急保障、恢复重建、预案管理等内容。

第九条 专项应急预案是人民政府为应对某一类型或某几种类型突发事件，或者针对重要目标保护、重大活动保障、应急保障等重要专项工作而预先制定的涉及多个部门职责的方案。

部门应急预案是人民政府有关部门根据总体应急预案、专项应急预案和部门职责，为应对本部门（行业、领域）突发事件，或者针对重要目标保护、重大活动保障、应急保障等涉及部门工作而预先制定的方案。

第十条 针对突发事件应对的专项和部门应急预案，主要规定县级以上人民政府或有关部门相关突发事件应对工作的组织指挥体系和专项工作安排，不同层级预案内容各有侧重，涉及相邻或相关地方人民政府、部门、单位任务的应当沟通一致后明确。

国家层面专项和部门应急预案侧重明确突发事件的应对原则、组织指挥机制、预警分级和事件分级标准、响应分级、信息报告要求、应急保障措施等，重点规范国家层面应对行动，同时体现政策性和指导性。

省级专项和部门应急预案侧重明确突发事件的组织指挥机制、监测预警、分级响应及响应行动、队伍物资保障及市县级人民政府职责等，重点规范省级层面应对行动，同时体现指导性和实用性。

市县级专项和部门应急预案侧重明确突发事件的组织指挥机制、风险管控、监测预警、信息报告、组织自救互救、应急处置措施、现场管控、队伍物资保障等内容，重点规范市（地）级和县级层面应对行动，落实相关任务，细化工作流程，体现应急处置的主体职责和针对性、可操作性。

第十一条 为突发事件应对工作提供通信、交通运输、医学救援、物资装备、能源、资金以及新闻宣传、秩序维护、慈善捐赠、灾害救助等保障功能的专项和部门应急预案侧重明确组织指挥机制、主要任务、资源布局、资源调用或应急响应程序、具体措施等内容。

针对重要基础设施、生命线工程等重要目标保护的专项和部门应急预案，侧重明确关键功能和部位、风险隐患及防范措施、监测预警、信息报告、应急处置和紧急恢复、应急联动等内容。

第十二条 重大活动主办或承办机构应当结合实际情况组织编制重大活动保障应急预案，侧重明确组织指挥体系、主要任务、安全风险及防范措施、应急联动、监测预警、信息报告、应急处置、人员疏散撤离组织和路线等内容。

第十三条 相邻或相关地方人民政府及其有关部门可以联合制定应对区域性、流域性突发事件的联合应急预案，侧重明确地方人民政府及其部门间信息通报、组织指挥体系对接、处置措施衔接、应急资源保障等内容。

第十四条 国家有关部门和超大特大城市人民政府可以结合行业（地区）风险评估实际，制定巨灾应急预案，统筹本部门（行业、领域）、本地区巨灾应对工作。

第十五条 乡镇（街道）应急预案重点规范乡镇（街道）层面应对行

动，侧重明确突发事件的预警信息传播、任务分工、处置措施、信息收集报告、现场管理、人员疏散与安置等内容。

村（社区）应急预案侧重明确风险点位、应急响应责任人、预警信息传播与响应、人员转移避险、应急处置措施、应急资源调用等内容。

乡镇（街道）、村（社区）应急预案的形式、要素和内容等，可结合实际灵活确定，力求简明实用，突出人员转移避险，体现先期处置特点。

第十六条 单位应急预案侧重明确应急响应责任人、风险隐患监测、主要任务、信息报告、预警和应急响应、应急处置措施、人员疏散转移、应急资源调用等内容。

大型企业集团可根据相关标准规范和实际工作需要，建立本集团应急预案体系。

安全风险单一、危险性小的生产经营单位，可结合实际简化应急预案要素和内容。

第十七条 应急预案涉及的有关部门、单位等可以结合实际编制应急工作手册，内容一般包括应急响应措施、处置工作程序、应急救援队伍、物资装备、联络人员和电话等。

应急救援队伍、保障力量等应当结合实际情况，针对需要参与突发事件应对的具体任务编制行动方案，侧重明确应急响应、指挥协同、力量编成、行动设想、综合保障、其他有关措施等具体内容。

第三章　规划与编制

第十八条 国务院应急管理部门会同有关部门编制应急预案制修订工作计划，报国务院批准后实施。县级以上地方人民政府应急管理部门应当会同有关部门，针对本行政区域多发易发突发事件、主要风险等，编制本行政区域应急预案制修订工作计划，报本级人民政府批准后实施，并抄送上一级人民政府应急管理部门。

县级以上人民政府有关部门可以结合实际制定本部门（行业、领域）应急预案编制计划，并抄送同级应急管理部门。县级以上地方人民政府有关部门应急预案编制计划同时抄送上一级相应部门。

应急预案编制计划应当根据国民经济和社会发展规划、突发事件应对工作实际，适时予以调整。

第十九条 县级以上人民政府总体应急预案由本级人民政府应急管理部门组织编制，专项应急预案由本级人民政府相关类别突发事件应对牵头部门组织编制。县级以上人民政府部门应急预案，乡级人民政府、单位和基层组织等应急预案由有关制定单位组织编制。

第二十条 应急预案编制部门和单位根据需要组成应急预案编制工作小组，吸收有关部门和单位人员、有关专家及有应急处置工作经验的人员参加。编制工作小组组长由应急预案编制部门或单位有关负责人担任。

第二十一条 编制应急预案应当依据有关法律、法规、规章和标准，紧密结合实际，在开展风险评估、资源调查、案例分析的基础上进行。

风险评估主要是识别突发事件风险及其可能产生的后果和次生（衍生）灾害事件，评估可能造成的危害程度和影响范围等。

资源调查主要是全面调查本地区、本单位应对突发事件可用的应急救援队伍、物资装备、场所和通过改造可以利用的应急资源状况，合作区域内可以请求援助的应急资源状况，重要基础设施容灾保障及备用状况，以及可以通过潜力转换提供应急资源的状况，为制定应急响应措施提供依据。必要时，也可根据突发事件应对需要，对本地区相关单位和居民所掌握的应急资源情况进行调查。

案例分析主要是对典型突发事件的发生演化规律、造成的后果和处置救援等情况进行复盘研究，必要时构建突发事件情景，总结经验教训，明确应对流程、职责任务和应对措施，为制定应急预案提供参考借鉴。

第二十二条 政府及其有关部门在应急预案编制过程中，应当广泛听取意见，组织专家论证，做好与相关应急预案及国防动员实施预案的衔接。涉及其他单位职责的，应当书面征求意见。必要时，向社会公开征求意见。

单位和基层组织在应急预案编制过程中，应根据法律法规要求或实际需要，征求相关公民、法人或其他组织的意见。

第四章 审批、发布、备案

第二十三条 应急预案编制工作小组或牵头单位应当将应急预案送审稿、征求意见情况、编制说明等有关材料报送应急预案审批单位。因保密等原因需要发布应急预案简本的，应当将应急预案简本一并报送审批。

第二十四条 应急预案审核内容主要包括：

（一）预案是否符合有关法律、法规、规章和标准等规定；

（二）预案是否符合上位预案要求并与有关预案有效衔接；

（三）框架结构是否清晰合理，主体内容是否完备；

（四）组织指挥体系与责任分工是否合理明确，应急响应级别设计是否合理，应对措施是否具体简明、管用可行；

（五）各方面意见是否一致；

（六）其他需要审核的内容。

第二十五条 国家总体应急预案按程序报党中央、国务院审批，以党中央、国务院名义印发。专项应急预案由预案编制牵头部门送应急管理部衔接协调后，报国务院审批，以国务院办公厅或者有关应急指挥机构名义印发。部门应急预案由部门会议审议决定、以部门名义印发，涉及其他部门职责的可与有关部门联合印发；必要时，可以由国务院办公厅转发。

地方各级人民政府总体应急预案按程序报本级党委和政府审批，以本级党委和政府名义印发。专项应急预案按程序送本级应急管理部门衔接协调，报本级人民政府审批，以本级人民政府办公厅（室）或者有关应急指挥机构名义印发。部门应急预案审批印发程序按照本级人民政府和上级有关部门的应急预案管理规定执行。

重大活动保障应急预案、巨灾应急预案由本级人民政府或其部门审批，跨行政区域联合应急预案审批由相关人民政府或其授权的部门协商确定，并参照专项应急预案或部门应急预案管理。

单位和基层组织应急预案须经本单位或基层组织主要负责人签发，以本单位或基层组织名义印发，审批方式根据所在地人民政府及有关行业管理部门规定和实际情况确定。

第二十六条 应急预案审批单位应当在应急预案印发后的20个工作日内，将应急预案正式印发文本（含电子文本）及编制说明，依照下列规定向有关单位备案并抄送有关部门：

（一）县级以上地方人民政府总体应急预案报上一级人民政府备案，径送上一级人民政府应急管理部门，同时抄送上一级人民政府有关部门；

（二）县级以上地方人民政府专项应急预案报上一级人民政府相应牵头部门备案，同时抄送上一级人民政府应急管理部门和有关部门；

（三）部门应急预案报本级人民政府备案，径送本级应急管理部门，同时抄送本级有关部门；

（四）联合应急预案按所涉及区域，依据专项应急预案或部门应急预案有关规定备案，同时抄送本地区上一级或共同上一级人民政府应急管理部门和有关部门；

（五）涉及需要与所在地人民政府联合应急处置的中央单位应急预案，应当报所在地县级人民政府备案，同时抄送本级应急管理部门和突发事件应对牵头部门；

（六）乡镇（街道）应急预案报上一级人民政府备案，径送上一级人民政府应急管理部门，同时抄送上一级人民政府有关部门。村（社区）应急预案报乡镇（街道）备案；

（七）中央企业集团总体应急预案报应急管理部备案，抄送企业主管机构、行业主管部门、监管部门；有关专项应急预案向国家突发事件应对牵头部门备案，抄送应急管理部、企业主管机构、行业主管部门、监管部门等有关单位。中央企业集团所属单位、权属企业的总体应急预案按管理权限报所在地人民政府应急管理部门备案，抄送企业主管机构、行业主管部门、监管部门；专项应急预案按管理权限报所在地行业监管部门备案，抄送应急管理部门和有关企业主管机构、行业主管部门。

第二十七条 国务院履行应急预案备案管理职责的部门和省级人民政府应当建立应急预案备案管理制度。县级以上地方人民政府有关部门落实有关规定，指导、督促有关单位做好应急预案备案工作。

第二十八条 政府及其部门应急预案应当在正式印发后20个工作日内向社会公开。单位和基层组织应急预案应当在正式印发后20个工作日内向本单位以及可能受影响的其他单位和地区公开。

第五章 培训、宣传、演练

第二十九条 应急预案发布后，其编制单位应做好组织实施和解读工作，并跟踪应急预案落实情况，了解有关方面和社会公众的意见建议。

第三十条 应急预案编制单位应当通过编发培训材料、举办培训班、开展工作研讨等方式，对与应急预案实施密切相关的管理人员、专业救援人员等进行培训。

各级人民政府及其有关部门应将应急预案培训作为有关业务培训的重

要内容，纳入领导干部、公务员等日常培训内容。

第三十一条 对需要公众广泛参与的非涉密的应急预案，编制单位应当充分利用互联网、广播、电视、报刊等多种媒体广泛宣传，制作通俗易懂、好记管用的宣传普及材料，向公众免费发放。

第三十二条 应急预案编制单位应当建立应急预案演练制度，通过采取形式多样的方式方法，对应急预案所涉及的单位、人员、装备、设施等组织演练。通过演练发现问题、解决问题，进一步修改完善应急预案。

专项应急预案、部门应急预案每3年至少进行一次演练。

地震、台风、风暴潮、洪涝、山洪、滑坡、泥石流、森林草原火灾等自然灾害易发区域所在地人民政府，重要基础设施和城市供水、供电、供气、供油、供热等生命线工程经营管理单位，矿山、金属冶炼、建筑施工单位和易燃易爆物品、化学品、放射性物品等危险物品生产、经营、使用、储存、运输、废弃处置单位，公共交通工具、公共场所和医院、学校等人员密集场所的经营单位或者管理单位等，应当有针对性地组织开展应急预案演练。

第三十三条 应急预案演练组织单位应当加强演练评估，主要内容包括：演练的执行情况，应急预案的实用性和可操作性，指挥协调和应急联动机制运行情况，应急人员的处置情况，演练所用设备装备的适用性，对完善应急预案、应急准备、应急机制、应急措施等方面的意见和建议等。

各地区各有关部门加强对本行政区域、本部门（行业、领域）应急预案演练的评估指导。根据需要，应急管理部门会同有关部门组织对下级人民政府及其有关部门组织的应急预案演练情况进行评估指导。

鼓励委托第三方专业机构进行应急预案演练评估。

第六章　评估与修订

第三十四条 应急预案编制单位应当建立应急预案定期评估制度，分析应急预案内容的针对性、实用性和可操作性等，实现应急预案的动态优化和科学规范管理。

县级以上地方人民政府及其有关部门应急预案原则上每3年评估一次。应急预案的评估工作，可以委托第三方专业机构组织实施。

第三十五条 有下列情形之一的，应当及时修订应急预案：

（一）有关法律、法规、规章、标准、上位预案中的有关规定发生重大变化的；

（二）应急指挥机构及其职责发生重大调整的；

（三）面临的风险发生重大变化的；

（四）重要应急资源发生重大变化的；

（五）在突发事件实际应对和应急演练中发现问题需要作出重大调整的；

（六）应急预案制定单位认为应当修订的其他情况。

第三十六条 应急预案修订涉及组织指挥体系与职责、应急处置程序、主要处置措施、突发事件分级标准等重要内容的，修订工作应参照本办法规定的应急预案编制、审批、备案、发布程序组织进行。仅涉及其他内容的，修订程序可根据情况适当简化。

第三十七条 各级人民政府及其部门、企事业单位、社会组织、公民等，可以向有关应急预案编制单位提出修订建议。

第七章 保障措施

第三十八条 各级人民政府及其有关部门、各有关单位要指定专门机构和人员负责相关具体工作，将应急预案规划、编制、审批、发布、备案、培训、宣传、演练、评估、修订等所需经费纳入预算统筹安排。

第三十九条 国务院有关部门应加强对本部门（行业、领域）应急预案管理工作的指导和监督，并根据需要编写应急预案编制指南。县级以上地方人民政府及其有关部门应对本行政区域、本部门（行业、领域）应急预案管理工作加强指导和监督。

第八章 附 则

第四十条 国务院有关部门、地方各级人民政府及其有关部门、大型企业集团等可根据实际情况，制定相关应急预案管理实施办法。

第四十一条 法律、法规、规章另有规定的从其规定，确需保密的应急预案按有关规定执行。

第四十二条 本办法由国务院应急管理部门负责解释。

第四十三条 本办法自印发之日起施行。

公安部关于公民申请个人集会游行示威如何处置的批复

(2007 年 12 月 14 日　公复字〔2007〕7 号)

天津市公安局：

你局《关于公民申请个人集会游行示威如何处置的请示》（津公治〔2007〕630 号）收悉。现批复如下：

《中华人民共和国集会游行示威法》中的集会游行示威，是指公民表达共同意愿的活动。公民申请个人举行集会游行示威的，公安机关依法不予受理。

三、社会管理

全国人民代表大会常务委员会
关于严禁卖淫嫖娼的决定①

(1991 年 9 月 4 日第七届全国人民代表大会常务委员会第二十一次会议通过　根据 2009 年 8 月 27 日《全国人民代表大会常务委员会关于修改部分法律的决定》修正)

为了严禁卖淫、嫖娼，严惩组织、强迫、引诱、容留、介绍他人卖淫的犯罪分子，维护社会治安秩序和良好的社会风气，对刑法有关规定作如下补充修改：

一、组织他人卖淫的，处 10 年以上有期徒刑或者无期徒刑，并处 1 万元以下罚金或者没收财产；情节特别严重的，处死刑，并处没收财产。

协助组织他人卖淫的，处 3 年以上 10 年以下有期徒刑，并处 1 万元以下罚金；情节严重的，处 10 年以上有期徒刑，并处 1 万元以下罚金或者没收财产。

二、强迫他人卖淫的，处 5 年以上 10 年以下有期徒刑，并处 1 万元以下罚金；有下列情形之一的，处 10 年以上有期徒刑或者无期徒刑，并处 1 万元以下罚金或者没收财产；情节特别严重的，处死刑，并处没收财产：

(一) 强迫不满 14 岁的幼女卖淫的；

(二) 强迫多人卖淫或者多次强迫他人卖淫的；

(三) 强奸后迫使卖淫的；

(四) 造成被强迫卖淫的人重伤、死亡或者其他严重后果的。

---

① 根据《全国人民代表大会常务委员会关于废止有关收容教育法律规定和制度的决定》，废止《全国人民代表大会常务委员会关于严禁卖淫嫖娼的决定》第四条第二款、第四款，以及据此实行的收容教育制度。

三、引诱、容留、介绍他人卖淫的，处 5 年以下有期徒刑或者拘役，并处 5000 元以下罚金；情节严重的，处 5 年以上有期徒刑，并处 1 万元以下罚金；情节较轻的，依照《中华人民共和国治安管理处罚法》的规定处罚。

引诱不满 14 岁的幼女卖淫的，依照本决定第二条关于强迫不满 14 岁的幼女卖淫的规定处罚。

四、卖淫、嫖娼的，依照《中华人民共和国治安管理处罚法》的规定处罚。

对卖淫、嫖娼的，可以由公安机关会同有关部门强制集中进行法律、道德教育和生产劳动，使之改掉恶习。期限为 6 个月至 2 年。具体办法由国务院规定。

因卖淫、嫖娼被公安机关处理后又卖淫、嫖娼的，实行劳动教养，并由公安机关处 5000 元以下罚款。

对卖淫、嫖娼的，一律强制进行性病检查。对患有性病的，进行强制治疗。

五、明知自己患有梅毒、淋病等严重性病卖淫、嫖娼的，处 5 年以下有期徒刑、拘役或者管制，并处 5000 元以下罚金。

嫖宿不满 14 岁的幼女的，依照刑法关于强奸罪的规定处罚。

六、旅馆业、饮食服务业、文化娱乐业、出租汽车业等单位的人员，利用本单位的条件，组织、强迫、引诱、容留、介绍他人卖淫的，依照本决定第一条、第二条、第三条的规定处罚。

前款所列单位的主要负责人，有前款规定的行为的，从重处罚。

七、旅馆业、饮食服务业、文化娱乐业、出租汽车业等单位，对发生在本单位的卖淫、嫖娼活动，放任不管、不采取措施制止的，由公安机关处 1 万元以上 10 万元以下罚款，并可以责令其限期整顿、停业整顿，经整顿仍不改正的，由工商行政主管部门吊销营业执照；对直接负责的主管人员和其他直接责任人员，由本单位或者上级主管部门予以行政处分，由公安机关处 1000 元以下罚款。

八、旅馆业、饮食服务业、文化娱乐业、出租汽车业等单位的负责人和职工，在公安机关查处卖淫、嫖娼活动时，隐瞒情况或者为违法犯罪分子通风报信的，依照刑法第一百六十二条的规定处罚。

九、有查禁卖淫、嫖娼活动职责的国家工作人员，为使违法犯罪分子逃避处罚，向其通风报信、提供便利的，依照刑法第一百八十八条的规定处罚。

犯前款罪，事前与犯罪分子通谋的，以共同犯罪论处。

十、组织、强迫、引诱、容留、介绍他人卖淫以及卖淫的非法所得予以没收。

罚没收入一律上缴国库。

十一、本决定自公布之日起施行。

附：法律有关条文（略）

最高人民法院、最高人民检察院、公安部关于办理网络赌博犯罪案件适用法律若干问题的意见

（2010 年 8 月 31 日　公通字〔2010〕40 号）

为依法惩治网络赌博犯罪活动，根据《中华人民共和国刑法》、《中华人民共和国刑事诉讼法》和《最高人民法院、最高人民检察院关于办理赌博刑事案件具体应用法律若干问题的解释》等有关规定，结合司法实践，现就办理网络赌博犯罪案件适用法律的若干问题，提出如下意见：

一、关于网上开设赌场犯罪的定罪量刑标准

利用互联网、移动通讯终端等传输赌博视频、数据，组织赌博活动，具有下列情形之一的，属于刑法第三百零三条第二款规定的"开设赌场"行为：

（一）建立赌博网站并接受投注的；

（二）建立赌博网站并提供给他人组织赌博的；

（三）为赌博网站担任代理并接受投注的；

（四）参与赌博网站利润分成的。

实施前款规定的行为，具有下列情形之一的，应当认定为刑法第三百零三条第二款规定的"情节严重"：

（一）抽头渔利数额累计达到 3 万元以上的；

（二）赌资数额累计达到 30 万元以上的；

（三）参赌人数累计达到 120 人以上的；

（四）建立赌博网站后通过提供给他人组织赌博，违法所得数额在 3 万元以上的；

（五）参与赌博网站利润分成，违法所得数额在 3 万元以上的；

（六）为赌博网站招募下级代理，由下级代理接受投注的；

（七）招揽未成年人参与网络赌博的；

（八）其他情节严重的情形。

二、关于网上开设赌场共同犯罪的认定和处罚

明知是赌博网站，而为其提供下列服务或者帮助的，属于开设赌场罪的共同犯罪，依照刑法第三百零三条第二款的规定处罚：

（一）为赌博网站提供互联网接入、服务器托管、网络存储空间、通讯传输通道、投放广告、发展会员、软件开发、技术支持等服务，收取服务费数额在 2 万元以上的；

（二）为赌博网站提供资金支付结算服务，收取服务费数额在 1 万元以上或者帮助收取赌资 20 万元以上的；

（三）为 10 个以上赌博网站投放与网址、赔率等信息有关的广告或者为赌博网站投放广告累计 100 条以上的。

实施前款规定的行为，数量或者数额达到前款规定标准 5 倍以上的，应当认定为刑法第三百零三条第二款规定的"情节严重"。

实施本条第一款规定的行为，具有下列情形之一的，应当认定行为人"明知"，但是有证据证明确实不知道的除外：

（一）收到行政主管机关书面等方式的告知后，仍然实施上述行为的；

（二）为赌博网站提供互联网接入、服务器托管、网络存储空间、通讯传输通道、投放广告、软件开发、技术支持、资金支付结算等服务，收取服务费明显异常的；

（三）在执法人员调查时，通过销毁、修改数据、账本等方式故意规避调查或者向犯罪嫌疑人通风报信的；

（四）其他有证据证明行为人明知的。

如果有开设赌场的犯罪嫌疑人尚未到案，但是不影响对已到案共同犯罪嫌疑人、被告人的犯罪事实认定的，可以依法对已到案者定罪处罚。

三、关于网络赌博犯罪的参赌人数、赌资数额和网站代理的认定

赌博网站的会员账号数可以认定为参赌人数，如果查实一个账号多人使用或者多个账号一人使用的，应当按照实际使用的人数计算参赌人数。

赌资数额可以按照在网络上投注或者赢取的点数乘以每一点实际代表的金额认定。

对于将资金直接或间接兑换为虚拟货币、游戏道具等虚拟物品，并用其作为筹码投注的，赌资数额按照购买该虚拟物品所需资金数额或者实际支付资金数额认定。

对于开设赌场犯罪中用于接收、流转赌资的银行账户内的资金，犯罪嫌疑人、被告人不能说明合法来源的，可以认定为赌资。向该银行账户转入、转出资金的银行账户数量可以认定为参赌人数。如果查实一个账户多人使用或多个账户一人使用的，应当按照实际使用的人数计算参赌人数。

有证据证明犯罪嫌疑人在赌博网站上的账号设置有下级账号的，应当认定其为赌博网站的代理。

四、关于网络赌博犯罪案件的管辖

网络赌博犯罪案件的地域管辖，应当坚持以犯罪地管辖为主、被告人居住地管辖为辅的原则。

"犯罪地"包括赌博网站服务器所在地、网络接入地，赌博网站建立者、管理者所在地，以及赌博网站代理人、参赌人实施网络赌博行为地等。

公安机关对侦办跨区域网络赌博犯罪案件的管辖权有争议的，应本着有利于查清犯罪事实、有利于诉讼的原则，认真协商解决。经协商无法达成一致的，报共同的上级公安机关指定管辖。对即将侦查终结的跨省（自治区、直辖市）重大网络赌博案件，必要时可由公安部商最高人民法院和最高人民检察院指定管辖。

为保证及时结案，避免超期羁押，人民检察院对于公安机关提请审查逮捕、移送审查起诉的案件，人民法院对于已进入审判程序的案件，犯罪嫌疑人、被告人及其辩护人提出管辖异议或者办案单位发现没有管辖权的，受案人民检察院、人民法院经审查可以依法报请上级人民检察院、人民法院指定管辖，不再自行移送有管辖权的人民检察院、人民法院。

五、关于电子证据的收集与保全

侦查机关对于能够证明赌博犯罪案件真实情况的网站页面、上网记录、

电子邮件、电子合同、电子交易记录、电子账册等电子数据，应当作为刑事证据予以提取、复制、固定。

侦查人员应当对提取、复制、固定电子数据的过程制作相关文字说明，记录案由、对象、内容以及提取、复制、固定的时间、地点、方法，电子数据的规格、类别、文件格式等，并由提取、复制、固定电子数据的制作人、电子数据的持有人签名或者盖章，附所提取、复制、固定的电子数据一并随案移送。

对于电子数据存储在境外的计算机上的，或者侦查机关从赌博网站提取电子数据时犯罪嫌疑人未到案的，或者电子数据的持有人无法签字或者拒绝签字的，应当由能够证明提取、复制、固定过程的见证人签名或者盖章，记明有关情况。必要时，可对提取、复制、固定有关电子数据的过程拍照或者录像。

公安部关于办理赌博违法案件
适用法律若干问题的通知

(2005 年 5 月 25 日　公通字〔2005〕30 号)

各省、自治区、直辖市公安厅、局，新疆生产建设兵团公安局：

为依法有效打击赌博违法活动，规范公安机关查禁赌博违法活动的行为，根据《中华人民共和国治安管理处罚条例》等有关法律、法规的规定，现就公安机关办理赌博违法案件适用法律的若干问题通知如下：

一、具有下列情形之一的，应当依照《中华人民共和国治安管理处罚条例》第三十二条的规定，予以处罚：

(一) 以营利为目的，聚众赌博、开设赌场或者以赌博为业，尚不够刑事处罚的；

(二) 参与以营利为目的的聚众赌博、计算机网络赌博、电子游戏机赌博，或者到赌场赌博的；

(三) 采取不报经国家批准，擅自发行、销售彩票的方式，为赌博提供条件，尚不够刑事处罚的；

（四）明知他人实施赌博违法犯罪活动，而为其提供资金、场所、交通工具、通讯工具、赌博工具、经营管理、网络接入、服务器托管、网络存储空间、通讯传输通道、费用结算等条件，或者为赌博场所、赌博人员充当保镖，为赌博放哨、通风报信，尚不够刑事处罚的；

（五）明知他人从事赌博活动而向其销售具有赌博功能的游戏机，尚不够刑事处罚的。

二、在中华人民共和国境内通过计算机网络、电话、手机短信等方式参与境外赌场赌博活动，或者中华人民共和国公民赴境外赌场赌博，赌博输赢结算地在境内的，应当依照《中华人民共和国治安管理处罚条例》的有关规定予以处罚。

三、赌博或者为赌博提供条件，并具有下列情形之一的，依照《中华人民共和国治安管理处罚条例》第三十二条的规定，可以从重处罚： 70

（一）在工作场所、公共场所或者公共交通工具上赌博的；

（二）一年内曾因赌博或者为赌博提供条件受过治安处罚的；

（三）国家工作人员赌博或者为赌博提供条件的；

（四）引诱、教唆未成年人赌博的；

（五）组织、招引中华人民共和国公民赴境外赌博的；

（六）其他可以依法从重处罚的情形。

四、赌博或者为赌博提供条件，并具有下列情形之一的，依照《中华人民共和国治安管理处罚条例》第三十二条的规定，可以从轻或者免予 70 处罚：

（一）主动交代，表示悔改的；

（二）检举、揭发他人赌博或为赌博提供条件的行为，并经查证属实的；

（三）被胁迫、诱骗赌博或者为赌博提供条件的；

（四）未成年人赌博的；

（五）协助查禁赌博活动，有立功表现的；

（六）其他可以依法从轻或者免予处罚的情形。

对免予处罚的，由公安机关给予批评教育，并责令具结悔过。未成年人有赌博违法行为的，应当责令其父母或者其他监护人严加管教。

五、赌博活动中用作赌注的款物、换取筹码的款物和通过赌博赢取的款物属于赌资。

在利用计算机网络进行的赌博活动中，分赌场、下级庄家或者赌博参与者在组织或者参与赌博前向赌博组织者、上级庄家或者赌博公司交付的押金，应当视为赌资。

六、赌博现场没有赌资，而是以筹码或者事先约定事后交割等方式代替的，赌资数额经调查属实后予以认定。个人投注的财物数额无法确定时，按照参赌财物的价值总额除以参赌人数的平均值计算。

通过计算机网络实施赌博活动的赌资数额，可以按照在计算机网络上投注或者赢取的总点数乘以每个点数实际代表的金额认定。赌博的次数，可以按照在计算机网络上投注的总次数认定。

七、对查获的赌资、赌博违法所得，应当依法没收，上缴国库，并按照规定出具法律手续。对查缴的赌具和销售的具有赌博功能的游戏机，一律依法予以销毁。严禁截留、私分或者以其他方式侵吞赌资、赌具、赌博违法所得以及违法行为人的其他财物。违者，对相关责任人员依法予以行政处分；构成犯罪的，依法追究刑事责任。

对参与赌博人员使用的交通、通讯工具未作为赌注的，不得没收。在以营利为目的，聚众赌博、开设赌场，或者采取不报经国家批准，擅自发行、销售彩票的方式为赌博提供条件，尚不够刑事处罚的案件中，违法行为人本人所有的用于纠集、联络、运送参赌人员以及用于望风护赌的交通、通讯工具，应当依法没收。

八、对赌博或者为赌博提供条件的处罚，应当与其违法事实、情节、社会危害程度相适应。严禁不分情节轻重，一律顶格处罚；违者，对审批人、审核人、承办人依法予以行政处分。

九、不以营利为目的，亲属之间进行带有财物输赢的打麻将、玩扑克等娱乐活动，不予处罚；亲属之外的其他人之间进行带有少量财物输赢的打麻将、玩扑克等娱乐活动，不予处罚。

十、本通知自下发之日起施行。公安部原来制定的有关规定与本通知不一致的，以本通知为准。

各地在执行中遇到的问题，请及时报公安部。

营业性演出管理条例

（2005 年 7 月 7 日中华人民共和国国务院令第 439 号公布　根据 2008 年 7 月 22 日《国务院关于修改〈营业性演出管理条例〉的决定》第一次修订　根据 2013 年 7 月 18 日《国务院关于废止和修改部分行政法规的决定》第二次修订　根据 2016 年 2 月 6 日《国务院关于修改部分行政法规的决定》第三次修订　根据 2020 年 11 月 29 日《国务院关于修改和废止部分行政法规的决定》第四次修订）

第一章　总　　则

第一条　为了加强对营业性演出的管理，促进文化产业的发展，繁荣社会主义文艺事业，满足人民群众文化生活的需要，促进社会主义精神文明建设，制定本条例。

第二条　本条例所称营业性演出，是指以营利为目的为公众举办的现场文艺表演活动。

第三条　营业性演出必须坚持为人民服务、为社会主义服务的方向，把社会效益放在首位、实现社会效益和经济效益的统一，丰富人民群众的文化生活。

第四条　国家鼓励文艺表演团体、演员创作和演出思想性艺术性统一、体现民族优秀文化传统、受人民群众欢迎的优秀节目，鼓励到农村、工矿企业演出和为少年儿童提供免费或者优惠的演出。

第五条　国务院文化主管部门主管全国营业性演出的监督管理工作。国务院公安部门、工商行政管理部门在各自职责范围内，主管营业性演出的监督管理工作。

县级以上地方人民政府文化主管部门负责本行政区域内营业性演出的监督管理工作。县级以上地方人民政府公安部门、工商行政管理部门在各自职责范围内，负责本行政区域内营业性演出的监督管理工作。

第二章　营业性演出经营主体的设立

第六条　文艺表演团体申请从事营业性演出活动，应当有与其业务相适应的专职演员和器材设备，并向县级人民政府文化主管部门提出申请；演出经纪机构申请从事营业性演出经营活动，应当有 3 名以上专职演出经纪人员和与其业务相适应的资金，并向省、自治区、直辖市人民政府文化主管部门提出申请。文化主管部门应当自受理申请之日起 20 日内作出决定。批准的，颁发营业性演出许可证；不批准的，应当书面通知申请人并说明理由。

第七条　设立演出场所经营单位，应当依法到工商行政管理部门办理注册登记，领取营业执照，并依照有关消防、卫生管理等法律、行政法规的规定办理审批手续。

演出场所经营单位应当自领取营业执照之日起 20 日内向所在地县级人民政府文化主管部门备案。

第八条　文艺表演团体变更名称、住所、法定代表人或者主要负责人、营业性演出经营项目，应当向原发证机关申请换发营业性演出许可证，并依法到工商行政管理部门办理变更登记。

演出场所经营单位变更名称、住所、法定代表人或者主要负责人，应当依法到工商行政管理部门办理变更登记，并向原备案机关重新备案。

第九条　以从事营业性演出为职业的个体演员（以下简称个体演员）和以从事营业性演出的居间、代理活动为职业的个体演出经纪人（以下简称个体演出经纪人），应当依法到工商行政管理部门办理注册登记，领取营业执照。

个体演员、个体演出经纪人应当自领取营业执照之日起 20 日内向所在地县级人民政府文化主管部门备案。

第十条　外国投资者可以依法在中国境内设立演出经纪机构、演出场所经营单位；不得设立文艺表演团体。

外商投资的演出经纪机构申请从事营业性演出经营活动、外商投资的演出场所经营单位申请从事演出场所经营活动，应当向国务院文化主管部门提出申请。国务院文化主管部门应当自收到申请之日起 20 日内作出决定。批准的，颁发营业性演出许可证；不批准的，应当书面通知申请人并说明理由。

第十一条 香港特别行政区、澳门特别行政区的投资者可以在内地投资设立演出经纪机构、演出场所经营单位以及由内地方控股的文艺表演团体；香港特别行政区、澳门特别行政区的演出经纪机构可以在内地设立分支机构。

台湾地区的投资者可以在大陆投资设立演出经纪机构、演出场所经营单位，不得设立文艺表演团体。

依照本条规定设立的演出经纪机构、文艺表演团体申请从事营业性演出经营活动，依照本条规定设立的演出场所经营单位申请从事演出场所经营活动，应当向省、自治区、直辖市人民政府文化主管部门提出申请。省、自治区、直辖市人民政府文化主管部门应当自收到申请之日起20日内作出决定。批准的，颁发营业性演出许可证；不批准的，应当书面通知申请人并说明理由。

依照本条规定设立演出经纪机构、演出场所经营单位的，还应当遵守我国其他法律、法规的规定。

第三章　营业性演出规范

第十二条 文艺表演团体、个体演员可以自行举办营业性演出，也可以参加营业性组台演出。

营业性组台演出应当由演出经纪机构举办；但是，演出场所经营单位可以在本单位经营的场所内举办营业性组台演出。

演出经纪机构可以从事营业性演出的居间、代理、行纪活动；个体演出经纪人只能从事营业性演出的居间、代理活动。

第十三条 举办营业性演出，应当向演出所在地县级人民政府文化主管部门提出申请。县级人民政府文化主管部门应当自受理申请之日起3日内作出决定。对符合本条例第二十五条规定的，发给批准文件；对不符合本条例第二十五条规定的，不予批准，书面通知申请人并说明理由。

第十四条 除演出经纪机构外，其他任何单位或者个人不得举办外国的或者香港特别行政区、澳门特别行政区、台湾地区的文艺表演团体、个人参加的营业性演出。但是，文艺表演团体自行举办营业性演出，可以邀请外国的或者香港特别行政区、澳门特别行政区、台湾地区的文艺表演团体、个人参加。

举办外国的或者香港特别行政区、澳门特别行政区、台湾地区的文艺表演团体、个人参加的营业性演出，应当符合下列条件：

（一）有与其举办的营业性演出相适应的资金；

（二）有2年以上举办营业性演出的经历；

（三）举办营业性演出前2年内无违反本条例规定的记录。

第十五条 举办外国的文艺表演团体、个人参加的营业性演出，演出举办单位应当向演出所在地省、自治区、直辖市人民政府文化主管部门提出申请。

举办香港特别行政区、澳门特别行政区的文艺表演团体、个人参加的营业性演出，演出举办单位应当向演出所在地省、自治区、直辖市人民政府文化主管部门提出申请；举办台湾地区的文艺表演团体、个人参加的营业性演出，演出举办单位应当向国务院文化主管部门会同国务院有关部门规定的审批机关提出申请。

国务院文化主管部门或者省、自治区、直辖市人民政府文化主管部门应当自受理申请之日起20日内作出决定。对符合本条例第二十五条规定的，发给批准文件；对不符合本条例第二十五条规定的，不予批准，书面通知申请人并说明理由。

第十六条 申请举办营业性演出，提交的申请材料应当包括下列内容：

（一）演出名称、演出举办单位和参加演出的文艺表演团体、演员；

（二）演出时间、地点、场次；

（三）节目及其视听资料。

申请举办营业性组台演出，还应当提交文艺表演团体、演员同意参加演出的书面函件。

营业性演出需要变更申请材料所列事项的，应当分别依照本条例第十三条、第十五条规定重新报批。

第十七条 演出场所经营单位提供演出场地，应当核验演出举办单位取得的批准文件；不得为未经批准的营业性演出提供演出场地。

第十八条 演出场所经营单位应当确保演出场所的建筑、设施符合国家安全标准和消防安全规范，定期检查消防安全设施状况，并及时维护、更新。

演出场所经营单位应当制定安全保卫工作方案和灭火、应急疏散预案。

演出举办单位在演出场所进行营业性演出，应当核验演出场所经营单位的消防安全设施检查记录、安全保卫工作方案和灭火、应急疏散预案，并与演出场所经营单位就演出活动中突发安全事件的防范、处理等事项签订安全责任协议。

第十九条 在公共场所举办营业性演出，演出举办单位应当依照有关安全、消防的法律、行政法规和国家有关规定办理审批手续，并制定安全保卫工作方案和灭火、应急疏散预案。演出场所应当配备应急广播、照明设施，在安全出入口设置明显标识，保证安全出入口畅通；需要临时搭建舞台、看台的，演出举办单位应当按照国家有关安全标准搭建舞台、看台，确保安全。

第二十条 审批临时搭建舞台、看台的营业性演出时，文化主管部门应当核验演出举办单位的下列文件：

（一）依法验收后取得的演出场所合格证明；

（二）安全保卫工作方案和灭火、应急疏散预案；

（三）依法取得的安全、消防批准文件。

第二十一条 演出场所容纳的观众数量应当报公安部门核准；观众区域与缓冲区域应当由公安部门划定，缓冲区域应当有明显标识。

演出举办单位应当按照公安部门核准的观众数量、划定的观众区域印制和出售门票。

验票时，发现进入演出场所的观众达到核准数量仍有观众等待入场的，应当立即终止验票并同时向演出所在地县级人民政府公安部门报告；发现观众持有观众区域以外的门票或者假票的，应当拒绝其入场并同时向演出所在地县级人民政府公安部门报告。

第二十二条 任何人不得携带传染病病原体和爆炸性、易燃性、放射性、腐蚀性等危险物质或者非法携带枪支、弹药、管制器具进入营业性演出现场。

演出场所经营单位应当根据公安部门的要求，配备安全检查设施，并对进入营业性演出现场的观众进行必要的安全检查；观众不接受安全检查或者有前款禁止行为的，演出场所经营单位有权拒绝其进入。

第二十三条 演出举办单位应当组织人员落实营业性演出时的安全、

消防措施，维护营业性演出现场秩序。

演出举办单位和演出场所经营单位发现营业性演出现场秩序混乱，应当立即采取措施并同时向演出所在地县级人民政府公安部门报告。

第二十四条 演出举办单位不得以政府或者政府部门的名义举办营业性演出。

营业性演出不得冠以"中国"、"中华"、"全国"、"国际"等字样。

营业性演出广告内容必须真实、合法，不得误导、欺骗公众。

第二十五条 营业性演出不得有下列情形：

（一）反对宪法确定的基本原则的；

（二）危害国家统一、主权和领土完整，危害国家安全，或者损害国家荣誉和利益的；

（三）煽动民族仇恨、民族歧视，侵害民族风俗习惯，伤害民族感情，破坏民族团结，违反宗教政策的；

（四）扰乱社会秩序，破坏社会稳定的；

（五）危害社会公德或者民族优秀文化传统的；

（六）宣扬淫秽、色情、邪教、迷信或者渲染暴力的；

（七）侮辱或者诽谤他人，侵害他人合法权益的；

（八）表演方式恐怖、残忍，摧残演员身心健康的；

（九）利用人体缺陷或者以展示人体变异等方式招徕观众的；

（十）法律、行政法规禁止的其他情形。

第二十六条 演出场所经营单位、演出举办单位发现营业性演出有本条例第二十五条禁止情形的，应当立即采取措施予以制止并同时向演出所在地县级人民政府文化主管部门、公安部门报告。

第二十七条 参加营业性演出的文艺表演团体、主要演员或者主要节目内容等发生变更的，演出举办单位应当及时告知观众并说明理由。观众有权退票。

演出过程中，除因不可抗力不能演出的外，演出举办单位不得中止或者停止演出，演员不得退出演出。

第二十八条 演员不得以假唱欺骗观众，演出举办单位不得组织演员假唱。任何单位或者个人不得为假唱提供条件。

演出举办单位应当派专人对演出进行监督，防止假唱行为的发生。

第二十九条 营业性演出经营主体应当对其营业性演出的经营收入依法纳税。

演出举办单位在支付演员、职员的演出报酬时应当依法履行税款代扣代缴义务。

第三十条 募捐义演的演出收入，除必要的成本开支外，必须全部交付受捐单位；演出举办单位、参加演出的文艺表演团体和演员、职员，不得获取经济利益。

第三十一条 任何单位或者个人不得伪造、变造、出租、出借或者买卖营业性演出许可证、批准文件或者营业执照，不得伪造、变造营业性演出门票或者倒卖伪造、变造的营业性演出门票。

第四章 监 督 管 理

第三十二条 除文化主管部门依照国家有关规定对体现民族特色和国家水准的演出给予补助外，各级人民政府和政府部门不得资助、赞助或者变相资助、赞助营业性演出，不得用公款购买营业性演出门票用于个人消费。

第三十三条 文化主管部门应当加强对营业性演出的监督管理。

演出所在地县级人民政府文化主管部门对外国的或者香港特别行政区、澳门特别行政区、台湾地区的文艺表演团体、个人参加的营业性演出和临时搭建舞台、看台的营业性演出，应当进行实地检查；对其他营业性演出，应当进行实地抽样检查。

第三十四条 县级以上地方人民政府文化主管部门应当充分发挥文化执法机构的作用，并可以聘请社会义务监督员对营业性演出进行监督。

任何单位或者个人可以采取电话、手机短信等方式举报违反本条例规定的行为。县级以上地方人民政府文化主管部门应当向社会公布举报电话，并保证随时有人接听。

县级以上地方人民政府文化主管部门接到社会义务监督员的报告或者公众的举报，应当作出记录，立即赶赴现场进行调查、处理，并自处理完毕之日起7日内公布结果。

县级以上地方人民政府文化主管部门对作出突出贡献的社会义务监督员应当给予表彰；公众举报经调查核实的，应当对举报人给予奖励。

第三十五条 文化主管部门应当建立营业性演出经营主体的经营活动信用监管制度，建立健全信用约束机制，并及时公布行政处罚信息。

第三十六条 公安部门对其依照有关法律、行政法规和国家有关规定批准的营业性演出，应当在演出举办前对营业性演出现场的安全状况进行实地检查；发现安全隐患的，在消除安全隐患后方可允许进行营业性演出。

公安部门可以对进入营业性演出现场的观众进行必要的安全检查；发现观众有本条例第二十二条第一款禁止行为的，在消除安全隐患后方可允许其进入。

公安部门可以组织警力协助演出举办单位维持营业性演出现场秩序。

第三十七条 公安部门接到观众达到核准数量仍有观众等待入场或者演出秩序混乱的报告后，应当立即组织采取措施消除安全隐患。

第三十八条 承担现场管理检查任务的公安部门和文化主管部门的工作人员进入营业性演出现场，应当出示值勤证件。

第三十九条 文化主管部门依法对营业性演出进行监督检查时，应当将监督检查的情况和处理结果予以记录，由监督检查人员签字后归档。公众有权查阅监督检查记录。

第四十条 文化主管部门、公安部门和其他有关部门及其工作人员不得向演出举办单位、演出场所经营单位索取演出门票。

第四十一条 国务院文化主管部门和省、自治区、直辖市人民政府文化主管部门，对在农村、工矿企业进行演出以及为少年儿童提供免费或者优惠演出表现突出的文艺表演团体、演员，应当给予表彰，并采取多种形式予以宣传。

国务院文化主管部门对适合在农村、工矿企业演出的节目，可以在依法取得著作权人许可后，提供给文艺表演团体、演员在农村、工矿企业演出时使用。

文化主管部门实施文艺评奖，应当适当考虑参评对象在农村、工矿企业的演出场次。

县级以上地方人民政府应当对在农村、工矿企业演出的文艺表演团体、演员给予支持。

第四十二条 演出行业协会应当依照章程的规定，制定行业自律规范，指导、监督会员的经营活动，促进公平竞争。

第五章 法律责任

第四十三条 有下列行为之一的，由县级人民政府文化主管部门予以取缔，没收演出器材和违法所得，并处违法所得 8 倍以上 10 倍以下的罚款；没有违法所得或者违法所得不足 1 万元的，并处 5 万元以上 10 万元以下的罚款；构成犯罪的，依法追究刑事责任：

（一）违反本条例第六条、第十条、第十一条规定，擅自从事营业性演出经营活动的；

（二）违反本条例第十二条、第十四条规定，超范围从事营业性演出经营活动的；

（三）违反本条例第八条第一款规定，变更营业性演出经营项目未向原发证机关申请换发营业性演出许可证的。

违反本条例第七条、第九条规定，擅自设立演出场所经营单位或者擅自从事营业性演出经营活动的，由工商行政管理部门依法予以取缔、处罚；构成犯罪的，依法追究刑事责任。

第四十四条 违反本条例第十三条、第十五条规定，未经批准举办营业性演出的，由县级人民政府文化主管部门责令停止演出，没收违法所得，并处违法所得 8 倍以上 10 倍以下的罚款；没有违法所得或者违法所得不足 1 万元的，并处 5 万元以上 10 万元以下的罚款；情节严重的，由原发证机关吊销营业性演出许可证。

违反本条例第十六条第三款规定，变更演出举办单位、参加演出的文艺表演团体、演员或者节目未重新报批的，依照前款规定处罚；变更演出的名称、时间、地点、场次未重新报批的，由县级人民政府文化主管部门责令改正，给予警告，可以并处 3 万元以下的罚款。

演出场所经营单位为未经批准的营业性演出提供场地的，由县级人民政府文化主管部门责令改正，没收违法所得，并处违法所得 3 倍以上 5 倍以下的罚款；没有违法所得或者违法所得不足 1 万元的，并处 3 万元以上 5 万元以下的罚款。

第四十五条 违反本条例第三十一条规定，伪造、变造、出租、出借、买卖营业性演出许可证、批准文件，或者以非法手段取得营业性演出许可证、批准文件的，由县级人民政府文化主管部门没收违法所得，并处违法所得 8 倍以上 10 倍以下的罚款；没有违法所得或者违法所得不足 1 万元的，并处 5 万元以上 10 万元以下的罚款；对原取得的营业性演出许可证、批准文件，予以吊销、撤销；构成犯罪的，依法追究刑事责任。

第四十六条 营业性演出有本条例第二十五条禁止情形的，由县级人民政府文化主管部门责令停止演出，没收违法所得，并处违法所得 8 倍以上 10 倍以下的罚款；没有违法所得或者违法所得不足 1 万元的，并处 5 万元以上 10 万元以下的罚款；情节严重的，由原发证机关吊销营业性演出许可证；违反治安管理规定的，由公安部门依法予以处罚；构成犯罪的，依法追究刑事责任。

演出场所经营单位、演出举办单位发现营业性演出有本条例第二十五条禁止情形未采取措施予以制止的，由县级人民政府文化主管部门、公安部门依据法定职权给予警告，并处 5 万元以上 10 万元以下的罚款；未依照本条例第二十六条规定报告的，由县级人民政府文化主管部门、公安部门依据法定职权给予警告，并处 5000 元以上 1 万元以下的罚款。

第四十七条 有下列行为之一的，对演出举办单位、文艺表演团体、演员，由国务院文化主管部门或者省、自治区、直辖市人民政府文化主管部门向社会公布；演出举办单位、文艺表演团体在 2 年内再次被公布的，由原发证机关吊销营业性演出许可证；个体演员在 2 年内再次被公布的，由工商行政管理部门吊销营业执照：

（一）非因不可抗力中止、停止或者退出演出的；

（二）文艺表演团体、主要演员或者主要节目内容等发生变更未及时告知观众的；

（三）以假唱欺骗观众的；

（四）为演员假唱提供条件的。

有前款第（一）项、第（二）项和第（三）项所列行为之一的，观众有权在退场后依照有关消费者权益保护的法律规定要求演出举办单位赔偿损失；演出举办单位可以依法向负有责任的文艺表演团体、演员追偿。

有本条第一款第（一）项、第（二）项和第（三）项所列行为之一的，由县级人民政府文化主管部门处 5 万元以上 10 万元以下的罚款；有本条第一款第（四）项所列行为的，由县级人民政府文化主管部门处 5000 元以上 1 万元以下的罚款。

第四十八条 以政府或者政府部门的名义举办营业性演出，或者营业性演出冠以"中国"、"中华"、"全国"、"国际"等字样的，由县级人民政府文化主管部门责令改正，没收违法所得，并处违法所得 3 倍以上 5 倍以下的罚款；没有违法所得或者违法所得不足 1 万元的，并处 3 万元以上 5 万元以下的罚款；拒不改正或者造成严重后果的，由原发证机关吊销营业性演出许可证。

营业性演出广告的内容误导、欺骗公众或者含有其他违法内容的，由工商行政管理部门责令停止发布，并依法予以处罚。

第四十九条 演出举办单位或者其法定代表人、主要负责人及其他直接责任人员在募捐义演中获取经济利益的，由县级以上人民政府文化主管部门依据各自职权责令其退回并交付受捐单位；构成犯罪的，依法追究刑事责任；尚不构成犯罪的，由县级以上人民政府文化主管部门依据各自职权处违法所得 3 倍以上 5 倍以下的罚款，并由国务院文化主管部门或者省、自治区、直辖市人民政府文化主管部门向社会公布违法行为人的名称或者姓名，直至由原发证机关吊销演出举办单位的营业性演出许可证。

文艺表演团体或者演员、职员在募捐义演中获取经济利益的，由县级以上人民政府文化主管部门依据各自职权责令其退回并交付受捐单位。

第五十条 违反本条例第八条第一款规定，变更名称、住所、法定代表人或者主要负责人未向原发证机关申请换发营业性演出许可证的，由县级人民政府文化主管部门责令改正，给予警告，并处 1 万元以上 3 万元以下的罚款。

违反本条例第七条第二款、第八条第二款、第九条第二款规定，未办理备案手续的，由县级人民政府文化主管部门责令改正，给予警告，并处 5000 元以上 1 万元以下的罚款。

第五十一条 有下列行为之一的，由公安部门或者公安消防机构依据法定职权依法予以处罚；构成犯罪的，依法追究刑事责任：

（一）违反本条例安全、消防管理规定的；

（二）伪造、变造营业性演出门票或者倒卖伪造、变造的营业性演出门票的。

演出举办单位印制、出售超过核准观众数量的或者观众区域以外的营业性演出门票的，由县级以上人民政府公安部门依据各自职权责令改正，没收违法所得，并处违法所得3倍以上5倍以下的罚款；没有违法所得或者违法所得不足1万元的，并处3万元以上5万元以下的罚款；造成严重后果的，由原发证机关吊销营业性演出许可证；构成犯罪的，依法追究刑事责任。

第五十二条 演出场所经营单位、个体演出经纪人、个体演员违反本条例规定，情节严重的，由县级以上人民政府文化主管部门依据各自职权责令其停止营业性演出经营活动，并通知工商行政管理部门，由工商行政管理部门依法吊销营业执照。其中，演出场所经营单位有其他经营业务的，由工商行政管理部门责令其办理变更登记，逾期不办理的，吊销营业执照。

第五十三条 因违反本条例规定被文化主管部门吊销营业性演出许可证，或者被工商行政管理部门吊销营业执照或者责令变更登记的，自受到行政处罚之日起，当事人为单位的，其法定代表人、主要负责人5年内不得担任文艺表演团体、演出经纪机构或者演出场所经营单位的法定代表人、主要负责人；当事人为个人的，个体演员1年内不得从事营业性演出，个体演出经纪人5年内不得从事营业性演出的居间、代理活动。

因营业性演出有本条例第二十五条禁止情形被文化主管部门吊销营业性演出许可证，或者被工商行政管理部门吊销营业执照或者责令变更登记的，不得再次从事营业性演出或者营业性演出的居间、代理、行纪活动。

因违反本条例规定2年内2次受到行政处罚又有应受本条例处罚的违法行为的，应当从重处罚。

第五十四条 各级人民政府或者政府部门非法资助、赞助，或者非法变相资助、赞助营业性演出，或者用公款购买营业性演出门票用于个人消费，依照有关财政违法行为处罚处分的行政法规的规定责令改正。对单位给予警告或者通报批评。对直接负责的主管人员和其他直接责任人员给予记大过处分；情节较重的，给予降级或者撤职处分；情节严重的，给予开除处分。

第五十五条 文化主管部门、公安部门、工商行政管理部门的工作人员滥用职权、玩忽职守、徇私舞弊或者未依照本条例规定履行职责的，依法给予行政处分；构成犯罪的，依法追究刑事责任。

第六章　附　　则

第五十六条　民间游散艺人的营业性演出，省、自治区、直辖市人民政府可以参照本条例的规定制定具体管理办法。

第五十七条　本条例自 2005 年 9 月 1 日起施行。1997 年 8 月 11 日国务院发布的《营业性演出管理条例》同时废止。

娱乐场所管理条例

(2006 年 1 月 29 日中华人民共和国国务院令第 458 号公布
根据 2016 年 2 月 6 日《国务院关于修改部分行政法规的决定》第
一次修订　根据 2020 年 11 月 29 日《国务院关于修改和废止部分
行政法规的决定》第二次修订)

第一章　总　　则

第一条　为了加强对娱乐场所的管理，保障娱乐场所的健康发展，制定本条例。

第二条　本条例所称娱乐场所，是指以营利为目的，并向公众开放、消费者自娱自乐的歌舞、游艺等场所。

第三条　县级以上人民政府文化主管部门负责对娱乐场所日常经营活动的监督管理；县级以上公安部门负责对娱乐场所消防、治安状况的监督管理。

第四条　国家机关及其工作人员不得开办娱乐场所，不得参与或者变相参与娱乐场所的经营活动。

与文化主管部门、公安部门的工作人员有夫妻关系、直系血亲关系、三代以内旁系血亲关系以及近姻亲关系的亲属，不得开办娱乐场所，不得参与或者变相参与娱乐场所的经营活动。

第二章　设　　立

第五条　有下列情形之一的人员，不得开办娱乐场所或者在娱乐场所内从业：

（一）曾犯有组织、强迫、引诱、容留、介绍卖淫罪，制作、贩卖、传播淫秽物品罪，走私、贩卖、运输、制造毒品罪，强奸罪，强制猥亵、侮辱妇女罪，赌博罪，洗钱罪，组织、领导、参加黑社会性质组织罪的；

（二）因犯罪曾被剥夺政治权利的；

（三）因吸食、注射毒品曾被强制戒毒的；

（四）因卖淫、嫖娼曾被处以行政拘留的。

第六条 外国投资者可以依法在中国境内设立娱乐场所。

第七条 娱乐场所不得设在下列地点：

（一）居民楼、博物馆、图书馆和被核定为文物保护单位的建筑物内；

（二）居民住宅区和学校、医院、机关周围；

（三）车站、机场等人群密集的场所；

（四）建筑物地下一层以下；

（五）与危险化学品仓库毗连的区域。

娱乐场所的边界噪声，应当符合国家规定的环境噪声标准。

第八条 娱乐场所的使用面积，不得低于国务院文化主管部门规定的最低标准；设立含有电子游戏机的游艺娱乐场所，应当符合国务院文化主管部门关于总量和布局的要求。

第九条 娱乐场所申请从事娱乐场所经营活动，应当向所在地县级人民政府文化主管部门提出申请；外商投资的娱乐场所申请从事娱乐场所经营活动，应当向所在地省、自治区、直辖市人民政府文化主管部门提出申请。

娱乐场所申请从事娱乐场所经营活动，应当提交投资人员、拟任的法定代表人和其他负责人没有本条例第五条规定情形的书面声明。申请人应当对书面声明内容的真实性负责。

受理申请的文化主管部门应当就书面声明向公安部门或者其他有关单位核查，公安部门或者其他有关单位应当予以配合；经核查属实的，文化主管部门应当依据本条例第七条、第八条的规定进行实地检查，作出决定。予以批准的，颁发娱乐经营许可证，并根据国务院文化主管部门的规定核定娱乐场所容纳的消费者数量；不予批准的，应当书面通知申请人并说明理由。

有关法律、行政法规规定需要办理消防、卫生、环境保护等审批手续的，从其规定。

第十条 文化主管部门审批娱乐场所应当举行听证。有关听证的程序，依照《中华人民共和国行政许可法》的规定执行。

第十一条 娱乐场所依法取得营业执照和相关批准文件、许可证后，应当在 15 日内向所在地县级公安部门备案。

第十二条 娱乐场所改建、扩建营业场所或者变更场地、主要设施设备、投资人员，或者变更娱乐经营许可证载明的事项的，应当向原发证机关申请重新核发娱乐经营许可证，并向公安部门备案；需要办理变更登记的，应当依法向工商行政管理部门办理变更登记。

第三章 经 营

第十三条 国家倡导弘扬民族优秀文化，禁止娱乐场所内的娱乐活动含有下列内容：

（一）违反宪法确定的基本原则的；

（二）危害国家统一、主权或者领土完整的；

（三）危害国家安全，或者损害国家荣誉、利益的；

（四）煽动民族仇恨、民族歧视，伤害民族感情或者侵害民族风俗、习惯，破坏民族团结的；

（五）违反国家宗教政策，宣扬邪教、迷信的；

（六）宣扬淫秽、赌博、暴力以及与毒品有关的违法犯罪活动，或者教唆犯罪的；

（七）违背社会公德或者民族优秀文化传统的；

（八）侮辱、诽谤他人，侵害他人合法权益的；

（九）法律、行政法规禁止的其他内容。

第十四条 娱乐场所及其从业人员不得实施下列行为，不得为进入娱乐场所的人员实施下列行为提供条件：

（一）贩卖、提供毒品，或者组织、强迫、教唆、引诱、欺骗、容留他人吸食、注射毒品；

（二）组织、强迫、引诱、容留、介绍他人卖淫、嫖娼；

（三）制作、贩卖、传播淫秽物品；

（四）提供或者从事以营利为目的的陪侍；

（五）赌博；

（六）从事邪教、迷信活动；

（七）其他违法犯罪行为。

娱乐场所的从业人员不得吸食、注射毒品，不得卖淫、嫖娼；娱乐场所及其从业人员不得为进入娱乐场所的人员实施上述行为提供条件。

第十五条 歌舞娱乐场所应当按照国务院公安部门的规定在营业场所的出入口、主要通道安装闭路电视监控设备，并应当保证闭路电视监控设备在营业期间正常运行，不得中断。

歌舞娱乐场所应当将闭路电视监控录像资料留存 30 日备查，不得删改或者挪作他用。

第十六条 歌舞娱乐场所的包厢、包间内不得设置隔断，并应当安装展现室内整体环境的透明门窗。包厢、包间的门不得有内锁装置。

第十七条 营业期间，歌舞娱乐场所内亮度不得低于国家规定的标准。

第十八条 娱乐场所使用的音像制品或者电子游戏应当是依法出版、生产或者进口的产品。

歌舞娱乐场所播放的曲目和屏幕画面以及游艺娱乐场所的电子游戏机内的游戏项目，不得含有本条例第十三条禁止的内容；歌舞娱乐场所使用的歌曲点播系统不得与境外的曲库联接。

第十九条 游艺娱乐场所不得设置具有赌博功能的电子游戏机机型、机种、电路板等游戏设施设备，不得以现金或者有价证券作为奖品，不得回购奖品。

第二十条 娱乐场所的法定代表人或者主要负责人应当对娱乐场所的消防安全和其他安全负责。

娱乐场所应当确保其建筑、设施符合国家安全标准和消防技术规范，定期检查消防设施状况，并及时维护、更新。

娱乐场所应当制定安全工作方案和应急疏散预案。

第二十一条 营业期间，娱乐场所应当保证疏散通道和安全出口畅通，不得封堵、锁闭疏散通道和安全出口，不得在疏散通道和安全出口设置栅栏等影响疏散的障碍物。

娱乐场所应当在疏散通道和安全出口设置明显指示标志，不得遮挡、覆盖指示标志。

第二十二条 任何人不得非法携带枪支、弹药、管制器具或者携带爆炸性、易燃性、毒害性、放射性、腐蚀性等危险物品和传染病病原体进入娱乐场所。

迪斯科舞厅应当配备安全检查设备，对进入营业场所的人员进行安全检查。

第二十三条 歌舞娱乐场所不得接纳未成年人。除国家法定节假日外，游艺娱乐场所设置的电子游戏机不得向未成年人提供。

第二十四条 娱乐场所不得招用未成年人；招用外国人的，应当按照国家有关规定为其办理外国人就业许可证。

第二十五条 娱乐场所应当与从业人员签订文明服务责任书，并建立从业人员名簿；从业人员名簿应当包括从业人员的真实姓名、居民身份证复印件、外国人就业许可证复印件等内容。

娱乐场所应当建立营业日志，记载营业期间从业人员的工作职责、工作时间、工作地点；营业日志不得删改，并应当留存60日备查。

第二十六条 娱乐场所应当与保安服务企业签订保安服务合同，配备专业保安人员；不得聘用其他人员从事保安工作。

第二十七条 营业期间，娱乐场所的从业人员应当统一着工作服，佩带工作标志并携带居民身份证或者外国人就业许可证。

从业人员应当遵守职业道德和卫生规范，诚实守信，礼貌待人，不得侵害消费者的人身和财产权利。

第二十八条 每日凌晨2时至上午8时，娱乐场所不得营业。

第二十九条 娱乐场所提供娱乐服务项目和出售商品，应当明码标价，并向消费者出示价目表；不得强迫、欺骗消费者接受服务、购买商品。

第三十条 娱乐场所应当在营业场所的大厅、包厢、包间内的显著位置悬挂含有禁毒、禁赌、禁止卖淫嫖娼等内容的警示标志、未成年人禁入或者限入标志。标志应当注明公安部门、文化主管部门的举报电话。

第三十一条 娱乐场所应当建立巡查制度，发现娱乐场所内有违法犯罪活动的，应当立即向所在地县级公安部门、县级人民政府文化主管部门报告。

第四章 监督管理

第三十二条 文化主管部门、公安部门和其他有关部门的工作人员依法履行监督检查职责时，有权进入娱乐场所。娱乐场所应当予以配合，不得拒绝、阻挠。

文化主管部门、公安部门和其他有关部门的工作人员依法履行监督检查职责时，需要查阅闭路电视监控录像资料、从业人员名簿、营业日志等资料的，娱乐场所应当及时提供。

第三十三条 文化主管部门、公安部门和其他有关部门应当记录监督检查的情况和处理结果。监督检查记录由监督检查人员签字归档。公众有权查阅监督检查记录。

第三十四条 文化主管部门、公安部门和其他有关部门应当建立娱乐场所违法行为警示记录系统；对列入警示记录的娱乐场所，应当及时向社会公布，并加大监督检查力度。

第三十五条 文化主管部门应当建立娱乐场所的经营活动信用监管制度，建立健全信用约束机制，并及时公布行政处罚信息。

第三十六条 文化主管部门、公安部门和其他有关部门应当建立相互间的信息通报制度，及时通报监督检查情况和处理结果。

第三十七条 任何单位或者个人发现娱乐场所内有违反本条例行为的，有权向文化主管部门、公安部门等有关部门举报。

文化主管部门、公安部门等有关部门接到举报，应当记录，并及时依法调查、处理；对不属于本部门职责范围的，应当及时移送有关部门。

第三十八条 上级人民政府文化主管部门、公安部门在必要时，可以依照本条例的规定调查、处理由下级人民政府文化主管部门、公安部门调查、处理的案件。

下级人民政府文化主管部门、公安部门认为案件重大、复杂的，可以请求移送上级人民政府文化主管部门、公安部门调查、处理。

第三十九条 文化主管部门、公安部门和其他有关部门及其工作人员违反本条例规定的，任何单位或者个人可以向依法有权处理的本级或者上一级机关举报。接到举报的机关应当依法及时调查、处理。

第四十条 娱乐场所行业协会应当依照章程的规定，制定行业自律规范，加强对会员经营活动的指导、监督。

第五章 法 律 责 任

第四十一条 违反本条例规定，擅自从事娱乐场所经营活动的，由文化主管部门依法予以取缔；公安部门在查处治安、刑事案件时，发现擅自从事娱乐场所经营活动的，应当依法予以取缔。

第四十二条 违反本条例规定，以欺骗等不正当手段取得娱乐经营许可证的，由原发证机关撤销娱乐经营许可证。

第四十三条 娱乐场所实施本条例第十四条禁止行为的，由县级公安部门没收违法所得和非法财物，责令停业整顿3个月至6个月；情节严重的，由原发证机关吊销娱乐经营许可证，对直接负责的主管人员和其他直接责任人员处1万元以上2万元以下的罚款。

第四十四条 娱乐场所违反本条例规定，有下列情形之一的，由县级公安部门责令改正，给予警告；情节严重的，责令停业整顿1个月至3个月：

（一）照明设施、包厢、包间的设置以及门窗的使用不符合本条例规定的；

（二）未按照本条例规定安装闭路电视监控设备或者中断使用的；

（三）未按照本条例规定留存监控录像资料或者删改监控录像资料的；

（四）未按照本条例规定配备安全检查设备或者未对进入营业场所的人员进行安全检查的；

（五）未按照本条例规定配备保安人员的。

第四十五条 娱乐场所违反本条例规定，有下列情形之一的，由县级公安部门没收违法所得和非法财物，并处违法所得2倍以上5倍以下的罚款；没有违法所得或者违法所得不足1万元的，并处2万元以上5万元以下的罚款；情节严重的，责令停业整顿1个月至3个月：

（一）设置具有赌博功能的电子游戏机机型、机种、电路板等游戏设施设备的；

（二）以现金、有价证券作为奖品，或者回购奖品的。

第四十六条 娱乐场所指使、纵容从业人员侵害消费者人身权利的，应当依法承担民事责任，并由县级公安部门责令停业整顿1个月至3个月；

造成严重后果的，由原发证机关吊销娱乐经营许可证。

第四十七条　娱乐场所取得营业执照后，未按照本条例规定向公安部门备案的，由县级公安部门责令改正，给予警告。

第四十八条　违反本条例规定，有下列情形之一的，由县级人民政府文化主管部门没收违法所得和非法财物，并处违法所得 1 倍以上 3 倍以下的罚款；没有违法所得或者违法所得不足 1 万元的，并处 1 万元以上 3 万元以下的罚款；情节严重的，责令停业整顿 1 个月至 6 个月：

（一）歌舞娱乐场所的歌曲点播系统与境外的曲库联接的；

（二）歌舞娱乐场所播放的曲目、屏幕画面或者游艺娱乐场所电子游戏机内的游戏项目含有本条例第十三条禁止内容的；

（三）歌舞娱乐场所接纳未成年人的；

（四）游艺娱乐场所设置的电子游戏机在国家法定节假日外向未成年人提供的；

（五）娱乐场所容纳的消费者超过核定人数的。

第四十九条　娱乐场所违反本条例规定，有下列情形之一的，由县级人民政府文化主管部门责令改正，给予警告；情节严重的，责令停业整顿 1 个月至 3 个月：

（一）变更有关事项，未按照本条例规定申请重新核发娱乐经营许可证的；

（二）在本条例规定的禁止营业时间内营业的；

（三）从业人员在营业期间未统一着装并佩带工作标志的。

第五十条　娱乐场所未按照本条例规定建立从业人员名簿、营业日志，或者发现违法犯罪行为未按照本条例规定报告的，由县级人民政府文化主管部门、县级公安部门依据法定职权责令改正，给予警告；情节严重的，责令停业整顿 1 个月至 3 个月。

第五十一条　娱乐场所未按照本条例规定悬挂警示标志、未成年人禁入或者限入标志的，由县级人民政府文化主管部门、县级公安部门依据法定职权责令改正，给予警告。

第五十二条　娱乐场所招用未成年人的，由劳动保障行政部门责令改正，并按照每招用一名未成年人每月处 5000 元罚款的标准给予处罚。

第五十三条　因擅自从事娱乐场所经营活动被依法取缔的，其投资人员和负责人终身不得投资开办娱乐场所或者担任娱乐场所的法定代表人、负责人。

娱乐场所因违反本条例规定，被吊销或者撤销娱乐经营许可证的，自被吊销或者撤销之日起，其法定代表人、负责人5年内不得担任娱乐场所的法定代表人、负责人。

娱乐场所因违反本条例规定，2年内被处以3次警告或者罚款又有违反本条例的行为应受行政处罚的，由县级人民政府文化主管部门、县级公安部门依据法定职权责令停业整顿3个月至6个月；2年内被2次责令停业整顿又有违反本条例的行为应受行政处罚的，由原发证机关吊销娱乐经营许可证。

第五十四条 娱乐场所违反有关治安管理或者消防管理法律、行政法规规定的，由公安部门依法予以处罚；构成犯罪的，依法追究刑事责任。

娱乐场所违反有关卫生、环境保护、价格、劳动等法律、行政法规规定的，由有关部门依法予以处罚；构成犯罪的，依法追究刑事责任。

娱乐场所及其从业人员与消费者发生争议的，应当依照消费者权益保护的法律规定解决；造成消费者人身、财产损害的，由娱乐场所依法予以赔偿。

第五十五条 国家机关及其工作人员开办娱乐场所，参与或者变相参与娱乐场所经营活动的，对直接负责的主管人员和其他直接责任人员依法给予撤职或者开除的行政处分。

文化主管部门、公安部门的工作人员明知其亲属开办娱乐场所或者发现其亲属参与、变相参与娱乐场所的经营活动，不予制止或者制止不力的，依法给予行政处分；情节严重的，依法给予撤职或者开除的行政处分。

第五十六条 文化主管部门、公安部门、工商行政管理部门和其他有关部门的工作人员有下列行为之一的，对直接负责的主管人员和其他直接责任人员依法给予行政处分；构成犯罪的，依法追究刑事责任：

（一）向不符合法定设立条件的单位颁发许可证、批准文件、营业执照的；

（二）不履行监督管理职责，或者发现擅自从事娱乐场所经营活动不依法取缔，或者发现违法行为不依法查处的；

（三）接到对违法行为的举报、通报后不依法查处的；

（四）利用职务之便，索取、收受他人财物或者谋取其他利益的；

（五）利用职务之便，参与、包庇违法行为，或者向有关单位、个人通风报信的；

（六）有其他滥用职权、玩忽职守、徇私舞弊行为的。

第六章 附　　则

第五十七条　本条例所称从业人员，包括娱乐场所的管理人员、服务人员、保安人员和在娱乐场所工作的其他人员。

第五十八条　本条例自 2006 年 3 月 1 日起施行。1999 年 3 月 26 日国务院发布的《娱乐场所管理条例》同时废止。

互联网上网服务营业场所管理条例

（2002 年 9 月 29 日中华人民共和国国务院令第 363 号公布　根据 2011 年 1 月 8 日《国务院关于废止和修改部分行政法规的决定》第一次修订　根据 2016 年 2 月 6 日《国务院关于修改部分行政法规的决定》第二次修订　根据 2019 年 3 月 24 日《国务院关于修改部分行政法规的决定》第三次修订　根据 2022 年 3 月 29 日《国务院关于修改和废止部分行政法规的决定》第四次修订)

第一章 总　　则

第一条　为了加强对互联网上网服务营业场所的管理，规范经营者的经营行为，维护公众和经营者的合法权益，保障互联网上网服务经营活动健康发展，促进社会主义精神文明建设，制定本条例。

第二条　本条例所称互联网上网服务营业场所，是指通过计算机等装置向公众提供互联网上网服务的网吧、电脑休闲室等营业性场所。

学校、图书馆等单位内部附设的为特定对象获取资料、信息提供上网服务的场所，应当遵守有关法律、法规，不适用本条例。

第三条　互联网上网服务营业场所经营单位应当遵守有关法律、法规的规定，加强行业自律，自觉接受政府有关部门依法实施的监督管理，为上网消费者提供良好的服务。

互联网上网服务营业场所的上网消费者，应当遵守有关法律、法规的规定，遵守社会公德，开展文明、健康的上网活动。

第四条 县级以上人民政府文化行政部门负责互联网上网服务营业场所经营单位的设立审批，并负责对依法设立的互联网上网服务营业场所经营单位经营活动的监督管理；公安机关负责对互联网上网服务营业场所经营单位的信息网络安全、治安及消防安全的监督管理；工商行政管理部门负责对互联网上网服务营业场所经营单位登记注册和营业执照的管理，并依法查处无照经营活动；电信管理等其他有关部门在各自职责范围内，依照本条例和有关法律、行政法规的规定，对互联网上网服务营业场所经营单位分别实施有关监督管理。

第五条 文化行政部门、公安机关、工商行政管理部门和其他有关部门及其工作人员不得从事或者变相从事互联网上网服务经营活动，也不得参与或者变相参与互联网上网服务营业场所经营单位的经营活动。

第六条 国家鼓励公民、法人和其他组织对互联网上网服务营业场所经营单位的经营活动进行监督，并对有突出贡献的给予奖励。

第二章 设 立

第七条 国家对互联网上网服务营业场所经营单位的经营活动实行许可制度。未经许可，任何组织和个人不得从事互联网上网服务经营活动。

第八条 互联网上网服务营业场所经营单位从事互联网上网服务经营活动，应当具备下列条件：

（一）有企业的名称、住所、组织机构和章程；

（二）有与其经营活动相适应的资金；

（三）有与其经营活动相适应并符合国家规定的消防安全条件的营业场所；

（四）有健全、完善的信息网络安全管理制度和安全技术措施；

（五）有固定的网络地址和与其经营活动相适应的计算机等装置及附属设备；

（六）有与其经营活动相适应并取得从业资格的安全管理人员、经营管理人员、专业技术人员；

（七）法律、行政法规和国务院有关部门规定的其他条件。

互联网上网服务营业场所的最低营业面积、计算机等装置及附属设备数量、单机面积的标准，由国务院文化行政部门规定。

审批从事互联网上网服务经营活动，除依照本条第一款、第二款规定的条件外，还应当符合国务院文化行政部门和省、自治区、直辖市人民政府文化行政部门规定的互联网上网服务营业场所经营单位的总量和布局要求。

第九条 中学、小学校园周围 200 米范围内和居民住宅楼（院）内不得设立互联网上网服务营业场所。

第十条 互联网上网服务营业场所经营单位申请从事互联网上网服务经营活动，应当向县级以上地方人民政府文化行政部门提出申请，并提交下列文件：

（一）企业营业执照和章程；

（二）法定代表人或者主要负责人的身份证明材料；

（三）资金信用证明；

（四）营业场所产权证明或者租赁意向书；

（五）依法需要提交的其他文件。

第十一条 文化行政部门应当自收到申请之日起 20 个工作日内作出决定；经审查，符合条件的，发给同意筹建的批准文件。

申请人完成筹建后，应当向同级公安机关承诺符合信息网络安全审核条件，并经公安机关确认当场签署承诺书。申请人还应当依照有关消防管理法律法规的规定办理审批手续。

申请人执信息网络安全承诺书并取得消防安全批准文件后，向文化行政部门申请最终审核。文化行政部门应当自收到申请之日起 15 个工作日内依据本条例第八条的规定作出决定；经实地检查并审核合格的，发给《网络文化经营许可证》。

对申请人的申请，有关部门经审查不符合条件的，或者经审核不合格的，应当分别向申请人书面说明理由。

文化行政部门发放《网络文化经营许可证》的情况或互联网上网服务营业场所经营单位拟开展经营活动的情况，应当向同级公安机关通报或报备。

第十二条 互联网上网服务营业场所经营单位不得涂改、出租、出借或者以其他方式转让《网络文化经营许可证》。

第十三条 互联网上网服务营业场所经营单位变更营业场所地址或者对营业场所进行改建、扩建，变更计算机数量或者其他重要事项的，应当经原审核机关同意。

互联网上网服务营业场所经营单位变更名称、住所、法定代表人或者主要负责人、注册资本、网络地址或者终止经营活动的，应当依法到工商行政管理部门办理变更登记或者注销登记，并到文化行政部门、公安机关办理有关手续或者备案。

第三章 经　营

第十四条 互联网上网服务营业场所经营单位和上网消费者不得利用互联网上网服务营业场所制作、下载、复制、查阅、发布、传播或者以其他方式使用含有下列内容的信息：

（一）反对宪法确定的基本原则的；

（二）危害国家统一、主权和领土完整的；

（三）泄露国家秘密，危害国家安全或者损害国家荣誉和利益的；

（四）煽动民族仇恨、民族歧视，破坏民族团结，或者侵害民族风俗、习惯的；

（五）破坏国家宗教政策，宣扬邪教、迷信的；

（六）散布谣言，扰乱社会秩序，破坏社会稳定的；

（七）宣传淫秽、赌博、暴力或者教唆犯罪的；

（八）侮辱或者诽谤他人，侵害他人合法权益的；

（九）危害社会公德或者民族优秀文化传统的；

（十）含有法律、行政法规禁止的其他内容的。

第十五条 互联网上网服务营业场所经营单位和上网消费者不得进行下列危害信息网络安全的活动：

（一）故意制作或者传播计算机病毒以及其他破坏性程序的；

（二）非法侵入计算机信息系统或者破坏计算机信息系统功能、数据和应用程序的；

（三）进行法律、行政法规禁止的其他活动的。

第十六条　互联网上网服务营业场所经营单位应当通过依法取得经营许可证的互联网接入服务提供者接入互联网，不得采取其他方式接入互联网。

互联网上网服务营业场所经营单位提供上网消费者使用的计算机必须通过局域网的方式接入互联网，不得直接接入互联网。

第十七条　互联网上网服务营业场所经营单位不得经营非网络游戏。

第十八条　互联网上网服务营业场所经营单位和上网消费者不得利用网络游戏或者其他方式进行赌博或者变相赌博活动。

第十九条　互联网上网服务营业场所经营单位应当实施经营管理技术措施，建立场内巡查制度，发现上网消费者有本条例第十四条、第十五条、第十八条所列行为或者有其他违法行为的，应当立即予以制止并向文化行政部门、公安机关举报。

第二十条　互联网上网服务营业场所经营单位应当在营业场所的显著位置悬挂《网络文化经营许可证》和营业执照。

第二十一条　互联网上网服务营业场所经营单位不得接纳未成年人进入营业场所。

互联网上网服务营业场所经营单位应当在营业场所入口处的显著位置悬挂未成年人禁入标志。

第二十二条　互联网上网服务营业场所每日营业时间限于 8 时至 24 时。

第二十三条　互联网上网服务营业场所经营单位应当对上网消费者的身份证等有效证件进行核对、登记，并记录有关上网信息。登记内容和记录备份保存时间不得少于 60 日，并在文化行政部门、公安机关依法查询时予以提供。登记内容和记录备份在保存期内不得修改或者删除。

第二十四条　互联网上网服务营业场所经营单位应当依法履行信息网络安全、治安和消防安全职责，并遵守下列规定：

（一）禁止明火照明和吸烟并悬挂禁止吸烟标志；

（二）禁止带入和存放易燃、易爆物品；

（三）不得安装固定的封闭门窗栅栏；

（四）营业期间禁止封堵或者锁闭门窗、安全疏散通道和安全出口；

（五）不得擅自停止实施安全技术措施。

第四章　罚　则

第二十五条　文化行政部门、公安机关、工商行政管理部门或者其他有关部门及其工作人员，利用职务上的便利收受他人财物或者其他好处，违法批准不符合法定设立条件的互联网上网服务营业场所经营单位，或者不依法履行监督职责，或者发现违法行为不予依法查处，触犯刑律的，对直接负责的主管人员和其他直接责任人员依照刑法关于受贿罪、滥用职权罪、玩忽职守罪或者其他罪的规定，依法追究刑事责任；尚不够刑事处罚的，依法给予降级、撤职或者开除的行政处分。

第二十六条　文化行政部门、公安机关、工商行政管理部门或者其他有关部门的工作人员，从事或者变相从事互联网上网服务经营活动的，参与或者变相参与互联网上网服务营业场所经营单位的经营活动的，依法给予降级、撤职或者开除的行政处分。

文化行政部门、公安机关、工商行政管理部门或者其他有关部门有前款所列行为的，对直接负责的主管人员和其他直接责任人员依照前款规定依法给予行政处分。

第二十七条　违反本条例的规定，擅自从事互联网上网服务经营活动的，由文化行政部门或者由文化行政部门会同公安机关依法予以取缔，查封其从事违法经营活动的场所，扣押从事违法经营活动的专用工具、设备；触犯刑律的，依照刑法关于非法经营罪的规定，依法追究刑事责任；尚不够刑事处罚的，由文化行政部门没收违法所得及其从事违法经营活动的专用工具、设备；违法经营额1万元以上的，并处违法经营额5倍以上10倍以下的罚款；违法经营额不足1万元的，并处1万元以上5万元以下的罚款。

第二十八条　文化行政部门应当建立互联网上网服务营业场所经营单位的经营活动信用监管制度，建立健全信用约束机制，并及时公布行政处罚信息。

第二十九条　互联网上网服务营业场所经营单位违反本条例的规定，涂改、出租、出借或者以其他方式转让《网络文化经营许可证》，触犯刑律的，依照刑法关于伪造、变造、买卖国家机关公文、证件、印章罪的规定，依法追究刑事责任；尚不够刑事处罚的，由文化行政部门吊销《网络文化经营许可证》，没收违法所得；违法经营额 5000 元以上的，并处违法经营额 2 倍以上 5 倍以下的罚款；违法经营额不足 5000 元的，并处 5000 元以上 1 万元以下的罚款。

第三十条 互联网上网服务营业场所经营单位违反本条例的规定，利用营业场所制作、下载、复制、查阅、发布、传播或者以其他方式使用含有本条例第十四条规定禁止含有的内容的信息，触犯刑律的，依法追究刑事责任；尚不够刑事处罚的，由公安机关给予警告，没收违法所得；违法经营额 1 万元以上的，并处违法经营额 2 倍以上 5 倍以下的罚款；违法经营额不足 1 万元的，并处 1 万元以上 2 万元以下的罚款；情节严重的，责令停业整顿，直至由文化行政部门吊销《网络文化经营许可证》。

上网消费者有前款违法行为，触犯刑律的，依法追究刑事责任；尚不够刑事处罚的，由公安机关依照治安管理处罚法的规定给予处罚。

第三十一条 互联网上网服务营业场所经营单位违反本条例的规定，有下列行为之一的，由文化行政部门给予警告，可以并处 15000 元以下的罚款；情节严重的，责令停业整顿，直至吊销《网络文化经营许可证》：

（一）在规定的营业时间以外营业的；

（二）接纳未成年人进入营业场所的；

（三）经营非网络游戏的；

（四）擅自停止实施经营管理技术措施的；

（五）未悬挂《网络文化经营许可证》或者未成年人禁入标志的。

第三十二条 公安机关应当自互联网上网服务营业场所经营单位正式开展经营活动 20 个工作日内，对其依法履行信息网络安全职责情况进行实地检查。检查发现互联网上网服务营业场所经营单位未履行承诺的信息网络安全责任的，由公安机关给予警告，可以并处 15000 元以下罚款；情节严重的，责令停业整顿，直至由文化行政部门吊销《网络文化经营许可证》。

第三十三条 互联网上网服务营业场所经营单位违反本条例的规定，有下列行为之一的，由文化行政部门、公安机关依据各自职权给予警告，可以并处 15000 元以下的罚款；情节严重的，责令停业整顿，直至由文化行政部门吊销《网络文化经营许可证》：

（一）向上网消费者提供的计算机未通过局域网的方式接入互联网的；

（二）未建立场内巡查制度，或者发现上网消费者的违法行为未予制止并向文化行政部门、公安机关举报的；

（三）未按规定核对、登记上网消费者的有效身份证件或者记录有关上网信息的；

（四）未按规定时间保存登记内容、记录备份，或者在保存期内修改、删除登记内容、记录备份的；

（五）变更名称、住所、法定代表人或者主要负责人、注册资本、网络地址或者终止经营活动，未向文化行政部门、公安机关办理有关手续或者备案的。

第三十四条　互联网上网服务营业场所经营单位违反本条例的规定，有下列行为之一的，由公安机关给予警告，可以并处 15000 元以下的罚款；情节严重的，责令停业整顿，直至由文化行政部门吊销《网络文化经营许可证》：

（一）利用明火照明或者发现吸烟不予制止，或者未悬挂禁止吸烟标志的；

（二）允许带入或者存放易燃、易爆物品的；

（三）在营业场所安装固定的封闭门窗栅栏的；

（四）营业期间封堵或者锁闭门窗、安全疏散通道或者安全出口的；

（五）擅自停止实施安全技术措施的。

第三十五条　违反国家有关信息网络安全、治安管理、消防管理、工商行政管理、电信管理等规定，触犯刑律的，依法追究刑事责任；尚不够刑事处罚的，由公安机关、工商行政管理部门、电信管理机构依法给予处罚；情节严重的，由原发证机关吊销许可证件。

第三十六条　互联网上网服务营业场所经营单位违反本条例的规定，被吊销《网络文化经营许可证》的，自被吊销《网络文化经营许可证》之日起 5 年内，其法定代表人或者主要负责人不得担任互联网上网服务营业场所经营单位的法定代表人或者主要负责人。

擅自设立的互联网上网服务营业场所经营单位被依法取缔的，自被取缔之日起 5 年内，其主要负责人不得担任互联网上网服务营业场所经营单位的法定代表人或者主要负责人。

第三十七条　依照本条例的规定实施罚款的行政处罚，应当依照有关法律、行政法规的规定，实行罚款决定与罚款收缴分离；收缴的罚款和违法所得必须全部上缴国库。

第五章 附 则

第三十八条 本条例自 2002 年 11 月 15 日起施行。2001 年 4 月 3 日信息产业部、公安部、文化部、国家工商行政管理局发布的《互联网上网服务营业场所管理办法》同时废止。

废旧金属收购业治安管理办法

（1994 年 1 月 5 日国务院批准 1994 年 1 月 25 日公安部令第 16 号发布 根据 2023 年 7 月 20 日《国务院关于修改和废止部分行政法规的决定》修订）

第一条 为了加强对废旧金属收购业的治安管理，保护合法经营，预防和打击违法犯罪活动，制定本办法。

第二条 本办法所称废旧金属，是指生产性废旧金属和非生产性废旧金属。生产性废旧金属和非生产性废旧金属的具体分类由公安部会同有关部门规定。

第三条 生产性废旧金属，按照国务院有关规定由有权经营生产性废旧金属收购业的企业收购。收购废旧金属的其他企业和个体工商户只能收购非生产性废旧金属，不得收购生产性废旧金属。

第四条 收购废旧金属的企业和个体工商户，应当在取得营业执照后 15 日内向所在地县级人民政府公安机关备案。

备案事项发生变更的，收购废旧金属的企业和个体工商户应当自变更之日起 15 日内（属于工商登记事项的自工商登记变更之日起 15 日内）向县级人民政府公安机关办理变更手续。

公安机关可以通过网络等方式，便利企业和个体工商户备案。

第五条 收购废旧金属的企业应当有固定的经营场所。收购废旧金属的个体工商户应当有所在地常住户口或者暂住户口。

第六条 在铁路、矿区、油田、港口、机场、施工工地、军事禁区和金属冶炼加工企业附近，不得设点收购废旧金属。

第七条 收购废旧金属的企业在收购生产性废旧金属时，应当查验出售单位开具的证明，对出售单位的名称和经办人的姓名、住址、身份证号码以及物品的名称、数量、规格、新旧程度等如实进行登记。

第八条 收购废旧金属的企业和个体工商户不得收购下列金属物品：

（一）枪支、弹药和爆炸物品；

（二）剧毒、放射性物品及其容器；

（三）铁路、油田、供电、电信通讯、矿山、水利、测量和城市公用设施等专用器材；

（四）公安机关通报寻查的赃物或者有赃物嫌疑的物品。

第九条 收购废旧金属的企业和个体工商户发现有出售公安机关通报寻查的赃物或者有赃物嫌疑的物品的，应当立即报告公安机关。

公安机关对赃物或者有赃物嫌疑的物品应当予以扣留，并开付收据。有赃物嫌疑的物品经查明不是赃物的，应当及时退还；赃物或者有赃物嫌疑的物品经查明确属赃物的，依照国家有关规定处理。

第十条 公安机关应当对收购废旧金属的企业和个体工商户进行治安业务指导和检查。收购企业和个体工商户应当协助公安人员查处违法犯罪分子，据实反映情况，不得知情不报或者隐瞒包庇。

第十一条 有下列情形之一的，由公安机关给予相应处罚：

（一）违反本办法第四条第一款规定，未履行备案手续收购生产性废旧金属的，予以警告，责令限期改正，逾期拒不改正的，视情节轻重，处以 500 元以上 2000 元以下的罚款；未履行备案手续收购非生产性废旧金属的，予以警告或者处以 500 元以下的罚款；

（二）违反本办法第四条第二款规定，未向公安机关办理变更手续的，予以警告或者处以 200 元以下的罚款；

（三）违反本办法第六条规定，非法设点收购废旧金属的，予以取缔，没收非法收购的物品及非法所得，可以并处 5000 元以上 10000 元以下的罚款；

（四）违反本办法第七条规定，收购生产性废旧金属时未如实登记的，视情节轻重，处以 2000 元以上 5000 元以下的罚款或者责令停业整顿；

（五）违反本办法第八条规定，收购禁止收购的金属物品的，视情节轻重，处以 2000 元以上 10000 元以下的罚款或者责令停业整顿。

有前款所列第（一）、（三）、（四）、（五）项情形之一，构成犯罪的，依法追究刑事责任。

第十二条 当事人对公安机关作出的具体行政行为不服的，可以自得知该具体行政行为之日起 15 日内向上一级公安机关申请复议；对复议决定不服的，可以自接到复议决定通知之日起 15 日内向人民法院提起诉讼。

第十三条 对严格执行本办法，协助公安机关查获违法犯罪分子，作出显著成绩的单位和个人，由公安机关给予表彰或者奖励。

第十四条 本办法自发布之日起施行。

娱乐场所治安管理办法

（2008 年 6 月 3 日公安部令第 103 号公布　自 2008 年 10 月 1 日起施行）

第一章　总　　则

第一条 为加强娱乐场所治安管理，维护娱乐场所经营者、消费者和从业人员的合法权益，维护社会治安秩序，保障公共安全，根据《中华人民共和国治安管理处罚法》、《娱乐场所管理条例》等法律、法规的规定，制定本办法。

第二条 娱乐场所治安管理应当遵循公安机关治安部门归口管理和辖区公安派出所属地管理相结合，属地管理为主的原则。

公安机关对娱乐场所进行治安管理，应当严格、公正、文明、规范。

第三条 娱乐场所法定代表人、主要负责人是维护本场所治安秩序的第一责任人。

第二章　娱乐场所向公安机关备案

第四条 娱乐场所领取营业执照后，应当在 15 日内向所在地县（市）公安局、城市公安分局治安部门备案；县（市）公安局、城市公安分局治安部门受理备案后，应当在 5 日内将备案资料通报娱乐场所所在辖区公安派出所。

县（市）公安局、城市公安分局治安部门对备案的娱乐场所应当统一建立管理档案。

第五条 娱乐场所备案项目包括：

（一）名称；

（二）经营地址、面积、范围；

（三）地理位置图和内部结构平面示意图；

（四）法定代表人和主要负责人姓名、身份证号码、联系方式；

（五）与保安服务企业签订的保安服务合同及保安人员配备情况；

（六）核定的消费人数；

（七）娱乐经营许可证号、营业执照号及登记日期；

（八）监控、安检设备安装部位平面图及检测验收报告。

设有电子游戏机的游艺娱乐场所备案时，除符合前款要求外，还应当提供电子游戏机机型及数量情况。

第六条 娱乐场所备案时，应当提供娱乐经营许可证、营业执照及消防、卫生、环保等部门批准文件的复印件。

第七条 娱乐场所备案项目发生变更的，应当自变更之日起 15 日内向原备案公安机关备案。

第三章　安 全 设 施

第八条 歌舞娱乐场所包厢、包间内不得设置阻碍展现室内整体环境的屏风、隔扇、板壁等隔断，不得以任何名义设立任何形式的房中房（卫生间除外）。

第九条 歌舞娱乐场所的包厢、包间内的吧台、餐桌等物品不得高于1.2 米。

包厢、包间的门窗，距地面 1.2 米以上应当部分使用透明材质。透明材质的高度不小于 0.4 米，宽度不小于 0.2 米，能够展示室内消费者娱乐区域整体环境。

营业时间内，歌舞娱乐场所包厢、包间门窗透明部分不得遮挡。

第十条 歌舞娱乐场所包厢、包间内不得安装门锁、插销等阻碍他人自由进出包厢、包间的装置。

第十一条 歌舞娱乐场所营业大厅、包厢、包间内禁止设置可调试亮度的照明灯。照明灯在营业时间内不得关闭。

第十二条 歌舞娱乐场所应当在营业场所出入口、消防安全疏散出入口、营业大厅通道、收款台前安装闭路电视监控设备。

第十三条 歌舞娱乐场所安装的闭路电视监控设备应当符合视频安防监控系统相关国家或者行业标准要求。

闭路电视监控设备的压缩格式为 H. 264 或者 MPEG-4，录像图像分辨率不低于 4CIF（704×576）或者 D1（720×576）；保障视频录像实时（每秒不少于 25 帧），支持视频移动侦测功能；图像回放效果要求清晰、稳定、逼真，能够通过 LAN、WAN 或者互联网与计算机相连，实现远程监视、放像、备份及升级，回放图像水平分辨力不少于 300TVL。

第十四条 歌舞娱乐场所应当设置闭路电视监控设备监控室，由专人负责值守，保障设备在营业时间内正常运行，不得中断、删改或者挪作他用。

第十五条 营业面积 1000 平方米以下的迪斯科舞厅应当配备手持式金属探测器，营业面积超过 1000 平方米以上的应当配备通过式金属探测门和微剂量 X 射线安全检查设备等安全检查设备。

手持式金属探测器、通过式金属探测门、微剂量 X 射线安全检查设备应当符合国家或者行业标准要求。

第十六条 迪斯科舞厅应当配备专职安全检查人员，安全检查人员不得少于 2 名，其中女性安全检查人员不得少于 1 名。

第十七条 娱乐场所应当在营业场所大厅、包厢、包间内的显著位置悬挂含有禁毒、禁赌、禁止卖淫嫖娼等内容的警示标志。标志应当注明公安机关的举报电话。

警示标志式样、规格、尺寸由省、自治区、直辖市公安厅、局统一制定。

第十八条 娱乐场所不得设置具有赌博功能的电子游戏机机型、机种、电路板等游戏设施设备，不得从事带有赌博性质的游戏机经营活动。

第四章 经营活动规范

第十九条 娱乐场所对从业人员应当实行实名登记制度，建立从业人员名簿，统一建档管理。

第二十条 从业人员名簿应当记录以下内容：

（一）从业人员姓名、年龄、性别、出生日期及有效身份证件号码；

（二）从业人员户籍所在地和暂住地地址；

（三）从业人员具体工作岗位、职责。

外国人就业的，应当留存外国人就业许可证复印件。

第二十一条 营业期间，娱乐场所从业人员应当统一着装，统一佩带工作标志。

着装应当大方得体，不得有伤风化。

工作标志应当载有从业人员照片、姓名、职务、统一编号等基本信息。

第二十二条 娱乐场所应当建立营业日志，由各岗位负责人及时登记填写并签名，专人负责保管。

营业日志应当详细记载从业人员的工作职责、工作内容、工作时间、工作地点及遇到的治安问题。

第二十三条 娱乐场所营业日志应当留存60日备查，不得删改。对确因记录错误需要删改的，应当写出说明，由经手人签字，加盖娱乐场所印章。

第二十四条 娱乐场所应当安排保安人员负责安全巡查，营业时间内每2小时巡查一次，巡查区域应当涵盖整个娱乐场所，巡查情况应当写入营业日志。

第二十五条 娱乐场所对发生在场所内的违法犯罪活动，应当立即向公安机关报告。

第二十六条 娱乐场所应当按照国家有关信息化标准规定，配合公安机关建立娱乐场所治安管理信息系统，实时、如实将从业人员、营业日志、安全巡查等信息录入系统，传输报送公安机关。

本办法规定娱乐场所配合公安机关在治安管理方面所作的工作，能够通过娱乐场所治安管理信息系统录入传输完成的，应当通过系统完成。

第五章 保安员配备

第二十七条 娱乐场所应当与经公安机关批准设立的保安服务企业签订服务合同，配备已取得资格证书的专业保安人员，并通报娱乐场所所在辖区公安派出所。

娱乐场所不得自行招录人员从事保安工作。

第二十八条 娱乐场所保安人员应当履行下列职责：

（一）维护娱乐场所治安秩序；

（二）协助娱乐场所做好各项安全防范和巡查工作；

（三）及时排查、发现并报告娱乐场所治安、安全隐患；

（四）协助公安机关调查、处置娱乐场所内发生的违法犯罪活动。

第二十九条 娱乐场所应当加强对保安人员的教育管理，不得要求保安人员从事与其职责无关的工作。对保安人员工作情况逐月通报辖区公安派出所和保安服务企业。

第三十条 娱乐场所营业面积在 200 平方米以下的，配备的保安人员不得少于 2 名；营业面积每增加 200 平方米，应当相应增加保安人员 1 名。

迪斯科舞厅保安人员应当按照场所核定人数的5%配备。

第三十一条 在娱乐场所执勤的保安人员应当统一着制式服装，佩带徽章、标记。

保安人员执勤时，应当仪表整洁、行为规范、举止文明。

第三十二条 保安服务企业应加强对派驻娱乐场所保安人员的教育培训，开展经常性督查，确保服务质量。

第六章 治安监督检查

第三十三条 公安机关及其工作人员对娱乐场所进行监督检查时应当出示人民警察证件，表明执法身份，不得从事与职务无关的活动。

公安机关及其工作人员对娱乐场所进行监督检查，应当记录在案，归档管理。

第三十四条 监督检查记录应当以书面形式为主，必要时可以辅以录音、录像等形式。

第三十五条 监督检查记录应当包括：

（一）执行监督检查任务的人员姓名、单位、职务；

（二）监督检查的时间、地点、场所名称、检查事项；

（三）发现的问题及处理结果。

第三十六条　监督检查记录一式两份，由监督检查人员签字，并经娱乐场所负责人签字确认。

娱乐场所负责人拒绝签字的，监督检查人员应当在记录中注明情况。

第三十七条　公众有权查阅娱乐场所监督检查记录，公安机关应当为公众查阅提供便利。

第三十八条　公安机关应当建立娱乐场所违法行为警示记录系统，并依据娱乐场所治安秩序状况进行分级管理。

娱乐场所分级管理标准，由各省、自治区、直辖市公安厅、局结合本地实际自行制定。

第三十九条　公安机关对娱乐场所进行分级管理，应当按照公开、公平、公正的原则，定期考核，动态升降。

第四十条　公安机关建立娱乐场所治安管理信息系统，对娱乐场所及其从业人员实行信息化监督管理。

第七章　罚　则

第四十一条　娱乐场所未按照本办法规定项目备案的，由受理备案的公安机关告知补齐；拒不补齐的，由受理备案的公安机关责令改正，给予警告。

违反本办法第七条规定的，由原备案公安机关责令改正，给予警告。

第四十二条　娱乐场所违反本办法第八条至第十六条、第三十条规定的，由县级公安机关依照《娱乐场所管理条例》第四十三条的规定予以处罚。

44

第四十三条　娱乐场所违反本办法第二十九条规定的，由县级公安机关责令改正，给予警告。

娱乐场所保安人员违反本办法第二十八条、三十一条规定的，依照有关规定予以处理。

第四十四条　娱乐场所违反本办法第二十六条规定的，由县级公安机关责令改正、给予警告；经警告不予改正的，处5000元以上1万元以下罚款。

第四十五条 公安机关工作人员违反本办法第三十三条规定或者有其他失职、渎职行为的，对直接负责的主管人员和其他直接责任人员依法予以行政处分；构成犯罪的，依法追究刑事责任。

第四十六条 娱乐场所及其从业人员违反本办法规定的其他行为，《娱乐场所管理条例》已有处罚规定的，依照规定处罚；违反治安管理的，依照《中华人民共和国治安管理处罚法》处罚；构成犯罪的，依法追究刑事责任。

第八章 附 则

第四十七条 非娱乐场所经营单位兼营歌舞、游艺项目的，依照本办法执行。

第四十八条 本办法自 2008 年 10 月 1 日起施行。

旅馆业治安管理办法

（1987 年 9 月 23 日国务院批准　1987 年 11 月 10 日公安部发布　根据 2011 年 1 月 8 日《国务院关于废止和修改部分行政法规的决定》第一次修订　根据 2020 年 11 月 29 日《国务院关于修改和废止部分行政法规的决定》第二次修订　根据 2022 年 3 月 29 日《国务院关于修改和废止部分行政法规的决定》第三次修订）

第一条 为了保障旅馆业的正常经营和旅客的生命财物安全，维护社会治安，制定本办法。

第二条 凡经营接待旅客住宿的旅馆、饭店、宾馆、招待所、客货栈、车马店、浴池等（以下统称旅馆），不论是国营、集体经营，还是合伙经营、个体经营、外商投资经营，不论是专营还是兼营，不论是常年经营，还是季节性经营，都必须遵守本办法。

第三条 开办旅馆，要具备必要的防盗等安全设施。

第四条 申请开办旅馆，应取得市场监管部门核发的营业执照，向当地公安机关申领特种行业许可证后，方准开业。

经批准开业的旅馆，如有歇业、转业、合并、迁移、改变名称等情况，应当在市场监管部门办理变更登记后 3 日内，向当地的县、市公安局、公安分局备案。

第五条 经营旅馆，必须遵守国家的法律，建立各项安全管理制度，设置治安保卫组织或者指定安全保卫人员。

第六条 旅馆接待旅客住宿必须登记。登记时，应当查验旅客的身份证件，按规定的项目如实登记。

接待境外旅客住宿，还应当在 24 小时内向当地公安机关报送住宿登记表。

第七条 旅馆应当设置旅客财物保管箱、柜或者保管室、保险柜，指定专人负责保管工作。对旅客寄存的财物，要建立登记、领取和交接制度。

第八条 旅馆对旅客遗留的物品，应当妥为保管，设法归还原主或揭示招领；经招领 3 个月后无人认领的，要登记造册，送当地公安机关按拾遗物品处理。对违禁物品和可疑物品，应当及时报告公安机关处理。

第九条 旅馆工作人员发现违法犯罪分子，行迹可疑的人员和被公安机关通缉的罪犯，应当立即向当地公安机关报告，不得知情不报或隐瞒包庇。

第十条 在旅馆内开办舞厅、音乐茶座等娱乐、服务场所的，除执行本办法有关规定外，还应当按照国家和当地政府的有关规定管理。

第十一条 严禁旅客将易燃、易爆、剧毒、腐蚀性和放射性等危险物品带入旅馆。

第十二条 旅馆内，严禁卖淫、嫖宿、赌博、吸毒、传播淫秽物品等违法犯罪活动。

第十三条 旅馆内，不得酗酒滋事、大声喧哗，影响他人休息，旅客不得私自留客住宿或者转让床位。

第十四条 公安机关对旅馆治安管理的职责是，指导、监督旅馆建立各项安全管理制度和落实安全防范措施，协助旅馆对工作人员进行安全业务知识的培训，依法惩办侵犯旅馆和旅客合法权益的违法犯罪分子。

公安人员到旅馆执行公务时，应当出示证件，严格依法办事，要文明礼貌待人，维护旅馆的正常经营和旅客的合法权益。旅馆工作人员和旅客应当予以协助。

第十五条 违反本办法第四条规定开办旅馆的,公安机关可以酌情给予警告或者处以 200 元以下罚款;未经登记,私自开业的,公安机关应当协助工商行政管理部门依法处理。

第十六条 旅馆工作人员违反本办法第九条规定的,公安机关可以酌情给予警告或者处以 200 元以下罚款;情节严重构成犯罪的,依法追究刑事责任。

旅馆负责人参与违法犯罪活动,其所经营的旅馆已成为犯罪活动场所的,公安机关除依法追究其责任外,对该旅馆还应当会同工商行政管理部门依法处理。

第十七条 违反本办法第六、十一、十二条规定的,依照《中华人民共和国治安管理处罚法》有关条款的规定,处罚有关人员;发生重大事故、造成严重后果构成犯罪的,依法追究刑事责任。

第十八条 当事人对公安机关的行政处罚决定不服的,按照《中华人民共和国治安管理处罚法》第一百零二条的规定办理。

第十九条 省、自治区、直辖市公安厅(局)可根据本办法制定实施细则,报请当地人民政府批准后施行,并报公安部备案。

第二十条 本办法自公布之日起施行。1951 年 8 月 15 日公布的《城市旅栈业暂行管理规则》同时废止。

易制爆危险化学品治安管理办法

(2019 年 7 月 6 日公安部令第 154 号公布 自 2019 年 8 月 10 日起施行)

第一章 总 则

第一条 为加强易制爆危险化学品的治安管理,有效防范易制爆危险化学品治安风险,保障人民群众生命财产安全和公共安全,根据《中华人民共和国反恐怖主义法》《危险化学品安全管理条例》《企业事业单位内部治安保卫条例》等有关法律法规的规定,制定本办法。

第二条　易制爆危险化学品生产、经营、储存、使用、运输和处置的治安管理，适用本办法。

第三条　本办法所称易制爆危险化学品，是指列入公安部确定、公布的易制爆危险化学品名录，可用于制造爆炸物品的化学品。

第四条　本办法所称易制爆危险化学品从业单位，是指生产、经营、储存、使用、运输及处置易制爆危险化学品的单位。

第五条　易制爆危险化学品治安管理，应当坚持安全第一、预防为主、依法治理、系统治理的原则，强化和落实从业单位的主体责任。

易制爆危险化学品从业单位的主要负责人是治安管理第一责任人，对本单位易制爆危险化学品治安管理工作全面负责。

第六条　易制爆危险化学品从业单位应当建立易制爆危险化学品信息系统，并实现与公安机关的信息系统互联互通。

公安机关和易制爆危险化学品从业单位应当对易制爆危险化学品实行电子追踪标识管理，监控记录易制爆危险化学品流向、流量。

第七条　任何单位和个人都有权举报违反易制爆危险化学品治安管理规定的行为；接到举报的公安机关应当依法及时查处，并为举报人员保密，对举报有功人员给予奖励。

第八条　易制爆危险化学品从业单位应当加强对治安管理工作的检查、考核和奖惩，及时发现、整改治安隐患，并保存检查、整改记录。

第二章　销售、购买和流向登记

第九条　公安机关接收同级应急管理部门通报的颁发危险化学品安全生产许可证、危险化学品安全使用许可证、危险化学品经营许可证、烟花爆竹安全生产许可证情况后，对属于易制爆危险化学品从业单位的，应当督促其建立信息系统。

第十条　依法取得危险化学品安全生产许可证、危险化学品安全使用许可证、危险化学品经营许可证的企业，凭相应的许可证件购买易制爆危险化学品。民用爆炸物品生产企业凭民用爆炸物品生产许可证购买易制爆危险化学品。

第十一条　本办法第十条以外的其他单位购买易制爆危险化学品的，应当向销售单位出具以下材料：

（一）本单位《工商营业执照》《事业单位法人证书》等合法证明复印件、经办人身份证明复印件；

（二）易制爆危险化学品合法用途说明，说明应当包含具体用途、品种、数量等内容。

严禁个人购买易制爆危险化学品。

第十二条 危险化学品生产企业、经营企业销售易制爆危险化学品，应当查验本办法第十条或者第十一条规定的相关许可证件或者证明文件，不得向不具有相关许可证件或者证明文件的单位及任何个人销售易制爆危险化学品。

第十三条 销售、购买、转让易制爆危险化学品应当通过本企业银行账户或者电子账户进行交易，不得使用现金或者实物进行交易。

第十四条 危险化学品生产企业、经营企业销售易制爆危险化学品，应当如实记录购买单位的名称、地址、经办人姓名、身份证号码以及所购买的易制爆危险化学品的品种、数量、用途。销售记录以及相关许可证件复印件或者证明文件、经办人的身份证明复印件的保存期限不得少于一年。

易制爆危险化学品销售、购买单位应当在销售、购买后五日内，通过易制爆危险化学品信息系统，将所销售、购买的易制爆危险化学品的品种、数量以及流向信息报所在地县级公安机关备案。

第十五条 易制爆危险化学品生产、进口和分装单位应当按照国家有关标准和规范要求，对易制爆危险化学品作出电子追踪标识，识读电子追踪标识可显示相应易制爆危险化学品品种、数量以及流向信息。

第十六条 易制爆危险化学品从业单位应当如实登记易制爆危险化学品销售、购买、出入库、领取、使用、归还、处置等信息，并录入易制爆危险化学品信息系统。

第三章　处置、使用、运输和信息发布

第十七条 易制爆危险化学品从业单位转产、停产、停业或者解散的，应当将生产装置、储存设施以及库存易制爆危险化学品的处置方案报主管部门和所在地县级公安机关备案。

第十八条 易制爆危险化学品使用单位不得出借、转让其购买的易制爆危险化学品；因转产、停产、搬迁、关闭等确需转让的，应当向具有本

办法第十条或者第十一条规定的相关许可证件或者证明文件的单位转让。

双方应当在转让后五日内，将有关情况报告所在地县级公安机关。

第十九条　运输易制爆危险化学品途中因住宿或者发生影响正常运输的情况，需要较长时间停车的，驾驶人员、押运人员应当采取相应的安全防范措施，并向公安机关报告。

第二十条　易制爆危险化学品在道路运输途中丢失、被盗、被抢或者出现流散、泄漏等情况的，驾驶人员、押运人员应当立即采取相应的警示措施和安全措施，并向公安机关报告。公安机关接到报告后，应当根据实际情况立即向同级应急管理、生态环境、卫生健康等部门通报，采取必要的应急处置措施。

第二十一条　任何单位和个人不得交寄易制爆危险化学品或者在邮件、快递内夹带易制爆危险化学品，不得将易制爆危险化学品匿报或者谎报为普通物品交寄，不得将易制爆危险化学品交给不具有相应危险货物运输资质的企业托运。邮政企业、快递企业不得收寄易制爆危险化学品。运输企业、物流企业不得违反危险货物运输管理规定承运易制爆危险化学品。邮政企业、快递企业、运输企业、物流企业发现违反规定交寄或者托运易制爆危险化学品的，应当立即将有关情况报告公安机关和主管部门。

第二十二条　易制爆危险化学品从业单位依法办理非经营性互联网信息服务备案手续后，可以在本单位网站发布易制爆危险化学品信息。

易制爆危险化学品从业单位应当在本单位网站主页显著位置标明可供查询的互联网信息服务备案编号。

第二十三条　易制爆危险化学品从业单位不得在本单位网站以外的互联网应用服务中发布易制爆危险化学品信息及建立相关链接。

禁止易制爆危险化学品从业单位以外的其他单位在互联网发布易制爆危险化学品信息及建立相关链接。

第二十四条　禁止个人在互联网上发布易制爆危险化学品生产、买卖、储存、使用信息。

禁止任何单位和个人在互联网上发布利用易制爆危险化学品制造爆炸物品方法的信息。

第四章 治安防范

第二十五条 易制爆危险化学品从业单位应当设置治安保卫机构，建立健全治安保卫制度，配备专职治安保卫人员负责易制爆危险化学品治安保卫工作，并将治安保卫机构的设置和人员的配备情况报所在地县级公安机关备案。治安保卫人员应当符合国家有关标准和规范要求，经培训后上岗。

第二十六条 易制爆危险化学品应当按照国家有关标准和规范要求，储存在封闭式、半封闭式或者露天式危险化学品专用储存场所内，并根据危险品性能分区、分类、分库储存。

教学、科研、医疗、测试等易制爆危险化学品使用单位，可使用储存室或者储存柜储存易制爆危险化学品，单个储存室或者储存柜储存量应当在 50 公斤以下。

第二十七条 易制爆危险化学品储存场所应当按照国家有关标准和规范要求，设置相应的人力防范、实体防范、技术防范等治安防范设施，防止易制爆危险化学品丢失、被盗、被抢。

第二十八条 易制爆危险化学品从业单位应当建立易制爆危险化学品出入库检查、登记制度，定期核对易制爆危险化学品存放情况。

易制爆危险化学品丢失、被盗、被抢的，应当立即报告公安机关。

第二十九条 易制爆危险化学品储存场所（储存室、储存柜除外）治安防范状况应当纳入单位安全评价的内容，经安全评价合格后方可使用。

第三十条 构成重大危险源的易制爆危险化学品，应当在专用仓库内单独存放，并实行双人收发、双人保管制度。

第五章 监督检查

第三十一条 公安机关根据本地区工作实际，定期组织易制爆危险化学品从业单位监督检查；在重大节日、重大活动前或者期间组织监督抽查。

公安机关人民警察进行监督检查时应当出示人民警察证，表明执法身份，不得从事与职务无关的活动。

第三十二条 监督检查内容包括：

（一）易制爆危险化学品从业单位持有相关许可证件情况；

（二）销售、购买、处置、使用、运输易制爆危险化学品是否符合有关规定；

（三）易制爆危险化学品信息发布是否符合有关规定；

（四）易制爆危险化学品流向登记是否符合有关规定；

（五）易制爆危险化学品从业单位治安保卫机构、制度建设是否符合有关规定；

（六）易制爆危险化学品从业单位及其储存场所治安防范设施是否符合有关规定；

（七）法律、法规、规范和标准规定的其他内容。

第三十三条 监督检查应当记录在案，归档管理。监督检查记录包括：

（一）执行监督检查任务的人员姓名、单位、职务、警号；

（二）监督检查的时间、地点、单位名称、检查事项；

（三）发现的隐患问题及处理结果。

第三十四条 监督检查记录一式两份，由监督检查人员、被检查单位管理人员签字确认；被检查单位管理人员对检查记录有异议或者拒绝签名的，检查人员应当在检查记录中注明。

第三十五条 公安机关应当建立易制爆危险化学品从业单位风险评估、分级预警机制和与有关部门信息共享通报机制。

第六章 法 律 责 任

第三十六条 违反本办法第六条第一款规定的，由公安机关责令限期改正，可以处一万元以下罚款；逾期不改正的，处违法所得三倍以下且不超过三万元罚款，没有违法所得的，处一万元以下罚款。

第三十七条 违反本办法第十条、第十一条、第十八条第一款规定的，由公安机关依照《危险化学品安全管理条例》第八十四条第二款、第三款的规定处罚。

第三十八条 违反本办法第十三条、第十五条规定的，由公安机关依照《中华人民共和国反恐怖主义法》第八十七条的规定处罚。

第三十九条 违反本办法第十四条、第十六条、第十八条第二款、第二十八条第二款规定的，由公安机关依照《危险化学品安全管理条例》第八十一条的规定处罚。

第四十条 违反本办法第十七条规定的，由公安机关依照《危险化学品安全管理条例》第八十二条第二款的规定处罚。

第四十一条 违反本办法第十九条、第二十条规定的，由公安机关依照《危险化学品安全管理条例》第八十九条第三项、第四项的规定处罚。

第四十二条 违反本办法第二十三条、第二十四条规定的，由公安机关责令改正，给予警告，对非经营活动处一千元以下罚款，对经营活动处违法所得三倍以下且不超过三万元罚款，没有违法所得的，处一万元以下罚款。

第四十三条 违反本办法第二十五条、第二十七条关于人力防范、实体防范规定，存在治安隐患的，由公安机关依照《企业事业单位内部治安保卫条例》第十九条的规定处罚。

第四十四条 违反本办法第二十七条关于技术防范设施设置要求规定的，由公安机关依照《危险化学品安全管理条例》第七十八条第二款的规定处罚。

第四十五条 任何单位和个人违反本办法规定，构成违反治安管理行为的，依照《中华人民共和国治安管理处罚法》的规定予以处罚；构成犯罪的，依法追究刑事责任。

第四十六条 公安机关发现涉及其他主管部门的易制爆危险化学品违法违规行为，应当书面通报其他主管部门依法查处。

第四十七条 公安机关人民警察在易制爆危险化学品治安管理中滥用职权、玩忽职守或者徇私舞弊，构成犯罪的，依法追究刑事责任；尚不构成犯罪的，依法给予行政处分。

第七章 附 则

第四十八条 含有易制爆危险化学品的食品添加剂、药品、兽药、消毒剂等生活用品，其生产单位按照易制爆危险化学品使用单位管理，其成品的生产、销售、购买（含个人购买）、储存、使用、运输和处置等不适用本办法，分别执行《中华人民共和国食品安全法》《中华人民共和国药品管理法》《兽药管理条例》《消毒管理办法》等有关规定。

第四十九条 易制爆危险化学品从业单位和相关场所、活动、设施等确定为防范恐怖袭击重点目标的，应当执行《中华人民共和国反恐怖主义法》的有关规定。

第五十条 易制爆危险化学品的进出口管理，依照有关对外贸易的法律、行政法规、规章的规定执行；进口的易制爆危险化学品的储存、使用、经营、运输、处置的安全管理，依照本办法的规定执行。

第五十一条 本办法所称"以下"均包括本数。

第五十二条 本办法自 2019 年 8 月 10 日起施行。

国家旅游局、公安部、工商总局关于
治理规范旅游市场秩序的通知

(2015 年 5 月 15 日　旅发〔2015〕95 号)

各省、自治区、直辖市旅游委、局，公安厅、局，工商行政管理局、市场监管部门，新疆生产建设兵团旅游局、公安局：

为认真贯彻落实《中华人民共和国旅游法》、《国务院关于促进旅游业改革发展的若干意见》和国务院旅游工作部际联席会议第二次全体会议精神，进一步加强旅游市场监管，规范旅游市场秩序，维护旅游消费者合法权益，现就有关要求通知如下：

一、规范旅游市场，适应新常态新需求

（一）坚持问题导向。旅游市场秩序是衡量地区旅游发展水平的首要标准。目前，尽管多数省区市建立了旅游综合协调机制，为旅游法的贯彻实施打下了基础，但从机制运作情况看，不少还属于临时性、突击性，在职能定位、决策力度等方面还有差距。相关部门之间责任不够清晰，难以形成合力，旅游市场秩序突出的问题没有得到根本解决，有些地方旅游市场乱象丛生，甚至存在黑恶势力的影响，人民群众对此反应强烈。

（二）明确目标任务。全面贯彻党的十八大和十八届三中、四中全会精神，主动适应经济发展新常态，把改革创新摆在突出的位置，把握旅游规律，增强产业自信、行业自信和事业自信，创新工作方式，担当发展使命，着力依法规范旅游市场秩序，着力推进现代旅游产业发展，着力培育旅游经济增长点，让旅游更安全、更便利、更文明、更舒心，为推动经济提质增效升级、人民群众生活水平跃升做出新贡献。

二、围绕突出问题，开展重点整治

（三）突出整治重点。针对旅游市场秩序存在的突出问题，以及社会和游客反应强烈的欺行霸市、虚假广告、价格欺诈、非法经营、欺客宰客、强迫消费以及其他突出问题，国家旅游局会同公安部和工商总局把整治"不合理低价"、违法"一日游"等扰乱旅游市场秩序的行为，作为今年治理旅游市场乱象的突破口和切入点，发扬钉钉子的精神，盯住一个一个具体典型案例，从一个问题一个问题查起，坚持一个节点一个节点抓，积小胜为大胜。对违法者零容忍，发现一起查处一起，通过采取有效措施，坚决遏制旅游市场乱象。

（四）部门分工负责。按照"政府主导、属地管理、部门联动、行业自律、各司其职、齐抓共管"的原则，明确各相关部门责任。各级旅游主管部门负责对组织不合理低价、强迫和变相强迫消费、违反旅游合同等违法违规行为的监管和查处。各级公安机关负责严厉打击在旅游景区侵害游客权益的违法犯罪团伙，及时查处强迫消费、敲诈勒索等违法犯罪行为。各级工商部门重点负责对虚假广告、不正当竞争以及其他违法行为的监管和查处。

（五）上下联动治理。国家旅游局与公安部、工商总局建立季度工作会商机制，督促指导各地开展治理规范旅游市场秩序工作。各地旅游、公安、工商等部门也要建立部门联动机制，强化治理规范旅游市场秩序的共同责任，依法依规加大旅游市场秩序整治力度。要敢于担当、主动作为，从社会反映最强烈、游客投诉最突出的问题抓起，按照《旅游法》、《治安管理处罚法》、《反不正当竞争法》、《反垄断法》等法律法规，依法查处扰乱旅游市场秩序的行为。各地旅游、公安、工商等部门要形成合力，通过旅游市场综合整治，加快形成有效的工作机制，形成标本兼治、惩建并举、综合治理的工作格局。

三、创新工作方式，形成长效机制

（六）创新监管方式。各地旅游、公安、工商等部门要结合实际，创新社会监督组织管理的方式，通过创新社会监督形式，逐步建立和完善全社会共同参与的旅游服务质量监督机制。国家旅游局已经印发了《旅游服务质量"万名社会监督员"工作方案》和《旅游服务质量社会监督员职责和工作办法（试行）》，从今年起，动员万名社会监督员对旅行社、导游、饭店、景区、交通、购物等各个环节开展明查暗访。旅游协会等中介组织将制定评价旅行社、导游、饭店、景区的服务标准。开通游客网上评价旅游企业和从业人员平台。同时，强化媒体的舆论监督，支持媒体曝光旅游市场秩序的典型事件。

（七）惩戒失信行为。今年，国家旅游局将制定出台《旅游经营服务不良信息管理办法》，建立健全旅游信用信息公示制度，发布"旅游失信行为记录"，依法公布违法违规信息，并与公安、工商、交通、税务、物价、银行等有关部门加强信息互通，有关部门将公布的违法违规信息纳入企业诚信（征信）系统记录，使旅游失信行为者付出巨大代价。各地旅游、公安、工商等部门每季度通报一次联合执法情况，并向社会公布。国家旅游局每季度召开一次新闻发布会，对旅游市场秩序问题实行一票否决，并将 A 级旅游景区、旅游星级饭店、旅行社企业的处罚结果向社会公布。

（八）健全长效机制。各地旅游、公安、工商等部门要建立健全市场监督的长效机制，对影响旅游市场秩序的重大事件要实行督办制度，对整治不力、监管不到位的问题，要实行问责。国家旅游局、公安部和工商总局将适时联合组织召开一次经验交流现场会，分析形势、通报情况、督促整改、总结交流治理规范旅游市场秩序的经验做法，推动各地开展联合执法、综合执法，实现市场有序、竞争有序、管理有序、出游有序的目标。

文化和旅游部、公安部关于进一步加强大型营业性演出活动规范管理促进演出市场健康有序发展的通知

（2023 年 9 月 12 日　文旅市场发〔2023〕96 号）

各省、自治区、直辖市文化和旅游厅（局），公安厅（局）、新疆生产建设兵团文化体育广电和旅游局、公安局：

当前，演出市场快速恢复发展，演唱会、音乐节等大型营业性演出活

动大量增加，在满足人民群众精神文化需求的同时，个别演出活动中炒票倒票、非理性追星、不文明观演等问题也较为突出。为加强观众人数在5000人以上的大型营业性演出活动（以下简称"大型演出活动"）的规范管理，促进演出市场健康有序发展，现就有关事项通知如下。

一、明确工作原则

（一）大型演出活动必须坚持为人民服务、为社会主义服务的方向，坚持把社会效益放在首位、实现社会效益和经济效益相统一，更好满足人民群众精神文化需求。

（二）按照"谁举办谁负责"的原则，演出举办单位应当严格落实安全主体责任，严格建立并落实安全管理制度，明确安全责任人，建立并完善风险评估和应急处置工作机制。演出举办单位应当依法办理演出审批手续，安排演出节目内容，负责演出票务和现场管理，加强消费者个人信息保护，做好现场观众引导，掌握舆情动态，及时报告有关情况，接受主管部门指导监督，主动承担法定责任和义务。

（三）文化和旅游行政部门、公安机关要严格落实属地责任，强化协作配合，加强大型演出活动规范管理，确保大型演出活动平稳有序举办。

二、严格审批管理

（四）省级文化和旅游行政部门、公安机关要加强对本行政区域内大型演出活动的统筹指导，大型演出活动审批前，应当经过省级文化和旅游行政部门、属地公安机关风险评估和综合研判。

（五）文化和旅游行政部门要督促演出举办单位在申请举办大型演出活动前，对可能出现的票务销售、现场管理、网络舆情等方面的风险开展自评，形成书面报告并在申请举办时提交。

（六）省级文化和旅游行政部门、属地公安机关开展风险评估，演出举办单位开展风险自评时，应当在传统的人、事、物、场等评估要素基础上，将网上热度、舆情反应、网民评价等网络特征纳入评估范畴，建立网上网下风险综合评估体系。

（七）省级文化和旅游行政部门、属地公安机关要对风险较高的演出活动加强行政指导，督促做好现场监管。对不符合安全条件的演出活动，要求受理审批的文化和旅游行政部门、公安机关不予批准。

三、加强票务管理

（八）大型演出活动实行实名购票和实名入场制度，每场演出每个身份证件只能购买一张门票，购票人与入场人身份信息保持一致。演出举办单位、演出票务销售平台应当加强消费者个人信息保护，防止未经授权的访问以及个人信息泄露、篡改、丢失。

（九）演出举办单位应当建立大型演出活动退票机制，设定合理的梯次退票收费标准，保障购票人的正当退票权利。

（十）进一步提高大型演出活动门票销售比例，演出举办单位面向市场公开销售的门票数量不得低于核准观众数量的85%。对其余15%的门票，应当在演出前24小时进行个人信息绑定，做到"实名绑定、实名入场"。

（十一）演出举办单位应当明示其授权的票务代理机构，引导消费者从合法渠道购买门票。应当履行告知义务，告知消费者购票、入场和退票规则。

（十二）文化和旅游行政部门要督促演出举办单位、演出票务销售平台将大型演出活动的票务信息（包括但不限于演出项目的名称、演出时间、演出场次、门票数量、票务销售方案、票房收入等信息）实时传输至全国文化市场技术监管与服务平台，进一步加强大型演出活动票务信息管理。

（十三）文化和旅游行政部门、公安机关要加强对大型演出活动举办方和场地工作票证的管理，严格控制发放范围，防止工作票证流入市场被非法买卖。

四、加强演出现场管理

（十四）文化和旅游市场管理部门、综合执法机构要加强对大型演出活动的实地检查，现场核验演员信息及演出节目内容，严禁擅自变更演员及演出内容，严禁假唱、假演奏等违法违规行为。

（十五）公安机关要加强大型演出活动现场安全监管，指导演出举办单位强化事前安全评估，制定安全工作方案，落实安保措施，配备安检设备，严格对进入现场的人员、车辆、物品进行安全检查，配备足够安保人员，落实应急处置措施。公安机关依法对安全工作落实情况实施监督检查，发现安全隐患责令改正，依法查处违法犯罪行为，处置突发事件。

（十六）演出举办单位应当积极配合文化和旅游行政部门、公安机关监督管理，根据工作需要，采取必要的管控措施，提升演出现场管理水平。

五、加大违法行为打击力度

（十七）文化和旅游行政部门要加强对演出票务销售平台的管理，依法处置未履行核验票务经营单位资质及演出批准文件义务、为倒卖门票提供服务等违规行为。

（十八）公安机关要加大对倒卖演出票证的打击整治力度，全面收集网上网下倒卖炒作票证信息，及时发现加价、变相加价销售票证的线索，严打网上网下倒票和诈骗等违法犯罪活动。

（十九）公安机关要依法打击流量造假、造谣传谣、侵犯隐私，以及聚众闹事、滋事斗殴等网上网下各类违法犯罪活动。适时公布典型案例，及时警示震慑，以正视听。

（二十）公安机关要加强对大型演出活动安全监管，对演出举办单位、场所管理者举办大型群众性演出活动违反安全管理规定，以及扰乱活动秩序的行为，要按照《大型群众性活动安全管理条例》《中华人民共和国治安管理处罚法》《中华人民共和国刑法》有关规定依法予以处罚。

六、引导观众文明观演

（二十一）公安机关指导演出举办单位做好入场安检，禁止观众携带影响正常观演的物品入场，倡导观众文明观演。演出举办单位要加强现场巡查，及时制止不文明观演行为，维护观演秩序。

（二十二）演员经纪公司及相关演艺经纪从业人员应当加强对演员的教育、提醒，积极引导演员时刻敬畏法律红线，严守道德底线。鼓励演员主动发声，引导观众遵守演出现场管理规定，共同维护演出秩序。

七、强化信用监管

（二十三）文化和旅游行政部门要依照《文化和旅游市场信用管理规定》，对大型演出活动中存在面向公众销售门票数量低于核准数量的85%或者为倒卖门票、买卖演出工作票证提供便利等情形的演出举办单位及票务代理机构，依法认定为文化和旅游市场失信主体。

（二十四）文化和旅游行政部门、公安机关要对失信主体加大日常监管力度，对其申请营业性演出、大型群众性活动等行政许可事项予以重点关注，在行政奖励、授予称号等方面予以重点审查。

特此通知。

公安部关于对同性之间以钱财
为媒介的性行为定性处理问题的批复

（2001 年 2 月 28 日　公复字〔2001〕4 号）

广西壮族自治区公安厅：

你厅《关于钱财为媒介的性行为如何定性的请示》（桂公传发〔2001〕325 号）收悉。现批复如下：

根据《中华人民共和国治安管理处罚条例》和全国人大常委会《关于严禁卖淫嫖娼的决定》的规定，不特定的异性之间或者同性之间以金钱、财物为媒介发生不正当性关系的行为，包括口淫、手淫、鸡奸等行为，都属于卖淫嫖娼行为，对行为人应当依法处理。

自本批复下发之日起，《公安部关于以营利为目的的手淫、口淫等行为定性处理问题的批复》（公复字〔1995〕6 号）同时废止。

公安部关于以钱财为媒介尚未发生性行为或
发生性行为尚未给付钱财如何定性问题的批复

（2003 年 9 月 24 日　公复字〔2003〕5 号）

山东省公安厅：

你厅《关于对以钱财为媒介尚未发生性行为应如何处理的请示》（鲁公发〔2003〕114 号）收悉。现批复如下：

卖淫嫖娼是指不特定的异性之间或同性之间以金钱、财物为媒介发生性关系的行为。行为主体之间主观上已经就卖淫嫖娼达成一致，已经谈好价格或者已经给付金钱、财物，并且已经着手实施，但由于其本人主观意志以外的原因，尚未发生性关系的；或者已经发生性关系，但尚未给付金钱、财物的，都可以按卖淫嫖娼行为依法处理。对前一种行为，应当从轻处罚。

公安部关于对出售带有淫秽内容的文物的
行为可否予以治安管理处罚问题的批复

(2010 年 5 月 22 日 公复字〔2010〕3 号)

北京市公安局：

你局《关于对出售带有淫秽内容的文物的行为可否予以治安处罚的请示》（京公法字〔2010〕500 号）收悉。现批复如下：

公安机关查获的带有淫秽内容的物品可能是文物的，应当依照《中华人民共和国文物保护法》等有关规定进行文物认定。经文物部门认定为文物的，不得对合法出售文物的行为予以治安管理处罚。

四、保安服务管理

保安服务管理条例

(2009 年 10 月 13 日中华人民共和国国务院令第 564 号公布
根据 2020 年 11 月 29 日《国务院关于修改和废止部分行政法规的
决定》第一次修订 根据 2022 年 3 月 29 日《国务院关于修改和
废止部分行政法规的决定》第二次修订)

第一章 总 则

第一条 为了规范保安服务活动,加强对从事保安服务的单位和保安
员的管理,保护人身安全和财产安全,维护社会治安,制定本条例。

第二条 本条例所称保安服务是指:

(一)保安服务公司根据保安服务合同,派出保安员为客户单位提供
的门卫、巡逻、守护、押运、随身护卫、安全检查以及安全技术防范、安
全风险评估等服务;

(二)机关、团体、企业、事业单位招用人员从事的本单位门卫、巡
逻、守护等安全防范工作;

(三)物业服务企业招用人员在物业管理区域内开展的门卫、巡逻、
秩序维护等服务。

前款第(二)项、第(三)项中的机关、团体、企业、事业单位和物
业服务企业,统称自行招用保安员的单位。

第三条 国务院公安部门负责全国保安服务活动的监督管理工作。县
级以上地方人民政府公安机关负责本行政区域内保安服务活动的监督管理
工作。

保安服务行业协会在公安机关的指导下,依法开展保安服务行业自律
活动。

第四条 保安服务公司和自行招用保安员的单位(以下统称保安从业

单位）应当建立健全保安服务管理制度、岗位责任制度和保安员管理制度，加强对保安员的管理、教育和培训，提高保安员的职业道德水平、业务素质和责任意识。

第五条 保安从业单位应当依法保障保安员在社会保险、劳动用工、劳动保护、工资福利、教育培训等方面的合法权益。

第六条 保安服务活动应当文明、合法，不得损害社会公共利益或者侵犯他人合法权益。

保安员依法从事保安服务活动，受法律保护。

第七条 对在保护公共财产和人民群众生命财产安全、预防和制止违法犯罪活动中有突出贡献的保安从业单位和保安员，公安机关和其他有关部门应当给予表彰、奖励。

第二章　保安服务公司

第八条 保安服务公司应当具备下列条件：

（一）有不低于人民币 100 万元的注册资本；

（二）拟任的保安服务公司法定代表人和主要管理人员应当具备任职所需的专业知识和有关业务工作经验，无被刑事处罚、劳动教养、收容教育、强制隔离戒毒或者被开除公职、开除军籍等不良记录；

（三）有与所提供的保安服务相适应的专业技术人员，其中法律、行政法规有资格要求的专业技术人员，应当取得相应的资格；

（四）有住所和提供保安服务所需的设施、装备；

（五）有健全的组织机构和保安服务管理制度、岗位责任制度、保安员管理制度。

第九条 申请设立保安服务公司，应当向所在地设区的市级人民政府公安机关提交申请书以及能够证明其符合本条例第八条规定条件的材料。

受理的公安机关应当自收到申请材料之日起 15 日内进行审核，并将审核意见报所在地的省、自治区、直辖市人民政府公安机关。省、自治区、直辖市人民政府公安机关应当自收到审核意见之日起 15 日内作出决定，对符合条件的，核发保安服务许可证；对不符合条件的，书面通知申请人并说明理由。

第十条 从事武装守护押运服务的保安服务公司，应当符合国务院公安部门对武装守护押运服务的规划、布局要求，具备本条例第八条规定的条件，并符合下列条件：

（一）有不低于人民币 1000 万元的注册资本；

（二）国有独资或者国有资本占注册资本总额的 51% 以上；

（三）有符合《专职守护押运人员枪支使用管理条例》规定条件的守护押运人员；

（四）有符合国家标准或者行业标准的专用运输车辆以及通信、报警设备。

第十一条 申请设立从事武装守护押运服务的保安服务公司，应当向所在地设区的市级人民政府公安机关提交申请书以及能够证明其符合本条例第八条、第十条规定条件的材料。保安服务公司申请增设武装守护押运业务的，无需再次提交证明其符合本条例第八条规定条件的材料。

受理的公安机关应当自收到申请材料之日起 15 日内进行审核，并将审核意见报所在地的省、自治区、直辖市人民政府公安机关。省、自治区、直辖市人民政府公安机关应当自收到审核意见之日起 15 日内作出决定，对符合条件的，核发从事武装守护押运业务的保安服务许可证或者在已有的保安服务许可证上增注武装守护押运服务；对不符合条件的，书面通知申请人并说明理由。

第十二条 取得保安服务许可证的申请人，凭保安服务许可证到工商行政管理机关办理工商登记。取得保安服务许可证后超过 6 个月未办理工商登记的，取得的保安服务许可证失效。

保安服务公司设立分公司的，应当向分公司所在地设区的市级人民政府公安机关备案。备案应当提供总公司的保安服务许可证和工商营业执照，总公司法定代表人、分公司负责人和保安员的基本情况。

保安服务公司的法定代表人变更的，应当经原审批公安机关审核，持审核文件到工商行政管理机关办理变更登记。

第三章　自行招用保安员的单位

第十三条 自行招用保安员的单位应当具有法人资格，有符合本条例规定条件的保安员，有健全的保安服务管理制度、岗位责任制度和保安员管理制度。

娱乐场所应当依照《娱乐场所管理条例》的规定，从保安服务公司聘用保安员，不得自行招用保安员。

第十四条 自行招用保安员的单位，应当自开始保安服务之日起 30 日内向所在地设区的市级人民政府公安机关备案，备案应当提供下列材料：

（一）法人资格证明；

（二）法定代表人（主要负责人）、分管负责人和保安员的基本情况；

（三）保安服务区域的基本情况；

（四）建立保安服务管理制度、岗位责任制度、保安员管理制度的情况。

自行招用保安员的单位不再招用保安员进行保安服务的，应当自停止保安服务之日起 30 日内到备案的公安机关撤销备案。

第十五条 自行招用保安员的单位不得在本单位以外或者物业管理区域以外提供保安服务。

第四章　保　安　员

第十六条 年满 18 周岁，身体健康，品行良好，具有初中以上学历的中国公民可以申领保安员证，从事保安服务工作。申请人经设区的市级人民政府公安机关考试、审查合格并留存指纹等人体生物信息的，发给保安员证。

提取、留存保安员指纹等人体生物信息的具体办法，由国务院公安部门规定。

第十七条 有下列情形之一的，不得担任保安员：

（一）曾被收容教育、强制隔离戒毒、劳动教养或者 3 次以上行政拘留的；

（二）曾因故意犯罪被刑事处罚的；

（三）被吊销保安员证未满 3 年的；

（四）曾两次被吊销保安员证的。

第十八条 保安从业单位应当招用符合保安员条件的人员担任保安员，并与被招用的保安员依法签订劳动合同。保安从业单位及其保安员应当依法参加社会保险。

保安从业单位应当根据保安服务岗位需要定期对保安员进行法律、保安专业知识和技能培训。

第十九条 保安从业单位应当定期对保安员进行考核，发现保安员不合格或者严重违反管理制度，需要解除劳动合同的，应当依法办理。

第二十条 保安从业单位应当根据保安服务岗位的风险程度为保安员投保意外伤害保险。

保安员因工伤亡的，依照国家有关工伤保险的规定享受工伤保险待遇；保安员牺牲被批准为烈士的，依照国家有关烈士褒扬的规定享受抚恤优待。

第五章 保安服务

第二十一条 保安服务公司提供保安服务应当与客户单位签订保安服务合同，明确规定服务的项目、内容以及双方的权利义务。保安服务合同终止后，保安服务公司应当将保安服务合同至少留存2年备查。

保安服务公司应当对客户单位要求提供的保安服务的合法性进行核查，对违法的保安服务要求应当拒绝，并向公安机关报告。

第二十二条 设区的市级以上地方人民政府确定的关系国家安全、涉及国家秘密等治安保卫重点单位不得聘请外商投资的保安服务公司提供保安服务。

第二十三条 保安服务公司派出保安员跨省、自治区、直辖市为客户单位提供保安服务的，应当向服务所在地设区的市级人民政府公安机关备案。备案应当提供保安服务公司的保安服务许可证和工商营业执照、保安服务合同、服务项目负责人和保安员的基本情况。

第二十四条 保安服务公司应当按照保安服务业服务标准提供规范的保安服务，保安服务公司派出的保安员应当遵守客户单位的有关规章制度。客户单位应当为保安员从事保安服务提供必要的条件和保障。

第二十五条 保安服务中使用的技术防范产品，应当符合有关的产品质量要求。保安服务中安装监控设备应当遵守国家有关技术规范，使用监控设备不得侵犯他人合法权益或者个人隐私。

保安服务中形成的监控影像资料、报警记录，应当至少留存30日备查，保安从业单位和客户单位不得删改或者扩散。

第二十六条 保安从业单位对保安服务中获知的国家秘密、商业秘密以及客户单位明确要求保密的信息，应当予以保密。

保安从业单位不得指使、纵容保安员阻碍依法执行公务、参与追索债务、采用暴力或者以暴力相威胁的手段处置纠纷。

第二十七条 保安员上岗应当着保安员服装，佩带全国统一的保安服务标志。保安员服装和保安服务标志应当与人民解放军、人民武装警察和人民警察、工商税务等行政执法机关以及人民法院、人民检察院工作人员的制式服装、标志服饰有明显区别。

保安员服装由全国保安服务行业协会推荐式样，由保安服务从业单位在推荐式样范围内选用。保安服务标志式样由全国保安服务行业协会确定。

第二十八条 保安从业单位应当根据保安服务岗位的需要为保安员配备所需的装备。保安服务岗位装备配备标准由国务院公安部门规定。

第二十九条 在保安服务中，为履行保安服务职责，保安员可以采取下列措施：

（一）查验出入服务区域的人员的证件，登记出入的车辆和物品；

（二）在服务区域内进行巡逻、守护、安全检查、报警监控；

（三）在机场、车站、码头等公共场所对人员及其所携带的物品进行安全检查，维护公共秩序；

（四）执行武装守护押运任务，可以根据任务需要设立临时隔离区，但应当尽可能减少对公民正常活动的妨碍。

保安员应当及时制止发生在服务区域内的违法犯罪行为，对制止无效的违法犯罪行为应当立即报警，同时采取措施保护现场。

从事武装守护押运服务的保安员执行武装守护押运任务使用枪支，依照《专职守护押运人员枪支使用管理条例》的规定执行。

第三十条 保安员不得有下列行为：

（一）限制他人人身自由、搜查他人身体或者侮辱、殴打他人；

（二）扣押、没收他人证件、财物；

（三）阻碍依法执行公务；

（四）参与追索债务、采用暴力或者以暴力相威胁的手段处置纠纷；

（五）删改或者扩散保安服务中形成的监控影像资料、报警记录；

（六）侵犯个人隐私或者泄露在保安服务中获知的国家秘密、商业秘密以及客户单位明确要求保密的信息；

（七）违反法律、行政法规的其他行为。

第三十一条 保安员有权拒绝执行保安从业单位或者客户单位的违法指令。保安从业单位不得因保安员不执行违法指令而解除与保安员的劳动合同，降低其劳动报酬和其他待遇，或者停缴、少缴依法应当为其缴纳的社会保险费。

第六章 保安培训单位

第三十二条 保安培训单位应当具备下列条件：

（一）是依法设立的具有法人资格的学校、职业培训机构；

（二）有保安培训所需的专兼职师资力量；

（三）有保安培训所需的场所、设施等教学条件。

第三十三条 从事保安培训的单位，应当自开展保安培训之日起30日内向所在地设区的市级人民政府公安机关备案，提交能够证明其符合本条例第三十二条规定条件的材料。

保安培训单位出资人、法定代表人（主要负责人）、住所、名称发生变化的，应当到原备案公安机关办理变更。

保安培训单位终止培训的，应当自终止培训之日起30日内到原备案公安机关撤销备案。

第三十四条 从事武装守护押运服务的保安员的枪支使用培训，应当由人民警察院校、人民警察培训机构负责。承担培训工作的人民警察院校、人民警察培训机构应当向所在地的省、自治区、直辖市人民政府公安机关备案。

第三十五条 保安培训单位应当按照保安员培训教学大纲制订教学计划，对接受培训的人员进行法律、保安专业知识和技能培训以及职业道德教育。

保安员培训教学大纲由国务院公安部门审定。

第七章 监督管理

第三十六条 公安机关应当指导保安从业单位建立健全保安服务管理制度、岗位责任制度、保安员管理制度和紧急情况应急预案，督促保安从业单位落实相关管理制度。

保安从业单位、保安培训单位和保安员应当接受公安机关的监督检查。

第三十七条 公安机关建立保安服务监督管理信息系统，记录保安从业单位、保安培训单位和保安员的相关信息。

公安机关应当对提取、留存的保安员指纹等人体生物信息予以保密。

第三十八条 公安机关的人民警察对保安从业单位、保安培训单位实施监督检查应当出示证件，对监督检查中发现的问题，应当督促其整改。监督检查的情况和处理结果应当如实记录，并由公安机关的监督检查人员和保安从业单位、保安培训单位的有关负责人签字。

第三十九条 县级以上人民政府公安机关应当公布投诉方式，受理社会公众对保安从业单位、保安培训单位和保安员的投诉。接到投诉的公安机关应当及时调查处理，并反馈查处结果。

第四十条 国家机关及其工作人员不得设立保安服务公司，不得参与或者变相参与保安服务公司的经营活动。

第八章 法律责任

第四十一条 任何组织或者个人未经许可，擅自从事保安服务的，依法给予治安管理处罚，并没收违法所得；构成犯罪的，依法追究刑事责任。

第四十二条 保安从业单位有下列情形之一的，责令限期改正，给予警告；情节严重的，并处1万元以上5万元以下的罚款；有违法所得的，没收违法所得：

（一）保安服务公司法定代表人变更未经公安机关审核的；

（二）未按照本条例的规定进行备案或者撤销备案的；

（三）自行招用保安员的单位在本单位以外或者物业管理区域以外开展保安服务的；

（四）招用不符合本条例规定条件的人员担任保安员的；

（五）保安服务公司未对客户单位要求提供的保安服务的合法性进行核查的，或者未将违法的保安服务要求向公安机关报告的；

（六）保安服务公司未按照本条例的规定签订、留存保安服务合同的；

（七）未按照本条例的规定留存保安服务中形成的监控影像资料、报警记录的。

客户单位未按照本条例的规定留存保安服务中形成的监控影像资料、报警记录的，依照前款规定处罚。

第四十三条 保安从业单位有下列情形之一的，责令限期改正，处 2 万元以上 10 万元以下的罚款；违反治安管理的，依法给予治安管理处罚；构成犯罪的，依法追究直接负责的主管人员和其他直接责任人员的刑事责任：

（一）泄露在保安服务中获知的国家秘密、商业秘密以及客户单位明确要求保密的信息的；

（二）使用监控设备侵犯他人合法权益或者个人隐私的；

（三）删改或者扩散保安服务中形成的监控影像资料、报警记录的；

（四）指使、纵容保安员阻碍依法执行公务、参与追索债务、采用暴力或者以暴力相威胁的手段处置纠纷的；

（五）对保安员疏于管理、教育和培训，发生保安员违法犯罪案件，造成严重后果的。

客户单位删改或者扩散保安服务中形成的监控影像资料、报警记录的，依照前款规定处罚。

第四十四条 保安从业单位因保安员不执行违法指令而解除与保安员的劳动合同，降低其劳动报酬和其他待遇，或者停缴、少缴依法应当为其缴纳的社会保险费的，对保安从业单位的处罚和对保安员的赔偿依照有关劳动合同和社会保险的法律、行政法规的规定执行。

第四十五条 保安员有下列行为之一的，由公安机关予以训诫；情节严重的，吊销其保安员证；违反治安管理的，依法给予治安管理处罚；构成犯罪的，依法追究刑事责任：

（一）限制他人人身自由、搜查他人身体或者侮辱、殴打他人的；

（二）扣押、没收他人证件、财物的；

（三）阻碍依法执行公务的；

（四）参与追索债务、采用暴力或者以暴力相威胁的手段处置纠纷的；

（五）删改或者扩散保安服务中形成的监控影像资料、报警记录的；

（六）侵犯个人隐私或者泄露在保安服务中获知的国家秘密、商业秘密以及客户单位明确要求保密的信息的；

（七）有违反法律、行政法规的其他行为的。

从事武装守护押运的保安员违反规定使用枪支的，依照《专职守护押运人员枪支使用管理条例》的规定处罚。

第四十六条 保安员在保安服务中造成他人人身伤亡、财产损失的，由保安从业单位赔付；保安员有故意或者重大过失的，保安从业单位可以依法向保安员追偿。

第四十七条 从事保安培训的单位有下列情形之一的，责令限期改正，给予警告；情节严重的，并处 1 万元以上 5 万元以下的罚款：

（一）未按照本条例的规定进行备案或者办理变更的；

（二）不符合本条例规定条件的；

（三）隐瞒有关情况、提供虚假材料或者拒绝提供反映其活动情况的真实材料的；

（四）未按照本条例规定开展保安培训的。

以保安培训为名进行诈骗活动的，依法给予治安管理处罚；构成犯罪的，依法追究刑事责任。

第四十八条 国家机关及其工作人员设立保安服务公司，参与或者变相参与保安服务公司经营活动的，对直接负责的主管人员和其他直接责任人员依法给予处分。

第四十九条 公安机关的人民警察在保安服务活动监督管理工作中滥用职权、玩忽职守、徇私舞弊的，依法给予处分；构成犯罪的，依法追究刑事责任。

第九章　附　　则

第五十条 保安服务许可证、保安员证的式样由国务院公安部门规定。

第五十一条 本条例施行前已经设立的保安服务公司，应当自本条例施行之日起 6 个月内重新申请保安服务许可证。本条例施行前自行招用保安员的单位，应当自本条例施行之日起 3 个月内向公安机关备案。

本条例施行前已经从事保安服务的保安员，自本条例施行之日起 1 年内由保安员所在单位组织培训，经设区的市级人民政府公安机关考试、审查合格并留存指纹等人体生物信息的，发给保安员证。

第五十二条 本条例自 2010 年 1 月 1 日起施行。

公安机关实施保安服务管理条例办法

（2010 年 2 月 3 日公安部令第 112 号公布　根据 2016 年 1 月 14 日《公安部关于修改部分部门规章的决定》修订）

第一章　总　　则

第一条　为了规范公安机关对保安服务的监督管理工作，根据《保安服务管理条例》（以下简称《条例》）和有关法律、行政法规规定，制定本办法。

第二条　公安部负责全国保安服务活动的监督管理工作。地方各级公安机关应当按照属地管理、分级负责的原则，对保安服务活动依法进行监督管理。

第三条　省级公安机关负责下列保安服务监督管理工作：

（一）指导本省（自治区）公安机关对保安从业单位、保安培训单位、保安员和保安服务活动进行监督管理；

（二）核发、吊销保安服务公司的保安服务许可证、保安培训单位的保安培训许可证；

（三）审核保安服务公司法定代表人的变更情况；

（四）接受承担保安员枪支使用培训工作的人民警察院校、人民警察培训机构的备案；

（五）依法进行其他保安服务监督管理工作。

直辖市公安机关除行使省级公安机关的保安服务监督管理职能外，还可以直接受理设立保安服务公司或者保安培训单位的申请，核发保安员证，接受保安服务公司跨省、自治区、直辖市提供保安服务的备案。

第四条　设区市的公安机关负责下列保安服务监督管理工作：

（一）受理、审核设立保安服务公司、保安培训单位的申请材料；

（二）接受保安服务公司设立分公司和跨省、自治区、直辖市开展保安服务活动，以及自行招用保安员单位的备案；

（三）组织开展保安员考试，核发、吊销保安员证；

（四）对保安服务活动进行监督检查；

（五）依法进行其他保安服务监督管理工作。

第五条 县级公安机关负责下列保安服务监督管理工作：

（一）对保安服务活动进行监督检查；

（二）协助进行自行招用保安员单位备案管理工作；

（三）受理保安员考试报名、采集保安员指纹；

（四）依法进行其他保安服务监督管理工作。

公安派出所负责对自行招用保安员单位保安服务活动的日常监督检查。

第六条 各级公安机关应当明确保安服务主管机构，归口负责保安服务监督管理工作。

铁路、交通、民航公安机关和森林公安机关负责对其管辖范围内的保安服务进行日常监督检查。

新疆生产建设兵团公安机关负责对其管辖范围内的保安服务进行监督管理。

第七条 保安服务行业协会在公安机关指导下依法开展提供服务、规范行为、反映诉求等保安服务行业自律工作。

全国性保安服务行业协会在公安部指导下开展推荐保安员服装式样、设计全国统一的保安服务标志、制定保安服务标准、开展保安服务企业资质认证以及协助组织保安员考试等工作。

第八条 公安机关对在保护公共财产和人民群众生命财产安全、预防和制止违法犯罪活动中有突出贡献的保安从业单位和保安员，应当按照国家有关规定给予表彰奖励。

保安员因工伤亡的，依照国家有关工伤保险的规定享受工伤保险待遇，公安机关应当协助落实工伤保险待遇；保安员因公牺牲的，公安机关应当按照国家有关规定，做好烈士推荐工作。

第二章　保安从业单位许可与备案

第九条 申请设立保安服务公司，应当向设区市的公安机关提交下列材料：

（一）设立申请书（应当载明拟设立保安服务公司的名称、住所、注册资本、股东及出资额、经营范围等内容）；

（二）拟任的保安服务公司法定代表人和总经理、副总经理等主要管理人员的有效身份证件、简历，保安师资格证书复印件，5 年以上军队、公安、安全、审判、检察、司法行政或者治安保卫、保安经营管理工作经验证明，县级公安机关开具的无被刑事处罚、劳动教养、收容教育、强制隔离戒毒证明；

（三）拟设保安服务公司住所的所有权或者使用权的有效证明文件和提供保安服务所需的有关设备、交通工具等材料；

（四）专业技术人员名单和法律、行政法规有资格要求的资格证明；

（五）组织机构和保安服务管理制度、岗位责任制度、保安员管理制度材料；

（六）工商行政管理部门核发的企业名称预先核准通知书。

第十条　申请设立提供武装守护押运服务的保安服务公司，除向设区市的公安机关提交本办法第九条规定的材料外，还应当提交下列材料：

（一）出资属国有独资或者国有资本占注册资本总额 51% 以上的有效证明文件；

（二）符合《专职守护押运人员枪支使用管理条例》规定条件的守护押运人员的材料；

（三）符合国家或者行业标准的专用运输车辆以及通信、报警设备的材料；

（四）枪支安全管理制度和保管设施情况的材料。

保安服务公司申请增设武装守护押运业务的，无需提交本办法第九条规定的材料。

第十一条　申请设立中外合资经营、中外合作经营或者外资独资经营的保安服务公司（以下统称外资保安服务公司），除了向公安机关提交本办法第九条、第十条规定的材料外，还应当提交下列材料：

（一）中外合资、中外合作合同；

（二）外方的资信证明和注册登记文件；

（三）拟任的保安服务公司法定代表人和总经理、副总经理等主要管理人员为外国人的，须提供在所属国家或者地区无被刑事处罚记录证明（原居住地警察机构出具并经公证机关公证）、5 年以上保安经营管理工作经验证明、在华取得的保安师资格证书复印件。

本办法施行前已经设立的保安服务公司重新申请保安服务许可证，拟任的法定代表人和总经理、副总经理等主要管理人员为外国人的，除需提交前款第三项规定的材料外，还应当提交外国人就业证复印件。

第十二条 省级公安机关应当按照严格控制、防止垄断、适度竞争、确保安全的原则，提出武装守护押运服务公司的规划、布局方案，报公安部批准。

第十三条 设区市的公安机关应当自收到设立保安服务公司申请材料之日起15个工作日内，对申请人提交的材料的真实性进行审核，确认是否属实，并将审核意见报所在地省级公安机关。对设立提供武装守护押运和安全技术防范报警监控运营服务的申请，应当对经营场所、设施建设等情况进行现场考察。

省级公安机关收到设立保安服务公司的申请材料和设区市的公安机关的审核意见后，应当在15个工作日内作出决定：

（一）符合《条例》第八条、第十条和本办法第十二条规定的，决定核发保安服务许可证，或者在已有的保安服务许可证上增注武装守护押运服务；

（二）不符合《条例》第八条、第十条和本办法第十二条规定的，应当作出不予许可的决定，书面通知申请人并说明理由。

第十四条 取得保安服务许可证的申请人应当在办理工商登记后30个工作日内将工商营业执照复印件报送核发保安服务许可证的省级公安机关。

取得保安服务许可证后超过6个月未办理工商登记的，保安服务许可证失效，发证公安机关应当收回保安服务许可证。

第十五条 保安服务公司设立分公司的，应当自分公司设立之日起15个工作日内，向分公司所在地设区市的公安机关备案，并接受备案地公安机关监督管理。备案应当提交下列材料：

（一）保安服务许可证、工商营业执照复印件；

（二）保安服务公司法定代表人、分公司负责人和保安员基本情况；

（三）拟开展的保安服务项目。

第十六条 保安服务公司拟变更法定代表人的，应当向所在地设区市的公安机关提出申请。设区市的公安机关应当在收到申请后15个工作日内进行审核并报所在地省级公安机关。省级公安机关应当在收到申报材料后

15 个工作日内审核并予以回复。

第十七条　省级公安机关许可设立提供武装守护押运服务的保安服务公司以及中外合资、合作或者外商独资经营的保安服务公司的，应当报公安部备案。

第十八条　自行招用保安员从事本单位安全防范工作的机关、团体、企业、事业单位以及在物业管理区域内开展秩序维护等服务的物业服务企业，应当自开始保安服务之日起 30 个工作日内向所在地设区市的公安机关备案。备案应当提交下列材料：

（一）单位法人资格证明；

（二）法定代表人（主要负责人）、保安服务分管负责人和保安员的基本情况；

（三）保安服务区域的基本情况；

（四）建立保安服务管理制度、岗位责任制度、保安员管理制度的情况；

（五）保安员在岗培训法律、保安专业知识和技能的情况。

第三章　保安员证申领与保安员招用

第十九条　申领保安员证应当符合下列条件：

（一）年满 18 周岁的中国公民；

（二）身体健康，品行良好；

（三）初中以上学历；

（四）参加保安员考试，成绩合格；

（五）没有《条例》第十七条规定的情形。

第二十条　参加保安员考试，由本人或者保安从业单位、保安培训单位组织到现住地县级公安机关报名，填报报名表（可以到当地公安机关政府网站上下载），并按照国家有关规定交纳考试费。报名应当提交下列材料：

（一）有效身份证件；

（二）县级以上医院出具的体检证明；

（三）初中以上学历证明。

县级公安机关应当在接受报名时留取考试申请人的指纹，采集数码照片，并现场告知领取准考证时间。

第二十一条　县级公安机关对申请人的报名材料进行审核，符合本办法第十九条第一项、第二项、第三项、第五项规定的，上报设区市的公安机关发给准考证，通知申请人领取。

第二十二条　设区市的公安机关应当根据本地报考人数和保安服务市场需要，合理规划设置考点，提前公布考试方式（机考或者卷考）和时间，每年考试不得少于2次。

考试题目从公安部保安员考试题库中随机抽取。考生凭准考证和有效身份证件参加考试。

第二十三条　申请人考试成绩合格的，设区市的公安机关核发保安员证，由县级公安机关通知申请人领取。

第二十四条　保安从业单位直接从事保安服务的人员应当持有保安员证。

保安从业单位应当招用持有保安员证的人员从事保安服务工作，并与被招用的保安员依法签订劳动合同。

第四章　保　安　服　务

第二十五条　保安服务公司签订保安服务合同前，应当按照《条例》第二十一条的规定，对下列事项进行核查：

（一）客户单位是否依法设立；

（二）被保护财物是否合法；

（三）被保护人员的活动是否合法；

（四）要求提供保安服务的活动依法需经批准的，是否已经批准；

（五）维护秩序的区域是否经业主或者所属单位明确授权；

（六）其他应当核查的事项。

第二十六条　保安服务公司派出保安员提供保安服务，保安服务合同履行地与保安服务公司所在地不在同一省、自治区、直辖市的，应当依照《条例》第二十三条的规定，在开始提供保安服务之前30个工作日内向保安服务合同履行地设区市的公安机关备案，并接受备案地公安机关监督管理。备案应当提交下列材料：

（一）保安服务许可证和工商营业执照复印件；

（二）保安服务公司法定代表人、服务项目负责人有效身份证件和保安员的基本情况；

（三）跨区域经营服务的保安服务合同；

（四）其他需要提供的材料。

第二十七条 经设区的市级以上地方人民政府确定的关系国家安全、涉及国家秘密等治安保卫重点单位不得聘请外资保安服务公司提供保安服务。

为上述单位提供保安服务的保安服务公司不得招用境外人员。

第二十八条 保安服务中使用的技术防范产品，应当符合国家或者行业质量标准。

保安服务中安装报警监控设备应当遵守国家有关安全技术规范。

第二十九条 保安员上岗服务应当穿着全国性保安服务行业协会推荐式样的保安员服装，佩带全国统一的保安服务标志。

提供随身护卫、安全技术防范和安全风险评估服务的保安员上岗服务可以穿着便服，但应当佩带全国统一的保安服务标志。

第三十条 保安从业单位应当根据保安服务和保安员安全需要，为保安员配备保安服务岗位所需的防护、救生等器材和交通、通讯等装备。

保安服务岗位装备配备标准由公安部另行制定。

第五章　保安培训单位许可与备案

第三十一条 申请设立保安培训单位，应当向设区市的公安机关提交下列材料：

（一）设立申请书（应当载明申请人基本情况、拟设立培训单位名称、培训目标、培训规模、培训内容、培训条件和内部管理制度等）；

（二）符合《条例》第三十二条规定条件的证明文件；

（三）申请人、法定代表人的有效身份证件，主要管理人员和师资人员的相关资格证明文件。

第三十二条 公安机关应当自收到申请材料之日起15个工作日内，对申请人提交的材料的真实性进行审核，对培训所需场所、设施等教学条件进行现场考察，并将审核意见报所在地省级公安机关。

省级公安机关收到申请材料和设区市的公安机关的审核意见后，应当在 15 个工作日内作出决定：

（一）符合《条例》第三十二条规定的，核发保安培训许可证；

（二）不符合《条例》第三十二条规定的，应当作出不予许可的决定，书面通知申请人并说明理由。

第三十三条 人民警察院校、人民警察培训机构对从事武装守护押运服务保安员进行枪支使用培训的，应当在开展培训工作前 30 个工作日内，向所在地省级公安机关备案。备案应当提交下列材料：

（一）法人资格证明或者批准成立文件；

（二）法定代表人、分管负责人的基本情况；

（三）与培训规模相适应的师资和教学设施情况；

（四）枪支安全管理制度和保管设施建设情况。

第三十四条 保安培训单位应当按照公安部审定的保安员培训教学大纲进行培训。

保安培训单位不得对外提供或者变相提供保安服务。

第六章 监督检查

第三十五条 公安机关应当加强对保安从业单位、保安培训单位的日常监督检查，督促落实各项管理制度。

第三十六条 公安机关应当根据《条例》规定，建立保安服务监督管理信息系统和保安员指纹等人体生物信息管理制度。

保安服务监督管理信息系统建设标准由公安部另行制定。

第三十七条 公安机关对保安服务公司应当检查下列内容：

（一）保安服务公司基本情况；

（二）设立分公司和跨省、自治区、直辖市开展保安服务经营活动情况；

（三）保安服务合同和监控影像资料、报警记录留存制度落实情况；

（四）保安服务中涉及的安全技术防范产品、设备安装、变更、使用情况；

（五）保安服务管理制度、岗位责任制度、保安员管理制度和紧急情况应急预案建立落实情况；

（六）从事武装守护押运服务的保安服务公司公务用枪安全管理制度

和保管设施建设情况；

（七）保安员及其服装、保安服务标志与装备管理情况；

（八）保安员在岗培训和权益保障工作落实情况；

（九）被投诉举报事项纠正情况；

（十）其他需要检查的事项。

第三十八条　公安机关对自行招用保安员单位应当检查下列内容：

（一）备案情况；

（二）监控影像资料、报警记录留存制度落实情况；

（三）保安服务中涉及的安全技术防范产品、设备安装、变更、使用情况；

（四）保安服务管理制度、岗位责任制度、保安员管理制度和紧急情况应急预案建立落实情况；

（五）依法配备的公务用枪安全管理制度和保管设施建设情况；

（六）自行招用的保安员及其服装、保安服务标志与装备管理情况；

（七）保安员在岗培训和权益保障工作落实情况；

（八）被投诉举报事项纠正情况；

（九）其他需要检查的事项。

第三十九条　公安机关对保安培训单位应当检查下列内容：

（一）保安培训单位基本情况；

（二）保安培训教学情况；

（三）枪支使用培训单位备案情况和枪支安全管理制度与保管设施建设管理情况；

（四）其他需要检查的事项。

第四十条　公安机关有关工作人员对保安从业单位和保安培训单位实施监督检查时不得少于2人，并应当出示执法身份证件。

对监督检查情况和处理意见应当如实记录，并由公安机关检查人员和被检查单位的有关负责人签字；被检查单位负责人不在场或者拒绝签字的，公安机关工作人员应当在检查记录上注明。

第四十一条　公安机关在监督检查时，发现依法应当责令限期改正的违法行为，应当制作责令限期改正通知书，送达被检查单位。责令限期改正通知书中应当注明改正期限。

公安机关应当在责令改正期限届满或者收到当事人的复查申请之日起3个工作日内进行复查。对逾期不改正的，依法予以行政处罚。

第四十二条 公安机关应当在办公场所和政府网站上公布下列信息：

（一）保安服务监督管理有关法律、行政法规、部门规章和地方性法规、政府规章等规范性文件；

（二）保安服务许可证、保安培训许可证、保安员证的申领条件和程序；

（三）保安服务公司设立分公司与跨省、自治区、直辖市经营服务、自行招用保安员单位、从事武装守护押运服务保安员枪支使用培训单位的备案材料和程序；

（四）保安服务监督检查工作要求和程序；

（五）举报投诉方式；

（六）其他应当公开的信息。

第四十三条 以欺骗、贿赂等不正当手段取得保安服务或者保安培训许可，公安机关及其工作人员滥用职权、玩忽职守、违反法定程序准予保安服务或者保安培训许可，或者对不具备申请资格、不符合法定条件的申请人准予保安服务或者保安培训许可的，发证公安机关经查证属实，应当撤销行政许可。撤销保安服务、保安培训许可的，应当按照下列程序实施：

（一）经省、自治区、直辖市人民政府公安机关批准，制作撤销决定书送达当事人；

（二）收缴许可证书；

（三）公告许可证书作废。

第四十四条 保安服务公司、保安培训单位依法破产、解散、终止的，发证公安机关应当依法及时办理许可注销手续，收回许可证件。

第七章 法 律 责 任

第四十五条 保安服务公司有下列情形之一，造成严重后果的，除依照《条例》第四十三条规定处罚外，发证公安机关可以依据《中华人民共和国治安管理处罚法》第五十四条第三款的规定，吊销保安服务许可证：

（一）泄露在保安服务中获知的国家秘密；

（二）指使、纵容保安员阻碍依法执行公务、参与追索债务、采用暴力或者以暴力相威胁的手段处置纠纷；

（三）其他严重违法犯罪行为。

保安培训单位以培训为名进行诈骗等违法犯罪活动，情节严重的，公安机关可以依前款规定，吊销保安培训许可证。

第四十六条　设区的市级以上人民政府确定的关系国家安全、涉及国家秘密等治安保卫重点单位违反《条例》第二十二条规定的，依照《企业事业单位内部治安保卫条例》第十九条的规定处罚。

保安服务公司违反本办法第二十七条第二款规定的，依照前款规定处罚。

第四十七条　保安培训单位以实习为名，派出学员变相开展保安服务的，依照《条例》第四十一条规定，依法给予治安管理处罚，并没收违法所得；构成犯罪的，依法追究刑事责任。

第四十八条　公安机关工作人员在保安服务监督管理中有下列情形的，对直接负责的主管人员和其他直接责任人员依法给予处分；构成犯罪的，依法追究刑事责任：

（一）明知不符合设立保安服务公司、保安培训单位的设立条件却许可的；符合《条例》和本办法规定，应当许可却不予许可的；

（二）违反《条例》规定，应当接受保安从业单位、保安培训单位的备案而拒绝接受的；

（三）接到举报投诉，不依法查处的；

（四）发现保安从业单位和保安培训单位违反《条例》规定，不依法查处的；

（五）利用职权指定安全技术防范产品的生产厂家、销售单位或者指定保安服务提供企业的；

（六）接受被检查单位、个人财物或者其他不正当利益的；

（七）参与或者变相参与保安服务公司经营活动的；

（八）其他滥用职权、玩忽职守、徇私舞弊的行为。

第八章　附　　则

第四十九条　保安服务许可证和保安培训许可证包括正本和副本，正本应当悬挂在保安服务公司或者保安培训单位主要办公场所的醒目位置。

保安服务许可证、保安培训许可证、保安员证式样由公安部规定，省级公安机关制作；其他文书式样由省级公安机关自行制定。

第五十条 对香港特别行政区、澳门特别行政区和台湾地区投资者设立合资、合作或者独资经营的保安服务公司的管理，参照适用外资保安服务公司的相关规定。

第五十一条 本办法自发布之日起施行。

附件：1. 保安服务许可证（略）

2. 保安培训许可证（略）

3. 中华人民共和国保安员证（略）

公安机关执行保安服务管理条例若干问题的解释

（2010 年 9 月 16 日　公通字〔2010〕43 号）

根据《保安服务管理条例》（以下简称《条例》）和《公安机关实施保安服务管理条例办法》（以下简称《办法》）规定及保安服务监管工作需要，现对公安机关执行《保安服务管理条例》的若干问题解释如下。

一、关于保安服务公司主要管理人员范围问题。《条例》第八条第二项规定，拟任的保安服务公司法定代表人和主要管理人员应当具备任职所需的专业知识和有关业务工作经验。这里的"主要管理人员"是指拟任的保安服务公司总经理、副总经理。

二、关于保安服务公司法定代表人和主要管理人员保安师资格证问题。《条例》第八条第二项规定，拟任保安服务公司法定代表人和主要管理人员应当具备任职所需的专业知识。《办法》第九条进一步明确规定，拟任保安服务公司法定代表人和总经理、副总经理等主要管理人员应当具有保安师资格。在全国保安职业技能鉴定工作开始后，将对在任的保安服务公司的法定代表人和总经理、副总经理等主要管理人员进行全国统一的职业技能鉴定，核发保安师资格证书。

三、关于拟任保安服务公司法定代表人和主要管理人员治安保卫或者保安经营管理经验问题。《条例》第八条第二项规定，拟任的保安服务公司法定代表人和主要管理人员应当具备有关业务工作经验。《办法》第九条规定，拟任的保安服务公司法定代表人和主要管理人员应当具有 5 年以上军队、公安、安全、审判、检察、司法行政或者治安保卫、保安经营管理工作经验。这里的"治安保卫"工作经验是指曾在县级以上人民政府确定的治安保卫重点单位从事治安保卫管理工作经历；"保安经营管理"工作经验是指在保安服务公司中曾担任经营管理领导职务的工作经历。

四、关于直辖市公安机关直接受理设立保安服务公司或者保安培训单位申请的审核审批时间问题。根据《行政许可法》第四十二条、《条例》第九条和《办法》第三条规定，直辖市公安机关直接受理设立保安服务公司或者保安培训单位申请的，应当在 20 日内审核完毕并作出决定；在 20 日内不能作出决定的，经本行政机关负责人批准，可以延长 10 日，并应将延长期限的理由告知申请人。

五、关于提供武装守护押运服务的保安服务公司国有投资主体数量问题。《条例》第十条规定，提供武装守护押运服务的保安服务公司应当由国有资本独资设立，或者国有资本占注册资本总额 51% 以上。这里所称的国有资本可以由多个国有投资主体持有，但其中一个国有投资主体持有的股份应当占该公司注册资本总额的 51% 以上。

六、关于公安机关所属院校、社团和现役部队设立保安服务公司问题。根据 1998 年中央对军队、武警和政法机关进行清商的文件精神和公安部有关规定要求，公安机关所属院校、社团和现役部队不得设立保安服务公司，不得参与或者变相参与保安服务公司的经营活动。

七、关于自行招用保安员单位跨区域开展保安服务活动的备案问题。《条例》第十四条第一款规定，自行招用保安员的单位，应当向所在地设区的市级人民政府公安机关备案。自行招用保安员的单位因本单位生产经营工作的需要而跨市（地、州、盟）开展保安服务活动的，应当将保安服务情况向当地市（地、州、盟）公安机关备案，当地公安机关应当接受备案，并纳入监管。

八、关于单位自行招用保安员的备案范围问题。根据《条例》第十四条规定，对具有法人资格的单位自行招用的直接从事本单位门卫、巡逻、守护和秩序维护等安全防范工作并与本单位签订劳动合同或用工协议的人员，应当纳入公安机关备案范围。

九、关于达到法定退休年龄人员申领保安员证问题。根据《劳动法》等法律、法规规定和保安服务工作要求，对于达到法定退休年龄的人员不再发给保安员证。

十、关于安全技术防范服务认定问题。根据《条例》第二条规定，保安服务包括安全技术防范服务。这里的"安全技术防范服务"主要是指利用安全技术防范设备和技术手段，为公民、法人和其他组织提供入侵报警、视频监控，以及报警运营等服务。

公安机关监督检查企业事业单位
内部治安保卫工作规定

（2007年6月16日公安部令第93号发布 自2007年10月1日起施行）

第一条 为规范公安机关监督检查企业事业单位（以下简称单位）内部治安保卫工作行为，依据《企业事业单位内部治安保卫条例》（以下简称《条例》），制定本规定。

第二条 县级以上公安机关单位内部治安保卫工作主管部门和单位所在地公安派出所按照分工履行监督检查单位内部治安保卫工作职责。

铁路、交通、民航公安机关和国有林区森林公安机关负责监督检查本行业、本系统所属单位内部治安保卫工作。公安消防、交通管理部门依照有关规定，对单位内部消防、交通安全管理进行监督检查。

第三条 公安机关监督检查单位内部治安保卫工作应当严格执行国家有关规定。对监督检查中涉及的国家秘密、商业秘密，应当予以保密。

第四条 公安机关对单位内部治安保卫工作的下列事项进行监督检查：

（一）单位按照《条例》规定制定和落实内部治安保卫制度情况；

（二）单位主要负责人落实内部治安保卫工作责任制情况；

（三）单位设置治安保卫机构和配备专职、兼职治安保卫人员情况；

（四）单位落实出入登记、守卫看护、巡逻检查、重要部位重点保护、治安隐患排查处理等内部治安保卫措施情况；

（五）单位治安防范设施的建设、使用和维护情况；

（六）单位内部治安保卫机构、治安保卫人员依法履行职责情况；

（七）单位管理范围内的人员遵守单位内部治安保卫制度情况；

（八）单位内部治安保卫人员接受有关法律知识和治安保卫业务、技能以及相关专业知识培训、考核情况；

（九）其他依法应当监督检查的内容。

第五条　公安机关监督检查治安保卫重点单位，除执行本规定第四条规定外，还应当对下列事项进行监督检查：

（一）治安保卫机构设置和人员配备报主管公安机关备案情况；

（二）治安保卫重要部位确定情况；

（三）按照国家有关标准对治安保卫重要部位设置必要的安全技术防范设施，并实施重点保护情况；

（四）制定单位内部治安突发事件处置预案及组织演练情况；

（五）其他依法应当监督检查的内容。

第六条　公安机关监督检查单位内部治安保卫工作，可以采取以下方法：

（一）要求单位治安保卫工作负责人和其他工作人员对检查事项作出说明；

（二）查阅、调取、复制与治安保卫工作有关的文件、资料；

（三）实地查看单位治安保卫制度、措施的制定和落实情况，查看单位物防、技防等治安防范设施的设置和运行情况；

（四）利用监控设备检查单位内部治安保卫工作的落实情况；

（五）根据需要采取的其他监督检查方法。

监督检查可以采取定期检查、临时检查、专项检查、随机抽查等方式进行，检查民警不得少于两人，并应当向被检查单位负责人或者其他有关人员出示工作证件。

第七条　监督检查应当制作《检查笔录》，如实记录监督检查情况和发现的治安隐患，并交被检查单位负责人或者陪同检查人员核对签名。被检查单位负责人或者陪同检查人员对记录有异议的，应当允许其说明；拒绝签名的，检查民警应当在《检查笔录》上注明。

第八条　单位违反《条例》规定，存在治安隐患的，公安机关应当责令限期整改，并处警告。

责令单价限期整改治安隐患时，应当制作《责令限期整改治安隐患通知书》，详细列明具体隐患及相应整改期限，整改期限最长不超过二个月。《责令限期整改治安隐患通知书》应当自检查完毕之日起三个工作日内送达被检查单位。

单位在整改治安隐患期间应当采取必要的防范措施，确保安全。

第九条 单位认为有正当理由不能在整改期限内将治安隐患整改完毕的，应当在整改期限届满前向发出《责令限期整改治安隐患通知书》的公安机关提出书面延期整改申请。

公安机关应当自受理申请之日起三个工作日内对延期申请进行审查，作出是否同意延期的决定并送达《同意/不同意延期整改治安隐患通知书》。延期整改期限最长不超过一个月。

第十条 对责令限期整改或者同意延期整改治安隐患的，公安机关应当自责令整改期限或者延期整改期限届满次日起三个工作日内对治安隐患整改情况进行复查，自复查之日起三个工作日内制作并送达《复查意见告知书》。

单位在规定整改期限届满前，认为已将公安机关责令限期整改或者同意延期整改的治安隐患提前整改完毕的，可以向公安机关提出提前复查治安隐患整改情况的申请，公安机关应当自收到单位申请次日起三个工作日内对整改情况进行复查，自复查之日起三个工作日内制作并送达《复查意见告知书》。

经复查，由于客观原因致使治安隐患整改情况难以达到规定要求，并严重威胁公民人身安全、公私财产安全或者公共安全的，公安机关应当及时报告当地人民政府或者通报单位上一级主管部门协调解决。对无正当理由致使整改情况未达到规定要求的，公安机关应当按逾期不整改治安隐患依法处理，并可根据需要在一定范围内予以通报，督促单位落实整改措施。

第十一条 单位违反《条例》规定，存在下列治安隐患情形之一，经公安机关责令限期整改后逾期不整改，严重威胁公民人身安全、公私财产安全或者公共安全的，公安机关应当依据《条例》第十九条的规定，对单位处一万元以上二万元以下罚款，对单位主要负责人和其他直接责任人员分别处五百元以上一千元以下罚款；造成公民人身伤害、公私财产损失的，对单位处二万元以上五万元以下罚款，对单位主要负责人和其他直接责任人员分别处一千元以上三千元以下罚款：

（一）未建立和落实主要负责人治安保卫工作责任制的；

（二）未制定和落实内部治安保卫制度的；

（三）未设置必要的治安防范设施的；

（四）未根据单位内部治安保卫工作需要配备专职或者兼职治安保卫人员的；

（五）内部治安保卫人员未接受有关法律知识和治安保卫业务、技能以及相关专业知识培训、考核的；

（六）内部治安保卫机构、治安保卫人员未履行《条例》第十一条规定职责的。

第十二条 单位违反《条例》规定，存在下列治安隐患情形之一，经公安机关责令限期整改后逾期不整改，严重威胁公民人身安全、公私财产安全或者公共安全的，公安机关应当依据《条例》第十九条的规定，对单位处二万元以上五万元以下罚款，对单位主要负责人和其他直接责任人员分别处一千元以上三千元以下罚款；造成公民人身伤害、公私财产损失的，对单位处五万元以上十万元以下罚款，对单位主要负责人和其他直接责任人员分别处三千元以上五千元以下罚款：

（一）未制定和落实内部治安保卫措施的；

（二）治安保卫重点单位未设置与治安保卫任务相适应的治安保卫机构，未配备专职治安保卫人员的；

（三）治安保卫重点单位未确定本单位治安保卫重要部位，未按照国家有关标准对治安保卫重要部位设置必要的技术防范设施并实施重点保护的；

（四）治安保卫重点单位未制定单位内部治安突发事件处置预案或者未定期组织演练的；

（五）管理措施不落实，致使在单位管理范围内的人员违反内部治安保卫制度情况严重，治安问题突出的。

第十三条 单位违反《条例》规定，存在本规定第十一条、第十二条所列治安隐患情形之一，经公安机关责令限期整改后逾期不整改，造成公民人身伤害、公私财产损失，或者严重威胁公民人身安全、公私财产安全或者公共安全的，除依据各该条规定给予处罚外，还可建议有关组织对单位主要负责人和其他直接责任人员依法给予行政处分；情节严重，构成犯罪的，依法追究刑事责任。

第十四条 公安机关及其人民警察在监督检查工作中，有下列行为之一的，对直接负责的主管人员和其他直接责任人员，依法给予处分；情节严重，构成犯罪的，依法追究刑事责任：

（一）不按规定制作、送达法律文书，超过规定的时限复查单位整改情况和核查群众举报、投诉，或者有其他不依法履行监督检查职责的行为，经指出不改正，造成严重后果的；

（二）对责令限期整改治安隐患的单位，未经复查或者经复查治安隐患未整改，作出复查合格决定，造成公民人身伤害、公私财产损失的；

（三）对单位或者当事人故意刁难的；

（四）在监督检查工作中弄虚作假的；

（五）违法违规实施处罚的；

（六）故意泄漏监督检查中涉及的国家秘密和单位商业秘密的；

（七）有其他渎职行为的。

第十五条 公安机关对机关、团体内部治安保工作的监督检查，参照本规定执行。

第十六条 本规定自 2007 年 10 月 1 日起施行。

五、执法监督

中华人民共和国行政复议法

（1999 年 4 月 29 日第九届全国人民代表大会常务委员会第九次会议通过　根据 2009 年 8 月 27 日第十一届全国人民代表大会常务委员会第十次会议《关于修改部分法律的决定》第一次修正　根据 2017 年 9 月 1 日第十二届全国人民代表大会常务委员会第二十九次会议《关于修改〈中华人民共和国法官法〉等八部法律的决定》第二次修正　2023 年 9 月 1 日第十四届全国人民代表大会常务委员会第五次会议修订　2023 年 9 月 1 日中华人民共和国主席令第 9 号公布　自 2024 年 1 月 1 日起施行）

目　　录

第一章　总　　则

第一条　为了防止和纠正违法的或者不当的行政行为，保护公民、法人和其他组织的合法权益，监督和保障行政机关依法行使职权，发挥行政复议化解行政争议的主渠道作用，推进法治政府建设，根据宪法，制定本法。

第二条　公民、法人或者其他组织认为行政机关的行政行为侵犯其合法权益，向行政复议机关提出行政复议申请，行政复议机关办理行政复议案件，适用本法。

前款所称行政行为，包括法律、法规、规章授权的组织的行政行为。

第三条　行政复议工作坚持中国共产党的领导。

行政复议机关履行行政复议职责，应当遵循合法、公正、公开、高效、便民、为民的原则，坚持有错必纠，保障法律、法规的正确实施。

第四条　县级以上各级人民政府以及其他依照本法履行行政复议职责的行政机关是行政复议机关。

行政复议机关办理行政复议事项的机构是行政复议机构。行政复议机构同时组织办理行政复议机关的行政应诉事项。

行政复议机关应当加强行政复议工作，支持和保障行政复议机构依法履行职责。上级行政复议机构对下级行政复议机构的行政复议工作进行指导、监督。

国务院行政复议机构可以发布行政复议指导性案例。

第五条　行政复议机关办理行政复议案件，可以进行调解。

调解应当遵循合法、自愿的原则，不得损害国家利益、社会公共利益和他人合法权益，不得违反法律、法规的强制性规定。

第六条　国家建立专业化、职业化行政复议人员队伍。

行政复议机构中初次从事行政复议工作的人员，应当通过国家统一法律职业资格考试取得法律职业资格，并参加统一职前培训。

国务院行政复议机构应当会同有关部门制定行政复议人员工作规范，加强对行政复议人员的业务考核和管理。

第七条　行政复议机关应当确保行政复议机构的人员配备与所承担的工作任务相适应，提高行政复议人员专业素质，根据工作需要保障办案场所、装备等设施。县级以上各级人民政府应当将行政复议工作经费列入本级预算。

第八条　行政复议机关应当加强信息化建设，运用现代信息技术，方便公民、法人或者其他组织申请、参加行政复议，提高工作质量和效率。

第九条　对在行政复议工作中做出显著成绩的单位和个人，按照国家有关规定给予表彰和奖励。

第十条　公民、法人或者其他组织对行政复议决定不服的，可以依照《中华人民共和国行政诉讼法》的规定向人民法院提起行政诉讼，但是法律规定行政复议决定为最终裁决的除外。

第二章　行政复议申请

第一节　行政复议范围

第十一条　有下列情形之一的，公民、法人或者其他组织可以依照本法申请行政复议：

（一）对行政机关作出的行政处罚决定不服；

（二）对行政机关作出的行政强制措施、行政强制执行决定不服；

（三）申请行政许可，行政机关拒绝或者在法定期限内不予答复，或者对行政机关作出的有关行政许可的其他决定不服；

（四）对行政机关作出的确认自然资源的所有权或者使用权的决定不服；

（五）对行政机关作出的征收征用决定及其补偿决定不服；

（六）对行政机关作出的赔偿决定或者不予赔偿决定不服；

（七）对行政机关作出的不予受理工伤认定申请的决定或者工伤认定结论不服；

（八）认为行政机关侵犯其经营自主权或者农村土地承包经营权、农村土地经营权；

（九）认为行政机关滥用行政权力排除或者限制竞争；

（十）认为行政机关违法集资、摊派费用或者违法要求履行其他义务；

（十一）申请行政机关履行保护人身权利、财产权利、受教育权利等合法权益的法定职责，行政机关拒绝履行、未依法履行或者不予答复；

（十二）申请行政机关依法给付抚恤金、社会保险待遇或者最低生活保障等社会保障，行政机关没有依法给付；

（十三）认为行政机关不依法订立、不依法履行、未按照约定履行或者违法变更、解除政府特许经营协议、土地房屋征收补偿协议等行政协议；

（十四）认为行政机关在政府信息公开工作中侵犯其合法权益；

（十五）认为行政机关的其他行政行为侵犯其合法权益。

第十二条 下列事项不属于行政复议范围：

（一）国防、外交等国家行为；

（二）行政法规、规章或者行政机关制定、发布的具有普遍约束力的决定、命令等规范性文件；

（三）行政机关对行政机关工作人员的奖惩、任免等决定；

（四）行政机关对民事纠纷作出的调解。

第十三条 公民、法人或者其他组织认为行政机关的行政行为所依据的下列规范性文件不合法，在对行政行为申请行政复议时，可以一并向行政复议机关提出对该规范性文件的附带审查申请：

（一）国务院部门的规范性文件；

（二）县级以上地方各级人民政府及其工作部门的规范性文件；

（三）乡、镇人民政府的规范性文件；

（四）法律、法规、规章授权的组织的规范性文件。

前款所列规范性文件不含规章。规章的审查依照法律、行政法规办理。

第二节　行政复议参加人

第十四条 依照本法申请行政复议的公民、法人或者其他组织是申请人。

有权申请行政复议的公民死亡的，其近亲属可以申请行政复议。有权申请行政复议的法人或者其他组织终止的，其权利义务承受人可以申请行政复议。

有权申请行政复议的公民为无民事行为能力人或者限制民事行为能力人的，其法定代理人可以代为申请行政复议。

第十五条 同一行政复议案件申请人人数众多的，可以由申请人推选代表人参加行政复议。

代表人参加行政复议的行为对其所代表的申请人发生效力，但是代表人变更行政复议请求、撤回行政复议申请、承认第三人请求的，应当经被代表的申请人同意。

第十六条 申请人以外的同被申请行政复议的行政行为或者行政复议案件处理结果有利害关系的公民、法人或者其他组织，可以作为第三人申请参加行政复议，或者由行政复议机构通知其作为第三人参加行政复议。

第三人不参加行政复议，不影响行政复议案件的审理。

第十七条 申请人、第三人可以委托一至二名律师、基层法律服务工作者或者其他代理人代为参加行政复议。

申请人、第三人委托代理人的，应当向行政复议机构提交授权委托书、委托人及被委托人的身份证明文件。授权委托书应当载明委托事项、权限和期限。申请人、第三人变更或者解除代理人权限的，应当书面告知行政复议机构。

第十八条 符合法律援助条件的行政复议申请人申请法律援助的，法律援助机构应当依法为其提供法律援助。

第十九条 公民、法人或者其他组织对行政行为不服申请行政复议的，作出行政行为的行政机关或者法律、法规、规章授权的组织是被申请人。

两个以上行政机关以共同的名义作出同一行政行为的，共同作出行政行为的行政机关是被申请人。

行政机关委托的组织作出行政行为的，委托的行政机关是被申请人。

作出行政行为的行政机关被撤销或者职权变更的，继续行使其职权的行政机关是被申请人。

第三节　申请的提出

第二十条 公民、法人或者其他组织认为行政行为侵犯其合法权益的，可以自知道或者应当知道该行政行为之日起六十日内提出行政复议申请；但是法律规定的申请期限超过六十日的除外。

因不可抗力或者其他正当理由耽误法定申请期限的，申请期限自障碍消除之日起继续计算。

行政机关作出行政行为时，未告知公民、法人或者其他组织申请行政复议的权利、行政复议机关和申请期限的，申请期限自公民、法人或者其他组织知道或者应当知道申请行政复议的权利、行政复议机关和申请期限之日起计算，但是自知道或者应当知道行政行为内容之日起最长不得超过一年。

第二十一条 因不动产提出的行政复议申请自行政行为作出之日起超过二十年，其他行政复议申请自行政行为作出之日起超过五年的，行政复议机关不予受理。

第二十二条 申请人申请行政复议，可以书面申请；书面申请有困难的，也可以口头申请。

书面申请的，可以通过邮寄或者行政复议机关指定的互联网渠道等方式提交行政复议申请书，也可以当面提交行政复议申请书。行政机关通过互联网渠道送达行政行为决定书的，应当同时提供提交行政复议申请书的互联网渠道。

口头申请的，行政复议机关应当当场记录申请人的基本情况、行政复议请求、申请行政复议的主要事实、理由和时间。

申请人对两个以上行政行为不服的，应当分别申请行政复议。

第二十三条 有下列情形之一的，申请人应当先向行政复议机关申请行政复议，对行政复议决定不服的，可以再依法向人民法院提起行政诉讼：

（一）对当场作出的行政处罚决定不服；

（二）对行政机关作出的侵犯其已经依法取得的自然资源的所有权或者使用权的决定不服；

（三）认为行政机关存在本法第十一条规定的未履行法定职责情形；

（四）申请政府信息公开，行政机关不予公开；

（五）法律、行政法规规定应当先向行政复议机关申请行政复议的其他情形。

对前款规定的情形，行政机关在作出行政行为时应当告知公民、法人或者其他组织先向行政复议机关申请行政复议。

第四节　行政复议管辖

第二十四条 县级以上地方各级人民政府管辖下列行政复议案件：

（一）对本级人民政府工作部门作出的行政行为不服的；

（二）对下一级人民政府作出的行政行为不服的；

（三）对本级人民政府依法设立的派出机关作出的行政行为不服的；

（四）对本级人民政府或者其工作部门管理的法律、法规、规章授权的组织作出的行政行为不服的。

除前款规定外，省、自治区、直辖市人民政府同时管辖对本机关作出的行政行为不服的行政复议案件。

省、自治区人民政府依法设立的派出机关参照设区的市级人民政府的职责权限，管辖相关行政复议案件。

对县级以上地方各级人民政府工作部门依法设立的派出机构依照法律、法规、规章规定，以派出机构的名义作出的行政行为不服的行政复议案件，由本级人民政府管辖；其中，对直辖市、设区的市人民政府工作部门按照行政区划设立的派出机构作出的行政行为不服的，也可以由其所在地的人民政府管辖。

第二十五条　国务院部门管辖下列行政复议案件：

（一）对本部门作出的行政行为不服的；

（二）对本部门依法设立的派出机构依照法律、行政法规、部门规章规定，以派出机构的名义作出的行政行为不服的；

（三）对本部门管理的法律、行政法规、部门规章授权的组织作出的行政行为不服的。

第二十六条　对省、自治区、直辖市人民政府依照本法第二十四条第二款的规定、国务院部门依照本法第二十五条第一项的规定作出的行政复议决定不服的，可以向人民法院提起行政诉讼；也可以向国务院申请裁决，国务院依照本法的规定作出最终裁决。

第二十七条　对海关、金融、外汇管理等实行垂直领导的行政机关、税务和国家安全机关的行政行为不服的，向上一级主管部门申请行政复议。

第二十八条　对履行行政复议机构职责的地方人民政府司法行政部门的行政行为不服的，可以向本级人民政府申请行政复议，也可以向上一级司法行政部门申请行政复议。

第二十九条　公民、法人或者其他组织申请行政复议，行政复议机关已经依法受理的，在行政复议期间不得向人民法院提起行政诉讼。

公民、法人或者其他组织向人民法院提起行政诉讼，人民法院已经依法受理的，不得申请行政复议。

第三章 行政复议受理

第三十条 行政复议机关收到行政复议申请后，应当在五日内进行审查。对符合下列规定的，行政复议机关应当予以受理：

（一）有明确的申请人和符合本法规定的被申请人；

（二）申请人与被申请行政复议的行政行为有利害关系；

（三）有具体的行政复议请求和理由；

（四）在法定申请期限内提出；

（五）属于本法规定的行政复议范围；

（六）属于本机关的管辖范围；

（七）行政复议机关未受理过该申请人就同一行政行为提出的行政复议申请，并且人民法院未受理过该申请人就同一行政行为提起的行政诉讼。

对不符合前款规定的行政复议申请，行政复议机关应当在审查期限内决定不予受理并说明理由；不属于本机关管辖的，还应当在不予受理决定中告知申请人有管辖权的行政复议机关。

行政复议申请的审查期限届满，行政复议机关未作出不予受理决定的，审查期限届满之日起视为受理。

第三十一条 行政复议申请材料不齐全或者表述不清楚，无法判断行政复议申请是否符合本法第三十条第一款规定的，行政复议机关应当自收到申请之日起五日内书面通知申请人补正。补正通知应当一次性载明需要补正的事项。

申请人应当自收到补正通知之日起十日内提交补正材料。有正当理由不能按期补正的，行政复议机关可以延长合理的补正期限。无正当理由逾期不补正的，视为申请人放弃行政复议申请，并记录在案。

行政复议机关收到补正材料后，依照本法第三十条的规定处理。

第三十二条 对当场作出或者依据电子技术监控设备记录的违法事实作出的行政处罚决定不服申请行政复议的，可以通过作出行政处罚决定的行政机关提交行政复议申请。

行政机关收到行政复议申请后，应当及时处理；认为需要维持行政处罚决定的，应当自收到行政复议申请之日起五日内转送行政复议机关。

第三十三条 行政复议机关受理行政复议申请后，发现该行政复议申请不符合本法第三十条第一款规定的，应当决定驳回申请并说明理由。

第三十四条 法律、行政法规规定应当先向行政复议机关申请行政复议、对行政复议决定不服再向人民法院提起行政诉讼的，行政复议机关决定不予受理、驳回申请或者受理后超过行政复议期限不作答复的，公民、法人或者其他组织可以自收到决定书之日起或者行政复议期限届满之日起十五日内，依法向人民法院提起行政诉讼。

第三十五条 公民、法人或者其他组织依法提出行政复议申请，行政复议机关无正当理由不予受理、驳回申请或者受理后超过行政复议期限不作答复的，申请人有权向上级行政机关反映，上级行政机关应当责令其纠正；必要时，上级行政复议机关可以直接受理。

第四章 行政复议审理

第一节 一般规定

第三十六条 行政复议机关受理行政复议申请后，依照本法适用普通程序或者简易程序进行审理。行政复议机构应当指定行政复议人员负责办理行政复议案件。

行政复议人员对办理行政复议案件过程中知悉的国家秘密、商业秘密和个人隐私，应当予以保密。

第三十七条 行政复议机关依照法律、法规、规章审理行政复议案件。

行政复议机关审理民族自治地方的行政复议案件，同时依照该民族自治地方的自治条例和单行条例。

第三十八条 上级行政复议机关根据需要，可以审理下级行政复议机关管辖的行政复议案件。

下级行政复议机关对其管辖的行政复议案件，认为需要由上级行政复议机关审理的，可以报请上级行政复议机关决定。

第三十九条 行政复议期间有下列情形之一的，行政复议中止：

（一）作为申请人的公民死亡，其近亲属尚未确定是否参加行政复议；

（二）作为申请人的公民丧失参加行政复议的行为能力，尚未确定法定代理人参加行政复议；

（三）作为申请人的公民下落不明；

（四）作为申请人的法人或者其他组织终止，尚未确定权利义务承受人；

（五）申请人、被申请人因不可抗力或者其他正当理由，不能参加行政复议；

（六）依照本法规定进行调解、和解，申请人和被申请人同意中止；

（七）行政复议案件涉及的法律适用问题需要有权机关作出解释或者确认；

（八）行政复议案件审理需要以其他案件的审理结果为依据，而其他案件尚未审结；

（九）有本法第五十六条或者第五十七条规定的情形；

（十）需要中止行政复议的其他情形。

行政复议中止的原因消除后，应当及时恢复行政复议案件的审理。

行政复议机关中止、恢复行政复议案件的审理，应当书面告知当事人。

第四十条 行政复议期间，行政复议机关无正当理由中止行政复议的，上级行政机关应当责令其恢复审理。

第四十一条 行政复议期间有下列情形之一的，行政复议机关决定终止行政复议：

（一）申请人撤回行政复议申请，行政复议机构准予撤回；

（二）作为申请人的公民死亡，没有近亲属或者其近亲属放弃行政复议权利；

（三）作为申请人的法人或者其他组织终止，没有权利义务承受人或者其权利义务承受人放弃行政复议权利；

（四）申请人对行政拘留或者限制人身自由的行政强制措施不服申请行政复议后，因同一违法行为涉嫌犯罪，被采取刑事强制措施；

（五）依照本法第三十九条第一款第一项、第二项、第四项的规定中止行政复议满六十日，行政复议中止的原因仍未消除。

第四十二条 行政复议期间行政行为不停止执行；但是有下列情形之一的，应当停止执行：

（一）被申请人认为需要停止执行；

（二）行政复议机关认为需要停止执行；

（三）申请人、第三人申请停止执行，行政复议机关认为其要求合理，决定停止执行；

（四）法律、法规、规章规定停止执行的其他情形。

第二节　行政复议证据

第四十三条　行政复议证据包括：

（一）书证；

（二）物证；

（三）视听资料；

（四）电子数据；

（五）证人证言；

（六）当事人的陈述；

（七）鉴定意见；

（八）勘验笔录、现场笔录。

以上证据经行政复议机构审查属实，才能作为认定行政复议案件事实的根据。

第四十四条　被申请人对其作出的行政行为的合法性、适当性负有举证责任。

有下列情形之一的，申请人应当提供证据：

（一）认为被申请人不履行法定职责的，提供曾经要求被申请人履行法定职责的证据，但是被申请人应当依职权主动履行法定职责或者申请人因正当理由不能提供的除外；

（二）提出行政赔偿请求的，提供受行政行为侵害而造成损害的证据，但是因被申请人原因导致申请人无法举证的，由被申请人承担举证责任；

（三）法律、法规规定需要申请人提供证据的其他情形。

第四十五条　行政复议机关有权向有关单位和个人调查取证，查阅、复制、调取有关文件和资料，向有关人员进行询问。

调查取证时，行政复议人员不得少于两人，并应当出示行政复议工作证件。

被调查取证的单位和个人应当积极配合行政复议人员的工作，不得拒绝或者阻挠。

第四十六条 行政复议期间，被申请人不得自行向申请人和其他有关单位或者个人收集证据；自行收集的证据不作为认定行政行为合法性、适当性的依据。

行政复议期间，申请人或者第三人提出被申请行政复议的行政行为作出时没有提出的理由或者证据的，经行政复议机构同意，被申请人可以补充证据。

第四十七条 行政复议期间，申请人、第三人及其委托代理人可以按照规定查阅、复制被申请人提出的书面答复、作出行政行为的证据、依据和其他有关材料，除涉及国家秘密、商业秘密、个人隐私或者可能危及国家安全、公共安全、社会稳定的情形外，行政复议机构应当同意。

第三节 普通程序

第四十八条 行政复议机构应当自行政复议申请受理之日起七日内，将行政复议申请书副本或者行政复议申请笔录复印件发送被申请人。被申请人应当自收到行政复议申请书副本或者行政复议申请笔录复印件之日起十日内，提出书面答复，并提交作出行政行为的证据、依据和其他有关材料。

第四十九条 适用普通程序审理的行政复议案件，行政复议机构应当当面或者通过互联网、电话等方式听取当事人的意见，并将听取的意见记录在案。因当事人原因不能听取意见的，可以书面审理。

第五十条 审理重大、疑难、复杂的行政复议案件，行政复议机构应当组织听证。

行政复议机构认为有必要听证，或者申请人请求听证的，行政复议机构可以组织听证。

听证由一名行政复议人员任主持人，两名以上行政复议人员任听证员，一名记录员制作听证笔录。

第五十一条 行政复议机构组织听证的，应当于举行听证的五日前将听证的时间、地点和拟听证事项书面通知当事人。

申请人无正当理由拒不参加听证的，视为放弃听证权利。

被申请人的负责人应当参加听证。不能参加的，应当说明理由并委托相应的工作人员参加听证。

　　第五十二条　县级以上各级人民政府应当建立相关政府部门、专家、学者等参与的行政复议委员会，为办理行政复议案件提供咨询意见，并就行政复议工作中的重大事项和共性问题研究提出意见。行政复议委员会的组成和开展工作的具体办法，由国务院行政复议机构制定。

　　审理行政复议案件涉及下列情形之一的，行政复议机构应当提请行政复议委员会提出咨询意见：

　　（一）案情重大、疑难、复杂；

　　（二）专业性、技术性较强；

　　（三）本法第二十四条第二款规定的行政复议案件；

　　（四）行政复议机构认为有必要。

　　行政复议机构应当记录行政复议委员会的咨询意见。

第四节　简 易 程 序

　　第五十三条　行政复议机关审理下列行政复议案件，认为事实清楚、权利义务关系明确、争议不大的，可以适用简易程序：

　　（一）被申请行政复议的行政行为是当场作出；

　　（二）被申请行政复议的行政行为是警告或者通报批评；

　　（三）案件涉及款额三千元以下；

　　（四）属于政府信息公开案件。

　　除前款规定以外的行政复议案件，当事人各方同意适用简易程序的，可以适用简易程序。

　　第五十四条　适用简易程序审理的行政复议案件，行政复议机构应当自受理行政复议申请之日起三日内，将行政复议申请书副本或者行政复议申请笔录复印件发送被申请人。被申请人应当自收到行政复议申请书副本或者行政复议申请笔录复印件之日起五日内，提出书面答复，并提交作出行政行为的证据、依据和其他有关材料。

　　适用简易程序审理的行政复议案件，可以书面审理。

　　第五十五条　适用简易程序审理的行政复议案件，行政复议机构认为不宜适用简易程序的，经行政复议机构的负责人批准，可以转为普通程序审理。

第五节　行政复议附带审查

第五十六条　申请人依照本法第十三条的规定提出对有关规范性文件的附带审查申请，行政复议机关有权处理的，应当在三十日内依法处理；无权处理的，应当在七日内转送有权处理的行政机关依法处理。

第五十七条　行政复议机关在对被申请人作出的行政行为进行审查时，认为其依据不合法，本机关有权处理的，应当在三十日内依法处理；无权处理的，应当在七日内转送有权处理的国家机关依法处理。

第五十八条　行政复议机关依照本法第五十六条、第五十七条的规定有权处理有关规范性文件或者依据的，行政复议机构应当自行政复议中止之日起三日内，书面通知规范性文件或者依据的制定机关就相关条款的合法性提出书面答复。制定机关应当自收到书面通知之日起十日内提交书面答复及相关材料。

行政复议机构认为必要时，可以要求规范性文件或者依据的制定机关当面说明理由，制定机关应当配合。

第五十九条　行政复议机关依照本法第五十六条、第五十七条的规定有权处理有关规范性文件或者依据，认为相关条款合法的，在行政复议决定书中一并告知；认为相关条款超越权限或者违反上位法的，决定停止该条款的执行，并责令制定机关予以纠正。

第六十条　依照本法第五十六条、第五十七条的规定接受转送的行政机关、国家机关应当自收到转送之日起六十日内，将处理意见回复转送的行政复议机关。

第五章　行政复议决定

第六十一条　行政复议机关依照本法审理行政复议案件，由行政复议机构对行政行为进行审查，提出意见，经行政复议机关的负责人同意或者集体讨论通过后，以行政复议机关的名义作出行政复议决定。

经过听证的行政复议案件，行政复议机关应当根据听证笔录、审查认定的事实和证据，依照本法作出行政复议决定。

提请行政复议委员会提出咨询意见的行政复议案件，行政复议机关应当将咨询意见作为作出行政复议决定的重要参考依据。

第六十二条 适用普通程序审理的行政复议案件，行政复议机关应当自受理申请之日起六十日内作出行政复议决定；但是法律规定的行政复议期限少于六十日的除外。情况复杂，不能在规定期限内作出行政复议决定的，经行政复议机构的负责人批准，可以适当延长，并书面告知当事人；但是延长期限最多不得超过三十日。

适用简易程序审理的行政复议案件，行政复议机关应当自受理申请之日起三十日内作出行政复议决定。

第六十三条 行政行为有下列情形之一的，行政复议机关决定变更该行政行为：

（一）事实清楚，证据确凿，适用依据正确，程序合法，但是内容不适当；

（二）事实清楚，证据确凿，程序合法，但是未正确适用依据；

（三）事实不清、证据不足，经行政复议机关查清事实和证据。

行政复议机关不得作出对申请人更为不利的变更决定，但是第三人提出相反请求的除外。

第六十四条 行政行为有下列情形之一的，行政复议机关决定撤销或者部分撤销该行政行为，并可以责令被申请人在一定期限内重新作出行政行为：

（一）主要事实不清、证据不足；

（二）违反法定程序；

（三）适用的依据不合法；

（四）超越职权或者滥用职权。

行政复议机关责令被申请人重新作出行政行为的，被申请人不得以同一事实和理由作出与被申请行政复议的行政行为相同或者基本相同的行政行为，但是行政复议机关以违反法定程序为由决定撤销或者部分撤销的除外。

第六十五条 行政行为有下列情形之一的，行政复议机关不撤销该行政行为，但是确认该行政行为违法：

（一）依法应予撤销，但是撤销会给国家利益、社会公共利益造成重大损害；

（二）程序轻微违法，但是对申请人权利不产生实际影响。

行政行为有下列情形之一，不需要撤销或者责令履行的，行政复议机关确认该行政行为违法：

（一）行政行为违法，但是不具有可撤销内容；

（二）被申请人改变原违法行政行为，申请人仍要求撤销或者确认该行政行为违法；

（三）被申请人不履行或者拖延履行法定职责，责令履行没有意义。

第六十六条 被申请人不履行法定职责的，行政复议机关决定被申请人在一定期限内履行。

第六十七条 行政行为有实施主体不具有行政主体资格或者没有依据等重大且明显违法情形，申请人申请确认行政行为无效的，行政复议机关确认该行政行为无效。

第六十八条 行政行为认定事实清楚，证据确凿，适用依据正确，程序合法，内容适当的，行政复议机关决定维持该行政行为。

第六十九条 行政复议机关受理申请人认为被申请人不履行法定职责的行政复议申请后，发现被申请人没有相应法定职责或者在受理前已经履行法定职责的，决定驳回申请人的行政复议请求。

第七十条 被申请人不按照本法第四十八条、第五十四条的规定提出书面答复、提交作出行政行为的证据、依据和其他有关材料的，视为该行政行为没有证据、依据，行政复议机关决定撤销、部分撤销该行政行为，确认该行政行为违法、无效或者决定被申请人在一定期限内履行，但是行政行为涉及第三人合法权益，第三人提供证据的除外。

第七十一条 被申请人不依法订立、不依法履行、未按照约定履行或者违法变更、解除行政协议的，行政复议机关决定被申请人承担依法订立、继续履行、采取补救措施或者赔偿损失等责任。

被申请人变更、解除行政协议合法，但是未依法给予补偿或者补偿不合理的，行政复议机关决定被申请人依法给予合理补偿。

第七十二条 申请人在申请行政复议时一并提出行政赔偿请求，行政复议机关对依照《中华人民共和国国家赔偿法》的有关规定应当不予赔偿的，在作出行政复议决定时，应当同时决定驳回行政赔偿请求；对符合《中华人民共和国国家赔偿法》的有关规定应当给予赔偿的，在决定撤销或者部分撤销、变更行政行为或者确认行政行为违法、无效时，应当同时决定被申请人依法给予赔偿；确认行政行为违法的，还可以同时责令被申请人采取补救措施。

申请人在申请行政复议时没有提出行政赔偿请求的，行政复议机关在依法决定撤销或者部分撤销、变更罚款，撤销或者部分撤销违法集资、没收财物、征收征用、摊派费用以及对财产的查封、扣押、冻结等行政行为时，应当同时责令被申请人返还财产，解除对财产的查封、扣押、冻结措施，或者赔偿相应的价款。

第七十三条 当事人经调解达成协议的，行政复议机关应当制作行政复议调解书，经各方当事人签字或者签章，并加盖行政复议机关印章，即具有法律效力。

调解未达成协议或者调解书生效前一方反悔的，行政复议机关应当依法审查或者及时作出行政复议决定。

第七十四条 当事人在行政复议决定作出前可以自愿达成和解，和解内容不得损害国家利益、社会公共利益和他人合法权益，不得违反法律、法规的强制性规定。

当事人达成和解后，由申请人向行政复议机构撤回行政复议申请。行政复议机构准予撤回行政复议申请、行政复议机关决定终止行政复议的，申请人不得再以同一事实和理由提出行政复议申请。但是，申请人能够证明撤回行政复议申请违背其真实意愿的除外。

第七十五条 行政复议机关作出行政复议决定，应当制作行政复议决定书，并加盖行政复议机关印章。

行政复议决定书一经送达，即发生法律效力。

第七十六条 行政复议机关在办理行政复议案件过程中，发现被申请人或者其他下级行政机关的有关行政行为违法或者不当的，可以向其制发行政复议意见书。有关机关应当自收到行政复议意见书之日起六十日内，将纠正相关违法或者不当行政行为的情况报送行政复议机关。

第七十七条 被申请人应当履行行政复议决定书、调解书、意见书。

被申请人不履行或者无正当理由拖延履行行政复议决定书、调解书、意见书的，行政复议机关或者有关上级行政机关应当责令其限期履行，并可以约谈被申请人的有关负责人或者予以通报批评。

第七十八条 申请人、第三人逾期不起诉又不履行行政复议决定书、调解书的，或者不履行最终裁决的行政复议决定的，按照下列规定分别处理：

（一）维持行政行为的行政复议决定书，由作出行政行为的行政机关依法强制执行，或者申请人民法院强制执行；

（二）变更行政行为的行政复议决定书，由行政复议机关依法强制执行，或者申请人民法院强制执行；

（三）行政复议调解书，由行政复议机关依法强制执行，或者申请人民法院强制执行。

第七十九条 行政复议机关根据被申请行政复议的行政行为的公开情况，按照国家有关规定将行政复议决定书向社会公开。

县级以上地方各级人民政府办理以本级人民政府工作部门为被申请人的行政复议案件，应当将发生法律效力的行政复议决定书、意见书同时抄告被申请人的上一级主管部门。

第六章 法律责任

第八十条 行政复议机关不依照本法规定履行行政复议职责，对负有责任的领导人员和直接责任人员依法给予警告、记过、记大过的处分；经有权监督的机关督促仍不改正或者造成严重后果的，依法给予降级、撤职、开除的处分。

第八十一条 行政复议机关工作人员在行政复议活动中，徇私舞弊或者有其他渎职、失职行为的，依法给予警告、记过、记大过的处分；情节严重的，依法给予降级、撤职、开除的处分；构成犯罪的，依法追究刑事责任。

第八十二条 被申请人违反本法规定，不提出书面答复或者不提交作出行政行为的证据、依据和其他有关材料，或者阻挠、变相阻挠公民、法人或者其他组织依法申请行政复议的，对负有责任的领导人员和直接责任人员依法给予警告、记过、记大过的处分；进行报复陷害的，依法给予降级、撤职、开除的处分；构成犯罪的，依法追究刑事责任。

第八十三条 被申请人不履行或者无正当理由拖延履行行政复议决定书、调解书、意见书的，对负有责任的领导人员和直接责任人员依法给予警告、记过、记大过的处分；经责令履行仍拒不履行的，依法给予降级、撤职、开除的处分。

第八十四条 拒绝、阻挠行政复议人员调查取证，故意扰乱行政复议工作秩序的，依法给予处分、治安管理处罚；构成犯罪的，依法追究刑事责任。

第八十五条 行政机关及其工作人员违反本法规定的，行政复议机关可以向监察机关或者公职人员任免机关、单位移送有关人员违法的事实材料，接受移送的监察机关或者公职人员任免机关、单位应当依法处理。

第八十六条 行政复议机关在办理行政复议案件过程中，发现公职人员涉嫌贪污贿赂、失职渎职等职务违法或者职务犯罪的问题线索，应当依照有关规定移送监察机关，由监察机关依法调查处置。

第七章 附 则

第八十七条 行政复议机关受理行政复议申请，不得向申请人收取任何费用。

第八十八条 行政复议期间的计算和行政复议文书的送达，本法没有规定的，依照《中华人民共和国民事诉讼法》关于期间、送达的规定执行。

本法关于行政复议期间有关"三日"、"五日"、"七日"、"十日"的规定是指工作日，不含法定休假日。

第八十九条 外国人、无国籍人、外国组织在中华人民共和国境内申请行政复议，适用本法。

第九十条 本法自 2024 年 1 月 1 日起施行。

公安机关办理行政复议案件程序规定①

（2002 年 11 月 2 日公安部令第 65 号公布 自 2003 年 1 月 1 日起施行）

第一章 总 则

第一条 为了规范公安机关行政复议案件的办理程序，防止和纠正违

---

① 该文件于 2024 年 4 月 15 日被公安部令第 169 号废止，新规定尚未出台，供读者参考。

法的或者不当的具体行政行为，保护公民、法人和其他组织的合法权益，保障和监督公安机关依法行使职权，根据《中华人民共和国行政复议法》（以下简称行政复议法）以及其他有关法律、法规，结合公安工作实际，制定本规定。

第二条 本规定所称公安行政复议机关，是指县级以上地方各级人民政府公安机关，新疆生产建设兵团公安机关，公安交通管理机构、公安边防部门、出入境边防检查总站。

铁路、交通、民航、森林公安机关办理行政复议案件，适用本规定。

第三条 本规定所称公安行政复议机构，是指公安行政复议机关负责法制工作的机构。

公安行政复议机构具体办理行政复议案件，公安机关业务部门内设的法制机构不办理行政复议案件。

第四条 公安行政复议机构接受口头行政复议申请，向有关组织和人员调查情况，听取申请人、被申请人和第三人的意见时，办案人员不得少于二人。

第五条 公安行政复议机构办理行政复议案件所需经费应当在本级公安业务费中列支；办理公安行政复议事项必需的设备、工作条件，公安行政复议机关应当予以保障。

第六条 公安行政复议机关办理行政复议案件，应当遵循合法、公正、公开、及时、便民的原则，坚持有错必纠，确保国家法律、法规的正确实施。

第七条 公民、法人或者其他组织对公安机关的具体行政行为不服的，依法可以向该公安机关的本级人民政府申请行政复议，也可以向上一级主管公安机关申请行政复议。法律、法规另有规定的除外。

第二章　复议机关

第八条 对县级以上各级人民政府公安机关作出的具体行政行为不服的，按照下列规定提出行政复议申请：

（一）对公安部、省（自治区、直辖市）公安厅（局）、新疆生产建设兵团公安局作出的具体行政行为不服的，向公安部申请行政复议；

（二）对市（地、州、盟）公安局（处）作出的具体行政行为不服的，向省（自治区、直辖市）公安厅（局）申请行政复议；

（三）对县（市、旗）公安局作出的具体行政行为不服的，向市（地、州、盟）公安局（处）申请行政复议；

（四）对城市公安分局作出的具体行政行为不服的，向市公安局申请行政复议。

第九条 对省（自治区、直辖市）公安厅（局）直属的公安局、市（地、州、盟）公安局（处）直属的公安分局作出的具体行政行为不服的，向设立该直属公安局、公安分局的省（自治区、直辖市）公安厅（局）、市（地、州、盟）局（处）申请行政复议。

第十条 对县级以上地方各级人民政府公安机关内设的公安消防机构作出的具体行政行为不服的，向该公安机关申请行政复议。

第十一条 对县级以上地方各级人民政府公安机关内设的公安交通管理机构作出的具体行政行为不服的，向该公安机关申请行政复议。

对公安交通管理机构下设的公安交通警察支队、大队（队）作出的具体行政行为不服的，可以向其上一级公安交通管理机构申请行政复议。

第十二条 对出入境边防检查站作出的具体行政行为不服的，向出入境边防检查总站申请行政复议。

第十三条 对公安边防部门以自己名义作出的具体行政行为不服的，向其上一级公安边防部门申请行政复议；对公安边防部门以地方公安机关名义作出的具体行政行为不服的，向其所在地的县级以上地方人民政府公安机关申请行政复议。

第十四条 对公安派出所依法作出的具体行政行为不服的，向设立该公安派出所的公安机关申请行政复议。

第十五条 对法律、法规授权的公安机关内设机构或者派出机构超出法定授权范围作出的具体行政行为不服的，向该内设机构所属的公安机关或者设立该派出机构的公安机关申请行政复议。

对没有法律、法规授权的公安机关的内设机构或者派出机构以自己的名义作出的具体行政行为不服的，向该内设机构所属的公安机关或者设立该派出机构的公安机关的上一级公安机关申请行政复议。

第十六条 对经上级公安机关批准的具体行政行为不服的，向在对外发生法律效力的文书上加盖印章的公安机关的上一级公安机关申请行政复议。

第三章 申　　请

第十七条　申请行政复议，可以书面申请，也可以口头申请。

第十八条　书面申请的，应当提交《行政复议申请书》，载明以下内容：

（一）申请人及其代理人的姓名、性别、出生年月日、工作单位、住所、联系方式，法人或者其他组织的名称、地址、法定代表人或者主要负责人的姓名、职务、住所、联系方式；

（二）被申请人的名称、地址、法定代表人的姓名；

（三）行政复议请求；

（四）申请行政复议的事实和理由；

（五）申请行政复议的日期。

《行政复议申请书》应当由申请人签名或者捺手印。

第十九条　口头申请的，公安行政复议机构应当当场记录申请人的基本情况、行政复议请求、申请行政复议的主要事实、理由和时间，经申请人核对或者向申请人宣读并确认无误后，由申请人签名或者捺指印。

第二十条　申请人因不可抗力以外的其他正当理由耽误法定申请期限的，应当提交相应的证明材料，由公安行政复议机构认定。

前款规定中的其他正当理由包括：

（一）申请人因严重疾病不能在法定申请期限内申请行政复议的；

（二）申请人为无行为能力人或者限制行为能力人，其法定代理人在法定申请期限内不能确定的；

（三）法人或者其他组织合并、分立或者终止，承受其权利的法人或者其他组织在法定申请期限内不能确定的；

（四）公安行政复议机构认定的其他耽误法定申请期限的正当理由。

第二十一条　公安机关作出具体行政行为时，未告知公民、法人或者其他组织行政复议权或者申请行政复议期限的，申请行政复议期限从公民、法人或者其他组织知道或者应当知道行政复议权或者申请行政复议期限之日起计算。

公安机关作出具体行政行为时，未制作或者未送达法律文书，公民、法人或者其他组织不服申请行政复议的，只要能够证明具体行政行为存在，公安行政复议机关应当受理。申请行政复议期限从证明具体行政行为存在之日起计算。

　　第二十二条　下列时间可以认定为申请人知道具体行政行为的时间：

　　（一）当场作出具体行政行为的，具体行政行为作出时间为知道的时间；

　　（二）作出具体行政行为的法律文书直接送交受送达人的，受送达人签收的时间为知道的时间；送达时本人不在的，与其共同居住的有民事行为能力的亲属签收的时间为知道的时间；本人指定代收人的，代收人签收的时间为知道的时间；受送达人为法人或者其他组织的，其收发部门签收的时间为知道的时间；

　　（三）受送达人拒绝接收作出具体行政行为的法律文书，有送达人、见证人在送达回证上签名或者盖章的，送达回证上签署的时间为知道的时间；

　　（四）通过邮寄方式送达当事人的，当事人签收邮件的时间为知道的时间；

　　（五）通过公告形式告知当事人的，公告规定的时间届满之日的次日为知道的时间；

　　（六）法律、法规、规章和其他规范性文件未规定履行期限的，公安机关收到履行法定职责申请之日起60日的次日为申请人知道的时间；法律、法规、规章和其他规范性文件规定了履行期限的，期限届满之日的次日为知道的时间。

　　第二十三条　公民、法人或者其他组织申请公安机关履行法定职责，法律、法规、规章和其他规范性文件未规定履行期限的，公安机关在接到申请之日起60日内不履行，公民、法人或者其他组织可以依法申请行政复议。法律、法规、规章和其他规范性文件规定了履行期限的，从其规定。

　　申请人的合法权益正在受到侵犯或者处于其他紧急情况下请求公安机关履行法定职责，公安机关不履行的，申请人从即日起可以申请行政复议。

　　第二十四条　申请人在被限制人身自由期间申请行政复议的，执行场所应当登记并在3日内将其行政复议申请书转交公安行政复议机关。

　　转交行政复议申请的时间，不计入行政复议申请审查期限。

第四章 受 理

第二十五条 公安行政复议机构负责接受公民、法人和其他组织提出的行政复议申请。

公安行政复议机关的其他内设机构收到《行政复议申请书》的，应当登记并于当日转送公安行政复议机构；口头申请行政复议的，其他内设机构应当告知其依法向公安行政复议机构提出申请。

第二十六条 公安行政复议机构收到行政复议申请后，应当对该申请是否符合下列条件进行初步审查：

（一）提出申请的公民、法人和其他组织是否具备申请人资格；

（二）是否有明确的被申请人和行政复议请求；

（三）是否符合行政复议范围；

（四）是否超过行政复议期限；

（五）是否属于本机关受理。

第二十七条 公安行政复议机构自收到行政复议申请之日起 5 日内应当分别作出以下处理：

（一）符合行政复议法规定的，予以受理；

（二）不符合行政复议法规定的，决定不予受理，并制发《行政复议申请不予受理决定书》；

（三）符合行政复议法规定，但不属于本机关受理的，应当告知申请人向有权受理的行政复议机关提出。

第二十八条 下列情形不属于公安行政复议范围：

（一）对办理刑事案件中依法采取的刑事强制措施、刑事侦查措施等刑事司法行为不服的；

（二）对公安机关依法调解不服的；

（三）对处理火灾事故、交通事故以及办理其他行政案件中作出的鉴定结论等不服的；

（四）对申诉被驳回不服的；

（五）其他依法不应当受理的行政复议申请。

申请人认为公安机关的刑事司法行为属于滥用职权、超越职权插手经济纠纷的，公安行政复议机关应当在作出不予受理决定之前，及时报上一级公安行政复议机关。

第二十九条　公安行政复议机构在审查行政复议申请时，对与申请行政复议的具体行政行为有利害关系的公民、法人或者其他组织，可以告知其作为第三人参加行政复议。

第三十条　公民、法人或者其他组织认为申请行政复议的具体行政行为与自己有利害关系的，可以向公安行政复议机关申请作为第三人参加行政复议。

第三十一条　与申请行政复议的具体行政行为有利害关系的公民、法人或者其他组织被告知参加行政复议或者申请参加行政复议被许可后，无正当理由不参加的，不影响行政复议进行。

第三十二条　申请人、第三人委托代理人代为参加行政复议的，应当向公安行政复议机构提交由委托人签名或者盖章的委托书，委托书应当载明委托事项和具体权限。

申请人、第三人解除或者变更委托的，应当书面通知公安行政复议机构。

第三十三条　公安行政复议机关因行政复议申请的受理发生争议，争议双方应当协商解决。协商不成的，由争议双方的共同上一级公安机关指定受理。

第三十四条　申请人依法提出行政复议申请，公安行政复议机关无正当理由拖延或者拒绝受理的，上级公安机关应当责令其受理。

第三十五条　上级公安机关责令下级公安机关受理行政复议申请的，应当制作《行政复议申请责令受理通知书》，送被责令机关，并通知申请人。

被责令受理行政复议申请的公安机关收到《行政复议申请责令受理通知书》，即视为受理；行政复议决定作出后，应当将《行政复议决定书》及时报送责令机关备案。

第三十六条　上级公安机关认为责令下级公安机关受理行政复议申请不利于合法、公正处理的，上级公安机关可以直接受理。

第五章　审　　查

第三十七条　公安行政复议机构应当对被申请人作出的具体行政行为

的下列事项进行全面审查：

（一）主要事实是否清楚，证据是否确凿；

（二）适用依据是否正确；

（三）是否符合法定程序；

（四）是否超越或者滥用职权；

（五）是否存在明显不当；

（六）是否属于不履行法定职责。

第三十八条 公安行政复议机构在对本规定第三十七条规定的事项进行审查的同时，应当对下列事项进行审查：

（一）具体行政行为是否应当停止执行；

（二）是否需要通知第三人参加行政复议；

（三）是否需要提交公安行政复议机关集体讨论；

（四）是否需要当面听取当事人意见。

第三十九条 公安行政复议机构对行政处罚决定应当重点审查下列事项：

（一）被申请人是否具有法定职权；

（二）事实是否清楚，证据是否确凿；

（三）适用依据是否正确；

（四）量罚是否存在明显不当；

（五）是否符合法定程序。

第四十条 公安行政复议机构对行政强制措施决定应当重点审查下列事项：

（一）被申请人是否具有法定职权；

（二）是否符合法定条件；

（三）是否符合法定范围和期限；

（四）适用依据是否正确；

（五）是否符合法定程序。

第四十一条 公安行政复议机构对行政许可应当重点审查下列事项：

（一）许可事项是否属于被申请人的法定职责；

（二）不予许可理由是否正当；

（三）是否符合法定许可范围；

（四）是否符合法定程序。

第四十二条 公安行政复议机构对申请人认为被申请人不履行法定职责的行政复议案件，应当重点审查下列事项：

（一）是否属于被申请人的法定职责；

（二）被申请人是否明确表示拒绝履行或者不予答复；

（三）是否超过法定履行期限；

（四）被申请人提出不能在法定期限内履行或者不能及时履行的理由是否正当。

前款规定的不履行法定职责，是指被申请人对申请人依法提出的申请，应当在法定的期限或者相当的期限内履行其法定职责，而拒绝履行或者没有正当理由延迟履行。

被申请人已经实际履行，但因不可抗力或者非因被申请人自身原因没有继续履行必要或者致使履行不充分的，不属于不履行法定职责。

第四十三条 公安行政复议机关对行政复议法第二十六条、第二十七条中规定的"规定"、"依据"，应当从以下几个方面进行审查：

（一）是否与上位阶的规范性文件相抵触；

（二）是否与同位阶的规范性文件相矛盾；

（三）是否属于制定机关的法定职权范围。

第四十四条 公安行政复议机关依法有权对下列规范性文件进行审查：

（一）本级公安机关制定的规范性文件；

（二）下级公安机关制定的规范性文件。

第四十五条 公安行政复议机关对认定为不合法的规范性文件，按以下原则处理：

（一）属于本级公安机关制定的，应当在 30 日内予以废止或者作出修订；

（二）属于下级公安机关制定的，应当在 30 日内予以撤销或者责令下级公安机关在 30 日内予以废止或者作出修订。

第四十六条 公安行政复议机构对行政复议中需审查的下列规范性文件，应当制作《规范性文件提请审查函》，按程序予以转送：

（一）公安行政复议机关的上级行政机关制定的规范性文件；

（二）公安行政复议机关无权处理的其他规范性文件。

第四十七条 规范性文件的转送，按以下规定办理：

（一）对上级行政机关制定的规范性文件，按程序转送至制定该规范性文件的机关；

（二）对与公安行政复议机关同级的其他行政机关或该行政机关的下级机关制定的规范性文件，转送至该行政机关。

第四十八条 对公安行政复议机关与其他行政机关联合制定的规范性文件，商联合制定规范性文件的行政机关办理。

第四十九条 依照行政复议法第二十六条、第二十七条对有关规范性文件作出处理的机关，应当将处理结论书面告知制定机关和公安行政复议机关。前款规定中的处理结论包括：

（一）规范性文件合法的，决定予以维持；

（二）规范性文件不合法的，根据情况，予以撤销或者废止，或者提出修订意见，并责令制定机关限期修订。

第五十条 规范性文件审查期间，公安行政复议机关应当中止对具体行政行为的审查，必要时可以决定停止具体行政行为的执行。

第五十一条 重大、复杂的行政复议案件，应当提交公安行政复议机关集体讨论。

前款所称重大、复杂的行政复议案件是指：

（一）涉及国家利益、公共利益以及有重大影响的案件；

（二）重大涉外或者涉及香港特别行政区、澳门特别行政区、台湾地区的案件；

（三）公安行政复议机构认为重大、复杂的其他行政复议案件。

第五十二条 有下列情形之一的，公安行政复议机构可以向有关组织和人员调查取证：

（一）申请人对案件主要事实有异议的；

（二）被申请人提供的证据相互矛盾的；

（三）申请人或者第三人提出新的证据，可能否定被申请人认定的案件主要事实的；

（四）其他需要调查取证的情形。

公安行政复议机构在行政复议过程中收集和补充的证据，不能作为公安行政复议机关维持原具体行政行为的根据。

第五十三条 行政复议原则上采取书面审查的办法，但是有下列情形之一的，公安行政复议机构可以当面听取申请人、被申请人和第三人的意见：

（一）当事人要求当面听取意见的；

（二）案情复杂，需要当事人当面说明情况的；

（三）涉及行政赔偿的；

（四）其他需要当面听取意见的情形。

当面听取意见，应当保障当事人平等陈述、质证和辩论的权利。

第五十四条 当面听取意见应当制作笔录并载明以下内容：

（一）时间、地点及办案人员姓名；

（二）申请人、被申请人、第三人的基本情况；

（三）案由；

（四）申请人、被申请人陈述的事实、理由、法律依据、各自的请求以及辩论的焦点；

（五）证人证言等证据材料。

当面听取意见笔录应当经参加人核实并签名或者捺指印。

第五十五条 被申请人在提交当初作出具体行政行为的证据、依据和其他有关材料的同时，应当以原作出具体行政行为的机关名义提出书面答复，载明下列主要内容：

（一）案件的基本情况；

（二）具体行政行为认定的事实和依据；

（三）对行政复议申请事项的意见；

（四）被申请人的请求。

第五十六条 在行政复议过程中，被申请人不得自行向申请人和其他组织或者个人收集证据。

有下列情形之一的，经公安行政复议机关准许，被申请人可以补充相关证据：

（一）在作出具体行政行为时已经收集证据，但因不可抗力等正当理由不能提供的；

（二）申请人或者第三人在行政复议过程中，提出了其在公安机关实施具体行政行为过程中没有提出的反驳理由或者证据的。

第五十七条 申请人、第三人对申请行政复议的具体行政行为的下列事实，应当提供相应证据材料：

（一）证明申请行政复议符合法定条件的，但被申请人认为申请人申请行政复议超过法定期限的除外；

（二）被申请人不履行法定职责的行政复议申请案件中，证明其已提出申请要求被申请人履行职责的；

（三）申请人在申请行政复议时一并提出的行政赔偿中，证明其因受具体行政行为侵害而造成损失的；

（四）其他应当提供证据材料的。

第五十八条 行政复议期间，申请人、被申请人、第三人对鉴定结论有异议的，可以依法进行重新鉴定。

第五十九条 申请人、第三人及其代理人参加行政复议的，可以查阅被申请人提出的书面答复、作出具体行政行为的证据、依据和其他有关材料，但涉及国家秘密、商业秘密或者个人隐私的除外。

申请人、第三人及其代理人需要查阅被申请人的答复及作出的具体行政行为的证据、依据和其他材料的，应当在行政复议决定作出前向公安行政复议机构提出。

第六十条 行政复议决定作出前，申请人要求撤回行政复议申请的，经说明理由，可以撤回。

公安行政复议机关允许申请人撤回行政复议申请后，申请人以同一事实和理由重新提出行政复议申请的，公安行政复议机关不予受理。

第六十一条 有下列情形之一的，不允许申请人撤回行政复议申请：

（一）撤回行政复议申请可能损害国家利益、公共利益或者他人合法权益的；

（二）撤回行政复议申请不是出于申请人自愿的；

（三）其他不允许撤回行政复议申请的情形。

第六十二条 行政复议期间，除行政复议法第二十六条、第二十七条规定外，有下列情形之一的，行政复议中止：

（一）申请人或者第三人死亡，需要等待其近亲属参加行政复议的；

（二）申请人或者第三人丧失行为能力，其代理人尚未确定的；

（三）作为申请人的法人或者其他组织终止后，其权利承继尚未确定的；

（四）申请人因公安机关作出具体行政行为的同一违法事实，被采取刑事强制措施的；

（五）申请人、被申请人或者第三人因不可抗力或者其他正当理由，不能参加行政复议的；

（六）需要等待鉴定结论的；

（七）案件涉及法律适用问题，需要请有关机关作出解释或者确认的；

（八）其他应当中止行政复议的情形。

行政复议中止的，公安行政复议机关应当制作《行政复议中止决定书》，送达申请人、第三人和被申请人。

行政复议中止的原因消除后，应当及时恢复行政复议。

第六十三条 行政复议期间，除行政复议法第二十五条规定外，有下列情形之一的，行政复议终止：

（一）被申请人撤销其作出的具体行政行为，且申请人依法撤回行政复议申请的；

（二）受理行政复议申请后，发现该申请不符合行政复议法规定的；

（三）申请行政复议的公民死亡而且没有近亲属，或者近亲属自愿放弃申请行政复议的；

（四）申请行政复议的法人或者其他组织终止后，没有承继其权利的法人或者其他组织，或者承继其权利的法人或者其他组织放弃申请行政复议的；

（五）申请人因公安机关作出具体行政行为的同一违法事实被判处刑罚的。

行政复议终止的，公安行政复议机关应当制作《行政复议终止通知书》，送达申请人、被申请人或者第三人。

第六十四条 具体行政行为需要停止执行的，公安行政复议机关应当制作《具体行政行为决定停止执行通知书》，送达被申请人，并告知申请人和第三人。

第六章 决 定

第六十五条 有下列情形之一的，应当决定被申请人在一定期限内履行法定职责：

（一）属于被申请人的法定职责，被申请人明确表示拒绝履行或者不予答复的；

（二）属于被申请人的法定职责，并有法定履行时限，被申请人逾期未履行或者未予答复的。

对没有规定法定履行期限的，公安行政复议机关可以根据案件的具体情况和履行的实际可能确定履行的期限或者责令其采取相应措施。

第六十六条 有下列情形之一的，应当确认该具体行政行为违法：

（一）被申请人不履行法定职责，但决定其履行法定职责已无实际意义的；

（二）具体行政行为不具有可撤销、变更内容的；

（三）具体行政行为依法不能成立或者无效的。

第六十七条 公安行政复议机关决定撤销具体行政行为或者确认具体行政行为违法，并责令被申请人重新作出具体行政行为，必要时可以一并限定重新作出具体行政行为的期限；限定重新作出具体行政行为的期限最长不超过 60 日。

被申请人重新作出具体行政行为，应当书面报公安行政复议机关备案。

公民、法人或者其他组织对重新作出的具体行政行为不服，可以依法申请行政复议或者提起行政诉讼。

第六十八条 有下列情形之一的，应当认定该具体行政行为适用依据错误：

（一）适用的依据已经失效、废止的；

（二）适用的依据尚未生效的；

（三）适用的依据不当的；

（四）其他适用依据错误的情形。

第六十九条 有下列情形之一的，应当认定该具体行政行为违反法定程序：

（一）依法应当回避而未回避的；

（二）在作出行政处罚决定之前，没有依法履行告知义务的；

（三）拒绝听取当事人陈述、申辩的；

（四）应当听证而未听证的；

（五）其他违反法律、法规、规章规定程序的情形。

第七十条 有下列情形之一的，应当认定该具体行政行为超越职权：

（一）超越地域管辖范围的；

（二）超越执法权限的；

（三）其他超越职权的情形。

第七十一条 被申请人在法定职权范围内故意作出不适当的具体行政行为，侵犯申请人合法权益的，可以认定该具体行政行为滥用职权。

第七十二条 被申请人作出的具体行政行为与其他同类性质、情节的具体行政行为存在明显差别的，公安行政复议机关可以认定该具体行政行为明显不当。

第七十三条 公安行政复议机关对情况复杂，不能在规定期限内作出行政复议决定，需要延长行政复议期限的案件，应当制作《行政复议期限延长通知书》，送达申请人和被申请人。

前款规定中的情况复杂包括：

（一）需要对申请人、第三人在行政复议过程中提出的新的证据重新鉴定、勘验或补充，不能在法定的行政复议期限内办结的；

（二）需要对被申请人作出的具体行政行为所认定的事实作进一步的调查核实，或者申请人、第三人要求作进一步的调查核实，不能在法定的行政复议期限内调查核实完毕的；

（三）行政复议案件涉及较多的当事人、不同地区，不能在法定的行政复议期限内办结的；

（四）其他不能在法定的行政复议期限内作出行政复议决定的复杂情况。

第七十四条 公安行政复议机关作出行政复议决定，应当制作《行政复议决定书》，载明以下内容：

（一）申请人、第三人及其代理人的姓名、性别、年龄、职业、住址等，法人或者其他组织的名称、地址、法定代表人等；

（二）被申请人的名称、住址、法定代表人等；

（三）申请人的行政复议请求；

（四）申请人提出的事实和理由；

（五）被申请人答复的事实和理由；

（六）公安行政复议机关认定的事实、理由和适用的依据；

（七）行政复议结论；

（八）不服行政复议决定向人民法院提起行政诉讼的期限，或者最终裁决的履行期限；

（九）作出行政复议决定的日期。

《行政复议决定书》应当加盖公安行政复议机关印章或者公安行政复议专用章。

第七章 附 则

第七十五条 公安机关建立公安行政复议决定书备案制度。

第七十六条 本规定中的送达，包括直接送达、留置送达、邮寄送达和公告送达。

送达有关法律文书，应当使用《送达回执》。

通过邮寄送达的，应当使用挂号信。

第七十七条 本规定自 2003 年 1 月 1 日起实施。本规定发布前公安部制定的有关规定与本规定不一致的，以本规定为准。

中华人民共和国行政诉讼法

（1989 年 4 月 4 日第七届全国人民代表大会第二次会议通过 根据 2014 年 11 月 1 日第十二届全国人民代表大会常务委员会第十一次会议《关于修改〈中华人民共和国行政诉讼法〉的决定》第一次修正 根据 2017 年 6 月 27 日第十二届全国人民代表大会常务委员会第二十八次会议《关于修改〈中华人民共和国民事诉讼法〉和〈中华人民共和国行政诉讼法〉的决定》第二次修正）

目 录

第一章　总　　则

第一条　为保证人民法院公正、及时审理行政案件，解决行政争议，保护公民、法人和其他组织的合法权益，监督行政机关依法行使职权，根据宪法，制定本法。

第二条　公民、法人或者其他组织认为行政机关和行政机关工作人员的行政行为侵犯其合法权益，有权依照本法向人民法院提起诉讼。

前款所称行政行为，包括法律、法规、规章授权的组织作出的行政行为。

第三条　人民法院应当保障公民、法人和其他组织的起诉权利，对应当受理的行政案件依法受理。

行政机关及其工作人员不得干预、阻碍人民法院受理行政案件。

被诉行政机关负责人应当出庭应诉。不能出庭的，应当委托行政机关相应的工作人员出庭。

第四条　人民法院依法对行政案件独立行使审判权，不受行政机关、社会团体和个人的干涉。

人民法院设行政审判庭，审理行政案件。

第五条　人民法院审理行政案件，以事实为根据，以法律为准绳。

第六条　人民法院审理行政案件，对行政行为是否合法进行审查。

第七条 人民法院审理行政案件，依法实行合议、回避、公开审判和两审终审制度。

第八条 当事人在行政诉讼中的法律地位平等。

第九条 各民族公民都有用本民族语言、文字进行行政诉讼的权利。

在少数民族聚居或者多民族共同居住的地区，人民法院应当用当地民族通用的语言、文字进行审理和发布法律文书。

人民法院应当对不通晓当地民族通用的语言、文字的诉讼参与人提供翻译。

第十条 当事人在行政诉讼中有权进行辩论。

第十一条 人民检察院有权对行政诉讼实行法律监督。

第二章 受案范围

第十二条 人民法院受理公民、法人或者其他组织提起的下列诉讼：

（一）对行政拘留、暂扣或者吊销许可证和执照、责令停产停业、没收违法所得、没收非法财物、罚款、警告等行政处罚不服的；

（二）对限制人身自由或者对财产的查封、扣押、冻结等行政强制措施和行政强制执行不服的；

（三）申请行政许可，行政机关拒绝或者在法定期限内不予答复，或者对行政机关作出的有关行政许可的其他决定不服的；

（四）对行政机关作出的关于确认土地、矿藏、水流、森林、山岭、草原、荒地、滩涂、海域等自然资源的所有权或者使用权的决定不服的；

（五）对征收、征用决定及其补偿决定不服的；

（六）申请行政机关履行保护人身权、财产权等合法权益的法定职责，行政机关拒绝履行或者不予答复的；

（七）认为行政机关侵犯其经营自主权或者农村土地承包经营权、农村土地经营权的；

（八）认为行政机关滥用行政权力排除或者限制竞争的；

（九）认为行政机关违法集资、摊派费用或者违法要求履行其他义务的；

（十）认为行政机关没有依法支付抚恤金、最低生活保障待遇或者社会保险待遇的；

（十一）认为行政机关不依法履行、未按照约定履行或者违法变更、解除政府特许经营协议、土地房屋征收补偿协议等协议的；

（十二）认为行政机关侵犯其他人身权、财产权等合法权益的。

除前款规定外，人民法院受理法律、法规规定可以提起诉讼的其他行政案件。

第十三条 人民法院不受理公民、法人或者其他组织对下列事项提起的诉讼：

（一）国防、外交等国家行为；

（二）行政法规、规章或者行政机关制定、发布的具有普遍约束力的决定、命令；

（三）行政机关对行政机关工作人员的奖惩、任免等决定；

（四）法律规定由行政机关最终裁决的行政行为。

第三章 管 辖

第十四条 基层人民法院管辖第一审行政案件。

第十五条 中级人民法院管辖下列第一审行政案件：

（一）对国务院部门或者县级以上地方人民政府所作的行政行为提起诉讼的案件；

（二）海关处理的案件；

（三）本辖区内重大、复杂的案件；

（四）其他法律规定由中级人民法院管辖的案件。

第十六条 高级人民法院管辖本辖区内重大、复杂的第一审行政案件。

第十七条 最高人民法院管辖全国范围内重大、复杂的第一审行政案件。

第十八条 行政案件由最初作出行政行为的行政机关所在地人民法院管辖。经复议的案件，也可以由复议机关所在地人民法院管辖。

经最高人民法院批准，高级人民法院可以根据审判工作的实际情况，确定若干人民法院跨行政区域管辖行政案件。

第十九条 对限制人身自由的行政强制措施不服提起的诉讼，由被告所在地或者原告所在地人民法院管辖。

第二十条 因不动产提起的行政诉讼，由不动产所在地人民法院管辖。

第二十一条　两个以上人民法院都有管辖权的案件，原告可以选择其中一个人民法院提起诉讼。原告向两个以上有管辖权的人民法院提起诉讼的，由最先立案的人民法院管辖。

第二十二条　人民法院发现受理的案件不属于本院管辖的，应当移送有管辖权的人民法院，受移送的人民法院应当受理。受移送的人民法院认为受移送的案件按照规定不属于本院管辖的，应当报请上级人民法院指定管辖，不得再自行移送。

第二十三条　有管辖权的人民法院由于特殊原因不能行使管辖权的，由上级人民法院指定管辖。

人民法院对管辖权发生争议，由争议双方协商解决。协商不成的，报它们的共同上级人民法院指定管辖。

第二十四条　上级人民法院有权审理下级人民法院管辖的第一审行政案件。

下级人民法院对其管辖的第一审行政案件，认为需要由上级人民法院审理或者指定管辖的，可以报请上级人民法院决定。

第四章　诉讼参加人

第二十五条　行政行为的相对人以及其他与行政行为有利害关系的公民、法人或者其他组织，有权提起诉讼。

有权提起诉讼的公民死亡，其近亲属可以提起诉讼。

有权提起诉讼的法人或者其他组织终止，承受其权利的法人或者其他组织可以提起诉讼。

人民检察院在履行职责中发现生态环境和资源保护、食品药品安全、国有财产保护、国有土地使用权出让等领域负有监督管理职责的行政机关违法行使职权或者不作为，致使国家利益或者社会公共利益受到侵害的，应当向行政机关提出检察建议，督促其依法履行职责。行政机关不依法履行职责的，人民检察院依法向人民法院提起诉讼。

第二十六条　公民、法人或者其他组织直接向人民法院提起诉讼的，作出行政行为的行政机关是被告。

经复议的案件，复议机关决定维持原行政行为的，作出原行政行为的行政机关和复议机关是共同被告；复议机关改变原行政行为的，复议机关是被告。

复议机关在法定期限内未作出复议决定，公民、法人或者其他组织起诉原行政行为的，作出原行政行为的行政机关是被告；起诉复议机关不作为的，复议机关是被告。

两个以上行政机关作出同一行政行为的，共同作出行政行为的行政机关是共同被告。

行政机关委托的组织所作的行政行为，委托的行政机关是被告。

行政机关被撤销或者职权变更的，继续行使其职权的行政机关是被告。

第二十七条 当事人一方或者双方为二人以上，因同一行政行为发生的行政案件，或者因同类行政行为发生的行政案件、人民法院认为可以合并审理并经当事人同意的，为共同诉讼。

第二十八条 当事人一方人数众多的共同诉讼，可以由当事人推选代表人进行诉讼。代表人的诉讼行为对其所代表的当事人发生效力，但代表人变更、放弃诉讼请求或者承认对方当事人的诉讼请求，应当经被代表的当事人同意。

第二十九条 公民、法人或者其他组织同被诉行政行为有利害关系但没有提起诉讼，或者同案件处理结果有利害关系的，可以作为第三人申请参加诉讼，或者由人民法院通知参加诉讼。

人民法院判决第三人承担义务或者减损第三人权益的，第三人有权依法提起上诉。

第三十条 没有诉讼行为能力的公民，由其法定代理人代为诉讼。法定代理人互相推诿代理责任的，由人民法院指定其中一人代为诉讼。

第三十一条 当事人、法定代理人，可以委托一至二人作为诉讼代理人。

下列人员可以被委托为诉讼代理人：

（一）律师、基层法律服务工作者；

（二）当事人的近亲属或者工作人员；

（三）当事人所在社区、单位以及有关社会团体推荐的公民。

第三十二条 代理诉讼的律师，有权按照规定查阅、复制本案有关材料，有权向有关组织和公民调查，收集与本案有关的证据。对涉及国家秘密、商业秘密和个人隐私的材料，应当依照法律规定保密。

当事人和其他诉讼代理人有权按照规定查阅、复制本案庭审材料，但涉及国家秘密、商业秘密和个人隐私的内容除外。

第五章 证 据

第三十三条 证据包括：

（一）书证；

（二）物证；

（三）视听资料；

（四）电子数据；

（五）证人证言；

（六）当事人的陈述；

（七）鉴定意见；

（八）勘验笔录、现场笔录。

以上证据经法庭审查属实，才能作为认定案件事实的根据。

第三十四条 被告对作出的行政行为负有举证责任，应当提供作出该行政行为的证据和所依据的规范性文件。

被告不提供或者无正当理由逾期提供证据，视为没有相应证据。但是，被诉行政行为涉及第三人合法权益，第三人提供证据的除外。

第三十五条 在诉讼过程中，被告及其诉讼代理人不得自行向原告、第三人和证人收集证据。

第三十六条 被告在作出行政行为时已经收集了证据，但因不可抗力等正当事由不能提供的，经人民法院准许，可以延期提供。

原告或者第三人提出了其在行政处理程序中没有提出的理由或者证据的，经人民法院准许，被告可以补充证据。

第三十七条 原告可以提供证明行政行为违法的证据。原告提供的证据不成立的，不免除被告的举证责任。

第三十八条 在起诉被告不履行法定职责的案件中，原告应当提供其向被告提出申请的证据。但有下列情形之一的除外：

（一）被告应当依职权主动履行法定职责的；

（二）原告因正当理由不能提供证据的。

在行政赔偿、补偿的案件中，原告应当对行政行为造成的损害提供证据。因被告的原因导致原告无法举证的，由被告承担举证责任。

第三十九条 人民法院有权要求当事人提供或者补充证据。

第四十条 人民法院有权向有关行政机关以及其他组织、公民调取证据。但是，不得为证明行政行为的合法性调取被告作出行政行为时未收集的证据。

第四十一条 与本案有关的下列证据，原告或者第三人不能自行收集的，可以申请人民法院调取：

（一）由国家机关保存而须由人民法院调取的证据；

（二）涉及国家秘密、商业秘密和个人隐私的证据；

（三）确因客观原因不能自行收集的其他证据。

第四十二条 在证据可能灭失或者以后难以取得的情况下，诉讼参加人可以向人民法院申请保全证据，人民法院也可以主动采取保全措施。

第四十三条 证据应当在法庭上出示，并由当事人互相质证。对涉及国家秘密、商业秘密和个人隐私的证据，不得在公开开庭时出示。

人民法院应当按照法定程序，全面、客观地审查核实证据。对未采纳的证据应当在裁判文书中说明理由。

以非法手段取得的证据，不得作为认定案件事实的根据。

第六章　起诉和受理

第四十四条 对属于人民法院受案范围的行政案件，公民、法人或者其他组织可以先向行政机关申请复议，对复议决定不服的，再向人民法院提起诉讼；也可以直接向人民法院提起诉讼。

法律、法规规定应当先向行政机关申请复议，对复议决定不服再向人民法院提起诉讼的，依照法律、法规的规定。

第四十五条 公民、法人或者其他组织不服复议决定的，可以在收到复议决定书之日起十五日内向人民法院提起诉讼。复议机关逾期不作决定的，申请人可以在复议期满之日起十五日内向人民法院提起诉讼。法律另有规定的除外。

第四十六条 公民、法人或者其他组织直接向人民法院提起诉讼的，应当自知道或者应当知道作出行政行为之日起六个月内提出。法律另有规定的除外。

因不动产提起诉讼的案件自行政行为作出之日起超过二十年，其他案件自行政行为作出之日起超过五年提起诉讼的，人民法院不予受理。

第四十七条 公民、法人或者其他组织申请行政机关履行保护其人身权、财产权等合法权益的法定职责，行政机关在接到申请之日起两个月内不履行的，公民、法人或者其他组织可以向人民法院提起诉讼。法律、法规对行政机关履行职责的期限另有规定的，从其规定。

公民、法人或者其他组织在紧急情况下请求行政机关履行保护其人身权、财产权等合法权益的法定职责，行政机关不履行的，提起诉讼不受前款规定期限的限制。

第四十八条 公民、法人或者其他组织因不可抗力或者其他不属于其自身的原因耽误起诉期限的，被耽误的时间不计算在起诉期限内。

公民、法人或者其他组织因前款规定以外的其他特殊情况耽误起诉期限的，在障碍消除后十日内，可以申请延长期限，是否准许由人民法院决定。

第四十九条 提起诉讼应当符合下列条件：

（一）原告是符合本法第二十五条规定的公民、法人或者其他组织；

（二）有明确的被告；

（三）有具体的诉讼请求和事实根据；

（四）属于人民法院受案范围和受诉人民法院管辖。

第五十条 起诉应当向人民法院递交起诉状，并按照被告人数提出副本。

书写起诉状确有困难的，可以口头起诉，由人民法院记入笔录，出具注明日期的书面凭证，并告知对方当事人。

第五十一条 人民法院在接到起诉状时对符合本法规定的起诉条件的，应当登记立案。

对当场不能判定是否符合本法规定的起诉条件的，应当接收起诉状，出具注明收到日期的书面凭证，并在七日内决定是否立案。不符合起诉条件的，作出不予立案的裁定。裁定书应当载明不予立案的理由。原告对裁定不服的，可以提起上诉。

起诉状内容欠缺或者有其他错误的，应当给予指导和释明，并一次性告知当事人需要补正的内容。不得未经指导和释明即以起诉不符合条件为由不接收起诉状。

对于不接收起诉状、接收起诉状后不出具书面凭证，以及不一次性告知当事人需要补正的起诉状内容的，当事人可以向上级人民法院投诉，上级人民法院应当责令改正，并对直接负责的主管人员和其他直接责任人员依法给予处分。

第五十二条 人民法院既不立案，又不作出不予立案裁定的，当事人可以向上一级人民法院起诉。上一级人民法院认为符合起诉条件的，应当立案、审理，也可以指定其他下级人民法院立案、审理。

第五十三条 公民、法人或者其他组织认为行政行为所依据的国务院部门和地方人民政府及其部门制定的规范性文件不合法，在对行政行为提起诉讼时，可以一并请求对该规范性文件进行审查。

前款规定的规范性文件不含规章。

第七章　审理和判决

第一节　一般规定

第五十四条 人民法院公开审理行政案件，但涉及国家秘密、个人隐私和法律另有规定的除外。

涉及商业秘密的案件，当事人申请不公开审理的，可以不公开审理。

第五十五条 当事人认为审判人员与本案有利害关系或者有其他关系可能影响公正审判，有权申请审判人员回避。

审判人员认为自己与本案有利害关系或者有其他关系，应当申请回避。

前两款规定，适用于书记员、翻译人员、鉴定人、勘验人。

院长担任审判长时的回避，由审判委员会决定；审判人员的回避，由院长决定；其他人员的回避，由审判长决定。当事人对决定不服的，可以申请复议一次。

第五十六条 诉讼期间，不停止行政行为的执行。但有下列情形之一的，裁定停止执行：

（一）被告认为需要停止执行的；

（二）原告或者利害关系人申请停止执行，人民法院认为该行政行为的执行会造成难以弥补的损失，并且停止执行不损害国家利益、社会公共利益的；

（三）人民法院认为该行政行为的执行会给国家利益、社会公共利益造成重大损害的；

（四）法律、法规规定停止执行的。

当事人对停止执行或者不停止执行的裁定不服的，可以申请复议一次。

第五十七条 人民法院对起诉行政机关没有依法支付抚恤金、最低生活保障金和工伤、医疗社会保险金的案件，权利义务关系明确、不先予执行将严重影响原告生活的，可以根据原告的申请，裁定先予执行。

当事人对先予执行裁定不服的，可以申请复议一次。复议期间不停止裁定的执行。

第五十八条 经人民法院传票传唤，原告无正当理由拒不到庭，或者未经法庭许可中途退庭的，可以按照撤诉处理；被告无正当理由拒不到庭，或者未经法庭许可中途退庭的，可以缺席判决。

第五十九条 诉讼参与人或者其他人有下列行为之一的，人民法院可以根据情节轻重，予以训诫、责令具结悔过或者处一万元以下的罚款、十五日以下的拘留；构成犯罪的，依法追究刑事责任：

（一）有义务协助调查、执行的人，对人民法院的协助调查决定、协助执行通知书，无故推拖、拒绝或者妨碍调查、执行的；

（二）伪造、隐藏、毁灭证据或者提供虚假证明材料，妨碍人民法院审理案件的；

（三）指使、贿买、胁迫他人作伪证或者威胁、阻止证人作证的；

（四）隐藏、转移、变卖、毁损已被查封、扣押、冻结的财产的；

（五）以欺骗、胁迫等非法手段使原告撤诉的；

（六）以暴力、威胁或者其他方法阻碍人民法院工作人员执行职务，或者以哄闹、冲击法庭等方法扰乱人民法院工作秩序的；

（七）对人民法院审判人员或者其他工作人员、诉讼参与人、协助调查和执行的人员恐吓、侮辱、诽谤、诬陷、殴打、围攻或者打击报复的。

人民法院对有前款规定的行为之一的单位，可以对其主要负责人或者直接责任人员依照前款规定予以罚款、拘留；构成犯罪的，依法追究刑事责任。

罚款、拘留须经人民法院院长批准。当事人不服的，可以向上一级人民法院申请复议一次。复议期间不停止执行。

第六十条 人民法院审理行政案件，不适用调解。但是，行政赔偿、补偿以及行政机关行使法律、法规规定的自由裁量权的案件可以调解。

调解应当遵循自愿、合法原则，不得损害国家利益、社会公共利益和他人合法权益。

第六十一条 在涉及行政许可、登记、征收、征用和行政机关对民事争议所作的裁决的行政诉讼中，当事人申请一并解决相关民事争议的，人民法院可以一并审理。

在行政诉讼中，人民法院认为行政案件的审理需以民事诉讼的裁判为依据的，可以裁定中止行政诉讼。

第六十二条 人民法院对行政案件宣告判决或者裁定前，原告申请撤诉的，或者被告改变其所作的行政行为，原告同意并申请撤诉的，是否准许，由人民法院裁定。

第六十三条 人民法院审理行政案件，以法律和行政法规、地方性法规为依据。地方性法规适用于本行政区域内发生的行政案件。

人民法院审理民族自治地方的行政案件，并以该民族自治地方的自治条例和单行条例为依据。

人民法院审理行政案件，参照规章。

第六十四条 人民法院在审理行政案件中，经审查认为本法第五十三条规定的规范性文件不合法的，不作为认定行政行为合法的依据，并向制定机关提出处理建议。

第六十五条 人民法院应当公开发生法律效力的判决书、裁定书，供公众查阅，但涉及国家秘密、商业秘密和个人隐私的内容除外。

第六十六条 人民法院在审理行政案件中，认为行政机关的主管人员、直接责任人员违法违纪的，应当将有关材料移送监察机关、该行政机关或者其上一级行政机关；认为有犯罪行为的，应当将有关材料移送公安、检察机关。

人民法院对被告经传票传唤无正当理由拒不到庭，或者未经法庭许可中途退庭的，可以将被告拒不到庭或者中途退庭的情况予以公告，并可以向监察机关或者被告的上一级行政机关提出依法给予其主要负责人或者直接责任人员处分的司法建议。

第二节 第一审普通程序

第六十七条 人民法院应当在立案之日起五日内，将起诉状副本发送被告。被告应当在收到起诉状副本之日起十五日内向人民法院提交作出行政行为的证据和所依据的规范性文件，并提出答辩状。人民法院应当在收到答辩状之日起五日内，将答辩状副本发送原告。

被告不提出答辩状的，不影响人民法院审理。

第六十八条 人民法院审理行政案件，由审判员组成合议庭，或者由审判员、陪审员组成合议庭。合议庭的成员，应当是三人以上的单数。

第六十九条 行政行为证据确凿，适用法律、法规正确，符合法定程序的，或者原告申请被告履行法定职责或者给付义务理由不成立的，人民法院判决驳回原告的诉讼请求。

第七十条 行政行为有下列情形之一的，人民法院判决撤销或者部分撤销，并可以判决被告重新作出行政行为：

（一）主要证据不足的；

（二）适用法律、法规错误的；

（三）违反法定程序的；

（四）超越职权的；

（五）滥用职权的；

（六）明显不当的。

第七十一条 人民法院判决被告重新作出行政行为的，被告不得以同一的事实和理由作出与原行政行为基本相同的行政行为。

第七十二条 人民法院经过审理，查明被告不履行法定职责的，判决被告在一定期限内履行。

第七十三条 人民法院经过审理，查明被告依法负有给付义务的，判决被告履行给付义务。

第七十四条 行政行为有下列情形之一的，人民法院判决确认违法，但不撤销行政行为：

（一）行政行为依法应当撤销，但撤销会给国家利益、社会公共利益造成重大损害的；

（二）行政行为程序轻微违法，但对原告权利不产生实际影响的。

行政行为有下列情形之一，不需要撤销或者判决履行的，人民法院判决确认违法：

（一）行政行为违法，但不具有可撤销内容的；

（二）被告改变原违法行政行为，原告仍要求确认原行政行为违法的；

（三）被告不履行或者拖延履行法定职责，判决履行没有意义的。

第七十五条　行政行为有实施主体不具有行政主体资格或者没有依据等重大且明显违法情形，原告申请确认行政行为无效的，人民法院判决确认无效。

第七十六条　人民法院判决确认违法或者无效的，可以同时判决责令被告采取补救措施；给原告造成损失的，依法判决被告承担赔偿责任。

第七十七条　行政处罚明显不当，或者其他行政行为涉及对款额的确定、认定确有错误的，人民法院可以判决变更。

人民法院判决变更，不得加重原告的义务或者减损原告的权益。但利害关系人同为原告，且诉讼请求相反的除外。

第七十八条　被告不依法履行、未按照约定履行或者违法变更、解除本法第十二条第一款第十一项规定的协议的，人民法院判决被告承担继续履行、采取补救措施或者赔偿损失等责任。

被告变更、解除本法第十二条第一款第十一项规定的协议合法，但未依法给予补偿的，人民法院判决给予补偿。

第七十九条　复议机关与作出原行政行为的行政机关为共同被告的案件，人民法院应当对复议决定和原行政行为一并作出裁判。

第八十条　人民法院对公开审理和不公开审理的案件，一律公开宣告判决。

当庭宣判的，应当在十日内发送判决书；定期宣判的，宣判后立即发给判决书。

宣告判决时，必须告知当事人上诉权利、上诉期限和上诉的人民法院。

第八十一条　人民法院应当在立案之日起六个月内作出第一审判决。有特殊情况需要延长的，由高级人民法院批准，高级人民法院审理第一审案件需要延长的，由最高人民法院批准。

第三节　简易程序

第八十二条　人民法院审理下列第一审行政案件，认为事实清楚、权利义务关系明确、争议不大的，可以适用简易程序：

（一）被诉行政行为是依法当场作出的；

（二）案件涉及款额二千元以下的；

（三）属于政府信息公开案件的。

除前款规定以外的第一审行政案件，当事人各方同意适用简易程序的，可以适用简易程序。

发回重审、按照审判监督程序再审的案件不适用简易程序。

第八十三条　适用简易程序审理的行政案件，由审判员一人独任审理，并应当在立案之日起四十五日内审结。

第八十四条　人民法院在审理过程中，发现案件不宜适用简易程序的，裁定转为普通程序。

第四节　第二审程序

第八十五条　当事人不服人民法院第一审判决的，有权在判决书送达之日起十五日内向上一级人民法院提起上诉。当事人不服人民法院第一审裁定的，有权在裁定书送达之日起十日内向上一级人民法院提起上诉。逾期不提起上诉的，人民法院的第一审判决或者裁定发生法律效力。

第八十六条　人民法院对上诉案件，应当组成合议庭，开庭审理。经过阅卷、调查和询问当事人，对没有提出新的事实、证据或者理由，合议庭认为不需要开庭审理的，也可以不开庭审理。

第八十七条　人民法院审理上诉案件，应当对原审人民法院的判决、裁定和被诉行政行为进行全面审查。

第八十八条　人民法院审理上诉案件，应当在收到上诉状之日起三个月内作出终审判决。有特殊情况需要延长的，由高级人民法院批准，高级人民法院审理上诉案件需要延长的，由最高人民法院批准。

第八十九条　人民法院审理上诉案件，按照下列情形，分别处理：

（一）原判决、裁定认定事实清楚，适用法律、法规正确的，判决或者裁定驳回上诉，维持原判决、裁定；

（二）原判决、裁定认定事实错误或者适用法律、法规错误的，依法改判、撤销或者变更；

（三）原判决认定基本事实不清、证据不足的，发回原审人民法院重审，或者查清事实后改判；

（四）原判决遗漏当事人或者违法缺席判决等严重违反法定程序的，裁定撤销原判决，发回原审人民法院重审。

原审人民法院对发回重审的案件作出判决后，当事人提起上诉的，第二审人民法院不得再次发回重审。

人民法院审理上诉案件，需要改变原审判决的，应当同时对被诉行政行为作出判决。

第五节　审判监督程序

第九十条　当事人对已经发生法律效力的判决、裁定，认为确有错误的，可以向上一级人民法院申请再审，但判决、裁定不停止执行。

第九十一条　当事人的申请符合下列情形之一的，人民法院应当再审：

（一）不予立案或者驳回起诉确有错误的；

（二）有新的证据，足以推翻原判决、裁定的；

（三）原判决、裁定认定事实的主要证据不足、未经质证或者系伪造的；

（四）原判决、裁定适用法律、法规确有错误的；

（五）违反法律规定的诉讼程序，可能影响公正审判的；

（六）原判决、裁定遗漏诉讼请求的；

（七）据以作出原判决、裁定的法律文书被撤销或者变更的；

（八）审判人员在审理该案件时有贪污受贿、徇私舞弊、枉法裁判行为的。

第九十二条　各级人民法院院长对本院已经发生法律效力的判决、裁定，发现有本法第九十一条规定情形之一，或者发现调解违反自愿原则或者调解书内容违法，认为需要再审的，应当提交审判委员会讨论决定。

最高人民法院对地方各级人民法院已经发生法律效力的判决、裁定，上级人民法院对下级人民法院已经发生法律效力的判决、裁定，发现有本法第九十一条规定情形之一，或者发现调解违反自愿原则或者调解书内容违法的，有权提审或者指令下级人民法院再审。

第九十三条 最高人民检察院对各级人民法院已经发生法律效力的判决、裁定，上级人民检察院对下级人民法院已经发生法律效力的判决、裁定，发现有本法第九十一条规定情形之一，或者发现调解书损害国家利益、社会公共利益的，应当提出抗诉。

地方各级人民检察院对同级人民法院已经发生法律效力的判决、裁定，发现有本法第九十一条规定情形之一，或者发现调解书损害国家利益、社会公共利益的，可以向同级人民法院提出检察建议，并报上级人民检察院备案；也可以提请上级人民检察院向同级人民法院提出抗诉。

各级人民检察院对审判监督程序以外的其他审判程序中审判人员的违法行为，有权向同级人民法院提出检察建议。

第八章　执　　行

第九十四条 当事人必须履行人民法院发生法律效力的判决、裁定、调解书。

第九十五条 公民、法人或者其他组织拒绝履行判决、裁定、调解书的，行政机关或者第三人可以向第一审人民法院申请强制执行，或者由行政机关依法强制执行。

第九十六条 行政机关拒绝履行判决、裁定、调解书的，第一审人民法院可以采取下列措施：

（一）对应当归还的罚款或者应当给付的款额，通知银行从该行政机关的账户内划拨；

（二）在规定期限内不履行的，从期满之日起，对该行政机关负责人按日处五十元至一百元的罚款；

（三）将行政机关拒绝履行的情况予以公告；

（四）向监察机关或者该行政机关的上一级行政机关提出司法建议。接受司法建议的机关，根据有关规定进行处理，并将处理情况告知人民法院；

（五）拒不履行判决、裁定、调解书，社会影响恶劣的，可以对该行政机关直接负责的主管人员和其他直接责任人员予以拘留；情节严重，构成犯罪的，依法追究刑事责任。

第九十七条 公民、法人或者其他组织对行政行为在法定期限内不提起诉讼又不履行的,行政机关可以申请人民法院强制执行,或者依法强制执行。

第九章 涉外行政诉讼

第九十八条 外国人、无国籍人、外国组织在中华人民共和国进行行政诉讼,适用本法。法律另有规定的除外。

第九十九条 外国人、无国籍人、外国组织在中华人民共和国进行行政诉讼,同中华人民共和国公民、组织有同等的诉讼权利和义务。

外国法院对中华人民共和国公民、组织的行政诉讼权利加以限制的,人民法院对该国公民、组织的行政诉讼权利,实行对等原则。

第一百条 外国人、无国籍人、外国组织在中华人民共和国进行行政诉讼,委托律师代理诉讼的,应当委托中华人民共和国律师机构的律师。

第十章 附 则

第一百零一条 人民法院审理行政案件,关于期间、送达、财产保全、开庭审理、调解、中止诉讼、终结诉讼、简易程序、执行等,以及人民检察院对行政案件受理、审理、裁判、执行的监督,本法没有规定的,适用《中华人民共和国民事诉讼法》的相关规定。

第一百零二条 人民法院审理行政案件,应当收取诉讼费用。诉讼费用由败诉方承担,双方都有责任的由双方分担。收取诉讼费用的具体办法另行规定。

第一百零三条 本法自 1990 年 10 月 1 日起施行。

公安机关督察条例

（1997 年 6 月 20 日中华人民共和国国务院令第 220 号发布
2011 年 8 月 24 日国务院第 169 次常务会议修订通过　2011 年 8 月
31 日中华人民共和国国务院令第 603 号公布　自 2011 年 10 月 1
日起施行）

第一条　为了完善公安机关监督机制，保障公安机关及其人民警察依
法履行职责、行使职权和遵守纪律，根据《中华人民共和国人民警察法》
的规定，制定本条例。

第二条　公安部督察委员会领导全国公安机关的督察工作，负责对公
安部所属单位和下级公安机关及其人民警察依法履行职责、行使职权和遵
守纪律的情况进行监督，对公安部部长负责。公安部督察机构承担公安部
督察委员会办事机构职能。

县级以上地方各级人民政府公安机关督察机构，负责对本级公安机关
所属单位和下级公安机关及其人民警察依法履行职责、行使职权和遵守纪
律的情况进行监督，对上一级公安机关督察机构和本级公安机关行政首长
负责。

县级以上地方各级人民政府公安机关的督察机构为执法勤务机构，由
专职人员组成，实行队建制。

第三条　公安部设督察长，由公安部一名副职领导成员担任。

县级以上地方各级人民政府公安机关设督察长，由公安机关行政首长
兼任。

第四条　督察机构对公安机关及其人民警察依法履行职责、行使职权
和遵守纪律的下列事项，进行现场督察：

（一）重要的警务部署、措施、活动的组织实施情况；

（二）重大社会活动的秩序维护和重点地区、场所治安管理的组织实
施情况；

（三）治安突发事件的处置情况；

（四）刑事案件、治安案件的受理、立案、侦查、调查、处罚和强制措施的实施情况；

（五）治安、交通、户政、出入境、边防、消防、警卫等公安行政管理法律、法规的执行情况；

（六）使用武器、警械以及警用车辆、警用标志的情况；

（七）处置公民报警、请求救助和控告申诉的情况；

（八）文明执勤、文明执法和遵守警容风纪规定的情况；

（九）组织管理和警务保障的情况；

（十）公安机关及其人民警察依法履行职责、行使职权和遵守纪律的其他情况。

第五条　督察机构可以向本级公安机关所属单位和下级公安机关派出督察人员进行督察，也可以指令下级公安机关督察机构对专门事项进行督察。

第六条　县级以上地方各级人民政府公安机关督察机构查处违法违纪行为，应当向上一级公安机关督察机构报告查处情况；下级公安机关督察机构查处不力的，上级公安机关督察机构可以直接进行督察。

第七条　督察机构可以派出督察人员参加本级公安机关或者下级公安机关的警务工作会议和重大警务活动的部署。

第八条　督察机构应当开展警务评议活动，听取国家机关、社会团体、企业事业组织和人民群众对公安机关及其人民警察的意见。

第九条　督察机构对群众投诉的正在发生的公安机关及其人民警察违法违纪行为，应当及时出警，按照规定给予现场处置，并将处理结果及时反馈投诉人。

投诉人的投诉事项已经进入信访、行政复议或者行政诉讼程序的，督察机构应当将投诉材料移交有关部门。

第十条　督察机构对本级公安机关所属单位和下级公安机关拒不执行法律、法规和上级决定、命令的，可以责令执行；对本级公安机关所属单位或者下级公安机关作出的错误决定、命令，可以决定撤销或者变更，报本级公安机关行政首长批准后执行。

第十一条　督察人员在现场督察中发现公安机关人民警察违法违纪的，可以采取下列措施，当场处置：

（一）对违反警容风纪规定的，可以当场予以纠正；

（二）对违反规定使用武器、警械以及警用车辆、警用标志的，可以扣留其武器、警械、警用车辆、警用标志；

（三）对违法违纪情节严重、影响恶劣的，以及拒绝、阻碍督察人员执行现场督察工作任务的，必要时，可以带离现场。

第十二条 督察机构认为公安机关人民警察违反纪律需要采取停止执行职务、禁闭措施的，由督察机构作出决定，报本级公安机关督察长批准后执行。

停止执行职务的期限为10日以上60日以下；禁闭的期限为1日以上7日以下。

第十三条 督察机构认为公安机关人民警察需要给予处分或者降低警衔、取消警衔的，督察机构应当提出建议，移送有关部门依法处理。

督察机构在督察工作中发现公安机关人民警察涉嫌犯罪的，移送司法机关依法处理。

第十四条 公安机关人民警察对停止执行职务和禁闭决定不服的，可以在被停止执行职务或者被禁闭期间向作出决定的公安机关的上一级公安机关提出申诉。由公安部督察机构作出的停止执行职务、禁闭的决定，受理申诉的机关是公安部督察委员会。

受理申诉的公安机关对不服停止执行职务的申诉，应当自收到申诉之日起5日内作出是否撤销停止执行职务的决定；对不服禁闭的申诉，应当在收到申诉之时起24小时内作出是否撤销禁闭的决定。

申诉期间，停止执行职务、禁闭决定不停止执行。

受理申诉的公安机关认为停止执行职务、禁闭决定确有错误的，应当予以撤销，并在适当范围内为当事人消除影响，恢复名誉。

第十五条 督察人员在督察工作中，必须实事求是，严格依法办事，接受监督。

督察机构及其督察人员对于公安机关及其人民警察依法履行职责、行使职权的行为应当予以维护。

第十六条 督察人员应当具备下列条件：

（一）坚持原则，忠于职守，清正廉洁，不徇私情，严守纪律；

（二）具有大学专科以上学历和法律专业知识、公安业务知识；

（三）具有 3 年以上公安工作经历和一定的组织管理能力；

（四）经过专门培训合格。

第十七条 督察人员执行督察任务，应当佩带督察标志或者出示督察证件。

督察标志和督察证件的式样由公安部制定。

第十八条 本条例自 2011 年 10 月 1 日起施行。

公安机关人民警察纪律条令

（2010 年 4 月 21 日监察部、人力资源和社会保障部、公安部令第 20 号公布　自 2010 年 6 月 1 日起施行）

第一章　总　　则

第一条 为了严明公安机关纪律，规范公安机关人民警察的行为，保证公安机关及其人民警察依法履行职责，根据《中华人民共和国人民警察法》、《中华人民共和国行政监察法》、《中华人民共和国公务员法》、《行政机关公务员处分条例》、《公安机关组织管理条例》等有关法律、行政法规，制定本条令。

第二条 公安机关人民警察应当严格遵守《中华人民共和国人民警察法》、《中华人民共和国公务员法》等法律法规关于公安机关人民警察纪律的规定。公安机关人民警察违法违纪，应当承担纪律责任的，依照本条令给予处分。

法律、行政法规、国务院决定对公安机关人民警察处分另有规定的，从其规定。

第三条 公安机关人民警察违法违纪，应当承担纪律责任的，由任免机关或者监察机关按照管理权限依法给予处分。

公安机关有违法违纪行为，应当追究纪律责任的，对负有责任的领导人员和直接责任人员给予处分。

第四条 对受到处分的公安机关人民警察，应当依照有关规定延期晋升、降低或者取消警衔。

第五条 公安机关人民警察违法违纪涉嫌犯罪的，应当依法追究刑事责任。

第六条 监察机关派驻同级公安机关监察机构可以调查下一级监察机关派驻同级公安机关监察机构管辖范围内的违法违纪案件，必要时也可以调查所辖各级监察机关派驻同级公安机关监察机构管辖范围内的违法违纪案件。

监察机关派驻同级公安机关监察机构经派出它的监察机关批准，可以调查下一级公安机关领导人员的违法违纪案件。

调查结束后，按照人事管理权限，监察机关派驻同级公安机关监察机构应当向处分决定机关提出处分建议，由处分决定机关依法作出处分决定。

第二章 违法违纪行为及其适用的处分

第七条 有下列行为之一的，给予开除处分：

（一）逃往境外或者非法出境、违反规定滞留境外不归的；

（二）参与、包庇或者纵容危害国家安全违法犯罪活动的；

（三）参与、包庇或者纵容黑社会性质组织犯罪活动的；

（四）向犯罪嫌疑人通风报信的；

（五）私放他人出入境的。

第八条 散布有损国家声誉的言论的，给予记大过处分；情节较重的，给予降级或者撤职处分；情节严重的，给予开除处分。

第九条 有下列行为之一的，给予记过或者记大过处分；情节较重的，给予降级或者撤职处分；情节严重的，给予开除处分：

（一）故意违反规定立案、撤销案件、提请逮捕、移送起诉的；

（二）违反规定采取、变更、撤销刑事拘留、取保候审、监视居住等刑事强制措施或者行政拘留的；

（三）非法剥夺、限制他人人身自由的；

（四）非法搜查他人身体、物品、住所或者场所的；

（五）违反规定延长羁押期限或者变相拘禁他人的；

（六）违反规定采取通缉等措施或者擅自使用侦察手段侵犯公民合法权益的。

第十条 有下列行为之一的，给予记过或者记大过处分；情节较重的，给予降级或者撤职处分；情节严重的，给予开除处分：

（一）违反规定为在押人员办理保外就医、所外执行的；

（二）擅自安排在押人员与其亲友会见、私自为在押人员或者其亲友传递物品、信件，造成不良后果的；

（三）指派在押人员看管在押人员的；

（四）私带在押人员离开羁押场所的。

有前款规定行为并从中谋利的，从重处分。

第十一条 体罚、虐待违法犯罪嫌疑人、被监管人员或者其他工作对象的，给予记过或者记大过处分；情节较重的，给予降级或者撤职处分；情节严重的，给予开除处分。

实施或者授意、唆使、强迫他人实施刑讯逼供的，给予撤职处分；造成严重后果的，给予开除处分。

第十二条 有下列行为之一的，给予记过或者记大过处分；情节较重的，给予降级或者撤职处分；情节严重的，给予开除处分：

（一）对依法应当办理的受理案件、立案、撤销案件、提请逮捕、移送起诉等事项，无正当理由不予办理的；

（二）对管辖范围内发生的应当上报的重大治安案件、刑事案件、特大道路交通事故和群体性或者突发性事件等隐瞒不报或者谎报的；

（三）在勘验、检查、鉴定等取证工作中严重失职，造成无辜人员被处理或者违法犯罪人员逃避法律追究的；

（四）因工作失职造成被羁押、监管等人员脱逃、致残、致死或者其他不良后果的；

（五）在值班、备勤、执勤时擅离岗位，造成不良后果的；

（六）不履行办案协作职责造成不良后果的；

（七）在执行任务时临危退缩、临阵脱逃的。

第十三条 有下列行为之一的，给予记过或者记大过处分；情节较重的，给予降级或者撤职处分；情节严重的，给予开除处分：

（一）利用职权干扰执法办案或者强令违法办案的；

（二）利用职权干预经济纠纷或者为他人追债讨债的。

第十四条 有下列行为之一的，给予记过或者记大过处分；情节较重的，给予降级或者撤职处分；情节严重的，给予开除处分：

（一）隐瞒或者伪造案情的；

（二）伪造、变造、隐匿、销毁检举控告材料或者证据材料的；

（三）出具虚假审查或者证明材料、结论的。

第十五条 有下列行为之一的，给予警告或者记过处分；情节较重的，给予记大过或者降级处分；情节严重的，给予撤职处分：

（一）违反规定吊销、暂扣证照或者责令停业整顿的；

（二）违反规定查封、扣押、冻结、没收财物的。

第十六条 有下列行为之一的，给予警告或者记过处分；情节较重的，给予记大过或者降级处分；情节严重的，给予撤职处分：

（一）擅自设定收费项目、提高收费标准的；

（二）违反规定设定罚款项目或者实施罚款的；

（三）违反规定办理户口、身份证、驾驶证、特种行业许可证、护照、机动车行驶证和号牌等证件、牌照以及其他行政许可事项的。

以实施行政事业性收费、罚没的名义收取钱物，不出具任何票据的，给予开除处分。

第十七条 有下列行为之一的，给予记过或者记大过处分；情节较重的，给予降级或者撤职处分；情节严重的，给予开除处分：

（一）投资入股或者变相投资入股矿产、娱乐场所等企业，或者从事其他营利性经营活动的；

（二）受雇于任何组织、个人的；

（三）利用职权推销、指定消防、安保、交通、保险等产品的；

（四）公安机关人民警察的近亲属在该人民警察分管的业务范围内从事可能影响公正执行公务的经营活动，经劝阻其近亲属拒不退出或者本人不服从工作调整的；

（五）违反规定利用或者插手工程招投标、政府采购和人事安排，为本人或者特定关系人谋取不正当利益的；

（六）相互请托为对方的特定关系人在投资入股、经商办企业等方面提供便利，谋取不正当利益的；

（七）出差、开展公务活动由企事业单位、个人接待，或者接受下级公安机关、企事业单位、个人安排出入营业性娱乐场所，参加娱乐活动的；

（八）违反规定收受现金、有价证券、支付凭证、干股的。

第十八条 私分、挪用、非法占有赃款赃物、扣押财物、保证金、无主财物、罚没款物的，给予记过或者记大过处分；情节较重的，给予降级或者撤职处分；情节严重的，给予开除处分。

第十九条 有下列行为之一的，给予警告、记过或者记大过处分；情节较重的，给予降级或者撤职处分；情节严重的，给予开除处分：

（一）拒绝执行上级依法作出的决定、命令，或者在执行任务时不服从指挥的；

（二）违反规定进行人民警察录用、考核、任免、奖惩、调任、转任的。

第二十条 有下列行为之一，造成不良影响的，给予警告处分；情节较重的，给予记过处分；情节严重的，给予记大过处分：

（一）在工作中对群众态度蛮横、行为粗暴、故意刁难或者吃拿卡要的；

（二）不按规定着装，严重损害人民警察形象的；

（三）非因公务着警服进入营业性娱乐场所的。

第二十一条 违反公务用枪管理使用规定的，依照《公安民警违反公务用枪管理使用规定行政处分若干规定》给予处分。

第二十二条 有下列行为之一的，给予警告或者记过处分；情节较重的，给予记大过或者降级处分；情节严重的，给予撤职或者开除处分：

（一）违反警车管理使用规定或者违反规定使用警灯、警报器的；

（二）违反规定转借、赠送、出租、抵押、转卖警用车辆、警车号牌、警械、警服、警用标志和证件的；

（三）违反规定使用警械的。

第二十三条 工作时间饮酒或者在公共场所酗酒滋事的，给予警告、记过或者记大过处分；造成后果的，给予降级或者撤职处分；造成严重后果的，给予开除处分。

携带枪支饮酒、酒后驾驶机动车，造成严重后果的，给予开除处分。

第二十四条 参与、包庇或者纵容违法犯罪活动的，给予警告、记过或者记大过处分；情节较重的，给予降级或者撤职处分；情节严重的，给予开除处分。

吸食、注射毒品或者参与、组织、支持、容留卖淫、嫖娼、色情淫乱活动的，给予开除处分。

参与赌博的，依照《行政机关公务员处分条例》第三十二条规定从重处分。

第二十五条 违反规定使用公安信息网的，给予警告处分；情节较重的，给予记过或者记大过处分；情节严重的，给予降级或者撤职处分。

第三章 附 则

第二十六条 有本条令规定的违法违纪行为，已不符合人民警察条件、不适合继续在公安机关工作的，可以依照有关规定予以辞退或者限期调离。

第二十七条 处分的程序和不服处分的申诉，依照《中华人民共和国行政监察法》、《中华人民共和国公务员法》、《行政机关公务员处分条例》等有关法律法规的规定办理。

第二十八条 本条令所称公安机关人民警察是指属于公安机关及其直属单位的在编在职的人民警察。

公安机关包括县级以上人民政府公安机关和设在铁道、交通运输、民航、林业、海关部门的公安机构。

第二十九条 公安边防、消防、警卫部队官兵有违法违纪行为，应当给予处分的，依照《中国人民解放军纪律条令》执行；《中国人民解放军纪律条令》没有规定的，参照本条令执行。

第三十条 本条令由监察部、人力资源社会保障部、公安部负责解释。

第三十一条 本条令自 2010 年 6 月 1 日起施行。

公安机关执法质量考核评议规定

（2016 年 1 月 14 日公安部令第 137 号公布 自 2016 年 3 月 1 日起施行）

第一章 总 则

第一条 为加强公安机关执法监督管理，落实执法责任，提高执法质量，促进公安机关及其人民警察严格规范公正文明执法，根据《中华人民共和国人民警察法》及其他有关法律、法规，制定本规定。

第二条 执法质量考核评议，是指上级公安机关对下级公安机关、各级公安机关对所属执法部门及其人民警察执法办案质量进行的考核评议。

第三条 执法质量考核评议，应当坚持实事求是、公开公正、奖优罚劣、注重实效的原则。

第二章 考核评议的内容和标准

第四条 公安机关执法质量考核评议的主要内容包括：

（一）接处警执法情况；

（二）办理案件情况；

（三）实施行政许可、登记备案等行政管理情况；

（四）执法监督救济情况；

（五）执法办案场所和监管场所建设与管理情况；

（六）涉案财物管理和涉案人员随身财物代为保管以及证物保管情况；

（七）执法安全情况；

（八）执法办案信息系统应用管理情况；

（九）其他需要考核评议的内容。

第五条 接处警执法应当达到以下标准：

（一）接警文明规范，出警及时；

（二）着装、携带使用处警装备符合规定；

（三）处置措施适度、规范；

（四）现场取证及时、全面；

（五）接处警记录完整、准确、规范；

（六）按规定出具接报案回执。

第六条 办理案件应当达到以下标准：

（一）受案立案及时、合法、规范；

（二）执法主体合法，并具备相应的执法资格；

（三）案件管辖符合规定；

（四）案件事实清楚，证据确实充分，程序合法；

（五）调查取证合法、及时、客观、全面；

（六）定性及适用法律、法规、规章准确，量处适当；

（七）适用强制措施、侦查措施、作出行政处理决定符合规定；

（八）执行刑罚、行政处理决定符合规定；

（九）依法保护当事人的合法权益，保障律师执业权利；

（十）案件信息公开符合规定；

（十一）法律文书规范、完备，送达合法、及时，案卷装订、保管、移交规范。

第七条 实施行政许可、登记备案等行政管理应当达到以下标准：

（一）受理申请及时，履行通知告知义务符合规定；

（二）依法及时履行审查、核查等职责，办理程序符合规定；

（三）对从事行政许可等事项活动的监督检查符合规定；

（四）撤销行政许可、注销相关证件符合规定；

（五）工作记录、台账、法律文书、档案完备；

（六）其他行政管理中无不作为、乱作为等情形。

第八条 执法监督救济应当达到以下标准：

（一）受理、查处涉警投诉及时、规范，办理涉法涉诉信访事项的程序合法，无拒不受理、违规受理或者推诿、拖延、敷衍办理等情形；

（二）对符合法定受理条件的行政复议、刑事复议复核案件及时受理，办案程序合法、适用法律正确；

（三）对行政诉讼案件依法出庭应诉，提出诉讼证据和答辩意见，及时执行生效判决；

（四）办理国家赔偿案件程序合法、适用法律正确，无不依法赔偿或者违反规定采取补偿、救助等形式代替国家赔偿等情形；

（五）对已发现的执法问题及时纠正，依法追究执法过错责任人的责任。

第九条 执法办案场所和监管场所建设与管理应当达到以下标准：

（一）执法办案和监管场所功能设置规范合理、设施设备运转正常，安全防护措施落实到位；

（二）工作流程、岗位职责、应急处置工作预案等制度健全完善；

（三）违法犯罪嫌疑人被带至公安机关后，直接带入办案区，无违反规定带出办案区讯问询问等情形；

（四）违法犯罪嫌疑人进入办案区后，按照规定进行人身检查和信息采集；

（五）违法犯罪嫌疑人在办案区内，有人负责看管；

（六）在办案区内开展执法活动，有视频监控并记录，同步录音录像资料保管妥当；

（七）办案区使用的记录、台账等完整、规范。

第十条 涉案财物管理和涉案人员随身财物代为保管应当达到以下标准：

（一）财物管理场所设置、保管财物的设备设施符合规定；

（二）财物管理制度健全，办案与管理分离、统一管理的有关要求得到落实；

（三）按照规定对财物登记、保管、处理，记录、台账清晰完备。

不属于涉案财物的证物的管理标准按照相关规定确定，没有具体规定的，参照上述标准执行。

第十一条 执法安全应当达到以下标准：

（一）无因违法使用警械、武器造成人员伤亡等情形；

（二）无因故意或者过失致使被监管人员、涉案人员行凶、自杀、自伤、脱逃等情形；

（三）无殴打、虐待或者唆使、放纵他人殴打、虐待被监管人员、涉案人员等情形；

（四）无其他造成恶劣影响的执法安全事故。

第十二条 执法办案信息系统应用管理应当达到以下标准：

（一）接报案、受案立案信息系统使用符合规定，110接报警、群众上门报案、有关部门移送案件以及公安机关工作中发现的违法犯罪线索等信息录入及时、规范；

（二）落实网上办案要求，除案件性质和事实涉及国家秘密的以外，实现各类案件信息、主要证据材料上传信息系统，审核审批考评网上进行，案件电子卷宗自动生成；

（三）接报警信息与网上办案、监督考评、督察、办案场所管理、音视频资料管理、涉案财物管理等各类信息系统之间互联互通、数据共享；

（四）自动生成执法办案单位及其民警的执法档案，准确记载执法办案的数量和质量；

（五）无擅自更改或者删除执法办案信息系统中已经审核、审批通过的案件信息等情形；

（六）指定专人担任系统管理员，执法办案信息系统正常运转。

第十三条 在登记、统计、上报各类执法情况过程中，实事求是，严格遵守有关规定，无弄虚作假、隐瞒不报的情形。

第十四条 各地执法质量考核评议项目和指标由省级公安机关统一确定，各级公安机关部门、警种不得以部门、警种名义下达执法质量考核评议项目和指标。

确定执法质量考核评议项目和指标，应当把执法质量与执法数量、执法效率、执法效果结合起来，激励民警又好又多地执法办案，但不得以不科学、不合理的罚没款数额、刑事拘留数、行政拘留数、发案数、退查率、破案率等作为考评指标。

第十五条 年度执法质量考核评议实行百分制，根据考核评议的内容范围，确定考核评议各项内容所占比重。

考核评议结果以年度积分为准，分为优秀、达标、不达标三档。

第十六条 各级公安机关应当把内部考评与外部评价有机结合起来，将警务评议、社会公众评价和执法相对人、案件当事人对执法工作的评价作为执法质量考核评议的重要依据。

第十七条 具有下列情形之一的，不予扣分：

（一）因法律法规、司法解释发生变化，改变案件定性、处理的；

（二）因法律规定不明确、有关司法解释不一致，致使案件定性、处理存在争议的；

（三）因不能预见或者无法抗拒的原因致使执法问题发生的；

（四）对案件基本事实的判断存在争议或者疑问，根据证据规则能够予以合理说明的；

（五）因出现新证据而改变原结论的；

（六）原结论依据的法律文书被撤销或者变更的；

（七）因执法相对人的过错致使执法过错发生的。

第十八条 因执行上级公安机关决定、命令而发生执法过错的，不予扣分。

对超越法律、法规规定的人民警察职责范围的指令，下级公安机关有权拒绝执行，并同时向上级公安机关报告。没有报告造成执法问题的，应当扣分；已经报告的，可以减少扣分。

第十九条 对执法问题自查自纠，并已依法追究执法过错责任的，可以减少扣分或者不予扣分。

第二十条 具有下列情形之一的，年度执法质量考核评议结果应当确定为不达标：

（一）发生错案，造成恶劣社会影响的；

（二）刑讯逼供或者殴打、体罚、虐待被监管人员、涉案人员致其重伤、死亡的；

（三）违法使用警械、武器致人重伤、死亡的；

（四）因疏于管理、玩忽职守、滥用职权等原因造成被监管人员、涉案人员非正常死亡、脱逃的；

（五）因黄、赌、毒或者涉黑涉恶违法犯罪现象严重，造成恶劣社会影响的；

（六）领导班子成员因执法问题被追究刑事责任的。

被考核评议单位拒绝接受考核评议或者弄虚作假的，年度执法质量考核评议结果应当确定为不达标。

第三章　考核评议的组织实施

第二十一条 上级公安机关对下一级公安机关应当定期开展执法质量考核评议，省级公安机关对下级公安机关每年度至少进行一次全面的执法质量考核评议。

对公安机关各执法部门和执法民警的执法质量考核评议，由所属公安机关组织实施。

第二十二条 执法质量考核评议工作应当成立以公安机关行政首长任组长，有关部门参加的考核评议领导小组，统一组织实施考评工作。执法质量考核评议领导小组办公室设在法制部门，考核评议日常工作由法制部门负责组织实施。

公安机关部门、警种对日常工作中发现的执法问题，应当及时移送本级公安机关执法质量考核评议领导小组办公室。年度考核评议结果通报前，应当征求纪检监察、督察、审计、人事等部门的意见。

各级公安机关应当为开展执法质量考核评议工作提供必要的保障和支持。

第二十三条 执法质量考核评议采取日常考评、阶段考评、专项考评、年终考评相结合的方法。日常考评成绩作为年度执法质量考核评议成绩的重要依据。

年度执法质量考核评议以本年 1 月 1 日至 12 月 31 日为一个考评年度。对执法问题的发现与处理在不同考评年度的，按照处理时间所在年度进行考评。

第二十四条 各级公安机关应当为所属执法部门和执法民警建立网上执法档案，完整、准确、实时记载执法数量、执法质量、执法培训、考核结果、执法过错责任追究等情况。

第二十五条 各级公安机关应当建立执法质量考核评议通报和报告制度。

上级公安机关对下级公安机关的执法质量考核评议情况应当在本辖区公安机关内部进行通报；各级公安机关对所属执法部门、执法民警的执法质量考核评议情况应当在本级公安机关内部通报。

下级公安机关开展年度执法质量考核评议情况应当在考评结束后一个月内报告上一级公安机关。

第二十六条 考核评议结果应当及时告知被考核评议单位或者民警。对结果有异议的，可以及时向负责考核评议的公安机关提出书面申诉。负责考核评议的公安机关可以视情重新组织人员复查，并告知复查结果。

第四章 奖 惩

第二十七条 执法质量考核评议结果作为衡量公安机关及其所属执法部门、执法民警工作实绩的重要依据，并作为衡量领导班子和领导干部工作实绩的重要内容。涉及公安机关领导、执法部门的干部任用，执法民警晋职晋级以及执法工作的评优评先，应当把执法质量考核评议结果作为考核工作实绩的重要依据。

第二十八条 对年度执法质量考核评议结果为优秀的，应当对相关的单位和个人予以表彰奖励。

对不达标单位予以通报批评，责令限期整改，取消其当年评优受奖资格；连续两年不达标的，单位行政首长应当辞职，或者由上级公安机关商请有关部门对其予以免职。

第二十九条 申报全国优秀公安局、全国公安机关执法示范单位的，近两个年度执法质量考核评议结果必须达到优秀。

申报省级以下优秀公安局、执法示范单位的，上年度执法质量考核评议结果必须达到优秀。

申报优秀基层单位的，参照前两款规定执行。

第三十条 在执法质量考核评议过程中，发现已办结的案件或者执法活动确有错误、不适当的，应当及时纠正。需要追究有关领导或者直接责任人员执法过错责任的，应当依照《公安机关人民警察执法过错责任追究规定》等规定予以追究。

对违反本规定第十四条下达、设定考核评议指标以及不按照规定组织开展执法质量考核评议工作的，应当及时纠正，并依照有关规定予以追究责任。

第五章 附 则

第三十一条 各省、自治区、直辖市公安厅局和新疆生产建设兵团公安局可以根据本规定，结合本地实际情况，制定实施细则。

第三十二条 本规定自 2016 年 3 月 1 日起施行。2001 年 10 月 10 日发布施行的《公安机关执法质量考核评议规定》（公安部令第 60 号）同时废止。

公安机关人民警察执法过错责任追究规定

（2016 年 1 月 14 日公安部令第 138 号公布 自 2016 年 3 月 1 日起施行）

第一章 总 则

第一条 为落实执法办案责任制，完善执法过错责任追究机制，保障公安机关及其人民警察依法正确履行职责，保护公民、法人和其他组织的合法权益，根据《中华人民共和国人民警察法》、《行政机关公务员处分条例》等有关法律法规，制定本规定。

第二条 本规定所称执法过错是指公安机关人民警察在执法办案中，故意或者过失造成的认定事实错误、适用法律错误、违反法定程序、作出违法处理决定等执法错误。

在事实表述、法条引用、文书制作等方面存在执法瑕疵，不影响案件处理结果的正确性及效力的，不属于本规定所称的执法过错，不予追究执法过错责任，但应当纳入执法质量考评进行监督并予以纠正。

第三条 追究执法过错责任，应当遵循实事求是、有错必纠、过错与处罚相适应、教育与惩处相结合的原则。

第四条 在执法过错责任追究工作中，公安机关纪检监察、督察、人事、法制以及执法办案等部门应当各负其责、互相配合。

第二章　执法过错责任的认定

第五条 执法办案人、鉴定人、审核人、审批人都有故意或者过失造成执法过错的，应当根据各自对执法过错所起的作用，分别承担责任。

第六条 审批人在审批时改变或者不采纳执法办案人、审核人的正确意见造成执法过错的，由审批人承担责任。

第七条 因执法办案人或者审核人弄虚作假、隐瞒真相，导致审批人错误审批造成执法过错的，由执法办案人或者审核人承担主要责任。

第八条 因鉴定人提供虚假、错误鉴定意见造成执法过错的，由鉴定人承担主要责任。

第九条 违反规定的程序，擅自行使职权造成执法过错的，由直接责任人员承担责任。

第十条 下级公安机关人民警察按照规定向上级请示的案件，因上级的决定、命令错误造成执法过错的，由上级有关责任人员承担责任。因下级故意提供虚假材料或者不如实汇报导致执法过错的，由下级有关责任人员承担责任。

下级对超越法律、法规规定的人民警察职责范围的指令，有权拒绝执行，并同时向上级机关报告。没有报告造成执法过错的，由上级和下级分别承担相应的责任；已经报告的，由上级承担责任。

第十一条　对其他执法过错情形，应当根据公安机关人民警察在执法办案中各自承担的职责，区分不同情况，分别追究有关人员的责任。

第三章　对执法过错责任人的处理

第十二条　对执法过错责任人员，应当根据其违法事实、情节、后果和责任程度分别追究刑事责任、行政纪律责任或者作出其他处理。

第十三条　追究行政纪律责任的，由人事部门或者纪检监察部门依照《行政机关公务员处分条例》和《公安机关人民警察纪律条令》等规定依法给予处分；构成犯罪的，依法移送有关司法机关处理。

第十四条　作出其他处理的，由相关部门提出处理意见，经公安机关负责人批准，可以单独或者合并作出以下处理：

（一）诫勉谈话；

（二）责令作出书面检查；

（三）取消评选先进的资格；

（四）通报批评；

（五）停止执行职务；

（六）延期晋级、晋职或者降低警衔；

（七）引咎辞职、责令辞职或者免职；

（八）限期调离公安机关；

（九）辞退或者取消录用。

第十五条　公安机关依法承担国家赔偿责任的案件，除依照本规定追究执法过错责任外，还应当依照《中华人民共和国国家赔偿法》的规定，向有关责任人员追偿部分或者全部赔偿费用。

第十六条　执法过错责任人受到开除处分、刑事处罚或者犯有其他严重错误，应当按照有关规定撤销相关的奖励。

第十七条　发生执法过错案件，影响恶劣、后果严重的，除追究直接责任人员的责任外，还应当依照有关规定追究公安机关领导责任。

年度内发生严重的执法过错或者发生多次执法过错的公安机关和执法办案部门，本年度不得评选为先进集体。

第十八条　对执法过错责任人的处理情况分别记入人事档案、执法档案，作为考核、定级、晋职、晋升等工作的重要依据。

第十九条 具有下列情形之一的，应当从重追究执法过错责任：

（一）因贪赃枉法、徇私舞弊、刑讯逼供、伪造证据、通风报信、蓄意报复、陷害等故意造成执法过错的；

（二）阻碍追究执法过错责任的；

（三）对检举、控告、申诉人打击报复的；

（四）多次发生执法过错的；

（五）情节恶劣、后果严重的。

第二十条 具有下列情形之一的，可以从轻、减轻或者免予追究执法过错责任：

（一）由于轻微过失造成执法过错的；

（二）主动承认错误，并及时纠正的；

（三）执法过错发生后能够配合有关部门工作，减少损失、挽回影响的；

（四）情节轻微、尚未造成严重后果的。

第二十一条 具有下列情形之一的，不予追究执法过错责任：

（一）因法律法规、司法解释发生变化，改变案件定性、处理的；

（二）因法律规定不明确、有关司法解释不一致，致使案件定性、处理存在争议的；

（三）因不能预见或者无法抗拒的原因致使执法过错发生的；

（四）对案件基本事实的判断存在争议或者疑问，根据证据规则能够予以合理说明的；

（五）因出现新证据而改变原结论的；

（六）原结论依据的法律文书被撤销或者变更的；

（七）因执法相对人的过错致使执法过错发生的。

第四章　执法过错责任追究的程序

第二十二条 追究执法过错责任，由发生执法过错的公安机关负责查处。

上级公安机关发现下级公安机关应当查处而未查处的，应当责成下级公安机关查处；必要时，也可以直接查处。

第二十三条 公安机关纪检监察、督察、审计、法制以及执法办案等部门，应当在各自职责范围内主动、及时检查、纠正和处理执法过错案件。

第二十四条　各有关部门调查后，认为需要法制部门认定执法过错的，可以将案件材料移送法制部门认定。

第二十五条　法制部门认定执法过错案件，可以通过阅卷、组织有关专家讨论、会同有关部门调查核实等方式进行，形成执法过错认定书面意见后，及时送达有关移送部门，由移送部门按照本规定第十三条、第十四条作出处理。

第二十六条　被追究执法过错责任的公安机关人民警察及其所属部门不服执法过错责任追究的，可以在收到执法过错责任追究决定之日起五日内向作出决定的公安机关或者上一级公安机关申诉；接受申诉的公安机关应当认真核实，并在三十日内作出最终决定。法律、法规另有规定的，按照有关规定办理。

第二十七条　因故意或者重大过失造成错案，不受执法过错责任人单位、职务、职级变动或者退休的影响，终身追究执法过错责任。

错案责任人已调至其他公安机关或者其他单位的，应当向其所在单位通报，并提出处理建议；错案责任人在被作出追责决定前，已被开除、辞退且无相关单位的，应当在追责决定中明确其应当承担的责任。

第二十八条　各级公安机关对执法过错案件应当采取有效措施予以整改、纠正，对典型案件应当进行剖析、通报。

第五章　附　　则

第二十九条　各省、自治区、直辖市公安厅局和新疆生产建设兵团公安局可以根据本规定，结合本地实际制定实施细则。

第三十条　本规定自 2016 年 3 月 1 日起施行。1999 年 6 月 11 日发布的《公安机关人民警察执法过错责任追究规定》（公安部令第 41 号）同时废止。

公安机关领导责任追究规定

(2016 年 3 月 17 日　公通字〔2016〕7 号)

第一条　为加强对公安机关领导干部的监督，增强领导干部责任意识，根据中共中央、国务院《关于实行党风廉政建设责任制的规定》，中央办公厅、国务院办公厅《关于实行党政领导干部问责的暂行规定》和《中华人民共和国人民警察法》等法律、法规，制定本规定。

第二条　公安机关领导责任追究坚持严格要求、实事求是、权责一致、惩教结合、依纪依法的原则。

第三条　领导责任分为主要领导责任和重要领导责任。

主要领导责任，是指领导干部在其职责范围内，对直接主管的工作不履行或者不正确履行职责，对造成的损失或者后果应负的直接领导责任。

重要领导责任，是指领导干部在其职责范围内，对应管的工作或者参与决定的工作不履行或者不正确履行职责，对造成的损失或者后果应负的次要领导责任。

第四条　公安机关各级党委履行党风廉政建设主体责任不力，有下列情形之一的，应当追究党委书记的领导责任，并视情追究其他班子成员的领导责任；纪检部门履行监督责任不力的，追究纪检部门负责人的领导责任：

（一）对职责范围内违反党的政治纪律和政治规矩、组织纪律的问题及苗头，不闻不问，放任不管的；

（二）发生严重违反作风建设规定的问题，或者职责范围内"四风"问题突出、顶风违纪的；

（三）因工作失职，领导班子成员或者直接下属发生严重违纪违法案件，或者本单位、本部门在较短时间内连续发生严重违纪违法案件，造成重大损失或者恶劣影响的；

（四）对职责范围内发生的严重违纪违法案件隐瞒不报、压案不查的；

（五）违反规定选拔任用干部，或者用人失察、失误，造成恶劣影响的；

（六）本单位在工程建设、招投标、政府采购、财务管理中发生严重腐败问题，造成恶劣影响的；

（七）有其他不履行党风廉政建设责任行为造成恶劣影响的。

第五条 公安机关或者公安机关职责范围内发生重大案（事）件或者重大责任事故，有下列情形之一的，应当追究公安机关领导班子、领导干部的责任：

（一）拒不执行上级公安机关的决定和命令，造成重大损失或者恶劣影响的；

（二）在重大安保工作中，因工作不力而发生重大事故，影响既定工作目标实现，造成严重后果的；

（三）对重大、复杂事项不按规定程序决策、擅自作出决定或者因决策失误造成人员伤亡、较大财产损失和恶劣影响的；

（四）对明显违法或者超越法律、法规规定的公安机关职责范围的决定和命令，不按规定提出拒绝执行的意见，也不向上级公安机关报告，执行后造成重大损失或者恶劣影响的；

（五）对群体性、突发性事件、重大事故、案件，情报信息滞后、处置失当、导致矛盾激化、事态恶化，造成严重后果或者对突发性事件、重大安全事故和其他重要情况瞒报、谎报的；

（六）因工作失职，本单位发生失泄密事件、安全事故或者其他严重违反公安工作规定的案（事）件，造成重大损失或者恶劣影响的；

（七）防范整治和督促整改治安、交通、消防等公共安全问题不力，发现重大问题和隐患后不及时依法、妥善采取处置措施，导致发生重特大责任事故或者造成恶劣影响的；

（八）发生其他重大案（事）件或者重大责任事故，造成重大损失或者恶劣影响的。

第六条 公安机关人民警察发生严重职务违纪违法行为，有下列情形之一的，除追究直接责任者的责任外，应当追究负有领导责任的公安机关领导班子、领导干部的责任：

（一）违法使用枪支、警械，滥用强制措施或者刑讯逼供，致人重伤、死亡的；

（二）玩忽职守造成被监管人员脱逃的；

（三）玩忽职守造成涉案人员非正常死亡的；

（四）因故意或者重大过失造成错案的；

（五）私分涉案财物的；

（六）违反规定收费、罚款，造成恶劣影响的；

（七）发生其他严重职务违纪违法行为的。

第七条 公安机关警务辅助人员在协助执勤执法过程中实施严重违纪违法行为的，视情追究使用该警务辅助人员的单位或者部门领导干部的责任。

第八条 公安机关领导干部在任期间发生需要追究领导责任问题，离任或者退休后发现的，移交有管辖权的纪检部门和组织人事部门追究领导责任。

第九条 公安机关各级领导干部有下列情形之一的，应当从重追究责任：

（一）干扰、阻碍或者不配合责任追究调查处理的；

（二）弄虚作假，隐瞒事实真相的；

（三）对检举人、控告人打击、报复、陷害的。

第十条 公安机关各级领导干部有下列情形之一的，可以从轻、减轻或者免予追究领导责任：

（一）对职责范围内发生的问题及时如实报告并主动查处和纠正，有效避免损失或者挽回影响的；

（二）积极配合调查，主动承担责任的。

第十一条 追究领导责任，视情节轻重，给予责令作出书面检查、诫勉谈话、通报批评、调整职务、责令辞职、免职和降职等组织处理；构成违纪的，给予党纪政纪处分。涉嫌犯罪的，移送司法机关依法处理。

受到责任追究的领导干部，取消当年年度考核评优和评选各类先进的资格。受到责令辞职、免职处理的，一年内不安排职务，两年内不得担任高于原任职务层次的职务；受到降职处理的，两年内不得提升职务。同时受到党纪政纪处分的，按照影响期长的规定执行。

第十二条 对领导干部进行责任追究，由上级公安业务主管部门、纪检部门、组织人事部门按照职责和干部管理权限调查处理。其中需要追究党纪政纪责任的，由上级公安机关主管部门提出意见，纪检部门按照党纪政纪案件的调查处理程序办理；需要给予组织处理的，由组织人事部门或者由负责调查的纪检部门会同组织人事部门，按照有关权限和程序办理。督察、法制等职能部门在日常执法监督工作中发现的需要追究领导责任的问题，应当及时移交纪检和组织人事部门。

公安纪检、组织人事部门应当加强对本规定执行情况的监督检查，发现有应当追究而未追究、不应当追究而被追究，或者责任追究处理决定不落实等问题的，及时督促纠正或者提出追责建议。

第十三条 对领导干部作出责任追究决定前，应当听取责任人的陈述和申辩，并记录在案；对其合理意见，应当予以采纳。

第十四条 责任人对处理决定不服的，可以按照相关规定提出申诉。申诉期间不停止原决定的执行。

第十五条 本规定适用于各级公安机关及其内设机构、直属机构、派出机构的领导班子和领导干部。

公安现役部队参照本规定执行。

第十六条 本规定自公布之日起施行。1997 年颁布实施的《公安机关追究领导责任暂行规定》同时废止。

公安机关执法公开规定

（2018 年 8 月 23 日　公通字〔2018〕26 号）

第一章　总　　则

第一条 为了规范公安机关执法公开行为，促进公安机关严格规范公正文明执法，保障公民、法人和其他组织依法获取执法信息，实现便民利民，制定本规定。

第二条 本规定适用于公安机关主动公开执法信息，以及开展网上公开办事。

公民、法人或者其他组织申请获取执法信息的，公安机关应当依照《中华人民共和国政府信息公开条例》的规定办理。

第三条 执法公开应当遵循合法有序、及时准确、便民利民的原则。

第四条 公安机关应当采取措施使社会广为知晓执法公开的范围、期限和途径，方便公民、法人和其他组织依法获取执法信息。

第五条 对涉及公共利益、公众普遍关注、需要社会知晓的执法信息，应当主动向社会公开；对不宜向社会公开，但涉及特定对象权利义务、需要特定对象知悉的执法信息，应当主动向特定对象告知或者提供查询服务。

第六条 公安机关不得公开涉及国家秘密或者警务工作秘密，以及可能影响国家安全、公共安全、经济安全和社会稳定或者妨害执法活动的执法信息。

公安机关不得向权利人以外的公民、法人或者其他组织公开涉及商业秘密、个人隐私的执法信息。但是，权利人同意公开，或者公安机关认为不公开可能对公共利益造成重大影响的，可以公开。

第七条 公安机关公开执法信息涉及其他部门的，应当在公开前与有关部门确认；公开执法信息依照国家有关规定需要批准的，应当在批准后公开。

第八条 公安机关应当对执法公开情况进行检查评估。执法信息不应当公开而公开的，应当立即撤回；公开的执法信息错误或者发生变更的，应当立即纠正或者更新；执法信息公开后可能或者已经造成严重后果的，应当依法紧急处置。

第二章　向社会公开

第九条 公安机关应当主动向社会公开下列信息：

（一）公安机关的职责权限，人民警察的权利义务、纪律要求和职业道德规范；

（二）涉及公民、法人和其他组织权利义务的规范性文件；

（三）刑事、行政、行政复议、国家赔偿等案件的受理范围、受理部门及其联系方式、申请条件及要求、办理程序及期限和对外法律文书式样，以及当事人的权利义务和监督救济渠道；

（四）行政管理相对人的权利义务和监督救济渠道；

（五）与执法相关的便民服务措施；

（六）举报投诉的方式和途径；

（七）承担对外执法任务的内设机构和派出机构的名称及其职责权限；

（八）窗口单位的办公地址、工作时间、联系方式以及民警姓名、警号；

（九）固定式交通技术监控设备的设置信息；

（十）采取限制交通措施、交通管制和现场管制的方式、区域、起止时间等信息；

（十一）法律、法规、规章和其他规范性文件规定应当向社会公开的其他执法信息。

前款第一项至第五项所列执法信息，上级机关公开后，下级公安机关可以通过适当途径使社会广为知晓。

第十条 公安机关应当向社会公开涉及公共利益、社会高度关注的重大案事件调查进展和处理结果，以及打击违法犯罪活动的重大决策和行动。但公开后可能影响国家安全、公共安全、经济安全和社会稳定或者妨害正常执法活动的除外。

第十一条 公安机关可以向社会公开辖区治安状况、道路交通安全形势、安全防范预警等信息。

第十二条 公安机关应当逐步向社会公开行政处罚决定、行政复议结果的生效法律文书。适用简易程序作出的行政处罚决定生效法律文书可以不向社会公开。

第十三条 法律文书有下列情形之一的，不得向社会公开：

（一）案件事实涉及国家秘密或者警务工作秘密的；

（二）被行政处罚人、行政复议申请人是未成年人的；

（三）经本机关负责人批准不予公开的其他情形。

第十四条 向社会公开法律文书，应当对文书中载明的自然人姓名作隐名处理，保留姓氏，名字以"某"替代。

第十五条 向社会公开法律文书，应当删除文书中载明的下列信息：

（一）自然人的住所地详址、工作单位、家庭成员、联系方式、公民身份号码、健康状况、机动车号牌号码，以及其他能够判明其身份和具体财产的信息；

（二）法人或者其他组织的涉及具体财产的信息；

（三）涉及公民个人隐私和商业秘密的信息；

（四）案件事实中涉及有伤风化的内容，以及可能诱发违法犯罪的细节描述；

（五）公安机关印章或者工作专用章；

（六）公安机关认为不宜公开的其他信息。

删除前款所列信息影响对文书正确理解的，可以用符号"×"作部分替代。

第十六条 向社会公开法律文书，除按照本规定第十四条、第十五条隐匿、删除相关信息外，应当保持与原文书内容一致。

第十七条 向社会公开执法信息，应当自该信息形成或者变更之日起20个工作日内进行。公众需要即时知晓的限制交通措施、交通管制和现场管制的信息，应当即时公开；辖区治安状况、道路交通安全形势和安全防范预警等信息，可以定期公开。法律、法规、规章和其他规范性文件对公开期限另有规定的，从其规定。

第十八条 向社会公开执法信息，应当通过互联网政府公开平台进行，同时可以通过公报、发布会、官方微博、移动客户端、自助终端，以及报刊、广播、电视等便于公众知晓的方式公布。

第十九条 向社会公开执法信息，由制作或者获取该信息的内设机构或者派出机构负责。必要时，征求政务公开、法制、保密部门的意见，并经本机关负责人批准。

第二十条 公安机关发现可能影响社会稳定、扰乱社会管理秩序的虚假或者不完整信息，应当在职责范围内及时发布准确信息予以澄清。

第三章 向特定对象公开

第二十一条 公安机关办理刑事、行政、行政复议、国家赔偿等案件，或者开展行政管理活动，法律、法规、规章和其他规范性文件规定向特定对象告知执法信息的，应当依照有关规定执行。

第二十二条 除按照本规定第二十一条向特定对象告知执法信息外，公安机关应当通过提供查询的方式，向报案或者控告的被害人、被侵害人或者其监护人、家属公开下列执法信息：

（一）办案单位名称、地址和联系方式；

（二）刑事立案、移送审查起诉、终止侦查、撤销案件等情况，对犯罪嫌疑人采取刑事强制措施的种类；

（三）行政案件受案、办理结果。

公安机关在接受报案时，应当告知报案或者控告的被害人、被侵害人或者其监护人、家属前款所列执法信息的查询方式和途径。

第二十三条 向特定对象提供执法信息查询服务，应当自该信息形成或者变更之日起 5 个工作日内进行。法律、法规和规范性文件对期限另有规定的，从其规定。

第二十四条 向特定对象提供执法信息查询服务，应当通过互联网政府公开平台进行，同时可以通过移动客户端、自助终端等方式进行。

第二十五条 向特定对象公开执法信息，由制作或者获取该信息的内设机构或者派出机构负责。

第四章　网上公开办事

第二十六条 公安机关应当开展行政许可、登记、备案等行政管理事项的网上办理。

除法律、法规、规章规定申请人应当到现场办理的事项或者环节外，公安机关不得要求申请人到现场办理。

第二十七条 网上公开办事应当提供下列服务：

（一）公开网上办事事项的名称、依据、申请条件、申请途径或者方式、申请需要提交材料清单、办理程序及期限，提供申请文书式样及示范文本；

（二）公开行政事业性收费事项的名称、依据、收费标准、办事程序和期限；

（三）网上咨询，解答相关法律政策、注意事项等常见问题；

（四）网上预约办理；

（五）申请文书的在线下载、网上制作，实现网上申请；

（六）受理情况、办理进展、办理结果等执法信息的网上查询。法律、法规、规章和其他规范性文件规定向申请人告知执法信息的，还应当依照有关规定告知。

公安机关在网上或者窗口单位接受办事事项申请时，应当告知申请人执法信息的查询方式和途径。

第二十八条 向申请人提供办事事项执法信息查询服务，应当自该信息形成或者变更之日起5个工作日内进行。法律、法规、规章和其他规范性文件另有规定的，从其规定。

第二十九条 开展网上公开办事，应当通过互联网政府网站进行，同时可以通过移动客户端、自助终端等方式进行。

向申请人告知办事事项执法信息，除依照法律、法规、规章和其他规范性文件规定的方式执行外，同时可以通过移动客户端、电话、电子邮件等方式告知。

第五章 监督和保障

第三十条 公安机关应当指定专门机构，负责组织、协调、推动执法公开工作，并为开展执法公开提供必要的人员、物质保障。

第三十一条 公安机关应当建立执法公开审核审批、保密审查、信息发布协调的程序和机制，实现执法公开规范化。

第三十二条 公安机关应当建设互联网政府公开平台，统一公开本机关执法信息。上级公安机关或者本级人民政府提供统一互联网公开平台的，可以通过该平台公开。

公安机关应当完善互联网政府网站办事服务功能，统一提供本机关网上办事服务。上级公安机关或者本级人民政府提供统一互联网办事服务载体的，可以通过该载体提供。

第三十三条 公安机关应当推动发展信息安全交互技术，为高效便捷开展执法公开提供技术支持。

第三十四条 公安机关应当开展执法公开满意度测评，可以通过互联网公开平台或者政府网站、移动客户端、自助终端、电话等方式进行，也可以在窗口单位现场进行。

第三十五条 公安机关可以委托第三方机构对执法公开情况进行评估，并参考评估结果改进工作。

第三十六条 公安机关应当将执法公开情况纳入执法质量考评和绩效考核范围，建立完善奖惩机制。

第三十七条 公民、法人或者其他组织认为公安机关未按照本规定履行执法公开义务的，可以向该公安机关或者其上一级公安机关投诉。

第三十八条 有下列情形之一的，应当立即改正；情节严重的，依照有关规定对主管人员和其他责任人员予以处理：

（一）未按照本规定履行执法公开义务的；

（二）公开的信息错误、不准确且不及时更正，或者弄虚作假的；

（三）公开不应当公开的信息且不及时撤回的；

（四）违反本规定的其他行为。

第六章　附　　则

第三十九条 各省、自治区、直辖市公安厅、局，新疆生产建设兵团公安局可以根据本规定，结合本地实际，制定实施细则。

第四十条 本规定未涉及的公开事项，依照有关法律、法规、规章和其他规范性文件的规定执行。

第四十一条 本规定自 2018 年 12 月 1 日起施行，2012 年 8 月 18 日印发的《公安机关执法公开规定》同时废止。

公安机关信访工作规定（节录）

（2023 年 5 月 19 日　公通字〔2023〕9 号）

……

第三章　信访事项的分类处理

第二十条 公安机关办理涉及公安机关及其工作人员履行职责、队伍管理问题的信访事项。

第二十一条 根据信访事项的性质、内容和主要诉求，信访事项分为申诉求决类、建议意见类、检举控告类等事项。

信访事项既有申诉求决诉求又有检举控告诉求，检举控告有实质内容的，分别处理；检举控告无实质内容的，按申诉求决类事项处理。

第二十二条 对申诉求决类信访事项，根据诉求内容及处理的程序，分为下列事项：

（一）通过法律程序处理的事项；

（二）通过复核、申诉等程序解决的人事争议事项；

（三）通过党员申诉、申请复审等程序解决的事项；

（四）不属于以上情形的事项。

第二十三条 符合下列诉求的信访事项属于通过法律程序处理的事项：

（一）申请查处违法犯罪行为、保护人身权或者财产权等合法权益的；

（二）可以通过行政裁决、行政确认、行政许可、行政处罚、政府信息公开等行政程序解决的；

（三）对公安机关作出的行政行为不服的；

（四）对公安机关依据刑事诉讼法授权的行为不服的；

（五）认为公安机关及其工作人员行使职权侵犯合法权益，造成损害，要求取得国家赔偿的；

（六）对公安机关出具或者委托其他机构出具的认定、鉴定意见不服，要求复核或者重新认定、鉴定的；

（七）公安机关通过法律程序处理的其他事项。

第二十四条 建议意见类信访事项由所提建议意见指向公安机关涉及职责的相关部门办理。

第二十五条 检举控告类信访事项由对被检举控告人有管理权限的公安机关纪律检查、组织人事等部门办理。

第二十六条 本规定第二十二条第一项至第三项信访事项，依照党内法规和法律法规由有权处理的公安机关相关部门办理；本规定第二十二条第四项信访事项，由诉求内容指向公安机关的信访部门办理。

第二十七条 信访事项涉及两个以上公安机关的，由相关公安机关协商；协商不成的，由共同的上一级公安机关指定的公安机关办理。

必要时，上级公安机关可以直接办理由下级公安机关办理的信访事项。

办理信访事项的公安机关分立、合并、撤销的，由继续行使其职权的公安机关办理；没有继续行使其职权的公安机关，由原公安机关的上一级公安机关或者其指定的公安机关办理。

第二十八条 信访事项涉及公安机关两个以上部门，或者相关部门对承办信访事项有异议的，由信访部门与相关部门协商；协商不成的，由信访部门提出意见后提请本级信访工作领导小组决定。

信访事项涉及的部门分立、合并、撤销的，由继续行使其职权的部门承办；继续行使其职权的部门不明确的，由信访部门提出意见后提请本级信访工作领导小组决定。

第四章　信访事项的提出和接收

第二十九条　公安机关应当向社会公布网络信访渠道、通信地址、投诉电话、信访接待的时间和地点、查询信访事项处理进展及结果的方式等相关事项。在信访接待场所或者互联网门户网站公布与信访工作有关的党内法规和法律法规、规范性文件，信访事项的处理程序，以及为信访人提供便利的其他事项。

第三十条　信访人一般应当采用书面形式并通过本规定第二十九条规定的信访渠道提出信访事项，载明其姓名（名称）、住址、联系方式和请求、事实、理由。对采用口头形式提出的信访事项，接待部门应当如实记录。

第三十一条　信访人采用走访形式提出信访事项的，应当到有权处理的公安机关或者上一级公安机关设立或者指定的接待场所提出。

多人采用走访形式提出共同的信访事项的，应当推选代表，代表人数不得超过5人。

第三十二条　信访人在信访过程中应当遵守法律、法规，不得损害国家、社会、集体的利益和其他公民的合法权利，自觉维护社会公共秩序和信访秩序，不得有下列行为：

（一）在机关、单位办公场所周围、公共场所非法聚集，围堵、冲击机关、单位，拦截公务车辆，或者堵塞、阻断交通；

（二）携带危险物品、管制器具；

（三）侮辱、殴打、威胁机关、单位工作人员，非法限制他人人身自由，或者毁坏财物；

（四）在信访接待场所滞留、滋事，或者将生活不能自理的人弃留在信访接待场所；

（五）煽动、串联、胁迫、以财物诱使、幕后操纵他人信访，或者以信访为名借机敛财；

（六）其他扰乱公共秩序、妨害国家和公共安全的行为。

第三十三条 对信访人直接提出的信访事项，公安机关应当接收，登记录入信访信息系统，按照下列方式处理：

（一）属于本机关职权范围且属于本规定第三十五条情形的，由信访部门转送有权处理的部门，并告知信访人接收情况以及处理途径和程序；属于本机关职权范围且属于本规定第二十二条第四项情形的，予以受理并告知信访人；

（二）属于下级公安机关职权范围的，自收到信访事项之日起15日内转送有权处理机关，转送信访事项中的重要情况需要反馈处理结果的予以交办，要求在指定期限内反馈结果，并告知信访人转送、交办去向；

（三）不属于本机关及下级公安机关职权范围的，告知信访人向有权处理的机关、单位提出。

前款规定的告知信访人，能够当场告知的，应当当场书面告知；不能当场告知的，应当自收到信访事项之日起15日内书面告知信访人，但信访人的姓名（名称）、住址不清的除外。

第三十四条 对党委政府信访部门和上级公安机关转送、交办的信访事项，按照下列方式处理：

（一）属于本机关职权范围的，按照本规定第三十三条第一款第一项、第二款规定处理；

（二）属于下级公安机关职权范围的，及时转送、交办有权处理机关；

（三）不属于本机关及下级公安机关职权范围的，自收到信访事项之日起5个工作日内提出异议并说明理由，经转送、交办的党委政府部门或者上级机关同意后退回；未能退回的，自收到信访事项之日起15日内书面告知信访人向有权处理的机关、单位提出。

对交办的信访事项，有权处理的公安机关应当在指定期限内办结，并向交办机关提交报告。

第五章 专门程序类事项的办理

第三十五条 专门程序类事项包括下列信访事项：

（一）建议意见类事项；

（二）检举控告类事项；

（三）本规定第二十二条第一项至第三项事项。

第三十六条　公安机关应当建立人民建议征集制度，主动听取群众建议意见并认真研究论证。对维护国家安全和社会稳定，或者加强改进公安工作和队伍建设有现实可行性的，应当采纳或者部分采纳，并予以回复。符合有关奖励规定的给予奖励。

第三十七条　对检举控告类信访事项，公安机关应当依规依纪依法办理和反馈。重大情况向公安机关主要领导报告。

不得将信访人的检举、揭发材料以及有关情况透露或者转给被检举、揭发的人员或者单位。

第三十八条　对本规定第二十二条第一项至第三项信访事项，公安机关应当导入党内法规和法律法规规定的程序办理，并依照规定将办理结果告知信访人。承办的部门在办结后5个工作日内将处理情况及结果书面反馈信访部门。

需要依申请启动的，公安机关应当告知信访人需要提供的相关材料；诉求缺乏形式要件的，可以根据情况要求信访人补充。

对本规定第二十三条第一项信访事项，法律法规没有履职期限规定的，应当自收到信访事项之日起两个月内履行或者答复。

第三十九条　对本级或者下级公安机关正在办理的信访事项，信访人以同一事实和理由提出信访诉求的，公安机关应当告知信访人办理情况。

第四十条　信访事项已经按照本规定第三十八条规定作出处理，信访人仍以同一事实和理由提出信访诉求的，公安机关不再重复处理；信访人提出新的事实和理由的，告知信访人按照相应的途径和程序提出。

第四十一条　对本规定第二十二条第一项信访事项，已经办结且符合法律规定要求，信访人仍反复提出相同信访诉求的，可以作出信访事项终结认定。信访事项终结的，认定机关应当书面告知信访人。

省级及以下公安机关办理信访事项的终结由省级公安机关认定。公安部办理信访事项的终结由公安部认定。

信访事项终结后，信访人仍以同一事实和理由提出信访诉求的，上级公安机关不再转送、交办。

第六章　信访程序类事项的办理

第一节　办理要求

第四十二条　对本规定第二十二条第四项信访事项，公安机关应当按照信访程序办理。

信访程序分为简易程序和普通程序。

第四十三条　下列初次信访事项可以适用简易程序：

（一）事实清楚、责任明确、争议不大、易于解决的；

（二）对提出的诉求可以即时反馈的；

（三）涉及群众日常生产生活、时效性强，应当即时处理的；

（四）有关机关已有明确承诺或者结论的；

（五）其他可以适用简易程序办理的。

第四十四条　下列信访事项不适用简易程序：

（一）党委政府信访部门和上级公安机关交办的；

（二）可能对信访人诉求不支持的；

（三）涉及多个责任主体或者集体联名投诉的重大、复杂、疑难等不宜适用简易程序办理的。

第四十五条　适用简易程序的，公安机关应当自收到信访事项之日起3个工作日内受理，并自受理之日起10个工作日内作出处理意见。

告知信访人受理和处理意见，除信访人要求出具纸质文书的，可以通过信息网络、手机短信等快捷方式告知；告知受理的，还可以采用当面口头方式。

第四十六条　适用简易程序办理过程中，信访部门发现不宜适用简易程序办理或者适用简易程序办理信访诉求未得到妥善解决的，应当经公安机关负责人批准后适用普通程序继续办理。

转为适用普通程序继续办理的信访事项，办理时限从适用简易程序受理之日起计算。

第四十七条　适用普通程序的，信访部门可以要求相关部门提出处理意见，或者当面听取信访人陈述事实和理由，向信访人、有关组织和人员调查，要求说明情况。对重大、复杂、疑难的信访事项，可以举行听证。

第四十八条 适用普通程序的，公安机关应当自受理之日起 60 日内办结；情况复杂的，经本机关负责人批准，可以延长办理期限，延长期限不得超过 30 日，并书面告知信访人延期理由。

第四十九条 在不违反法律法规强制性规定的情况下，公安机关可以在裁量权范围内，经争议双方当事人同意进行调解；可以引导争议双方当事人自愿和解。经调解、和解达成一致意见的，应当制作调解协议书或者和解协议书。

第五十条 公安机关应当按照下列规定作出处理，出具信访处理意见书并送达信访人：

（一）请求事实清楚，符合法律、法规、规章或者其他有关规定的，予以支持；

（二）请求事由合理但缺乏法律、法规、规章或者其他有关依据的，作出解释说明；

（三）请求缺乏事实根据，或者不符合法律、法规、规章或者其他有关规定的，不予支持。

信访处理意见书应当载明信访人投诉请求、事实和理由、处理意见及其法律法规依据。

支持信访请求的，信访部门应当督促相关部门执行；不予支持的，应当做好信访人的疏导教育工作。

第五十一条 对本级或者下级公安机关已经受理或者正在办理的信访事项，信访人在规定期限内以同一事实和理由再次提出信访诉求的，公安机关不重复受理并告知信访人。

第二节　复查和复核

第五十二条 信访人对公安机关的信访处理意见不服的，可以自收到信访处理意见书之日起 30 日内向处理机关的本级人民政府或者上一级公安机关提出复查请求。

第五十三条 信访人对公安机关的复查意见不服的，可以自收到信访复查意见书之日起 30 日内向复查机关的本级人民政府或者上一级公安机关提出复核请求。

第五十四条 信访人对省级公安机关的信访处理意见、复查意见不服的，向省级人民政府提出复查、复核请求。

第五十五条 复查、复核机关应当自收到请求之日起 30 日内办结。

对重大、复杂、疑难的信访事项，复核机关可以举行听证。复核机关决定听证的，应当自收到复核请求之日起 30 日内举行。听证所需时间不计算在复核期限内。

第五十六条 复查、复核机关应当按照下列规定作出处理，出具信访复查、复核意见书并送达信访人：

（一）信访处理意见、复查意见符合法律、法规、规章或者其他有关规定的，予以维持；

（二）信访处理意见、复查意见不符合法律、法规、规章或者其他有关规定的，予以撤销并责令 30 日内重新作出处理或者依职权直接变更。

对前款第二项撤销并责令重新作出处理的，原处理机关不得以同一事实和理由作出与原意见相同或者基本相同的处理意见或者复查意见。

第五十七条 复查、复核机关发现信访事项办理应当适用本规定第三十八条而未适用的，撤销信访处理意见、复查意见，责令重新处理；或者变更原处理意见、复查意见。

第五十八条 信访人对信访复核意见不服，仍然以同一事实和理由提出信访诉求的，公安机关不再受理并书面告知信访人。

……

第八章 附 则

第六十八条 本规定所称相关部门是指公安机关信访部门以外的内设机构和派出机构。

第六十九条 公安机关所属单位的信访工作，适用本规定。

第七十条 本规定自 2023 年 7 月 1 日起实施。

中华人民共和国国家赔偿法

(1994年5月12日第八届全国人民代表大会常务委员会第七次会议通过 根据2010年4月29日第十一届全国人民代表大会常务委员会第十四次会议《关于修改〈中华人民共和国国家赔偿法〉的决定》第一次修正 根据2012年10月26日第十一届全国人民代表大会常务委员会第二十九次会议《关于修改〈中华人民共和国国家赔偿法〉的决定》第二次修正)

目　　录

第一章　总　　则

第一条　为保障公民、法人和其他组织享有依法取得国家赔偿的权利，促进国家机关依法行使职权，根据宪法，制定本法。

第二条　国家机关和国家机关工作人员行使职权，有本法规定的侵犯公民、法人和其他组织合法权益的情形，造成损害的，受害人有依照本法取得国家赔偿的权利。

本法规定的赔偿义务机关，应当依照本法及时履行赔偿义务。

第二章 行 政 赔 偿

第一节 赔 偿 范 围

第三条 行政机关及其工作人员在行使行政职权时有下列侵犯人身权情形之一的，受害人有取得赔偿的权利：

（一）违法拘留或者违法采取限制公民人身自由的行政强制措施的；

（二）非法拘禁或者以其他方法非法剥夺公民人身自由的；

（三）以殴打、虐待等行为或者唆使、放纵他人以殴打、虐待等行为造成公民身体伤害或者死亡的；

（四）违法使用武器、警械造成公民身体伤害或者死亡的；

（五）造成公民身体伤害或者死亡的其他违法行为。

第四条 行政机关及其工作人员在行使行政职权时有下列侵犯财产权情形之一的，受害人有取得赔偿的权利：

（一）违法实施罚款、吊销许可证和执照、责令停产停业、没收财物等行政处罚的；

（二）违法对财产采取查封、扣押、冻结等行政强制措施的；

（三）违法征收、征用财产的；

（四）造成财产损害的其他违法行为。

第五条 属于下列情形之一的，国家不承担赔偿责任：

（一）行政机关工作人员与行使职权无关的个人行为；

（二）因公民、法人和其他组织自己的行为致使损害发生的；

（三）法律规定的其他情形。

第二节 赔偿请求人和赔偿义务机关

第六条 受害的公民、法人和其他组织有权要求赔偿。

受害的公民死亡，其继承人和其他有扶养关系的亲属有权要求赔偿。

受害的法人或者其他组织终止的，其权利承受人有权要求赔偿。

第七条 行政机关及其工作人员行使行政职权侵犯公民、法人和其他组织的合法权益造成损害的，该行政机关为赔偿义务机关。

　　两个以上行政机关共同行使行政职权时侵犯公民、法人和其他组织的合法权益造成损害的，共同行使行政职权的行政机关为共同赔偿义务机关。

　　法律、法规授权的组织在行使授予的行政权力时侵犯公民、法人和其他组织的合法权益造成损害的，被授权的组织为赔偿义务机关。

　　受行政机关委托的组织或者个人在行使受委托的行政权力时侵犯公民、法人和其他组织的合法权益造成损害的，委托的行政机关为赔偿义务机关。

　　赔偿义务机关被撤销的，继续行使其职权的行政机关为赔偿义务机关；没有继续行使其职权的行政机关的，撤销该赔偿义务机关的行政机关为赔偿义务机关。

　　第八条　经复议机关复议的，最初造成侵权行为的行政机关为赔偿义务机关，但复议机关的复议决定加重损害的，复议机关对加重的部分履行赔偿义务。

第三节　赔偿程序

　　第九条　赔偿义务机关有本法第三条、第四条规定情形之一的，应当给予赔偿。

　　赔偿请求人要求赔偿，应当先向赔偿义务机关提出，也可以在申请行政复议或者提起行政诉讼时一并提出。

　　第十条　赔偿请求人可以向共同赔偿义务机关中的任何一个赔偿义务机关要求赔偿，该赔偿义务机关应当先予赔偿。

　　第十一条　赔偿请求人根据受到的不同损害，可以同时提出数项赔偿要求。

　　第十二条　要求赔偿应当递交申请书，申请书应当载明下列事项：

　　（一）受害人的姓名、性别、年龄、工作单位和住所，法人或者其他组织的名称、住所和法定代表人或者主要负责人的姓名、职务；

　　（二）具体的要求、事实根据和理由；

　　（三）申请的年、月、日。

　　赔偿请求人书写申请书确有困难的，可以委托他人代书；也可以口头申请，由赔偿义务机关记入笔录。

　　赔偿请求人不是受害人本人的，应当说明与受害人的关系，并提供相应证明。

赔偿请求人当面递交申请书的，赔偿义务机关应当当场出具加盖本行政机关专用印章并注明收讫日期的书面凭证。申请材料不齐全的，赔偿义务机关应当当场或者在五日内一次性告知赔偿请求人需要补正的全部内容。

第十三条 赔偿义务机关应当自收到申请之日起两个月内，作出是否赔偿的决定。赔偿义务机关作出赔偿决定，应当充分听取赔偿请求人的意见，并可以与赔偿请求人就赔偿方式、赔偿项目和赔偿数额依照本法第四章的规定进行协商。

赔偿义务机关决定赔偿的，应当制作赔偿决定书，并自作出决定之日起十日内送达赔偿请求人。

赔偿义务机关决定不予赔偿的，应当自作出决定之日起十日内书面通知赔偿请求人，并说明不予赔偿的理由。

第十四条 赔偿义务机关在规定期限内未作出是否赔偿的决定，赔偿请求人可以自期限届满之日起三个月内，向人民法院提起诉讼。

赔偿请求人对赔偿的方式、项目、数额有异议的，或者赔偿义务机关作出不予赔偿决定的，赔偿请求人可以自赔偿义务机关作出赔偿或者不予赔偿决定之日起三个月内，向人民法院提起诉讼。

第十五条 人民法院审理行政赔偿案件，赔偿请求人和赔偿义务机关对自己提出的主张，应当提供证据。

赔偿义务机关采取行政拘留或者限制人身自由的强制措施期间，被限制人身自由的人死亡或者丧失行为能力的，赔偿义务机关的行为与被限制人身自由的人的死亡或者丧失行为能力是否存在因果关系，赔偿义务机关应当提供证据。

第十六条 赔偿义务机关赔偿损失后，应当责令有故意或者重大过失的工作人员或者受委托的组织或者个人承担部分或者全部赔偿费用。

对有故意或者重大过失的责任人员，有关机关应当依法给予处分；构成犯罪的，应当依法追究刑事责任。

第三章 刑 事 赔 偿

第一节 赔 偿 范 围

第十七条 行使侦查、检察、审判职权的机关以及看守所、监狱管理机关及其工作人员在行使职权时有下列侵犯人身权情形之一的，受害人有取得赔偿的权利：

（一）违反刑事诉讼法的规定对公民采取拘留措施的，或者依照刑事诉讼法规定的条件和程序对公民采取拘留措施，但是拘留时间超过刑事诉讼法规定的时限，其后决定撤销案件、不起诉或者判决宣告无罪终止追究刑事责任的；

（二）对公民采取逮捕措施后，决定撤销案件、不起诉或者判决宣告无罪终止追究刑事责任的；

（三）依照审判监督程序再审改判无罪，原判刑罚已经执行的；

（四）刑讯逼供或者以殴打、虐待等行为或者唆使、放纵他人以殴打、虐待等行为造成公民身体伤害或者死亡的；

（五）违法使用武器、警械造成公民身体伤害或者死亡的。

第十八条 行使侦查、检察、审判职权的机关以及看守所、监狱管理机关及其工作人员在行使职权时有下列侵犯财产权情形之一的，受害人有取得赔偿的权利：

（一）违法对财产采取查封、扣押、冻结、追缴等措施的；

（二）依照审判监督程序再审改判无罪，原判罚金、没收财产已经执行的。

第十九条 属于下列情形之一的，国家不承担赔偿责任：

（一）因公民自己故意作虚伪供述，或者伪造其他有罪证据被羁押或者被判处刑罚的；

（二）依照刑法第十七条、第十八条规定不负刑事责任的人被羁押的；

（三）依照刑事诉讼法第十五条、第一百七十三条第二款、第二百七十三条第二款、第二百七十九条规定不追究刑事责任的人被羁押的；

（四）行使侦查、检察、审判职权的机关以及看守所、监狱管理机关的工作人员与行使职权无关的个人行为；

（五）因公民自伤、自残等故意行为致使损害发生的；

（六）法律规定的其他情形。

第二节 赔偿请求人和赔偿义务机关

第二十条 赔偿请求人的确定依照本法第六条的规定。

16
177
284
290

第二十一条 行使侦查、检察、审判职权的机关以及看守所、监狱管理机关及其工作人员在行使职权时侵犯公民、法人和其他组织的合法权益造成损害的，该机关为赔偿义务机关。

对公民采取拘留措施，依照本法的规定应当给予国家赔偿的，作出拘留决定的机关为赔偿义务机关。

对公民采取逮捕措施后决定撤销案件、不起诉或者判决宣告无罪的，作出逮捕决定的机关为赔偿义务机关。

再审改判无罪的，作出原生效判决的人民法院为赔偿义务机关。二审改判无罪，以及二审发回重审后作无罪处理的，作出一审有罪判决的人民法院为赔偿义务机关。

第三节　赔偿程序

第二十二条 赔偿义务机关有本法第十七条、第十八条规定情形之一的，应当给予赔偿。

赔偿请求人要求赔偿，应当先向赔偿义务机关提出。

赔偿请求人提出赔偿请求，适用本法第十一条、第十二条的规定。

第二十三条 赔偿义务机关应当自收到申请之日起两个月内，作出是否赔偿的决定。赔偿义务机关作出赔偿决定，应当充分听取赔偿请求人的意见，并可以与赔偿请求人就赔偿方式、赔偿项目和赔偿数额依照本法第四章的规定进行协商。

赔偿义务机关决定赔偿的，应当制作赔偿决定书，并自作出决定之日起十日内送达赔偿请求人。

赔偿义务机关决定不予赔偿的，应当自作出决定之日起十日内书面通知赔偿请求人，并说明不予赔偿的理由。

第二十四条 赔偿义务机关在规定期限内未作出是否赔偿的决定，赔偿请求人可以自期限届满之日起三十日内向赔偿义务机关的上一级机关申请复议。

赔偿请求人对赔偿的方式、项目、数额有异议的，或者赔偿义务机关作出不予赔偿决定的，赔偿请求人可以自赔偿义务机关作出赔偿或者不予赔偿决定之日起三十日内，向赔偿义务机关的上一级机关申请复议。

赔偿义务机关是人民法院的，赔偿请求人可以依照本条规定向其上一级人民法院赔偿委员会申请作出赔偿决定。

第二十五条 复议机关应当自收到申请之日起两个月内作出决定。

赔偿请求人不服复议决定的，可以在收到复议决定之日起三十日内向复议机关所在地的同级人民法院赔偿委员会申请作出赔偿决定；复议机关逾期不作决定的，赔偿请求人可以自期限届满之日起三十日内向复议机关所在地的同级人民法院赔偿委员会申请作出赔偿决定。

第二十六条 人民法院赔偿委员会处理赔偿请求，赔偿请求人和赔偿义务机关对自己提出的主张，应当提供证据。

被羁押人在羁押期间死亡或者丧失行为能力的，赔偿义务机关的行为与被羁押人的死亡或者丧失行为能力是否存在因果关系，赔偿义务机关应当提供证据。

第二十七条 人民法院赔偿委员会处理赔偿请求，采取书面审查的办法。必要时，可以向有关单位和人员调查情况、收集证据。赔偿请求人与赔偿义务机关对损害事实及因果关系有争议的，赔偿委员会可以听取赔偿请求人和赔偿义务机关的陈述和申辩，并可以进行质证。

第二十八条 人民法院赔偿委员会应当自收到赔偿申请之日起三个月内作出决定；属于疑难、复杂、重大案件的，经本院院长批准，可以延长三个月。

第二十九条 中级以上的人民法院设立赔偿委员会，由人民法院三名以上审判员组成，组成人员的人数应当为单数。

赔偿委员会作赔偿决定，实行少数服从多数的原则。

赔偿委员会作出的赔偿决定，是发生法律效力的决定，必须执行。

第三十条 赔偿请求人或者赔偿义务机关对赔偿委员会作出的决定，认为确有错误的，可以向上一级人民法院赔偿委员会提出申诉。

赔偿委员会作出的赔偿决定生效后，如发现赔偿决定违反本法规定的，经本院院长决定或者上级人民法院指令，赔偿委员会应当在两个月内重新审查并依法作出决定，上一级人民法院赔偿委员会也可以直接审查并作出决定。

最高人民检察院对各级人民法院赔偿委员会作出的决定，上级人民检察院对下级人民法院赔偿委员会作出的决定，发现违反本法规定的，应当向同级人民法院赔偿委员会提出意见，同级人民法院赔偿委员会应当在两个月内重新审查并依法作出决定。

第三十一条 赔偿义务机关赔偿后，应当向有下列情形之一的工作人员追偿部分或者全部赔偿费用：

（一）有本法第十七条第四项、第五项规定情形的；

（二）在处理案件中有贪污受贿，徇私舞弊，枉法裁判行为的。

对有前款规定情形的责任人员，有关机关应当依法给予处分；构成犯罪的，应当依法追究刑事责任。

第四章　赔偿方式和计算标准

第三十二条 国家赔偿以支付赔偿金为主要方式。

能够返还财产或者恢复原状的，予以返还财产或者恢复原状。

第三十三条 侵犯公民人身自由的，每日赔偿金按照国家上年度职工日平均工资计算。

第三十四条 侵犯公民生命健康权的，赔偿金按照下列规定计算：

（一）造成身体伤害的，应当支付医疗费、护理费，以及赔偿因误工减少的收入。减少的收入每日的赔偿金按照国家上年度职工日平均工资计算，最高额为国家上年度职工年平均工资的五倍；

（二）造成部分或者全部丧失劳动能力的，应当支付医疗费、护理费、残疾生活辅助具费、康复费等因残疾而增加的必要支出和继续治疗所必需的费用，以及残疾赔偿金。残疾赔偿金根据丧失劳动能力的程度，按照国家规定的伤残等级确定，最高不超过国家上年度职工年平均工资的二十倍。造成全部丧失劳动能力的，对其扶养的无劳动能力的人，还应当支付生活费；

（三）造成死亡的，应当支付死亡赔偿金、丧葬费，总额为国家上年度职工年平均工资的二十倍。对死者生前扶养的无劳动能力的人，还应当支付生活费。

前款第二项、第三项规定的生活费的发放标准，参照当地最低生活保障标准执行。被扶养的人是未成年人的，生活费给付至十八周岁止；其他无劳动能力的人，生活费给付至死亡时止。

第三十五条 有本法第三条或者第十七条规定情形之一，致人精神损害的，应当在侵权行为影响的范围内，为受害人消除影响，恢复名誉，赔礼道歉；造成严重后果的，应当支付相应的精神损害抚慰金。

第三十六条 侵犯公民、法人和其他组织的财产权造成损害的，按照下列规定处理：

（一）处罚款、罚金、追缴、没收财产或者违法征收、征用财产的，返还财产；

（二）查封、扣押、冻结财产的，解除对财产的查封、扣押、冻结，造成财产损坏或者灭失的，依照本条第三项、第四项的规定赔偿；

（三）应当返还的财产损坏的，能够恢复原状的恢复原状，不能恢复原状的，按照损害程度给付相应的赔偿金；

（四）应当返还的财产灭失的，给付相应的赔偿金；

（五）财产已经拍卖或者变卖的，给付拍卖或者变卖所得的价款；变卖的价款明显低于财产价值的，应当支付相应的赔偿金；

（六）吊销许可证和执照、责令停产停业的，赔偿停产停业期间必要的经常性费用开支；

（七）返还执行的罚款或者罚金、追缴或者没收的金钱，解除冻结的存款或者汇款的，应当支付银行同期存款利息；

（八）对财产权造成其他损害的，按照直接损失给予赔偿。

第三十七条 赔偿费用列入各级财政预算。

赔偿请求人凭生效的判决书、复议决定书、赔偿决定书或者调解书，向赔偿义务机关申请支付赔偿金。

赔偿义务机关应当自收到支付赔偿金申请之日起七日内，依照预算管理权限向有关的财政部门提出支付申请。财政部门应当自收到支付申请之日起十五日内支付赔偿金。

赔偿费用预算与支付管理的具体办法由国务院规定。

第五章 其 他 规 定

第三十八条 人民法院在民事诉讼、行政诉讼过程中，违法采取对妨害诉讼的强制措施、保全措施或者对判决、裁定及其他生效法律文书执行错误，造成损害的，赔偿请求人要求赔偿的程序，适用本法刑事赔偿程序的规定。

第三十九条 赔偿请求人请求国家赔偿的时效为两年，自其知道或者应当知道国家机关及其工作人员行使职权时的行为侵犯其人身权、财产权之日起计算，但被羁押等限制人身自由期间不计算在内。在申请行政复议或者提起行政诉讼时一并提出赔偿请求的，适用行政复议法、行政诉讼法有关时效的规定。

赔偿请求人在赔偿请求时效的最后六个月内，因不可抗力或者其他障碍不能行使请求权的，时效中止。从中止时效的原因消除之日起，赔偿请求时效期间继续计算。

第四十条 外国人、外国企业和组织在中华人民共和国领域内要求中华人民共和国国家赔偿的，适用本法。

外国人、外国企业和组织的所属国对中华人民共和国公民、法人和其他组织要求该国国家赔偿的权利不予保护或者限制的，中华人民共和国与该外国人、外国企业和组织的所属国实行对等原则。

第六章 附　　则

第四十一条 赔偿请求人要求国家赔偿的，赔偿义务机关、复议机关和人民法院不得向赔偿请求人收取任何费用。

对赔偿请求人取得的赔偿金不予征税。

第四十二条 本法自 1995 年 1 月 1 日起施行。

公安机关办理国家赔偿案件程序规定

（2018 年 9 月 1 日公安部令第 150 号公布　自 2018 年 10 月 1 日起施行）

第一章 总　　则

第一条 为了规范公安机关办理国家赔偿案件程序，促进公安机关在办理国家赔偿案件中正确履行职责，保障公民、法人和其他组织享有依法取得国家赔偿的权利，根据《中华人民共和国国家赔偿法》（以下简称《国家赔偿法》）和《国家赔偿费用管理条例》等有关法律、行政法规，制定本规定。

第二条 本规定所称国家赔偿案件，是指行政赔偿案件、刑事赔偿案件和刑事赔偿复议案件。

第三条 公安机关办理国家赔偿案件应当坚持实事求是、依法公正、规范高效、有错必纠的原则。

第四条 公安机关法制部门是办理国家赔偿案件的主管部门，依法履行下列职责：

（一）接收赔偿申请，审查赔偿请求和事实理由，履行相关法律手续；

（二）接收刑事赔偿复议申请，审查复议请求和事实理由，履行相关法律手续；

（三）接收并审查支付赔偿费用申请，接收并审查对支付赔偿费用申请不予受理决定的复核申请；

（四）参加人民法院审理赔偿案件活动；

（五）提出追偿赔偿费用意见，接收并审查对追偿赔偿费用不服的申诉；

（六）其他应当履行的职责。

第五条 公安机关相关部门应当按照职责分工，配合法制部门共同做好国家赔偿案件办理工作。

执法办案部门负责提供赔偿请求所涉职权行为的情况及相关材料，与法制部门共同研究案情，共同参加人民法院审理赔偿案件活动。

装备财务（警务保障）部门负责向财政部门申请支付赔偿费用，向赔偿请求人支付赔偿费用，将追偿的赔偿费用上缴财政部门。

第二章　行政赔偿和刑事赔偿

第一节　申请和受理

第六条 赔偿请求人申请赔偿，应当向赔偿义务机关提出。

公安机关及其工作人员行使职权侵犯公民、法人或者其他组织合法权益，造成损害的，该公安机关为赔偿义务机关。

公安机关内设机构和派出机构及其工作人员有前款情形的，所属公安机关为赔偿义务机关。

看守所、拘留所、强制隔离戒毒所等羁押监管场所及其工作人员有第二款情形的，主管公安机关为赔偿义务机关。

第七条 申请赔偿应当提交赔偿申请书，载明受害人的基本情况、赔偿请求、事实根据和理由、申请日期，并由赔偿请求人签名、盖章或者捺指印。

赔偿请求人书写确有困难的，可以口头申请。赔偿义务机关法制部门应当制作笔录，经赔偿请求人确认无误后签名、盖章或者捺指印。

第八条 申请赔偿除提交赔偿申请书外，还应当提交下列材料：

（一）赔偿请求人的身份证明材料。赔偿请求人不是受害人本人的，提供与受害人关系的证明。赔偿请求人委托他人代理赔偿请求事项的，提交授权委托书，以及代理人的身份证明；代理人为律师的，同时提交律师执业证明及律师事务所证明；

（二）赔偿请求所涉职权行为的法律文书或者其他证明材料；

（三）赔偿请求所涉职权行为造成损害及其程度的证明材料。

不能提交前款第二项、第三项所列材料的，赔偿请求人应当书面说明情况和理由。

第九条 赔偿义务机关法制部门收到当面递交赔偿申请的，应当当场出具接收凭证。

赔偿义务机关其他部门遇有赔偿请求人当面递交或者口头提出赔偿申请的，应当当场联系法制部门接收；收到以邮寄或者其他方式递交的赔偿申请，应当自收到之日起二个工作日内转送法制部门。

第十条 赔偿义务机关法制部门收到赔偿申请后，应当在五个工作日内予以审查，并分别作出下列处理：

（一）申请材料不齐全或者表述不清楚的，经本部门负责人批准，一次性书面告知赔偿请求人需要补正的全部事项和合理的补正期限；

（二）不符合申请条件的，经本机关负责人批准，决定不予受理并书面告知赔偿请求人；

（三）除第一项、第二项情形外，自赔偿义务机关法制部门收到申请之日起即为受理。

第十一条 有下列情形之一的，赔偿申请不符合申请条件：

（一）本机关不是赔偿义务机关的；

（二）赔偿请求人不适格的；

（三）赔偿请求事项不属于国家赔偿范围的；

（四）超过请求时效且无正当理由的；

（五）基于同一事实的赔偿请求已经通过申请行政复议或者提起行政诉讼提出，正在审理或者已经作出予以赔偿、不予赔偿结论的；

（六）赔偿申请应当在终止追究刑事责任后提出，有证据证明尚未终止追究刑事责任的。

赔偿申请受理后，发现有前款情形之一的，赔偿义务机关应当在受理之日起两个月内，经本机关负责人批准，驳回赔偿申请。

对于第一款第六项情形，决定不予受理或者驳回申请的，同时告知赔偿请求人在终止追究刑事责任后重新申请。

第十二条 赔偿请求人在补正期限内对赔偿申请予以补正的，赔偿义务机关法制部门应当自收到之日起五个工作日内予以审查。不符合申请条件的，经本机关负责人批准，决定不予受理并书面告知赔偿请求人。未书面告知不予受理的，自赔偿义务机关法制部门收到补正材料之日起即为受理。

赔偿义务机关法制部门在补正期限届满后第十个工作日仍未收到补正材料的，应当自该日起五个工作日内，对已经提交的赔偿申请予以审查。不符合申请条件的，经本机关负责人批准，决定不予受理并书面告知赔偿请求人。未书面告知不予受理的，自补正期限届满后第十个工作日起即为受理。

第十三条 赔偿义务机关对赔偿请求已作出处理，赔偿请求人无正当理由基于同一事实再次申请赔偿的，不再处理。

第二节 审 查

第十四条 赔偿义务机关法制部门应当自赔偿申请受理之日起五个工作日内，将申请材料副本送赔偿请求所涉执法办案部门。执法办案部门应当自收到之日起十个工作日内向法制部门作出书面答复，并提供赔偿请求所涉职权行为的证据、依据和其他材料。

第十五条 赔偿义务机关应当全面审查赔偿请求的事实、证据和理由。重点查明下列事项：

（一）赔偿请求所涉职权行为的合法性；

（二）侵害事实、损害后果及因果关系；

（三）是否具有国家不承担赔偿责任的法定情形。

除前款所列查明事项外，赔偿义务机关还应当按照本规定第十六条至第十九条的规定，分别重点审查有关事项。

第十六条 赔偿请求人主张人身自由权赔偿的，重点审查赔偿请求所涉限制人身自由的起止时间。

第十七条 赔偿请求人主张生命健康权赔偿的，重点审查下列事项：

（一）诊断证明、医疗费用凭据，以及护理、康复、后续治疗的证明；

（二）死亡证明书，伤残、部分或者全部丧失劳动能力的鉴定意见。

赔偿请求提出因误工减少收入的，还应当审查收入证明、误工证明等。受害人死亡或者全部丧失劳动能力的，还应当审查其是否扶养未成年人或者其他无劳动能力人，以及所承担的扶养义务。

第十八条 赔偿请求人主张财产权赔偿的，重点审查下列事项：

（一）查封、扣押、冻结、收缴、追缴、没收的财物不能恢复原状或者灭失的，财物损失发生时的市场价格；查封、扣押、冻结、收缴、追缴、没收的财物被拍卖或者变卖的，拍卖或者变卖及其价格的证明材料，以及变卖时的市场价格；

（二）停产停业期间必要经常性开支的证明材料。

第十九条 赔偿请求人主张精神损害赔偿的，重点审查下列事项：

（一）是否存在《国家赔偿法》第三条或者第十七条规定的侵犯人身权行为；

（二）精神损害事实及后果；

（三）侵犯人身权行为与精神损害事实及后果的因果关系。

第二十条 赔偿审查期间，赔偿请求人可以变更赔偿请求。赔偿义务机关认为赔偿请求人提出的赔偿请求事项不全或者不准确的，可以告知赔偿请求人在审查期限届满前变更赔偿请求。

第二十一条 赔偿审查期间，赔偿义务机关法制部门可以调查核实情况，收集有关证据。有关单位和人员应当予以配合。

第二十二条 对赔偿请求所涉职权行为，有权机关已经作出生效法律结论，该结论所采信的证据可以作为赔偿审查的证据。

第二十三条 赔偿审查期间，有下列情形之一的，经赔偿义务机关负责人批准，中止审查并书面告知有关当事人：

（一）作为赔偿请求人的公民丧失行为能力，尚未确定法定代理人的；

（二）作为赔偿请求人的公民下落不明或者被宣告失踪的；

（三）作为赔偿请求人的公民死亡，其继承人和其他有扶养关系的亲属尚未确定是否参加赔偿审查的；

（四）作为赔偿请求人的法人或者其他组织终止，尚未确定权利义务承受人，或者权利义务承受人尚未确定是否参加赔偿审查的；

（五）赔偿请求人因不可抗力不能参加赔偿审查的；

（六）赔偿审查涉及法律适用问题，需要有权机关作出解释或者确认的；

（七）赔偿审查需要以其他尚未办结案件的结果为依据的；

（八）其他需要中止审查的情形。

中止审查的情形消除后，应当在二个工作日内恢复审查，并书面告知有关当事人。

中止审查不符合第一款规定的，应当立即恢复审查。不恢复审查的，上一级公安机关应当责令恢复审查。

第二十四条 赔偿审查期间，有下列情形之一的，经赔偿义务机关负责人批准，终结审查并书面告知有关当事人：

（一）作为赔偿请求人的公民死亡，没有继承人和其他有扶养关系的亲属，或者继承人和其他有扶养关系的亲属放弃要求赔偿权利的；

（二）作为赔偿请求人的法人或者其他组织终止，没有权利义务承受人，或者权利义务承受人放弃要求赔偿权利的；

（三）赔偿请求人自愿撤回赔偿申请的。

前款第一项中的继承人和其他有扶养关系的亲属、第二项中的权利义务承受人、第三项中的赔偿请求人为数人，非经全体同意放弃要求赔偿权利或者撤回赔偿申请的，不得终结审查。

第三节 决 定

第二十五条 对受理的赔偿申请，赔偿义务机关应当自受理之日起两个月内，经本机关负责人批准，分别作出下列决定：

（一）违法行使职权造成侵权的事实清楚，应当予以赔偿的，作出予以赔偿的决定，并载明赔偿方式、项目和数额；

（二）违法行使职权造成侵权的事实不成立，或者具有国家不承担赔偿责任法定情形的，作出不予赔偿的决定。

按照前款第一项作出决定，不限于赔偿请求人主张的赔偿方式、项目和数额。

第二十六条 在查清事实的基础上，对应当予以赔偿的，赔偿义务机关应当充分听取赔偿请求人的意见，可以就赔偿方式、项目和数额在法定范围内进行协商。

协商应当遵循自愿、合法原则。协商达成一致的，赔偿义务机关应当按照协商结果作出赔偿决定；赔偿请求人不同意协商，或者协商未达成一致，或者赔偿请求人在赔偿决定作出前反悔的，赔偿义务机关应当依法作出赔偿决定。

第二十七条 侵犯公民人身自由的每日赔偿金，按照作出决定时的国家上年度职工日平均工资计算。

作出决定时国家上年度职工日平均工资尚未公布的，以公布的最近年度职工日平均工资为准。

第二十八条 执行行政拘留或者采取刑事拘留措施被决定赔偿的，计算赔偿金的天数按照实际羁押的天数计算。羁押时间不足一日的，按照一日计算。

第二十九条 依法应当予以赔偿但赔偿请求人所受损害的程度因客观原因无法确定的，赔偿数额应当结合赔偿请求人的主张和在案证据，运用逻辑推理和生活经验、生活常识等酌情确定。

第三十条 赔偿请求人主张精神损害赔偿的，作出决定应当载明是否存在精神损害并承担赔偿责任。承担精神损害赔偿责任的，应当载明消除影响、恢复名誉、赔礼道歉等承担方式；支付精神损害抚慰金的，应当载明具体数额。

精神损害抚慰金数额的确定，可以参照人民法院审理国家赔偿案件适用精神损害赔偿的规定，综合考虑精神损害事实和严重后果，侵权手段、方式等具体情节，纠错环节及过程，赔偿请求人住所地或者经常居住地平均生活水平，赔偿义务机关所在地平均生活水平等因素。法律法规对精神损害抚慰金的数额作出规定的，从其规定。

第三十一条 赔偿义务机关对行政赔偿请求作出不予受理、驳回申请、终结审查、予以赔偿、不予赔偿决定，或者逾期未作决定，赔偿请求人不服的，可以依照《国家赔偿法》第十四条规定提起行政赔偿诉讼。

赔偿义务机关对刑事赔偿请求作出不予受理、驳回申请、终结审查、予以赔偿、不予赔偿决定，或者逾期未作决定，赔偿请求人不服的，可以依照《国家赔偿法》第二十四条规定申请刑事赔偿复议。

第三章 刑事赔偿复议

第一节 申请和受理

第三十二条 赔偿请求人申请刑事赔偿复议，应当向赔偿义务机关的上一级公安机关提出。赔偿义务机关是公安部的，向公安部提出。

第三十三条 申请刑事赔偿复议应当提交复议申请书，载明受害人的基本情况、复议请求、事实根据和理由、申请日期，并由赔偿请求人签名、盖章或者捺指印。

赔偿请求人书写确有困难的，可以口头申请。复议机关法制部门应当制作笔录，经赔偿请求人确认无误后签名、盖章或者捺指印。

第三十四条 申请刑事赔偿复议除提交复议申请书外，还应当提交下列材料：

（一）赔偿请求人的身份证明材料。赔偿请求人不是受害人本人的，提供与受害人关系的证明。赔偿请求人委托他人代理复议事项的，提交授权委托书，以及代理人的身份证明。代理人为律师的，同时提交律师执业证明及律师事务所证明；

（二）向赔偿义务机关提交的赔偿申请材料及申请赔偿的证明材料；

（三）赔偿义务机关就赔偿申请作出的决定书。赔偿义务机关逾期未作决定的除外。

第三十五条 复议机关法制部门收到当面递交复议申请的，应当当场出具接收凭证。

复议机关其他部门遇有赔偿请求人当面递交或者口头提出复议申请的，应当当场联系法制部门接收；收到以其他方式递交复议申请的，应当自收到之日起二个工作日内转送法制部门。

第三十六条 复议机关法制部门收到复议申请后，应当在五个工作日内予以审查，并分别作出下列处理：

（一）申请材料不齐全或者表述不清楚的，经本部门负责人批准，一次性书面告知赔偿请求人需要补正的全部事项和合理的补正期限；

（二）不符合申请条件的，经本机关负责人批准，决定不予受理并书面告知赔偿请求人；

（三）除第一项、第二项情形外，自复议机关法制部门收到申请之日起即为受理。

第三十七条 有下列情形之一的，复议申请不符合申请条件：

（一）本机关不是复议机关的；

（二）赔偿请求人申请复议不适格的；

（三）不属于复议范围的；

（四）超过申请复议法定期限且无正当理由的；

（五）申请复议前未向赔偿义务机关申请赔偿的；

（六）赔偿义务机关对赔偿申请未作出决定但审查期限尚未届满的。

复议申请受理后，发现有前款情形之一的，复议机关应当在受理之日起两个月内，经本机关负责人批准，驳回复议申请。

第三十八条 赔偿请求人在补正期限内对复议申请予以补正的，复议机关法制部门应当自收到之日起五个工作日内予以审查。不符合申请条件的，经本机关负责人批准，决定不予受理并书面告知赔偿请求人。未书面告知不予受理的，自复议机关法制部门收到补正材料之日起即为受理。

复议机关法制部门在补正期限届满后第十个工作日仍未收到补正材料的，应当自该日起五个工作日内，对已经提交的复议申请予以审查。不符合申请条件的，经本机关负责人批准，决定不予受理并书面告知赔偿请求人。未书面告知不予受理的，自补正期限届满后第十个工作日之日起即为受理。

第三十九条 复议机关对复议申请已作出处理，赔偿请求人无正当理由基于同一事实再次申请复议的，不再处理。

第二节 审 查

第四十条 复议机关法制部门应当自复议申请受理之日起五个工作日

内，将申请材料副本送赔偿义务机关。赔偿义务机关应当自收到之日起十个工作日内向复议机关作出书面答复，并提供相关证据、依据和其他材料。

第四十一条 复议机关应当全面审查赔偿义务机关是否按照本规定第二章的规定对赔偿申请作出处理。

第四十二条 赔偿请求人申请复议时变更向赔偿义务机关提出的赔偿请求，或者在复议审查期间变更复议请求的，复议机关应当予以审查。

复议机关认为赔偿请求人提出的复议请求事项不全或者不准确的，可以告知赔偿请求人在审查期限届满前变更复议请求。

第四十三条 赔偿请求人和赔偿义务机关对自己的主张负有举证责任。没有证据或者证据不足以证明事实主张的，由负有举证责任的一方承担不利后果。

赔偿义务机关对其职权行为的合法性，以及《国家赔偿法》第二十六条第二款规定的情形负有举证责任。赔偿请求人可以提供证明赔偿义务机关职权行为违法的证据，但不因此免除赔偿义务机关的举证责任。

第四十四条 复议审查期间，复议机关法制部门可以调查核实情况，收集有关证据。有关单位和人员应当予以配合。

第四十五条 复议审查期间，有下列情形之一的，经复议机关负责人批准，中止审查并书面告知有关当事人：

（一）作为赔偿请求人的公民丧失行为能力，尚未确定法定代理人的；

（二）作为赔偿请求人的公民下落不明或者被宣告失踪的；

（三）作为赔偿请求人的公民死亡，其继承人和其他有扶养关系的亲属尚未确定是否参加复议审查的；

（四）作为赔偿请求人的法人或者其他组织终止，尚未确定权利义务承受人，或者权利义务承受人尚未确定是否参加复议审查的；

（五）赔偿请求人因不可抗力不能参加复议审查的；

（六）复议审查涉及法律适用问题，需要有权机关作出解释或者确认的；

（七）复议审查需要以其他尚未办结案件的结果为依据的；

（八）其他需要中止审查的情形。

中止审查的情形消除后，应当在二个工作日内恢复审查，并书面告知有关当事人。

中止审查不符合第一款规定的，应当立即恢复审查。不恢复审查的，上一级公安机关应当责令恢复审查。

第四十六条 复议审查期间，有下列情形之一的，经复议机关负责人批准，终结审查并书面告知有关当事人：

（一）作为赔偿请求人的公民死亡，没有继承人和其他有扶养关系的亲属，或者继承人和其他有扶养关系的亲属放弃复议权利的；

（二）作为赔偿请求人的法人或者其他组织终止，没有权利义务承受人，或者权利义务承受人放弃复议权利的；

（三）赔偿请求人自愿撤回复议申请的。

前款第一项中的继承人和其他有扶养关系的亲属、第二项中的权利义务承受人、第三项中的赔偿请求人为数人，非经全体同意放弃复议权利或者撤回复议申请的，不得终结审查。

第三节 决 定

第四十七条 对受理的复议申请，复议机关应当自受理之日起两个月内，经本机关负责人批准作出决定。

第四十八条 复议机关可以组织赔偿义务机关与赔偿请求人就赔偿方式、项目和数额在法定范围内进行调解。

调解应当遵循自愿、合法的原则。经调解达成一致的，复议机关应当按照调解结果作出复议决定。赔偿请求人或者赔偿义务机关不同意调解，或者调解未达成一致，或者一方在复议决定作出前反悔的，复议机关应当依法作出复议决定。

第四十九条 对赔偿义务机关作出的予以赔偿或者不予赔偿决定，分别作出下列决定：

（一）认定事实清楚，适用法律正确，符合法定程序的，予以维持；

（二）认定事实清楚，适用法律正确，但违反法定程序的，维持决定结论并确认程序违法；

（三）认定事实不清、适用法律错误或者据以作出决定的法定事由发生变化的，依法重新作出决定或者责令限期重作。

第五十条 对赔偿义务机关作出的不予受理、驳回申请、终结审查决定，分别作出下列决定：

（一）符合规定情形和程序的，予以维持；

（二）符合规定情形，但违反规定程序的，维持决定结论并确认程序违法；

（三）不符合规定情形，或者据以作出决定的法定事由发生变化的，责令继续审查或者依法重新作出决定。

第五十一条 赔偿义务机关逾期未作出决定的，责令限期作出决定或者依法作出决定。

第五十二条 复议机关作出不予受理、驳回申请、终结审查、复议决定，或者逾期未作决定，赔偿请求人不服的，可以依照《国家赔偿法》第二十五条规定，向复议机关所在地的同级人民法院赔偿委员会申请作出赔偿决定。

第四章 执 行

第五十三条 赔偿义务机关必须执行生效赔偿决定、复议决定、判决和调解。

第五十四条 生效赔偿决定、复议决定、判决和调解按照下列方式执行：

（一）要求返还财物或者恢复原状的，赔偿请求所涉赔偿义务机关执法办案部门应当在三十日内办结。情况复杂的，经本机关负责人批准，可以延长三十日。

（二）要求支付赔偿金的，赔偿义务机关法制部门应当依照《国家赔偿费用管理条例》的规定，将生效的赔偿决定书、复议决定书、判决书和调解书等有关材料提供给装备财务（警务保障）部门，装备财务（警务保障）部门报经本机关负责人批准后，依照预算管理权限向财政部门提出书面支付申请并提供有关材料。

（三）要求为赔偿请求人消除影响、恢复名誉、赔礼道歉的，赔偿义务机关或者其负责人应当及时执行。

第五十五条 财政部门告知赔偿义务机关补正申请材料的，赔偿义务机关装备财务（警务保障）部门应当会同法制部门自收到告知之日起五个工作日内按照要求补正材料并提交财政部门。

第五十六条 财政部门向赔偿义务机关支付赔偿金的，赔偿义务机关装备财务（警务保障）部门应当及时向赔偿请求人足额支付赔偿金，不得拖延、截留。

第五十七条 赔偿义务机关支付赔偿金后，应当依照《国家赔偿法》第十六条第一款、第三十一条第一款的规定，向责任人员追偿部分或者全部赔偿费用。

第五十八条 追偿赔偿费用由赔偿义务机关法制部门会同赔偿请求所涉执法办案部门等有关部门提出追偿意见，经本机关主要负责人批准，由装备财务（警务保障）部门书面通知有预算管理权限的财政部门，并责令被追偿人缴纳追偿赔偿费用。

追偿数额的确定，应当综合考虑赔偿数额，以及被追偿人过错程度、损害后果等因素确定，并为被追偿人及其扶养的家属保留必需的生活费用。

第五十九条 被追偿人对追偿赔偿费用不服的，可以向赔偿义务机关或者其上一级公安机关申诉。

第六十条 赔偿义务机关装备财务（警务保障）部门应当依照相关规定，将追偿的赔偿费用上缴有预算管理权限的财政部门。

第五章 责任追究

第六十一条 有下列情形之一的，对直接负责的主管人员或者其他直接责任人员，依照有关规定给予行政纪律处分或者作出其他处理：

（一）未按照本规定对赔偿申请、复议申请作出处理的；

（二）不配合或者阻挠国家赔偿办案人员调查取证，不提供有关情况和证明材料，或者提供虚假材料的；

（三）未按照本规定执行生效赔偿决定、复议决定、判决和调解的；

（四）未按照本规定上缴追偿赔偿费用的；

（五）办理国家赔偿案件的其他渎职、失职行为。

第六十二条 公安机关工作人员在办理国家赔偿案件中，徇私舞弊，打击报复赔偿请求人的，依照有关规定给予行政纪律处分；构成犯罪的，依法追究刑事责任。

第六章 附 则

第六十三条 下列情形所需时间，不计入国家赔偿审查期限：

（一）向赔偿请求人调取证据材料的；

（二）涉及专门事项委托鉴定、评估的。

赔偿请求人在国家赔偿审查期间变更请求的，审查期限从公安机关收到之日起重新计算。

第六十四条 公安机关按照本规定制作的法律文书，应当加盖本机关印章或者国家赔偿专用章。中止审查、终结审查、驳回申请、赔偿决定、复议决定的法律文书，应当自作出之日起十日内送达。

第六十五条 本规定自 2018 年 10 月 1 日起施行。2014 年 6 月 1 日施行的《公安机关办理国家赔偿案件程序规定》同时废止。

最高人民法院关于审理行政
赔偿案件若干问题的规定

（2021 年 12 月 6 日最高人民法院审判委员会第 1855 次会议通过 2022 年 3 月 20 日最高人民法院公布 自 2022 年 5 月 1 日起施行 法释〔2022〕10 号）

为保护公民、法人和其他组织的合法权益，监督行政机关依法履行行政赔偿义务，确保人民法院公正、及时审理行政赔偿案件，实质化解行政赔偿争议，根据《中华人民共和国行政诉讼法》（以下简称行政诉讼法）《中华人民共和国国家赔偿法》（以下简称国家赔偿法）等法律规定，结合行政审判工作实际，制定本规定。

一、受案范围

第一条 国家赔偿法第三条、第四条规定的"其他违法行为"包括以下情形：

（一）不履行法定职责行为；

（二）行政机关及其工作人员在履行行政职责过程中作出的不产生法律效果，但事实上损害公民、法人或者其他组织人身权、财产权等合法权益的行为。

第二条 依据行政诉讼法第一条、第十二条第一款第十二项和国家赔偿法第二条规定，公民、法人或者其他组织认为行政机关及其工作人员违法行使行政职权对其劳动权、相邻权等合法权益造成人身、财产损害的，可以依法提起行政赔偿诉讼。

第三条 赔偿请求人不服赔偿义务机关下列行为的，可以依法提起行政赔偿诉讼：

（一）确定赔偿方式、项目、数额的行政赔偿决定；

（二）不予赔偿决定；

（三）逾期不作出赔偿决定；

（四）其他有关行政赔偿的行为。

第四条 法律规定由行政机关最终裁决的行政行为被确认违法后，赔偿请求人可以单独提起行政赔偿诉讼。

第五条 公民、法人或者其他组织认为国防、外交等国家行为或者行政机关制定发布行政法规、规章或者具有普遍约束力的决定、命令侵犯其合法权益造成损害，向人民法院提起行政赔偿诉讼的，不属于人民法院行政赔偿诉讼的受案范围。

二、诉讼当事人

第六条 公民、法人或者其他组织一并提起行政赔偿诉讼中的当事人地位，按照其在行政诉讼中的地位确定，行政诉讼与行政赔偿诉讼当事人不一致的除外。

第七条 受害的公民死亡，其继承人和其他有扶养关系的人可以提起行政赔偿诉讼，并提供该公民死亡证明、赔偿请求人与死亡公民之间的关系证明。

受害的公民死亡，支付受害公民医疗费、丧葬费等合理费用的人可以依法提起行政赔偿诉讼。

有权提起行政赔偿诉讼的法人或者其他组织分立、合并、终止，承受其权利的法人或者其他组织可以依法提起行政赔偿诉讼。

第八条 两个以上行政机关共同实施侵权行政行为造成损害的，共同侵权行政机关为共同被告。赔偿请求人坚持对其中一个或者几个侵权机关提起行政赔偿诉讼，以被起诉的机关为被告，未被起诉的机关追加为第三人。

第九条 原行政行为造成赔偿请求人损害，复议决定加重损害的，复议机关与原行政行为机关为共同被告。赔偿请求人坚持对作出原行政行为机关或者复议机关提起行政赔偿诉讼，以被起诉的机关为被告，未被起诉的机关追加为第三人。

第十条 行政机关依据行政诉讼法第九十七条的规定申请人民法院强制执行其行政行为，因据以强制执行的行政行为违法而发生行政赔偿诉讼的，申请强制执行的行政机关为被告。

三、证　据

第十一条 行政赔偿诉讼中，原告应当对行政行为造成的损害提供证据；因被告的原因导致原告无法举证的，由被告承担举证责任。

人民法院对于原告主张的生产和生活所必需物品的合理损失，应当予以支持；对于原告提出的超出生产和生活所必需的其他贵重物品、现金损失，可以结合案件相关证据予以认定。

第十二条 原告主张其被限制人身自由期间受到身体伤害，被告否认相关损害事实或者损害与违法行政行为存在因果关系的，被告应当提供相应的证据证明。

四、起诉与受理

第十三条 行政行为未被确认为违法，公民、法人或者其他组织提起行政赔偿诉讼的，人民法院应当视为提起行政诉讼时一并提起行政赔偿诉讼。

行政行为已被确认为违法，并符合下列条件的，公民、法人或者其他组织可以单独提起行政赔偿诉讼：

（一）原告具有行政赔偿请求资格；

（二）有明确的被告；

（三）有具体的赔偿请求和受损害的事实根据；

（四）赔偿义务机关已先行处理或者超过法定期限不予处理；

（五）属于人民法院行政赔偿诉讼的受案范围和受诉人民法院管辖；

（六）在法律规定的起诉期限内提起诉讼。

第十四条 原告提起行政诉讼时未一并提起行政赔偿诉讼，人民法院审查认为可能存在行政赔偿的，应当告知原告可以一并提起行政赔偿诉讼。

原告在第一审庭审终结前提起行政赔偿诉讼，符合起诉条件的，人民法院应当依法受理；原告在第一审庭审终结后、宣判前提起行政赔偿诉讼的，是否准许由人民法院决定。

原告在第二审程序或者再审程序中提出行政赔偿请求的，人民法院可以组织各方调解；调解不成的，告知其另行起诉。

第十五条 公民、法人或者其他组织应当自知道或者应当知道行政行为侵犯其合法权益之日起两年内，向赔偿义务机关申请行政赔偿。赔偿义务机关在收到赔偿申请之日起两个月内未作出赔偿决定的，公民、法人或者其他组织可以依照行政诉讼法有关规定提起行政赔偿诉讼。

第十六条 公民、法人或者其他组织提起行政诉讼时一并请求行政赔偿的，适用行政诉讼法有关起诉期限的规定。

第十七条 公民、法人或者其他组织仅对行政复议决定中的行政赔偿部分有异议，自复议决定书送达之日起十五日内提起行政赔偿诉讼的，人民法院应当依法受理。

行政机关作出有赔偿内容的行政复议决定时，未告知公民、法人或者其他组织起诉期限的，起诉期限从公民、法人或者其他组织知道或者应当知道起诉期限之日起计算，但从知道或者应当知道行政复议决定内容之日起最长不得超过一年。

第十八条 行政行为被有权机关依照法定程序撤销、变更、确认违法或无效，或者实施行政行为的行政机关工作人员因该行为被生效法律文书或监察机关政务处分确认为渎职、滥用职权的，属于本规定所称的行政行为被确认为违法的情形。

第十九条 公民、法人或者其他组织一并提起行政赔偿诉讼，人民法院经审查认为行政诉讼不符合起诉条件的，对一并提起的行政赔偿诉讼，裁定不予立案；已经立案的，裁定驳回起诉。

第二十条 在涉及行政许可、登记、征收、征用和行政机关对民事争议所作的裁决的行政案件中，原告提起行政赔偿诉讼的同时，有关当事人申请一并解决相关民事争议的，人民法院可以一并审理。

五、审理和判决

第二十一条 两个以上行政机关共同实施违法行政行为，或者行政机关及其工作人员与第三人恶意串通作出的违法行政行为，造成公民、法人或者其他组织人身权、财产权等合法权益实际损害的，应当承担连带赔偿责任。

一方承担连带赔偿责任后，对于超出其应当承担部分，可以向其他连带责任人追偿。

第二十二条 两个以上行政机关分别实施违法行政行为造成同一损害，每个行政机关的违法行为都足以造成全部损害的，各个行政机关承担连带赔偿责任。

两个以上行政机关分别实施违法行政行为造成同一损害的，人民法院应当根据其违法行政行为在损害发生和结果中的作用大小，确定各自承担相应的行政赔偿责任；难以确定责任大小的，平均承担责任。

第二十三条 由于第三人提供虚假材料，导致行政机关作出的行政行为违法，造成公民、法人或者其他组织损害的，人民法院应当根据违法行政行为在损害发生和结果中的作用大小，确定行政机关承担相应的行政赔偿责任；行政机关已经尽到审慎审查义务的，不承担行政赔偿责任。

第二十四条 由于第三人行为造成公民、法人或者其他组织损害的，应当由第三人依法承担侵权赔偿责任；第三人赔偿不足、无力承担赔偿责任或者下落不明，行政机关又未尽保护、监管、救助等法定义务的，人民法院应当根据行政机关未尽法定义务在损害发生和结果中的作用大小，确定其承担相应的行政赔偿责任。

第二十五条 由于不可抗力等客观原因造成公民、法人或者其他组织损害，行政机关不依法履行、拖延履行法定义务导致未能及时止损或者损害扩大的，人民法院应当根据行政机关不依法履行、拖延履行法定义务行为在损害发生和结果中的作用大小，确定其承担相应的行政赔偿责任。

第二十六条 有下列情形之一的，属于国家赔偿法第三十五条规定的"造成严重后果"：

（一）受害人被非法限制人身自由超过六个月；

（二）受害人经鉴定为轻伤以上或者残疾；

（三）受害人经诊断、鉴定为精神障碍或者精神残疾，且与违法行政行为存在关联；

（四）受害人名誉、荣誉、家庭、职业、教育等方面遭受严重损害，且与违法行政行为存在关联。

有下列情形之一的，可以认定为后果特别严重：

（一）受害人被限制人身自由十年以上；

（二）受害人死亡；

（三）受害人经鉴定为重伤或者残疾一至四级，且生活不能自理；

（四）受害人经诊断、鉴定为严重精神障碍或者精神残疾一至二级，生活不能自理，且与违法行政行为存在关联。

第二十七条　违法行政行为造成公民、法人或者其他组织财产损害，不能返还财产或者恢复原状的，按照损害发生时该财产的市场价格计算损失。市场价格无法确定，或者该价格不足以弥补公民、法人或者其他组织损失的，可以采用其他合理方式计算。

违法征收征用土地、房屋，人民法院判决给予被征收人的行政赔偿，不得少于被征收人依法应当获得的安置补偿权益。

第二十八条　下列损失属于国家赔偿法第三十六条第六项规定的"停产停业期间必要的经常性费用开支"：

（一）必要留守职工的工资；

（二）必须缴纳的税款、社会保险费；

（三）应当缴纳的水电费、保管费、仓储费、承包费；

（四）合理的房屋场地租金、设备租金、设备折旧费；

（五）维系停产停业期间运营所需的其他基本开支。

第二十九条　下列损失属于国家赔偿法第三十六条第八项规定的"直接损失"：

（一）存款利息、贷款利息、现金利息；

（二）机动车停运期间的营运损失；

（三）通过行政补偿程序依法应当获得的奖励、补贴等；

（四）对财产造成的其他实际损失。

第三十条　被告有国家赔偿法第三条规定情形之一，致人精神损害的，人民法院应当判决其在违法行政行为影响的范围内，为受害人消除影响、恢复名誉、赔礼道歉；消除影响、恢复名誉和赔礼道歉的履行方式，可以双方协商，协商不成的，人民法院应当责令被告以适当的方式履行。造成严重后果的，应当判决支付相应的精神损害抚慰金。

第三十一条 人民法院经过审理认为被告对公民、法人或者其他组织造成财产损害的，判决被告限期返还财产、恢复原状；无法返还财产、恢复原状的，判决被告限期支付赔偿金和相应的利息损失。

人民法院审理行政赔偿案件，可以对行政机关赔偿的方式、项目、标准等予以明确，赔偿内容确定的，应当作出具有赔偿金额等给付内容的判决；行政赔偿决定对赔偿数额的确定确有错误的，人民法院判决予以变更。

第三十二条 有下列情形之一的，人民法院判决驳回原告的行政赔偿请求：

（一）原告主张的损害没有事实根据的；

（二）原告主张的损害与违法行政行为没有因果关系的；

（三）原告的损失已经通过行政补偿等其他途径获得充分救济的；

（四）原告请求行政赔偿的理由不能成立的其他情形。

六、其 他

第三十三条 本规定自 2022 年 5 月 1 日起施行。《最高人民法院关于审理行政赔偿案件若干问题的规定》（法发〔1997〕10 号）同时废止。

本规定实施前本院发布的司法解释与本规定不一致的，以本规定为准。

最高人民法院关于公安机关不履行、拖延
履行法定职责如何承担行政赔偿责任问题的答复

（2013 年 9 月 22 日 〔2011〕行他字第 24 号）

甘肃省高级人民法院：

你院《关于张美华等五人诉天水市公安局麦积分局行政赔偿案的请示报告》收悉，经研究，答复如下：

公安机关不履行或者拖延履行保护公民、法人或者其他组织人身权、财产权法定职责，致使公民、法人或者其他组织人身、财产遭受损失的，

应当承担相应的行政赔偿责任。

公民、法人或者其他组织人身、财产损失系第三人行为造成的，应当由第三人承担民事侵权赔偿责任；第三人民事赔偿不足、无力承担赔偿责任或者下落不明的，应当根据公安机关不履行、拖延履行法定职责行为在损害发生过程和结果中所起的作用等因素，判决其承担相应的行政赔偿责任。

公安机关承担相应的赔偿责任后，可以向实施侵权行为的第三人追偿。

此复。

实用附录：办理治安案件参考流程图

图1：询问查证（传唤）

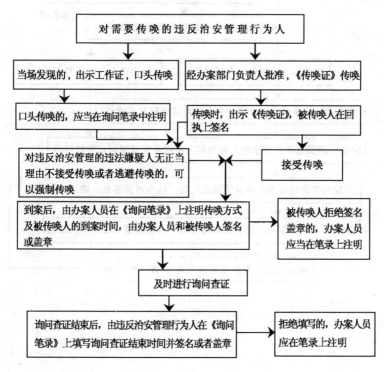

图2：询问违反治安管理行为人

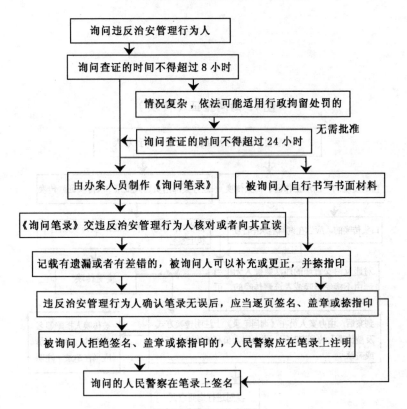

图3：听证的告知、申请和受理

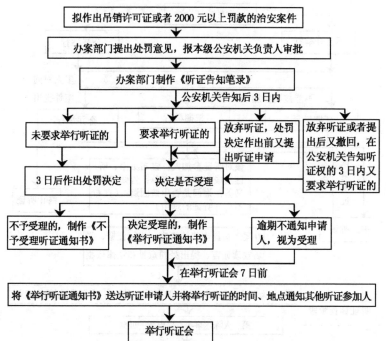

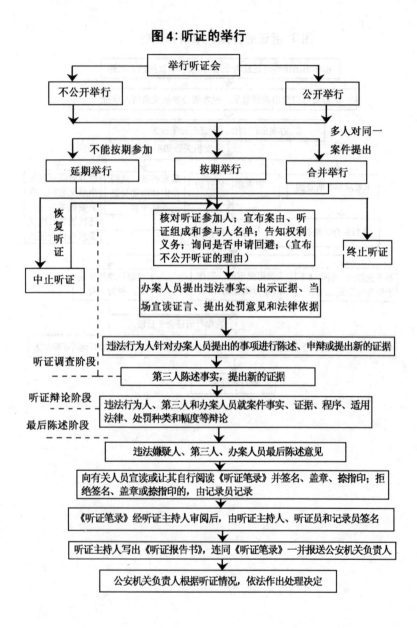

图4：听证的举行

图5：行政拘留

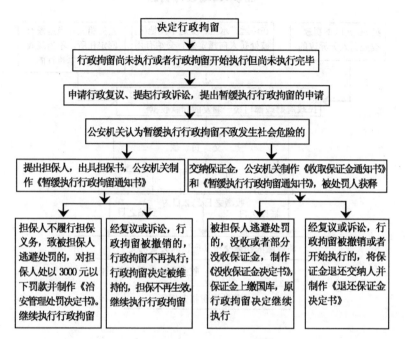

图6: 当场收缴罚款

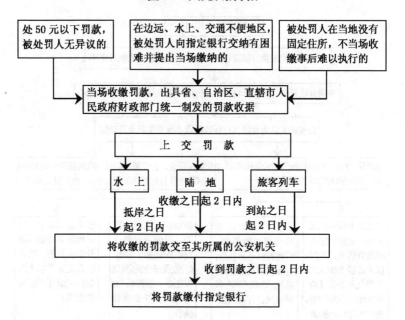

图书在版编目（CIP）数据

最新治安管理处罚法规全编／中国法制出版社编
.—北京：中国法制出版社，2024.5
（条文速查小红书）
ISBN 978-7-5216-4494-4

Ⅰ.①最… Ⅱ.①中… Ⅲ.①治安管理处罚法-汇编
-中国 Ⅳ.①D922.149

中国国家版本馆 CIP 数据核字（2024）第 088041 号

责任编辑：刘晓霞 　　　　　　　　　　　　　封面设计：杨泽江

最新治安管理处罚法规全编
ZUI XIN ZHI'AN GUANLI CHUFA FAGUI QUANBIAN

经销/新华书店
印刷/三河市紫恒印装有限公司
开本/880 毫米×1230 毫米　32 开　　　　　　　印张/ 14.25　字数/ 351 千
版次/2024 年 5 月第 1 版　　　　　　　　　　2024 年 5 月第 1 次印刷

中国法制出版社出版
书号 ISBN 978-7-5216-4494-4　　　　　　　　　　　　定价：42.00 元

北京市西城区西便门西里甲 16 号西便门办公区
邮政编码：100053　　　　　　　　　　　　传真：010-63141600
网址：http://www.zgfzs.com　　　　　　　编辑部电话：010-63141664
市场营销部电话：010-63141612　　　　　　印务部电话：010-63141606

（如有印装质量问题，请与本社印务部联系。）